崇明刑事辩护文库
丛书主编 吴宏耀

刑事辩护的制度与技术

韩旭 著

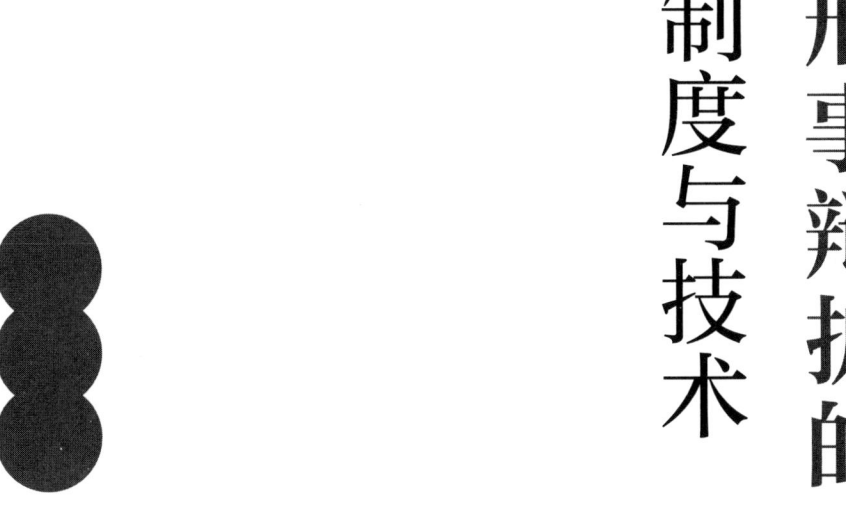

中国政法大学出版社
2022·北京

声　　明　　1. 版权所有，侵权必究。

　　　　　　2. 如有缺页、倒装问题，由出版社负责退换。

图书在版编目（ＣＩＰ）数据

刑事辩护的制度与技术/韩旭著. —北京：中国政法大学出版社，2022.6
ISBN 978-7-5764-0474-6

Ⅰ.①刑… Ⅱ.①韩… Ⅲ.①刑事诉讼－辩护－研究－中国 Ⅳ.①D925.210.4

中国版本图书馆CIP数据核字(2022)第097366号

出 版 者	中国政法大学出版社
地　　址	北京市海淀区西土城路 25 号
邮寄地址	北京 100088 信箱 8034 分箱　邮编 100088
网　　址	http://www.cuplpress.com (网络实名：中国政法大学出版社)
电　　话	010-58908586(编辑部) 58908334(邮购部)
编辑邮箱	zhengfadch@126.com
承　　印	保定市中画美凯印刷有限公司
开　　本	650mm×980mm　1/16
印　　张	25.5
字　　数	400 千字
版　　次	2022 年 6 月第 1 版
印　　次	2022 年 6 月第 1 次印刷
定　　价	99.00 元

序

韩旭的大作《刑事辩护的制度与技术》完成后发给我,希望我能为该书的出版写点文字。我从事法律实务、法学研究及法学教育40余年,其中有26年从事专、兼职律师工作,承担了不少刑事案件的辩护。能得到这次先睹为快的机会深感荣幸,并愿意利用这个机会谈一点读后感,算是先吐为快吧!

《刑事辩护的制度与技术》凡17章,40余万字,是我看到的关于刑事辩护问题的研究成果中字数最多、涉及范围最广并且有高度、有广度、有深度的一部理论著作。阅读后感到该书有以下明显特点:

一是视野开阔。近年来有关刑事辩护问题的研究成果可以说层出不穷,不仅有学者的理论著作,也有律师总结实务的经验之作,还有司法官员、专家学者与辩护律师的合作成果。本书无疑是一本锦上添花之作,突出的特点之一就是视野开阔。这不仅表现在内容上,横跨中外刑事辩护的制度、理论、实务等诸多方面,而且从外在形式上也得到了充分体现。首先,打开目录映入眼帘的17章标题,几乎覆盖了与刑事辩护有关的方方面面,包括立法、司法的演变发展,专家学者的不同观点,辩护实务的前沿问题,如此等等,目不暇接。此外,我还注意到一个细节,光是正文的脚注就多达690多个。如果作者没有开放的眼界、广泛的涉猎,这是难以做到的。

二是热点纷呈。本书不是闭门造车之作,作者有着犀利、敏锐的眼光和强烈的问题意识,把当下围绕刑事辩护的种种热点问题一一呈现给读者,包括立法上的热点,诸如监察制度改革与律师辩护、缺席审判与律师辩护、认罪认罚从宽制度与律师辩护、值班律师的定位与律师辩护等;理论上的热点,诸如律师的保密义务与保密权利、律师"核实证据权"的理解与争议、非法证据排除的范围与认定、会见权的权利主体应当是谁、被告人的阅卷权问题等；实务上的热点，诸如扫黑除恶与律师辩护问题、辩审冲突与驱逐律师的问题、庭审秩序与辩护权保障问题、拒绝辩护如何处理的问题、诉讼异议如何保障问题等。不夸张地说，当下中国刑事辩护的热点问题，在这里几乎被"一书打尽"。

三是思考深邃。搞研究、写论文，始终需要处理好"面和点"的关系。"面"一般指研究的范围、广度，"点"一般指研究的具体对象和深度。能把两者有机地结合好，既有"面"的广度，又有"点"的深度，对研究者来说是一种对研究能力和研究水平的挑战，特别是对于"面"比较广的选题进行研究更是如此。应该说，本书在这方面处理得比较好，在"面"上不仅有"开阔的视野"以致"热点纷呈"，而且在"点"上思考深邃，不仅发现了问题、提出了问题，还分析了产生问题的深层原因，探讨了解决问题的对策或办法，进而避免了"面"太宽，广度有余、深度不足的问题。

四是文风朴实。社会科学领域的研究论文、理论著作在文字、文风上应当采用什么风格，可能"仁者见仁，智者见智"。本书的风格明显自然、朴实。对此作者在"后记"中直抒胸臆："尽管这是一本学术专著，但是在写作风格上，考虑到广大律师从业人员阅读的需要，尽量将'学术话语'转换为'大众话语'，这在本书目录中可以窥见一斑。"确实如此，当我打开书稿看到目录，这种感觉扑面而来。但也为韩旭担心起来：不怕学术专著被理解为"普通读物"？应该说，这对作者是一种挑战，但是"考虑到广大律师从业人员阅读的需要"，他勇于自我挑战。对于研究者、写作者而言，读者为大！同为法学教育研究工作者，我为他点赞！

本书卷帙浩繁，我只是匆匆浏览了一下，谈以上粗浅感受与作者和读者交流。他日正式出版后再细细品读，继续交流。

最后祝韩旭教授的大作早日问世！

顾永忠
2020 年 4 月 6 日于北京

目 录
CONTENTS

绪论　当代辩护律师应当具有的十种思维方式 …………… 001
 一、防御思维 ……………………………………………… 001
 二、证据思维 ……………………………………………… 002
 三、协商思维 ……………………………………………… 003
 四、对抗思维 ……………………………………………… 004
 五、保密思维 ……………………………………………… 005
 六、程序思维 ……………………………………………… 006
 七、质疑思维 ……………………………………………… 007
 八、法理思维 ……………………………………………… 008
 九、角色思维 ……………………………………………… 010
 十、底线思维 ……………………………………………… 011

上编：刑事辩护的基本理论 ………………………………… 015
第一章　自行辩护，另寻出路 ……………………………… 017
 一、自行辩护的局限性及其原因分析 …………………… 020
 二、自行辩护优位及其理论 ……………………………… 022
 三、对纯粹自行辩护权进行限制及其依据 ……………… 024
 四、对纯粹自行辩护权的保障措施 ……………………… 029

五、非纯粹的自行辩护与律师辩护的关系 …………………… 034
　　六、结语 ………………………………………………………… 037
第二章　会见通信，辩护基本 ………………………………………… 039
　　一、辩护律师会见通信权规定的进步之处 …………………… 039
　　二、辩护律师会见通信权规定存在的不足 …………………… 042
　　三、完善律师会见通信权的几点建议 ………………………… 047
第三章　调查取证，较少使用 ………………………………………… 053
　　一、律师在侦查阶段能否调查取证 …………………………… 053
　　二、律师调查取证是否需要被调查人的同意 ………………… 056
　　三、律师的申请取证权如何得到落实 ………………………… 058
　　四、律师能否聘请私人调查机构代为调查取证 ……………… 063
第四章　证据知悉，辩护前提 ………………………………………… 068
　　一、无律师帮助的被追诉人证据知悉权问题 ………………… 068
　　二、有律师帮助的被追诉人证据知悉权问题 ………………… 074
　　三、被追诉人家属的证据知悉权问题 ………………………… 083
第五章　证据保全，刑诉缺憾 ………………………………………… 090
　　一、建立我国刑事证据保全制度的必要性 …………………… 090
　　二、确立法院是证据保全的决定和实施机关 ………………… 096
　　三、我国刑事证据保全程序的构建 …………………………… 099
第六章　律师保密，不可小觑 ………………………………………… 102
　　一、律师保密系权利抑或义务 ………………………………… 104
　　二、律师保密的理论基础 ……………………………………… 107
　　三、当前我国律师保密规则的缺陷 …………………………… 111
　　四、律师遵守保密规则的实践把握和制度完善 ……………… 121
　　五、结语 ………………………………………………………… 129
第七章　核实证据，巨大争议 ………………………………………… 131
　　一、"核实有关证据"立法规定的理论争议和观点评析 …… 132

二、辩护律师核实证据仍将面临一定的职业风险 ………… 135
三、辩护律师核实证据的实践难题 ……………………… 140
四、辩护律师核实证据配套制度的完善 ………………… 151
五、余论 …………………………………………………… 158

中编：刑事辩护权保障 …………………………………… 161

第八章 辩护冲突，化解思路 …………………………… 163
一、域外辩护冲突的两种解决模式 ……………………… 164
二、两种模式的异同及其利弊分析 ……………………… 175
三、从"绝对独立"走向"相对独立"——处理我国辩护冲突的基本原则 …………………………………………… 181
四、实践中几种具体冲突的解决 ………………………… 190
五、结语 …………………………………………………… 195

第九章 刑法修正，律师回应 …………………………… 197
一、《刑法修正案（九）》对律师执业行为的规制存在的问题 …………………………………………………… 198
二、《刑法修正案（九）》实施后对律师执业权利可能产生的影响 ……………………………………………… 202
三、警惕《刑法修正案（九）》中追究辩护人刑事责任条款被滥用 ……………………………………………… 206

第十章 法庭纪律，辩护规矩 …………………………… 210
一、关于庭审中发送邮件、博客、微博的问题 ………… 211
二、关于驱逐出庭的相关问题 …………………………… 221
三、关于"另案处理"问题 ……………………………… 229
四、关于辩护人当庭拒绝辩护的问题 …………………… 231

第十一章 客观义务，实质辩护 ………………………… 235
一、检察官客观义务从抽象走向具体 …………………… 236

二、在矛盾冲突中坚守客观义务 ………………………… 239

　　三、认识检察官客观义务理论的限度 …………………… 242

　　四、中国刑事司法公正更具根本性的路径选择 ………… 244

第十二章　拒绝辩护，谁人来助 ……………………………… 247

　　一、在拒绝辩护问题上委托人与律师为何不对等 ……… 248

　　二、拒绝辩护阶段的提前 ………………………………… 249

　　三、拒绝辩护情形的疏漏 ………………………………… 251

　　四、拒绝辩护的审查 ……………………………………… 254

　　五、拒绝辩护后的事务处理 ……………………………… 257

　　六、刑事案件律师辩护"全覆盖"背景下被告人
　　　　拒绝辩护的情形 ……………………………………… 260

　　七、结语 …………………………………………………… 263

下编：司法改革与律师辩护 …………………………………… 265

第十三章　值班律师，感慨系之 ……………………………… 267

　　一、认罪认罚从宽制度中值班律师参与现状考察 ……… 267

　　二、认罪认罚从宽试点中值班律师制度的局限性 ……… 272

　　三、值班律师法律帮助全覆盖的实现路径 ……………… 278

第十四章　缺席审判，律师来辩 ……………………………… 282

　　一、完全的缺席审判制度之完善 ………………………… 284

　　二、不完全的缺席审判制度之完善 ……………………… 286

　　三、程序"补偿"和权利"救济"——缺席审判下的
　　　　法庭调查问题 ………………………………………… 290

　　四、结语 …………………………………………………… 299

第十五章　审判中心，辩护为本 ……………………………… 300

　　一、以"人证"为中心展开举证、质证活动 …………… 301

二、坚持"事实清楚、证据确实充分"的证明
标准不动摇 308
三、保障辩方在诉讼证明中的权利 309
四、庭审证明应当围绕争议事项展开 315
五、法庭应及时认证并作出裁判 317
六、配套措施的改革与完善 318
七、结语 321

第十六章 严格"排非",辩方有为 323
一、非法证据排除规则的新发展 323
二、非法证据排除新规具有明显的局限性 326
三、适用非法证据排除新规应注意把握的几个问题 337

第十七章 诉讼异议,辩方多提 344
一、我国诉讼异议制度的发展脉络与制度特点 345
二、诉讼异议的理论基础 348
三、诉讼异议的庭审实践——基于庭审观察的思考 350
四、我国刑事审判中的异议制度为何难受重视 354
五、域外异议制度之镜鉴 358
六、完善我国诉讼异议制度的构想 365
七、实务中需要把握的四个制度性问题 370
八、操作中应当注意的四个实践性问题 374
九、结论 376

参考文献 378

后　记 394

绪 论

当代辩护律师应当具有的十种思维方式

刑事辩护效果不佳是长期以来制约我国律师事业发展乃至影响我国法治国家建设的重要问题，尤其是随着刑事案件律师辩护全覆盖试点的推进、值班律师制度的实施等法律援助范围的扩大，"面广质弱"的问题应当引起重视。刑事案件应当从"有辩护"向"有效辩护"转变，以适应以审判为中心的刑事诉讼制度改革的需要。为此，刑辩律师需要在工作中自觉培养并运用以下十种思维方式。

一、防御思维

辩护权在域外通常被称为辩护防御权。控诉、追诉具有进攻性，有控诉必有辩护，正是因为被追诉人拥有辩护权，才有所谓的"武器平等""平等武装"等原则。因此，辩护具有防御性，刑辩律师自然要养成"防御思维"。"防御思维"具有以下几个特性：一是针对性。防御针对指控，针对指控的犯罪事实、罪名、证据和法律适用展开，做到"有的放矢"。这就好比打仗要有"靶子"一样，只有"靶心"确定了，"放箭"才会有目标。二是全程性。自犯罪嫌疑人被追诉之日起的侦查、起诉和审判，被追诉人均享有辩护权，可针对追诉活动展开防御，同时应当赋予被追诉人及作为其帮助者的律师以应有的诉讼权利，尽量降低对被追诉人的羁押率，使其有机会和条件行使自行防御权。三是亲历性。现行《刑事诉讼法》[1]

---

[1]《刑事诉讼法》即《中华人民共和国刑事诉讼法》。本书涉及中国法律直接使用简称，省去"中华人民共和国"字样，全书统一，后不赘述。

多处规定了听取律师意见制度,在审前程序中的审查逮捕、审查起诉环节,检察官要听取律师意见。实践中,基于效率和廉洁风险防控考虑,检察官听取意见通常采用"书面听取"方式,要求律师提供一纸"辩护意见",而拒绝当面听取。如此不符合刑事司法运行的规律。从效果上看,"当面听取"比"书面听取"具有更好的辩护效果,也符合司法亲历性原则。检察机关在我国被看作是司法机关,那么其运作就应当符合司法规律。司法的基本规律之一就是亲历性,也就是我们常说的要贯彻直接言词原则。四是一致性。"步调一致才能取得胜利。"被追诉人及其辩护律师同属于辩护阵营,只有观点和策略一致,防御才会有力量。否则,就不能形成防御合力,甚至力量相互抵消,出现防御效果不佳的情况。

在媒体披露的安徽省一案件中,八十多名辩护律师委托其中一名辩护律师进行第二轮的法庭辩护,且不说本案中可能存在的利益冲突问题,即使不存在利益冲突,共同犯罪案件中被告人的辩护权可否让渡给其中一名辩护律师?即便是当庭征得各被告人口头同意。我们知道,辩护关系的成立是需要签署《辩护委托协议书》的,在没有该协议书的情况下,其他律师能否将辩护权转委托给其中一名律师呢?更重要的是,如此一来,控辩对抗就变成了控方和其中一名辩护律师的对抗。也许基于庭审效率的考虑,似可理解。但是,激烈的法庭对抗是庭审实质化的表征,如果没有此种对抗,庭审实质化、以审判为中心的刑事诉讼制度改革云云便都将付诸空谈。本来是公诉人与整个辩护"阵营对垒",结果演变成了公诉人与其中一名辩护律师的对抗,控辩失衡的庭审格局将进一步加剧。

二、证据思维

"打官司就是打证据",证据是诉讼的基石,"证据裁判原则"正体现了证据的重要性。然而,由于《刑法》第306条犹如悬在律师头顶的一柄"达摩克利斯之剑",以及侦查阶段辩护律师是否享有调查取证权不明,实践中,刑辩律师基本不进行调查取证。刑事辩护就是被追诉人及其律师在控方精心编制的证据链条中寻找漏洞或者薄弱环节,辩护力量较弱。"巧妇难为无米之炊。"在域外法治发

≪ 绪论 当代辩护律师应当具有的十种思维方式

达国家,辩护律师调查取证乃"规定动作",有时甚至可以聘请私人侦探代为调查取证。当然,律师取证并不像侦查人员和监察委员会的调查人员那样负有"客观义务",其一般仅对无罪、罪轻证据进行调取。在取证上,辩护方具有明显的"党派性"。在当前庭审实质化改革的背景下,被追诉人及其辩护律师申请"人证"出庭作证的情况越来越多,法院作为中立的裁判者,应当保障其申请权的实现。除了显与案件无关或者为了拖延时间的以外,原则上应当保障"人证"到庭,以摒弃过去的书面、间接审理方式。如此,可以使法官的"心证"更加清晰,预防和减少误判的风险,也有利于司法公信力的提高。总之,证据思维要求律师在辩护时善于运用证据支持自己的观点,对于某些有利于当事人的证据,侦查或者调查人员往往怠于收集或者存在疏忽,律师取证显得尤为必要。当前亟须改变律师辩护不进行调查取证的惯常做法,将调查取证后的证据辩护作为"基本功"。当然,立法和司法上也需要为律师调查取证创造有利条件。例如,在立法上,将《刑法》第306条设置得更加科学,明确侦查阶段辩护律师的调查取证权及其范围;在司法上,可考虑在"原罪"审结的情况下甄别律师是否构成妨害作证罪以及应否追究律师的刑事责任。改变过去某些地方发生的律师一走出法庭即被公安人员带走的情况。律师只有不视"调查取证"为"畏途"才能够积极行使调查取证权。

三、协商思维

随着认罪认罚从宽制度的实施,尤其是"两高三部"[1]联合发布的《认罪认罚从宽制度的指导意见》明确规定了律师的"协商"权,刑事诉讼由"对抗"走向"合意"的趋势更加明显。律师应当顺势而动,养成协商思维、提高协商能力。律师除了应当与检察官协商外,还应当在与检察官协商前与被追诉人协商。需要明确的是,在是否认罪认罚问题上,律师只有建议权,而没有决定权,是否认

---

[1] "两高三部"指最高人民法院、最高人民检察院、公安部、国家安全部、司法部。全书下同。

罪认罚，只有被追诉人有权决定。如果被追诉人拒绝接受律师的建议，要么更换值班律师，要么辩护律师辞去委托。同时还需要明确，没有提前协商律师不得在认罪认罚具结书上签字。如此方可避免律师异化为"见证人"角色，较好地解决认罪认罚从宽案件中律师参与度不够、参与形式化的问题。随着认罪认罚从宽制度的实施，被害人对程序的参与不容忽视，这不但会影响该项制度的实施，而且还可能对被追诉人的量刑有一定的制约作用。为此，辩护律师应积极参与民事赔偿的调处工作，尽可能促使当事人与被害人达成和解协议或者取得被害人谅解，使当事人获得更大的量刑优惠和"从宽"幅度，从而取得令当事人满意的辩护效果。当前，亟待规范协商程序，明确未经协商的法律后果。当然，律师协商资源和协商能力的提高也是实现"控辩平衡"的基础。尤其是应注意避免"以强凌弱"不平等协商的出现。

四、对抗思维

刑事诉讼就是控辩双方之间一场激烈的对抗战，这在被告人不认罪的案件中表现得更加明显。"控、辩、审"三方的诉讼构造、三大诉讼职能的界分，其实就体现了控辩对抗。在被告人不认罪认罚而实行庭审实质化的案件中，律师必须树立对抗思维，要求对控方的证据进行当庭检验。一是在举证方式上，要求控方"一证一举"，而不能"打包举证"。同时，要密切关注当前的改革动向对证据调查的影响。例如，检察机关"多媒体示证"的改革虽然有利于提高证据出示的效率，但是"原件原物"规则如何贯彻落实？"原件原物"属于"最佳证据"，被告人可以通过当庭演示，使合议庭成员更易判明"防卫"的辩解能否成立？如果系原物的照片或者扫描件，又何以具有演示的可能？二是律师在庭审中应善于和敢于提出诉讼异议。对控方的诱导性询问、重复性询问和明显无相关性的询问以及错误归纳辩方"人证"观点等诉讼行为，律师应及时提出异议，阻止"人证"回答问题或者控方出示有关证据。诉讼异议作为程序性辩护的内容，如果运用得当，通常可以收到良好的庭审效果。为此，律师应当熟悉异议规则，即"过期不候"和"简要说明理由"规则。

只有在"人证"出庭成为可能的情况下,交叉询问才有适用的空间,诉讼异议也主要是在这一场域内得以适用的。三是裁判方应为控辩对抗提供程序保障。在法庭这一场域内,如果法官能够积极落实修改后的《人民法院法庭规则》关于"平等对待诉讼各方"的规定,"控辩平等"即有实现的可能。当前重点是解决法官不独立、不中立的问题,在控辩双方发问、质证和辩论问题上,应做到"平等对待",而不能"厚此薄彼"。法官不能动辄限制律师发言,耐心倾听是法官的基本品质。审判长也不能滥用法庭指挥权,动辄将律师驱逐出庭。可以说,控辩双方之间能否展开平等对抗,与作为法官的裁判者有很大关系,是防止刑事诉讼沦为"弱肉强食""丛林法则"的关键角色。

五、保密思维

只有律师承诺对当事人说出的话保密,当事人才能敢于大胆地吐露心扉,双方之间的信赖关系才能得以维系,有效辩护也才有实现的可能。然而,这一问题长期以来并未受到应有的重视。直到湖北省黄石市公安局下陆分局在办理一起案件时向长沙市一家律师事务所调取包括《辩护委托协议》在内的材料遭拒,律师保密规则才引起了人们的关注。《刑事诉讼法》第48条规定:"辩护律师对在执业活动中知悉的委托人的有关情况和信息,有权予以保密。但是,辩护律师在执业活动中知悉委托人或者其他人,准备或者正在实施危害国家安全、公共安全以及严重危害他人人身安全的犯罪的,应当及时告知司法机关。"《律师法》第38条也有类似规定:"律师应当保守在执业活动中知悉的国家秘密、商业秘密,不得泄露当事人的隐私。律师对在执业活动中知悉的委托人和其他人不愿泄露的有关情况和信息,应当予以保密。但是,委托人或者其他人准备或者正在实施危害国家安全、公共安全以及严重危害他人人身安全的犯罪事实和信息除外。"除了法律规定的上述例外情形,未经当事人同意,不得泄露相关信息,尤其是当事人的隐私。前几年媒体大肆披露的"李某某等人强奸案",辩护律师通过微博泄露案情和当事人隐私的事件,至今仍令人记忆犹新,事后几位律师均遭到了北京市律师协会的惩戒。这一反面事例说明律师遵守保密规则具有必要性和迫切性，我们应该从中汲取教训。如今律师（尤其是知名律师）出版"辩护实录"等书籍成为一种时尚，稍有不慎即可能泄露案情甚至当事人的隐私。为了避免发生该问题，建议律师在出书前征求案件当事人和相关人员的意见，或者隐去案件发生的地点、当事人的姓名，避免出现可使读者将其特定化的资料。对保密规则损害最大，也最令人难以容忍的是律师充当警方的"线人"或者"耳目"，揭发利用职务之便了解的当事人信息。这不仅违反了律师保密义务，而且将从根本上动摇律师制度。在上述极端情形下，其实律师已经从"法律帮助人"沦为"叛徒"。当事人或其亲属花钱请个"叛徒"，今后还有谁敢请律师呢？为了使律师能够对高高在上的公权力"说不"，很多国家的立法甚至明确规定了律师拒绝作证特权，其目的就是防止律师沦为控方证人，更好地保护当事人权益。

在当前认罪认罚从宽制度实施的背景下，应特别注意被追诉人虚假认罪认罚的问题。一个现实问题是，当律师得知当事人"替人顶罪"的事实后，能否予以披露？例如，律师从被追诉人口中得知其"替人顶罪"的事实，在律师明知其无辜时能否将其无辜的事实予以披露？对此，笔者认为律师应当予以披露，即使这种披露与被追诉人的意见相左，律师也不能继续保守秘密。守密义务设置的初衷是实现有效辩护或者代理，进而实现司法正义。此时要求律师继续守密会损害司法正义的实现。从价值考量出发，律师也不应继续保守秘密。《俄罗斯律师法》第6条第4款第3项规定："律师无权在案件中采取违背委托人意志的立场，但是律师相信存在委托人虚假地自证有罪的情形除外。"所谓"虚假地自证有罪"，是指被告人承认自己实施犯罪的全部或者部分罪过，但实际上他并没有实施犯罪。如果保守当事人秘密会导致不公正，或者给无辜的一方造成实质性损害，那么就没有理由保守秘密。

六、程序思维

随着"程序正义"理念逐渐为人们所接受，那种"程序是实体的附庸"和"为达目的而不择手段"的观念和做法遭到摒弃。"正义不仅应当实现，而且应当以人们看得见的方式实现"，这正体现了"程序正义"的价值。基于此，刑辩律师应培养和树立程序思维，善于运用程序性辩护来影响最终的实体处理结果。一是律师对于证据较多、案情复杂的案件应积极申请法院召开庭前会议，对管辖、回避乃至证据开示问题提出处理意见及其理由。二是善于和敢于提出非法证据排除申请，尤其是对"涉黑涉恶"案件、监察委员会调查的职务犯罪案件和毒品案件，更应及时提出"排非"申请，促使检察机关、人民法院进行取证合法性审查。基于检察机关所承担的控诉职能和法院中立性、独立性有待加强的问题，非法证据可能得不到排除，但是司法实务界通常将"证据能力"问题转化为"证明力"问题，对辩护方申请排除的非法证据证明力作较低评价，从而获得对当事人有利的实体结果。三是对法官随意打断律师在庭审中的发言、限制律师发言和辩论时间等侵犯律师在庭审中诉讼权利的行为，敢于及时提出"异议"。我国诉讼异议规则的异议主体是控辩双方，异议对象不仅是诉讼对方，还包括庭审法官。律师应善于利用异议权，对侵害律师辩护权的行为进行抵制。四是在当前认罪认罚从宽制度实施过程中，对限制律师阅卷权、会见权和协商权的案件，无论是值班律师还是辩护律师，均可以拒绝在认罪认罚具结书上签字，从而改变律师"见证人"的角色，真正发挥律师在认罪认罚从宽制度中的作用。五是对律师申请人民法院、检察机关调取无罪、罪轻证据或者申请人民法院通知"人证"出庭的，除了明显无"相关性"外，原则上应予支持。律师可更多地运用证据，尤其是自行调取的证据或者申请取证获得的证据进行辩护。如此，辩护才有力量，有效辩护才有实现的可能。

七、质疑思维

控方证明有罪应达到的证明标准是"排除一切合理怀疑"，而辩护方只需要证明存在"合理怀疑"即可。从这个意义上讲，辩护律师的思维应当是"质疑思维"。从某种角度来说，律师在刑事诉讼中进行辩护，其职责就是"挑毛病"。通过"挑毛病"对公权力进行监督，督促公权力主体严格、规范执法。这正体现了"以权利制约权力"的精神。孟建柱同志在 2015 年全国律师工作会议上指出："律师依法在诉讼每一个环节上较真、在案件每一个细节上挑毛病，有利于司法人员的认识更符合事情的本来面目。"律师的职能就是"较真""挑毛病"，那种所谓的律师"不要在细枝末节上纠缠"，其实就是要取消律师辩护。质疑思维要求律师不仅通过刑法学知识对犯罪构成要件进行检验，还需要对指控事实赖以成立的证据进行审视和检查，必要时甚至要对法律适用问题提出质疑。当然，律师提出质疑不能是凭空猜想，应当有一定的证据支撑，至少应有可查的"线索"。律师质疑最重要的场域是法庭，其既可以对控方的证据链条进行质疑，也可对单个证据的客观性、合法性、相关性问题提出质疑。庭审中的"质证"行为其实就是质疑，即对控方证据进行挑战。现在庭审实质化成了以审判为中心刑事诉讼制度改革的突破口，就是要解决"质证虚化"的问题。只有律师具备了质疑思维，庭审实质化改革才有实现的条件和基础。质疑思维支配下的行为方式，不仅是通过认真阅卷发现控方证据的矛盾之处，更重要的是通过调查取证来揭露矛盾。例如，被追诉人"不在犯罪现场"的证据，经过律师的调取和举示，控方精心编制的证据链条就会"不攻自破"，质疑的效果即可显现。需要注意的是，在辩护律师提出质疑的情况下，如果矛盾得到合理解释，顺利予以排除，并不影响控方证据的证据能力或者证据资格。在很多时候，控方的证据可能是"瑕疵证据"，一旦辩护方提出质疑，侦控方便应当进行"补正"或者作出"合理解释"，对弥补瑕疵、巩固证据效力的上述行为，辩护方仍可继续提出质疑，以防止"弄虚作假"行为的发生。可以说，质疑思维贯穿刑事辩护活动的始终。没有质疑，就无所谓"辩护"。

八、法理思维

律师作为法律专业人员，应当懂得并自觉运用法理学知识分析问题。鉴于我国律师制度恢复较晚，立法遵循"宜粗不宜细"的原则，因此律师一些执业规则不明确。例如，辩护律师将侦查终结后的起诉意见书交给犯罪嫌疑人阅览是否违反职业规则甚至需要追究其刑事责任？又如，我国《刑事诉讼法》规定，自审查起诉始，辩护律师即可以向被追诉人核实证据,那么核实证据的范围和方式是否应当予以限制?立法和司法解释、规范性文件并不明确。实践中争议较大的是律师可否向被追诉人核实"人证"?辩护律师可否向当事人告知阅读卷宗材料的内容或者将阅卷取得的材料交由当事人查看?再如,律师可否将卷宗材料交付当事人或者其家属阅览?实践中曾有律师因此被追究刑事责任的案例。对于上述问题,虽然立法和权威解释并不明确,但是律师仍然可运用法理思维进行判断。起诉意见书在性质上仍属于控诉的理由和根据,是起诉书形成的基础。既然我们承认被追诉人有先悉权,有权知道指控的事实和根据,那么基于刑事辩护权的需要,就必须承认被追诉人有知悉起诉意见书内容的权利。在英美对抗制诉讼中,被追诉人还享有证据开示权,通过侦控方开示证据了解指控的根据。大陆法系国家和地区均承认被追诉人有阅卷权。既然我国尚未在立法层面规定被追诉人的阅卷权,那么基于辩护防御的需要,或者认罪认罚的需要,辩护律师通过核实证据的间接方式,仍可使被追诉人知悉指控犯罪的根据。既然我国立法并没有对辩护律师核实证据的范围和方式进行限制,那么就应该认定为律师有权对所有种类的证据进行核实。律师行使的是"权利"而非"权力",对于"权利"而言,"法不禁止皆自由"的原理自有适用的空间。至于核实证据的方式,其实是授权律师根据需要采取适当的方式进行核实。在刑事司法进步、文明的今天,我们没有必要基于对"翻供"的担心采取"信息封锁""信息不对称"的方式限制律师辩护权的行使。对于律师在检察院或者法院查阅的案卷材料,从法理上讲,律师交予当事人并不存在问题。但是,如果交由当事人家属阅览,则可能会造成妨害诉讼顺利进行的法律后果。家属行动自由,且与案件结局联系过于紧密,其完全有可能干扰证人如实作证,甚至贿买证人作伪证。因此,在当事人被羁押的情况下,聘请律师乃至支付律师费是由当事人家属完成,即使这样,律师也不能为了照顾情面而满足家属的无理要求。律师在与当事人家属接触时,尤其是在讨论案情时,应当特别慎重。笔者认为,律师不必将阅卷材料和自行调取、申请调取的材料交给当事人家属查阅,也不宜告知其上述材料的内容。2017年8月27日中华全国律师协会通过的《律师办理刑事案件规范》第 37 条第 1 款规定:"律师参与刑事诉讼获取的案卷材料,不得向犯罪嫌疑人、被告人的亲友以及其他单位和个人提供,不得擅自向媒体或社会公众披露。"

九、角色思维

律师在刑事诉讼中主要是履行辩护职能,与被追诉人是一个阵营的"同盟军"。但是,在实践中,律师背弃基本职能甚至背叛"当事人",充当"第二公诉人"的现象绝非个别。例如,在当事人不认罪而作无罪辩护的情况下,律师竟然作有罪前提下的量刑辩护。又如,在被追诉人不认罪认罚的时候,辩护律师劝自己的当事人认罪认罚,或者"越俎代庖"代当事人认罪认罚。再如,律师在未与被追诉人、检察官协商的情况下就在认罪认罚具结书上签字。凡此种种,都违反了律师的辩护职能。《刑事诉讼法》第 37 条和《律师法》第 31 条均规定辩护人的职责是根据事实和法律,提出犯罪嫌疑人、被告人无罪、罪轻或者减轻、免除其刑事责任的材料和意见,维护犯罪嫌疑人、被告人的诉讼权利和其他合法权益。辩护律师是检察官职业上的"天敌",正是因为控辩分离,才能使得刑事诉讼"三方构造"的诉讼格局得以运转,程序正义才能实现。然而,实践中一些辩护律师,尤其是法律援助律师"配合有余、制约不足"。他们中有的人为了与检察官"搞好关系",以便在今后的工作中获得"好处",在本该提出"排非"申请时却拒绝提出,有的人自愿在认罪认罚案件中为检察机关"背书",充当"见证人"角色。因此,律师在刑事辩护活动中对自己的角色应有清醒的认识,明白自己是辩护阵营的重要成员,其辩护观点和策略不应与当事人相左。律师辩护应从"绝对独立"走向"相对独立",并将"辩护协商"作为一种常态,如果辩护意见和策略不被当事人接受,要么改变自己的思路,与当事人保持一致;要么辞去委托,不能采取与当事人不同的立场。否则,"自说自话"必然会导致辩护力量相互抵消、辩护阵营土崩瓦解。

虽然辩护律师是被追诉人的"同盟军",但这并不意味被追诉人可以"牵着律师的鼻子走",律师仍有决定是否为其辩护的独立权利,即律师有权拒绝辩护,即便辩护关系已经成立。根据我国《律师法》的规定,律师拒绝辩护要有"正当理由",所谓的"正当理由",主要是指《律师法》规定的"三种情形",即"委托事项违法、委托人利用律师提供的服务从事违法活动或者委托人故意隐瞒与案件有关的重要事实"。上述前两项中的"违法"应该是广义的"违法",不仅包括行政违法,还包括严重违法——犯罪和较轻违法——违反律师职业道德的行为。实践中"委托事项违法"主要是整体违法或者一般违法,即委托人或者家属委托律师对明知有罪的人采用行贿办案人员、制造伪证等"腐败"方法,使被追诉人逃避法律追究。例如,在一起强奸案件开庭审理的前夕,被告人与辩护人商定,他们的辩护方针是使被害人名誉扫地。即明显虚假地声称,被害人以自己的行为挑逗强奸犯,举止轻浮、解开衣服等。虽然预备实施诽谤难以受到刑法的追究,但是可能会被认为是违反律师职业道德的行为,即律师接受了"明显违法"的委托。在此种情形下,律师有权拒绝辩护。除上述法定情形之外,当辩护律师与当事人之间的信任关系遭到严重破坏时,律师也可辞去委托。当事人与律师之间的信任关系是辩护关系存续的基础,如果当事人向律师撒谎或者故意制造伪证,律师可能会产生一种"被欺骗"的感觉,双方之间的信任关系将荡然无存。如果没有修复的可能,应当允许律师退出辩护活动。此外,如果当事人拒绝支付律师费或者拖欠数额巨大的律师费,经律师催要,当事人及其家属拒绝支付的,律师也可以退出辩护。

十、底线思维

底线思维,既是党的十九大报告对公职人员的要求,也是广大律师应当具备的基本品质。对刑辩律师的执业行为,既要保障,也要规范。如何规范?就是要求律师树立"底线思维"。当前应重点关注以下五个方面的问题:一是服从法庭指挥,维护法庭秩序。律师作为法律共同体的一员,应当自觉遵守法庭规则,听从审判长的指挥,维护法庭秩序。在实践中,那种对法官的审判指挥权不满,动辄"退庭"的行为,不仅侵犯了被告人的辩护权,也破坏了法庭秩序，理应受到应有的惩戒。有一些律师，因为自己提出的申请得不到法院的支持就与法庭"争执不休"，不仅降低了庭审效率，也损害了法庭尊严和司法公信力。还有一些律师，在庭审过程中"语言低俗"，简直令人瞠目，损害的是整个律师群体的形象。二是切实履行对当事人的忠诚义务。"受人之托，忠人之事。"律师忠诚于自己的当事人，乃辩护有效性的前提。对此，《律师法》亦有明确规定。对于当事人不愿泄露的个人私密事务，如果没得到同意或许可，律师不得向外界披露。例如，职务犯罪案件中当事人的"特定关系人""私生子"和"房产"等信息，可能连其配偶都不愿透露，律师更应当保守秘密，这体现了对当事人的忠诚。三是依法履行对法庭的真实义务。律师对当事人的忠诚义务与对法庭的真实义务经常发生矛盾，如何平衡二者的冲突是中外律师制度共同面临的一大"难题"。例如，当事人告诉辩护律师其将在庭审中作伪证，此时律师能否将当事人的该项意图告知法庭？律师对法庭的真实义务要求律师不得故意向法庭提供明知是虚假的证据、不能故意误导法庭，对法庭承担的是一种"消极的真实义务"。这是律师执业的底线要求。四是不得干扰证人作证或者威胁、引诱证人违背意愿提供虚假陈述。这是律师在调查取证过程中需要注意的问题，也是刑辩律师需要防控的"风险点"，近年来刑辩律师被惩戒甚至被追究刑事责任，大多源于此问题。为此，律师在调查取证时应当注意以下问题：第一，两人以上进行调查取证，尽可能对询问全过程进行录音录像；第二，不要在当事人的家中或者当事人亲属在场的情况下进行询问，目的是防止证人不能客观提供证言。中国是一个"人情社会"，"乡里乡情"在无形中会给证人作证带来压力。第三，律师通过阅卷获得的指控犯罪证据材料，不能提供给当事人的家属，防止家属干扰证人作证或者贿买证人提供虚假证言。虽然21世纪初期，河南省焦作市的于某律师二审被认定为不构成"泄露国家秘密罪"进而被宣告无罪，但这并不意味着律师可以将阅卷和调查取得的证据材料内容告知当事人家属或者直接交予家属查阅。第四，律师会见当事人须严格遵守各项制度。除了不得沉默传递纸条、信件外，律师还不得引诱、教唆当事人翻供，但可以建议其保持沉默。当然，公安、司法机关应保证律师会见时的秘密交流权，不得通过技术手段和耳朵监听。一旦违反，由此获得的材料将不得作为指控律师犯罪的证据使用。江西"熊昕案"的启示即在于此。

上编 01

刑事辩护的基本理论

第一章

自行辩护，另寻出路

尽管自行辩护在我国辩护体系中居于基础地位，但是近年来，学界对辩护制度的研究却更多地聚焦于律师辩护，对被追诉人自行辩护问题关注不够。所谓"自行辩护，指犯罪嫌疑人、被告人自己针对指控进行反驳、申辩和解释的行为"〔1〕。目前，我国绝大部分刑事案件都是由被追诉人自行辩护。"根据中华全国律师协会的统计，刑事案件被告人律师出庭的辩护率不超过30%，也就是70%的刑事案件被告人没有律师辩护。"〔2〕在没有律师参与的情况下，被追诉人自行辩护状况如何？在刑事案件律师全覆盖的背景下应否限制被追诉人的自行辩护权以及如何进行限制？如果由被追诉人自行辩护，如何保障自行辩护与律师辩护具有类似"效果"？在有律师参与辩护的案件中，如何处理自行辩护与律师辩护的关系？这些都是值得关注并深入研究的问题。虽然刑事案件律师辩护全覆盖有助于提升律师辩护比例，但是随着认罪认罚从宽制度的实施、刑事速裁程序的适用，律师参与率低的状况在短期内仍难以有较大改善。即便实施刑事案件律师辩护全覆盖试点，自行辩护问题也仍不容忽视，自行辩护的质量有待提高。在很多情况下，最好的辩护人有可能就是被告人自身。例如，在江西省南昌市中级人民法院审理的"周文

---

〔1〕 陈光中主编：《刑事诉讼法》，北京大学出版社、高等教育出版社2002年版，第134页；陈光中、徐静村主编：《刑事诉讼法学》（修订第2版），中国政法大学出版社2002年版，第117页。

〔2〕 卞建林等：《新刑事诉讼法实施问题研究》，中国法制出版社2018年版，第46页。

斌案"中，被追诉人作了比较充分的自行辩护；又如，作为当事人的被告人以申请非法证据排除为由进行程序性辩护，对于是否遭到刑讯逼供，被告人最为清楚，如果真的遭受刑讯逼供，只有他（她）才能讲清楚刑讯逼供的时间、地点、主体和方式等细节。而且，其最了解案件的具体情况，有最大的利益需求和最强烈的辩护成功欲望，常常能够深入研究与自身案情相关的问题。例如，周文斌利用概率论对证据提出质疑。[1] 笔者认为，自行辩护有两种表现形态：无律师参与的纯粹的自行辩护和有律师参与的非纯粹的自行辩护。本章将在此两种意义上对自行辩护展开研究。根据我国相关司法解释的规定，自行辩护与辩护人辩护并非非此即彼的关系，即便是在有辩护人参与的情况下，仍然存在自行辩护的问题。[2]

最高人民法院、司法部《关于开展刑事案件律师辩护全覆盖试点工作的办法》（以下简称《全覆盖办法》）第6条第2款规定："按照本办法第二条第三款规定应当通知辩护的案件，被告人坚持自己辩护，拒绝法律援助机构指派的律师为其辩护，人民法院准许的，法律援助机构应当作出终止法律援助的决定；对于有正当理由要求更换律师的，法律援助机构应当另行指派律师为其提供辩护。"第2条第3款规定："除前款规定外，其他适用普通程序审理的一审案件、二审案件、按照审判监督程序审理的案件，被告人没有委托辩护人的，人民法院应当通知法律援助机构指派律师为其提供辩护。""全覆盖"试点较好地体现了尊重被告人意愿的精神，被告人可拒绝法律援助机构提供的辩护，而行使自行辩护权。其前提是"人民法院准许的"。那么，法院准许与否的判断标准是什么？考量因素有哪些？对于这些问题，该办法语焉不详，也需要从理论上作出阐释。

如前所述，学界对自行辩护问题重视不够，很大程度上在于我

---

[1] "南昌大学原校长周文斌受审用概率论质疑证据"，载 https://xw.qq.com/cmsid/201501230011510，最后访问日期：2019年8月15日。

[2] 最高人民法院《关于适用〈中华人民共和国刑事诉讼法〉的解释》第281条之规定："法庭辩论应当在审判长的主持下，按照下列顺序进行：（一）公诉人发言；（二）被害人及其诉讼代理人发言；（三）被告人自行辩护；（四）辩护人辩护；（五）控辩双方进行辩论。"

们没有认识到自行辩护的意义。一是辩护是被告人获得公正审判权的保障。无论是自行辩护还是律师辩护，都应当关注辩护的效果。尤其是在目前刑事案件基本靠被告人自行辩护的情况下，更需要关注自行辩护的质量和效果。《欧洲人权公约》第6条第3款第（c）项规定了被追诉人"由本人或律师协助进行辩护的权利"（right to defend oneself in person or through legal assistance），赋予被追诉人自行辩护权的目的是实现法院对案件的公正审判。"世界上所有文明国家的立法实践都确定了辩护权，被告人不仅可以通过本人的力量进行辩护，还可以吸收其他人进行辩护，被吸收进行辩护的人根据现有的技能可以专业地、有效地进行辩护。"[1] 二是在实践中自行辩护不受重视、效果不彰，也与学界对此问题的研究匮乏有关，诸多问题理论研究的空白或者肤浅导致学界难以为制度制定和实践运行提供智识支持，迫切需要辩护制度理论研究的转型，即从以"律师"为中心转向以"被追诉人"为中心，无论是制度完善还是权利保障，均应如此。三是自行辩护未必在任何案件、任何事项上都弱于律师辩护，被追诉人作为案件的亲历者，其对事实问题和程序事项的辩护是律师辩护所无法比拟的，律师仅是法律方面的专家。因此，在涉及事实和程序问题的辩护时，更应倾听被追诉人的意见。四是即便推行刑事案件律师辩护全覆盖试点，也可能会存在"律师数量有限"和辩护"量大""质不高"问题，被告人自行辩护仍无法被替代。五是自行辩护是认罪认罚从宽制度实施的重要保障。由于被告人已经认罪认罚，庭审过程中委托律师进行辩护的动力将大大减弱，该类案件基本上都是由被告人自行辩护。因此，应当重视对被告人自行辩护权的保障。自行辩护的效果直接影响法院对被告人认罪认罚自愿性、真实性的审查，而这是认罪认罚从宽制度正确实施的重要保障。六是在由律师参与辩护的案件中，即所谓的"不纯粹的自行辩护"案件中，应当注意协调被告人与律师辩护立场的统一，防

---

[1] 转引自［俄］尤·彼·加尔马耶夫：《俄罗斯刑事诉讼律师违法活动面面观》，刘鹏、丛凤玲译，中国政法大学出版社2013年版，第11页；［俄］B. 沃尔科夫、A. 波多利内："如何保障职业化的法律帮助？"，载《俄罗斯司法》2000年第9期。

止"自说自话"导致的辩护力量相互抵消、辩护合力难以实现的问题。

本章拟结合笔者对我国自行辩护实践的长期观察和对域外制度的考察,就以下问题展开分析:一是自行辩护的局限性及其原因分析;二是自行辩护优位及其理论;三是对纯粹自行辩护权进行限制及其依据;四是对纯粹自行辩护权的保障措施;五是非纯粹的自行辩护与律师辩护的关系。

一、自行辩护的局限性及其原因分析

(一)纯粹的自行辩护的局限性

没有辩护人帮助的自行辩护是一种纯粹的自行辩护,也是具有典型意义的自行辩护。据笔者的长期观察,这种自行辩护不仅时间短、内容单一,而且缺乏针对性和实效性,仅提出辩护观点,缺乏必要的论证,在很多时候不被法官重视,辩护意见常难以被法院采纳,辩护常常流于形式,辩护效果不佳,难以与强大的控诉方相抗衡。究其原因,是以下三重矛盾综合作用的结果:一是被追诉对象与辩护主体的矛盾。被追诉人与诉讼结局存在着密切联系,很难客观、冷静地对案件作出评判,其发表的辩护意见个人色彩太强,难以为法庭所接受。正如学者林钰雄所言,造成被告与国家间实力落差最重要的原因:一来是以强大组织为后盾的国家机关,为求真相之发现,得对被告进行调查程序并发动强制处分,因而与被告的实力并不平等;二来是被告的法律知识与国家的专职法律人员并不相当。其实,"当事者迷,旁观者清",纵使是具有法律专业知识的被告人,由于被追诉的心理压力,也很容易误判情势乃至陷入六神无主的混乱状态。至于羁押中的被告,事实上更是欠缺防御能力,难以有效行使防御权利。[1] 二是辩护要求与条件限制的矛盾。我国立法对被告人自行辩护给予了过高期望,然而被告人并非法律专业人士,缺乏法律知识和诉讼经验,难期其运用诸如犯罪构成要件理论

---

[1] 林钰雄:《刑事诉讼法》(上册·总论篇),中国人民大学出版社2005年版,第158页。

进行专业化论证，其辩护要么"不着边际"，要么"草草收场"，"不得要领"是这类辩护的共同特点，且被追诉人大多被羁押，调查取证权其实已被剥夺。我国刑事案件羁押率过高是一个不争的事实。由此带来的问题是，这部分人无法针对指控提出对自己有利的证据，运用证据进行防御的权利事实上并不存在。三是辩护能力与诉讼权利受限的矛盾。根据我国《刑事诉讼法》的规定，辩护律师享有会见权、阅卷权，而被告人并不具有这些权利。在被告人事先不了解指控证据和内容的情况下，怎能期待其进行有针对性的反驳和防御呢？即便是针对控方证据链的薄弱环节或者证据漏洞展开辩护也是不可能的。

（二）非纯粹的自行辩护的局限性

非纯粹的自行辩护也是研究自行辩护所不可忽视的一个问题。在非纯粹的自行辩护中，尽管有律师的协助，但是被追诉人自己的辩护往往不尽如人意。表现在两个方面：一是律师成了辩护活动的主导者，被告人处于依附地位。一般而言，律师的辩护权，除了法律规定外，还来自被追诉人及其家属的委托，律师是协助被追诉人行使辩护权的，应当以被追诉人合法权益为中心。但是，在辩护问题上，律师与当事人之间的关系发生了错位。庭审过程中，律师成了辩护阵营的"主角"，而被告人则成了"配角"。因当事人与律师就辩护方案事前缺乏"辩护协商"，当事人自行辩护的空间不大，要么显得"过于重复"，要么自行放弃，并委于律师代为行使。无论哪种情形，被告人通过自行辩护影响裁判结果的努力均无多少实际意义。二是被告人自行辩护与律师辩护发生冲突时，不仅会给法院裁判说理论证带来困难，而且会削弱辩护的力量。被告人与律师之间的辩护冲突，既可能是罪与非罪、此罪与彼罪，也可能是量刑问题，无论哪种情形，都会使辩护效果相互抵消、辩护力量被削弱。因为，无论是自行辩护还是律师辩护，代表的都是辩护方，只有形成辩护合力，才能"重拳出击"，防御力量才可能强大。[1] 此外，在"辩

---

[1] 韩旭："被告人与律师之间的辩护冲突及其解决机制"，载《法学研究》2010年第6期。

护冲突"的案件中，法院对辩护意见采纳与否的说理论证难度增加，本来应该进行具体说理的，可能"概括说理"，甚至完全"不说理"。裁判文书作为诉讼的结果，是法官理性和良知的一面镜子，应当反映控辩双方的意见及其采纳情况，如果"不说理"或者"说理不透"，不但会影响律师辩护技能的提高，还可能引发上诉率、信访率的上升，不利于服判息诉工作的开展。

二、自行辩护优位及其理论

一个人面对指控时的本能反应就是为自己辩解、辩护。因此，自行辩护在辩护体系中具有本源性、基础性。我国法律和《全覆盖办法》也体现了对被追诉人主体地位的尊重，强调除特殊情形下，自行辩护优于委托辩护和法律援助通知辩护。例如，2018年《刑事诉讼法》第45条规定："在审判过程中，被告人可以拒绝辩护人继续为他辩护，也可以另行委托辩护人辩护。"即便是《全覆盖办法》也在一定程度上尊重被告人的自行选择权，为自行辩护预留了一定的制度空间。例如，《全覆盖办法》第6条第2款规定："……被告人坚持自己辩护，拒绝法律援助机构指派的律师为其辩护，人民法院准许的，法律援助机构应当作出终止法律援助的决定；……"被追诉人拒绝律师辩护，坚持自己辩护，体现了对自行辩护权的坚守。那么人们不禁要追问：其理论依据何在？为何自行辩护优位？笔者将试图做一分析回应。

第一，辩护权的权利属性。既然辩护权是一种权利，那么对权利的放弃便不会导致不利的后果。就委托辩护而言，其是一种公法上的关系，并非完全的民事契约，律师参与到刑事诉讼之中，离不开被告人的委托或者事后同意。因此，被告人既可以委托律师辩护，也可以解除委托关系，自己行使辩护权。被告人在事关切身利益的问题上具有明显的优势。在终止辩护问题上，其与律师具有不平等的法律地位。被告人终止辩护无需"理由"，而律师必须在具备法定情形下方可辞去委托。就法律援助通知辩护而言，此乃国家的一项义务，对被追诉人则是一项权利——免费享有国家提供的法律服务。从"权利"意义上理解辩护权，不难得出"自行辩护优位"的结论。

第二，自行辩护效果未必差于律师辩护。辩护无非是围绕控方指控的犯罪事实和法律适用问题展开的防御活动。律师作为法律方面的专家，无疑在法律适用方面具有比当事人更大的优势，能够较为准确地对本案的性质和后果依据法律作出判断。但是，作为当事人的被追诉人亲自经历过案件事实，可谓"感同身受"，其最应该知道指控的不实之处和薄弱环节，从而作出对自己最为有利的辩护。所以，在事实问题上，辩护律师未必比当事人更具优势。因此，其就事实问题自行辩护，效果未必差于律师辩护。基于此，《俄罗斯律师法》第 2 条第 1 款赋予律师的地位是对于法律问题的独立顾问。[1] 如前所言，最好的辩护人莫过于被告人自身，其对辩护成功的欲望必定大于辩护律师。

第三，巩固被追诉人诉讼主体地位的需要。刑事诉讼中被追诉人作为"逆来顺受"的诉讼客体现象亟须改变。增强被追诉人诉讼主体地位首先表现在其能够自行辩护，并且自行辩护意见能够得到公权机关的重视。在《刑事诉讼法》中，被追诉人名义上是一方当事人、是诉讼主体，但是实际上却无法摆脱客体化的命运，他们的自行辩护权受到漠视甚至排斥，不利于巩固其诉讼主体地位。"法律赋予犯罪嫌疑人、被告人以辩护权的一个重要目的，就是要使犯罪嫌疑人、被告人从诉讼客体的地位中解放出来，成为诉讼的主体。"[2]

第四，被追诉人与律师之间的信任关系难以确立。被追诉人最信任的人当然是他（她）自己，在被追诉人坚持自己辩护的情况下，如果政府硬生生地塞给他（她）一个辩护律师，那么这种信任关系必然难以建立起来。因为，在被追诉人看来，"政府律师"可能也是"政府官员"，不是帮助自己"说话"，而是政府的"代言人"，双方之间的信任关系难以确立。虽然信任关系不是有效辩护的充分条件，但绝对是一项必要条件。"如果委托人对律师已经丧失了信任，再允

---

[1] [俄]尤·彼·加尔马耶夫：《俄罗斯刑事诉讼律师违法活动面面观》，刘鹏、丛凤玲译，中国政法大学出版社 2013 年版，第 47 页。

[2] 陈光中主编：《刑事诉讼法》，北京大学出版社、高等教育出版社 2002 年版，第 133 页。

许将这种关系勉强维持下去无疑会损害委托人的利益。因此，一旦委托人提出解雇律师，则律师没有选择权。"[1] 被追诉人不信任律师便不会对律师讲"实话"，律师的辩护效果必然会大打折扣。如果不尊重被追诉人自行辩护的选择，可能会导致以上四种后果，遭遇"适得其反"的状况。

综上，未来的辩护发展趋势应当是更加尊重被追诉人意志的自由，在被告人获得公正审判权大体能够得到保障的情况下，政府不应过多干预被追诉人的选择，只要这种选择是自愿且明智的，并且在选择前给予了必要的提示——对可能面临的不利后果的预警。否则，可能会出现"出力不讨好"的结果。

随着羁押必要性审查制度和认罪认罚从宽制度的实施，人权司法保障的加强，刑事案件中被追诉人羁押率会逐渐下降，进而为自行辩护创造有利条件：一是有充分时间和便利查阅与自己案件有关的法律书籍，进行知识储备；二是更方便向律师、法学教授等法律专家请教有关法律问题，从中获得咨询服务；三是可以寻找对自己有利的证人，调查取证，获取辩护证据。因此，非羁押诉讼有利于自行辩护活动的开展，降低羁押率也是未来刑事司法的重要发展方向。

三、对纯粹自行辩护权进行限制及其依据

（一）对纯粹自行辩护进行限制的依据和具体情形

对纯粹的自行辩护权进行限制，由律师帮助进行辩护，不仅是域外的普遍做法，也为中国制度和实践所确认。"普通人从日常生活中，突然被带入复杂庞大的司法体系中，被控以犯罪，又受生命、自由、财产的威胁，常彷徨无依不知所措，律师能提供专业的知识，教导当事人如何应对，如何保存或调查证据，对被告人的重要性，不容否认。"[2] 考察各国对自行辩护权进行限制的初衷，无一例外均是保障被告人获得公正审判权。而获得律师辩护被认为是公正审

---

[1] 王进喜：《美国律师职业行为规则理论与实践》，中国人民公安大学出版社2005年版，第134页。

[2] 王兆鹏：《美国刑事诉讼法》，北京大学出版社2005年版，第351页。

第一章 自行辩护，另寻出路

判的主要内容。一般认为，所谓的辩护制度，通常是指由律师帮助辩护的制度。辩护制度是弥补被告人与国家间实力落差并实现公平审判原则的必要配备。虽说完完全全的"武器平等"在侦查程序中，乃至在整个刑事诉讼中，皆属遥不可及的梦想，但是透过辩护制度适度平衡双方的差距仍属可能，并且也是公平程序的最低要求。[1] 欧洲人权法院在"加尔斯蒂安诉亚美尼亚案"（Galstyan v. Armenia）中，给出了是否允许被追诉人进行自行辩护的双重判断标准，认为只有在符合特定条件的情况下，国内法院才可以不再为被追诉人指派辩护律师：其一，被追诉人自愿且以明确的方式放弃获得律师帮助的权利；其二，没有律师辩护并不影响案件的公正审判。[2] 对被追诉人自行辩护权进行限制，不应具有普遍性，仅限于特殊类型的案件。根据我国《刑事诉讼法》的规定，限制纯粹的自行辩护权也是基于案件特殊性的考虑。这种特殊性主要体现在以下三个方面：一是被追诉人的身体或者精神特殊；二是被追诉人身份特殊；三是被追诉人可能面临的刑罚后果特殊。[3] 在上述三种案件中，要么被追诉人的认知能力受限，要么表达能力不足，要么两者兼而有之，从而影响了自行辩护权的正常行使，需要借助专业的律师帮助辩护。可以说，对自行辩护权进行限制是刑事辩护的一种例外情形，是不得已而为的选择。只能是一种补充，而不能成为常态。

刑事辩护具有公益性的特点，表现在协助处于弱势地位的被告

---

[1] 韩旭："被告人与律师之间的辩护冲突及其解决机制"，载《法学研究》2010年第6期。

[2] See Galstyan v. Armenia, [2008] ECHR, 26986/03, at [91].

[3] 根据2018年《刑事诉讼法》第35条第2、3款的规定："犯罪嫌疑人、被告人是盲、聋、哑人，或者是尚未完全丧失辨认或者控制自己行为能力的精神病人，没有委托辩护人的，人民法院、人民检察院和公安机关应当通知法律援助机构指派律师为其提供辩护。犯罪嫌疑人、被告人可能被判处无期徒刑、死刑，没有委托辩护人的，人民法院、人民检察院和公安机关应当通知法律援助机构指派律师为其提供辩护。"第278条规定："未成年犯罪嫌疑人、被告人没有委托辩护人的，人民法院、人民检察院、公安机关应当通知法律援助机构指派律师为其提供辩护。"根据最高人民法院《关于适用〈中华人民共和国刑事诉讼法〉的解释》第50条第2款之规定："属于应当提供法律援助的情形，被告人拒绝指派的律师为其辩护的，人民法院应当查明原因。理由正当的，应当准许，但被告人应当在五日以内另行委托辩护人；被告人未另行委托辩护人的，人民法院应当在三日以内通知法律援助机构另行指派律师为其提供辩护。"

人、维护公正的程序,即使是违背被告人的意思也要维护被告人的利益上。[1] 在"全覆盖"试点中,对于适用普通程序审理的一审、二审和再审案件,也存在对自行辩护权的限制问题,但《全覆盖办法》并未言明哪些情形下允许自行辩护,哪些情形下限制自行辩护并由法律援助律师提供辩护,而是授权法官进行自由裁量。笔者认为,除 2018 年《刑事诉讼法》规定的五种应当通知辩护的情形外,在下列案件中,也可以限制被告人自行辩护权的行使,由法院通知法律援助机构提供辩护服务:一是共同犯罪案件中,其他被告人已经委托律师辩护或者法律援助机构已经为其提供律师辩护的。在共同犯罪案件中,容易出现各被告人相互推卸责任的问题,在各被告人供述存在"实质性差异"的情况下,甚至需要组织各被告人同时到庭进行"对质"活动,律师将会在其中"大显身手"。如果其他被告人都有律师辩护,而该被告人只能自行辩护,那么该被告人在审判中将处于非常不利的境地,难期获得公正审判。二是非认罪认罚的案件。在认罪认罚案件中,被追诉人对定罪和量刑均无异议,其辩护的动力大大减弱,因此值班律师也无须提供出庭辩护服务,由被告人自行辩护即可。但是,与认罪认罚案件相比,在非认罪认罚案件中,被告人对事实证据和法律适用问题可能存在异议,限制其自行辩护,由律师帮助其进行辩护更有利于维护其合法权益。三是案情重大复杂或者被告人可能判处 3 年以上有期徒刑的案件。案情重大复杂的案件,由被告人自行辩护往往会显得"力不从心",难以胜任辩护工作。其实,《刑事诉讼法》及其司法解释对"被告人可能判处死刑、无期徒刑"案件自行辩护权的限制,也是基于案情"复杂重大"的考虑。随着我国律师队伍的壮大,刑事司法人权保障水平的提高,可考虑将"被告人可能判处 3 年以上有期徒刑"的案件纳入"全覆盖"范围,由法律援助律师承担辩护职责。而且,以"3 年有期徒刑"为标准,区分重罪与轻罪,比较符合我国司法人员

---

[1] [日]田口守一:《刑事诉讼法》(第 5 版),张凌、于秀峰译,中国政法大学出版社 2010 年版,第 187 页。

的文化观念,也便于实践操作。"刑事诉讼的历史就是辩护权扩充的历史。"[1]《日本刑事诉讼法》历经修改,在2009年将指定辩护的范围扩大到可能判处死刑、无期徒刑或者最高3年以上惩役或者禁锢的案件。[2] 四是除了上述三个方面外,应当增加"案件性质特殊"情形,对于那些法律关系复杂,涉及罪与非罪、此罪与彼罪认定的案件,也应限制被告人的自行辩护权。例如,对于危害国家安全犯罪案件、恐怖活动犯罪案件、贪污贿赂犯罪案件、涉黑涉恶案件和毒品犯罪案件以及其他可能判处3年以上有期徒刑的案件,均可以限制被告人的自行辩护权,由法律援助律师提供辩护。[3] 此外,案情"重大复杂"的案件,通常会召开庭前会议,解决非法证据排除等程序问题,而这些问题大多涉及法律适用问题,没有律师的帮助,当事人将"寸步难行"。[4]

既然要对被告人的自行辩护权进行限制,那么必须要提高律师辩护的质量,进而实现从"有辩护"向"有效辩护"的转型。对于限制自行辩护权的,被告人有两种选择:委托辩护或者由法律援助律师提供的通知辩护。实践中,除少量的委托辩护外,大部分是"通知辩护"。为此,提高辩护质量,重点放在改善"通知辩护"的质量上。首先,通知法律援助机构提供辩护是政府的一项义务,政府服务一定要"到位"——保证质量。一旦这类案件日后发现存在冤假错案,除了追究公、检、法办案人员的责任外,也要审查律师辩护是否"勤勉尽责",是否指出了案件中存在的"疑点",否则法律援助律师也要承担相应的责任,这种责任其实是政府责任的具体化。

---

[1] [日] 田口守一:《刑事诉讼法》,刘迪、张凌、穆津译,卞建林审校,法律出版社2000年版,第89页。

[2] [日] 田口守一:《刑事诉讼法》(第5版),张凌、于秀峰译,中国政法大学出版社2010年版,第107页。

[3] 根据2018年《刑事诉讼法》第150条第1款之规定:"公安机关在立案后,对于危害国家安全犯罪、恐怖活动犯罪、黑社会性质的组织犯罪、重大毒品犯罪或者其他严重危害社会的犯罪案件,根据侦查犯罪的需要,经过严格的批准手续,可以采取技术侦查措施。"因采取技术侦查措施的案件,在法理上一般认为仅限于"重大复杂案件"。

[4] 《关于办理刑事案件严格排除非法证据若干问题的规定》第19条第2款规定:"法律援助值班律师可以为犯罪嫌疑人、被告人提供法律帮助,对刑讯逼供、非法取证情形代理申诉、控告。"

其次，提升辩护质量为法院限制被告人自行辩护权提供了实践依据，有利于促进被告人与法律援助律师之间的信任关系，推动辩护质量提高。为此，应当改革我国的法律援助辩护制度。一是改变目前仅提供一名法律援助律师进行辩护的做法，为被告人提供两名或者两名以上的律师进行辩护；二是尊重被告人意愿，有条件的地方可以保障被告人从辩护律师名录中进行选择的权利，当前刑事辩护律师库的建立为被告人的选择提供了条件。[1] 法律援助机构应当将附有律师简历的名单发送到看守所或者公安、检察、法院的刑事办案部门。

（二）对纯粹自行辩护进行限制的程序

我国规定了被告人可以"无理由"地拒绝律师辩护，且不受任何限制。[2] 这关乎被告人拒绝辩护后自行辩护权的行使问题。从域外情况来看，在美国刑事诉讼中，被告人自行辩护要经过法院审查同意，一旦批准自行辩护，被告人就享有辩护人的法律地位。在审判程序中，委托人对律师的解雇往往需要得到法院的批准，在马上就要开始审判的情况下，委托人的要求很可能被驳回。[3] 根据《美国律师协会职业行为示范规则》（2004年）第1.16（c）项之规定："律师必须遵守要求在终止代理时对裁判庭进行通知或者得到裁判庭允许的现行法律。如果裁判庭命令律师继续代理，则尽管存在着终止代理的正当理由，律师仍应当继续代理。"[4] 从美国的规定看，虽然辩护系被告人与律师之间的委托关系，但与一般的民事契约关系不同，是否维系辩护关系仍需受到法院的审查。在一些情况下，如果律师退出辩护会给委托人造成不利影响，即使继续辩护会给律师造成很大困难，法院也不会批准律师退出辩护。[5] 笔者以为，我

---

[1]《全覆盖办法》第7条第2款规定："有条件的地方可以建立刑事辩护律师库，为开展刑事案件律师辩护全覆盖试点工作提供支持。"

[2] 2018年《刑事诉讼法》第45条规定："在审判过程中，被告人可以拒绝辩护人继续为他辩护，也可以另行委托辩护人辩护。"《律师法》第32条第1款规定："委托人可以拒绝已委托的律师为其继续辩护或者代理，同时可以另行委托律师担任辩护人或者代理人。"

[3] 王兆鹏：《美国刑事诉讼法》，北京大学出版社2005年版，第134页。

[4]《美国律师协会职业行为示范规则（2004）》，王进喜译，中国人民公安大学出版社2005年版，第53页。

[5] 王兆鹏：《美国刑事诉讼法》，北京大学出版社2005年版，第135页。

国允许被告人"自由"地拒绝律师辩护而由其自行辩护,并不利于被告人辩护权的实现。被告人因不懂法律或者基于经济因素的考虑而"随意"拒绝律师辩护的情形不可避免。《全覆盖办法》规定:"人民法院准许的"意味着人民法院对被告人自行辩护是需要进行审查的。因此,对于已经委托律师进行辩护的案件,如果在审判阶段被告人欲拒绝律师为其辩护而自行辩护,应当接受法院的审查。如果拒绝律师辩护将使被告人在审判过程中陷入明显不利的状态,也就是被告人将不可能获得公正审判,法院有权让该辩护人继续辩护,从而对被告人的自行辩护权进行限制。所谓的"在审判中陷入明显不利状态"的情形,包括案情复杂重大、被告人显然难以胜任辩护工作;被告人拒绝律师辩护后短时间内难以找到合适的辩护人,可能造成审判严重拖延;辩护人在前期接受委托期间勤勉尽责,已经会见被告人并阅卷,为庭审辩护做好较为充分的准备工作;通知辩护情形下律师提供免费的法律援助;等等。法院在进行审查前,应当告知被告人律师辩护的意义以及放弃律师辩护可能面临的不利后果,只有在被告人明智且明示的情况下,法院才可进行审查。

四、对纯粹自行辩护权的保障措施

在欧洲大陆,被告人自行辩护原则上应当被保障。在通常情况下,被告人根据自己的意愿自行出庭辩护会被允许,并且近年来,在立法和司法实践中更加倾向于尊重被告人选择辩护方式的自主性。[1]在美国,被告人一旦被法院批准为自身案件的辩护人,其就拥有了辩护人的诉讼地位。

---

[1] 欧洲人权法院在处理"科瑞亚诉葡萄牙案"(Correia de Matos v. Portugal)(2018年)时曾调查了葡萄牙以外的35个缔约国,有31个国家(奥地利、阿尔巴尼亚、亚美尼亚、波斯尼亚和黑塞哥维那、保加利亚、克罗地亚、爱沙尼亚、芬兰、法国、格鲁吉亚、德国、希腊、匈牙利、爱尔兰、拉脱维亚、立陶宛、卢森堡、马耳他、摩尔多瓦共和国、摩纳哥、黑山、荷兰、波兰、罗马尼亚、俄罗斯联邦、斯洛伐克、斯洛文尼亚、瑞典、土耳其、乌克兰和联合王国)将被告人自行辩护确立为辩护的一般原则,只有4个国家(意大利、挪威、圣马力诺和西班牙)禁止自行辩护。但无论一般原则是授权还是禁止自行辩护,几乎所有国家都规定了一般原则的例外。See Correia de Matos v. Portugal, [2018] ECHR, 56402/12, at [131].

《宪法》第 130 条规定："……被告人有权获得辩护。"该规定既没有被放在《宪法》序言和总纲中，也没有被放在公民的权利和义务中，而是被放在了国家机构中。《宪法》作为规范国家公权力、保障公民私权利之法，在"国家机构"一章中专门规定"被告人有权获得辩护"，其意蕴是一方面强调国家机构（特别是司法机关）有义务保障被告人自己进行辩护；另一方面强调国家机构也有义务为维护被告人的辩护权提供帮助。党的十八届四中全会通过的《中共中央关于全面推进依法治国若干重大问题的决定》要求"加强人权司法保障"，着重指出要强化诉讼过程中当事人的知情权、陈述权、辩护辩论权、申请权、申诉权的制度保障。然而，自行辩护质量不高、效果不彰是一个不争的事实。这除了与被告人自身欠缺法律知识和诉讼经验有关外，也与其诉讼权利受限有关。如果被告人既不具备法律专业知识，又无相应的辩护权利，那么无疑是"雪上加霜"，在诉讼中处于"被动挨打"的境地。在律师协助进行辩护的案件比例在短期内难以有较大提高、被告人不得不依靠自己进行辩护的情况下，重视并逐步提高自行辩护的质量可能是一条实现实体公正和程序公正的正义之路。在刑事案件律师辩护全覆盖试点中，在实现辩护"量大"的同时，"质量"问题不容忽视。如果"全覆盖"后辩护质量不能得到保障，倒不如换一种思路，即加强对被告人辩护权的保障，从而提升自行辩护质量，使自行辩护能够发挥影响。因此，"全覆盖"试点并不是削弱被告人自行辩护的理由，在此背景下，还应当加强对自行辩护权的保障。

根据相关法律的规定，律师辩护权利除了法律规定外，主要来自被告人的委托或者法律援助机构的指定。[1] 例如，我国《律师法》第 28 条规定了律师辩护权的来源。特别是该条第 3 项规定，律师"接受刑事案件犯罪嫌疑人、被告人的委托或者依法接受法律援助机构的指派，担任辩护人……参加诉讼"。然而，匪夷所思的是，辩护律师拥有的辩护权利，被告人却不能拥有。这在法理上是说不通

---

[1] 我国《律师法》第 2 条第 1 款规定："本法所称律师，是指依法取得律师执业证书，接受委托或者指定，为当事人提供法律服务的执业人员。"

的。因为被告人的辩护权是固有权利,而律师的辩护权是派生权利。为了使被告人的自行辩护看起来"像律师辩护一样",具有辩护的实效性,我国有必要赋予被告人与辩护律师大致相同的辩护权。为此,赋予自行辩护的被告人辩护人法律地位势在必行。一是可以节约被告人及其家属的经济支出,使贫弱的被告人有条件通过自己的辩护获得公正审判权;二是提升自行辩护的质量,"有效辩护"不仅适用于律师辩护的视域之下,在自行辩护中也存在"有效辩护"的问题。既然要赋予被告人以辩护人的法律地位,那么2018年《刑事诉讼法》规定的辩护律师所享有的权利,被告人也应当享有。特别是作为辩护权基础或核心内容的会见权、阅卷权、证据取得和证据调查申请权、对质权应当得到保障。除此之外,被告人应当被通知参加庭前会议,能够对相关程序事项作出处理,同时明确诉讼争点,为庭审中的辩护做好准备。

第一,赋予被告人以会见权。会见权是一种谈话交流权,具有双向性,为了辩护的有效开展,辩护人有从当事人那里了解案情的现实需要,被羁押的被告人在强大的追诉压力下处于孤立无援的困境,更有面见律师、寻求法律咨询和帮助的强烈愿望,且与律师交流本身也是被追诉人能够行使自行辩护权的基础。因此,被追诉人享有会见权是其辩护权的题中应有之义。如果把会见权仅作为辩护人的权利而非被追诉人的权利,那么即便被追诉人有面见律师、获得律师帮助的迫切需要,其仍无法主动地会见到自己的律师并获得法律帮助,只能被动地接受律师来访、消极地等待律师会见。《日本刑事诉讼法》第39条第1款把会见权也规定为犯罪嫌疑人的权利。[1] 这体现了对被追诉人权利的周详保护,但是在中国仍需要一个过程,只有在辩护制度成熟且逐步发达的情况下被追诉人会见权才有可能被立法和实务认可。

第二,被追诉人应享有阅卷权。阅卷权作为辩护权的基础,意在使辩护一方了解指控的内容,即证据情况。被追诉人既没有辩

---

[1] 韩旭:"辩护律师会见通信权规定的进步与不足——对《刑诉法修正案(草案)》相关规定的评析",载《国家检察官学院学报》2011年第5期。

人又无阅卷权不仅不利于被追诉人认罪认罚,也不利于针对指控内容展开有效的自行辩护。在刑事诉讼程序内,阅卷权向来被认为是一被告有效防御的条件,甚至可以说在被告的防御里,除了证据调查请求权及对质诘问权以外,阅卷权亦居于核心的地位。阅卷权的权利主体应该是被告,但是法律文义却将之明定为辩护人,道理何在?理由无他,因为卷宗与证物是认定本案犯罪事实的重要基础,由于被告人与本案的利害关系过大,如果容许被告人本人行使阅卷权,难保被告人不会篡改或湮灭卷证。相较之下,辩护律师与本案的利害极其有限,辩护律师因为一个案件的辩护利益而篡改或湮灭卷证的概率毕竟较低。如果说这在过去是一个问题,该权利需要借助辩护律师得以行使,那么在卷证电子化的今天,"篡改或者毁灭卷证的危险"已不复存在,借助律师来代为行使权利实无必要。当然,对于涉及国家秘密、商业秘密和第三人隐私的内容,被追诉人应当保密。[1] 欧洲人权法院在"Foucher诉法国政府案"中,于1995年作出裁决,认为没有选任辩护人而决定自我防御的被告人亦享有阅卷权。因为得以阅览卷宗以及得到这些卷宗内容的影印本才能有效地对指控内容加以驳斥。奥地利早在多年前即在其《刑事诉讼法》中规定了无辩护人之被告人,在任何时期均有阅卷权,因为该项权利是被告人成为程序主体的基本要件。1999年《德国刑事诉讼法》修改后第147条第7项赋予了没有辩护人的被告人以"卷宗资讯权"。

第三,申请调取、调查有利证据的权利应予以保障。我国将调查取证权和调取无罪、罪轻证据的权利赋予了辩护律师。在自行辩护中,被告人理应享有上述权利。在法庭调查过程中,对被告人申请证人、鉴定人、侦查人员和有专门知识的人出庭作证的权利应当给予重视,除"显无必要"外,原则上法院应当同意。这不仅是基于以审判为中心刑事诉讼制度改革贯彻直接言词原则的需要,也是

---

[1] 我国《律师法》第38条规定:"律师应当保守在执业活动中知悉的国家秘密、商业秘密,不得泄露当事人的隐私。律师对在执业活动中知悉的委托人和其他人不愿泄露的有关情况和信息,应当予以保密。但是,委托人或者其他人准备或者正在实施危害国家安全、公共安全以及严重危害他人人身安全的犯罪事实和信息除外。"

保障自行辩护质量、防范冤假错案发生的重要举措。此外，当被告人提出申请时，法庭应当组织被告人与同案其他被告人、被害人、证人进行对质。为什么长期以来包括自行辩护意见在内的辩护意见难以被采纳？这在很大程度上与缺乏证据辩护有关，那种仅靠在侦控方精心编制的证据链条中寻找问题进行辩护的方法往往会显得"苍白无力"。我国法律不仅没有赋予被追诉人自行调查取证权，甚至连申请调查取证权都没有，且审前羁押率过高，被追诉人即使拥有调查取证权，也无法亲自行使。这是我国包括自行辩护在内的辩护质量不高的重要因素。

第四，被告人参与庭前会议的权利应予以保障。随着以审判为中心的刑事诉讼制度改革的推进，庭前会议召开的频次越来越高。对于被告人能否参加庭前会议，《刑事诉讼法》并无规定。最高人民法院在《人民法院办理刑事案件庭前会议规程（试行）》第 3 条第 2 款规定："公诉人、辩护人应当参加庭前会议。根据案件情况，被告人可以参加庭前会议；被告人申请参加庭前会议或者申请排除非法证据等情形的，人民法院应当通知被告人到场；有多名被告人的案件，主持人可以根据案件情况确定参加庭前会议的被告人。"庭前会议是处理与审判相关的程序问题，并对附带民事部分进行处理，涉及被告人的程序权利和实体权利，也事关被告人能否取得被害人及其家属谅解的量刑问题，更关乎庭审中的辩护要点。对此，被告人岂能"置之度外"？为了使被告人知晓庭前会议解决事项的情况，也为了使庭审中的自行辩护更具质量，对于没有辩护人的案件，应一律要求被告人参加庭前会议，而不是目前的"可以"参加。

由于在认罪认罚从宽制度中值班律师并不提供出庭辩护的法律帮助，因此大部分被追诉人仅能依靠自行辩护维护自身的正当权益。被追诉人自行辩护的有效性依赖于值班律师提供的法律帮助的情况。首先，应当解决的是被羁押的被追诉人寻求值班律师帮助难的问题。为此，应当将值班律师工作的法律援助工作站设置在监区内，为被羁押人与值班律师的接触提供便利。其次，被追诉人作为法律"外行"，应当就罪与罚问题获得必要的法律咨询，这是有效行使自行辩护权的前提。

需要注意的是，在纯粹的自行辩护中，由于被告人不懂法律知识和欠缺诉讼经验，更容易与法庭发生"审辩冲突"，出现违反法庭秩序和庭审纪律的情况。对此，域外均规定即使被告人被驱逐出庭，庭审仍可继续进行，但前提是有律师在场代为行使辩护权利。因此，在没有律师辩护的场合，法庭尽可能不要使用驱逐出庭措施。如果被告人严重扰乱庭审秩序，可以休庭，在庭外对被告人进行批评教育，待其表示服从法庭指挥、保证不再违反法庭纪律后再恢复庭审，不能搞缺席审判。之所以不要将被告人驱逐出庭后继续法庭审理，主要是为了防止被告人离庭后不能行使自行辩护权，这也是加强辩护权保障的具体体现。法庭不仅应当保障辩护律师在庭审中的辩护权，还应当保障被告人自行辩护权的实现。

需要注意的是，审判长不能因为被告人辩护质量不高而随意打断其辩护发言，须知自行辩护质量的整体提升需要一个过程。为此，法官应当鼓励、倡导被告人自行辩护，保护被告人自行辩护的积极性，为自行辩护创造宽松的环境，法官在法庭上应保持足够的耐心和克制，让倾听成为一种习惯。唯有如此，自行辩护才能真正落地生根。

审判阶段虽然是自行辩护的重心，但自行辩护不限于审判阶段，它贯穿于刑事诉讼的始终。在审前程序中，我国的检察官扮演了法官的角色，且检察官应当秉持客观、公正的立场，恪守客观义务，对不利与有利情形一律注意。日本学者甚至将检察官履行客观义务称作"实质性辩护"，以此弥补被追诉人辩护之不足。在当前监察体制改革后，检察机关更应注重对被追诉人自行辩护权的保障，对监察委员会调查的职务犯罪案件证据不能"照单全收"，被追诉人提出"排非"申请，并提供线索和材料的，检察院应加强审查，并将调查结果告知犯罪嫌疑人。

五、非纯粹的自行辩护与律师辩护的关系

即便在有律师帮助辩护的场合，也存在被追诉人自行辩护的问题。在这种非纯粹的自行辩护中，最容易发生被追诉人和律师在辩护时"自说自话"的现象，也就是"辩护冲突"问题。"律师劳动的专业性，特别是在刑事诉讼中进行专业辩护，使得他们在辩论式诉讼中不

可避免地与其他参加人发生冲突。"[1] 一旦出现"辩护冲突",就不能形成辩护合力,对控方的攻击也会失去防御能力。对此,中华全国律师协会《律师办理刑事案件规范》第12条第2款规定:"律师与当事人或者委托人就辩护或代理方案产生严重分歧,不能达成一致的,可以代表律师事务所与委托人协商解除委托关系。"这是迄今为止有关解决"辩护冲突"的正式指导意见。

为避免"辩护冲突"问题发生,需要注意以下两个方面的问题:一是辩护律师应当树立"以被追诉人为中心"的辩护观念。我国《律师法》第2条第2款规定:"律师应当维护当事人合法权益,维护法律正确实施,维护社会公平和正义。"2018年《刑事诉讼法》第37条规定:"辩护人的责任是根据事实和法律,提出犯罪嫌疑人、被告人无罪、罪轻或者减轻、免除其刑事责任的材料和意见,维护犯罪嫌疑人、被告人的诉讼权利和其他合法权益。"上述法律规定都体现了"以被追诉人为中心"的辩护理念。同时,法律和律师执业规范通过具体制度来保证上述理念的贯彻落实。例如,2018年《刑事诉讼法》第45条规定:"在审判过程中,被告人可以拒绝辩护人继续为他辩护,也可以另行委托辩护人辩护。"而律师拒绝辩护需要具备"委托事项违法、委托人利用律师提供的服务从事违法活动、委托人故意隐瞒与案件有关的重要事实"三种情形。[2] 这其实是赋予了被告人对委托辩护和通知辩护的否决权,也就是说,被告人具有选择自行辩护、委托辩护、通知辩护的决定权。笔者认为上述规定具有一定的合理性。被告人对律师辩护是否损害其正当利益"冷暖自知",也最有资格作出评判。如果辩护律师无视被告人感受,可能会导致适得其反,那种不顾当事人感受"自说自话"式的辩护绝对不是成功的辩护。二是及时进行"辩护协商"。一旦发生"辩护

---

[1] 公丕祥主编:《法律文化的冲突与融合——中国近现代法制与西方法律文化的关联考察》,中国广播电视出版社1993年版,第46页。

[2] 我国《律师法》第32条规定:"委托人可以拒绝已委托的律师为其继续辩护或者代理,同时可以另行委托律师担任辩护人或者代理人。律师接受委托后,无正当理由的,不得拒绝辩护或者代理。但是,委托事项违法、委托人利用律师提供的服务从事违法活动或者委托人故意隐瞒与案件有关的重要事实的,律师有权拒绝辩护或者代理。"

冲突"的情形，被追诉人与其辩护人之间应及时进行协商，协调辩护思路，共同商定辩护策略。在辩护思路不一致的情况下，辩护律师要么说服被追诉人，使其与自己保持一致的辩护立场；要么改变辩护策略，按照被追诉人的意志行动。如果辩护律师不能说服当事人，又不愿按照其辩护意愿行事，那么便只能辞去委托，终止辩护。对此，《律师办理刑事案件规范》第125条第2款规定："在法庭审理过程中，出现本规范第十二条第二款事由的，辩护律师可以请求法庭休庭，与当事人协商妥善处理。"尽管我国主流观点认为律师可以"独立辩护"，但这种独立是一种有限独立或者相对独立，并不是绝对独立。从律师业存在时起，"背叛"客户的行为便是被禁止的。根据《俄罗斯律师法》的规定，律师采取违背委托人意见的立场，是一种辩护违法行为。[1]

在认罪认罚从宽制度实施过程中，被追诉人可能会委托辩护人或者由法律援助律师为其提供辩护，被追诉人与其律师之间也可能发生冲突。需要明确的是，在是否认罪认罚上，律师只有建议权，双方可以进行"辩护协商"。但是律师既不能代替被追诉人认罪认罚，也不能代为决定适用的审理程序。根据《美国律师协会职业行为示范规则》之规定："委托人就进行何种答辩、是否放弃陪审团审判以及委托人是否作证等事项同律师磋商后所作出的决定，律师应当遵守。"[2]在认罪认罚从宽制度中引进的值班律师制度已被2018年《刑事诉讼法》所确认，值班律师的职能之一就是为被追诉人提供"程序选择建议"。[3]立法上特别强调提供的是"建议"而非

---

[1]《俄罗斯律师法》第6条第4款第3项规定："律师无权在案件中采取违背委托人意志的立场，但是律师相信存在委托人虚假地自证有罪的情形除外。"所谓"虚假地自证有罪"，是指被告人承认自己实施犯罪的全部或者部分罪过，但实际上他并没有实施犯罪。参见［俄］尤·彼·加尔马耶夫：《俄罗斯刑事诉讼律师违法活动面面观》，刘鹏、丛凤玲译，中国政法大学出版社2013年版，第289页。

[2]《美国律师协会职业行为示范规则（2004）》，王进喜译，中国人民公安大学出版社2005年版，第13页。

[3] 2018年《刑事诉讼法》第36条第1款规定："法律援助机构可以在人民法院、看守所等场所派驻值班律师。犯罪嫌疑人、被告人没有委托辩护人，法律援助机构没有指派律师为其提供辩护的，由值班律师为犯罪嫌疑人、被告人提供法律咨询、程序选择建议、申请变更强制措施、对案件处理提出意见等法律帮助。"

"决定",这也可为化解"辩护冲突"提供依据。

需要注意的是,即便不存在"辩护冲突"问题,辩护律师也应当与被追诉人进行"辩护协商",主要是为了分工配合,避免庭审过程中被告人自行辩护内容与辩护律师辩护内容的重复,应当各有侧重、相得益彰。有时,出于辩护策略的考虑,允许律师与当事人之间存在"辩护冲突"。例如,被告人为了获得缓刑判决而表示认罪,而辩护律师却依据本案的证据作无罪辩护。只要不损害当事人的正当利益,当事人又未明确提出反对意见,这种"辩护冲突"便仅是表象,实质上二者是一致的。

六、结语

长期以来,我国对辩护制度的研究,主要集中于对律师辩护的研究,对自行辩护研究重视不够,导致相关理论匮乏。有人甚至认为自行辩护研究价值不大。然而,在我国刑事案件律师参与率不足30%的情况下,自行辩护成了我国刑事辩护体系的主体。单凭这一点便足以说明这一问题的重要性。在我国,自行辩护具有两种形态:纯粹自行辩护和非纯粹自行辩护,它们都应被纳入研究的视野。无论是哪种形态的自行辩护都具有局限性,这一方面与被追诉人欠缺法律知识和诉讼经验有关,另一方面也与辩护权能受限有关。由此导致限制自行辩护权主要是基于平衡控辩双方的实力、保障被告人获得公正审判权的需要。对于拒绝律师辩护而坚持自行辩护的被告人,法院应进行必要的审查,在审查前应当告知律师辩护的意义和后果,被告人必须是自愿、明智放弃律师辩护。虽然随着刑事案件律师辩护"全覆盖试点"的全面推开,法律援助律师提供辩护的案件范围逐步扩大,但律师资源分配不均衡、"量大质弱"的问题不容忽视。"全覆盖试点"不但不能成为弱化自行辩护的理由,而且还应当加强对自行辩护权的保障。为了使被追诉人的辩护"像律师辩护一样专业",赋予被追诉人以辩护人地位乃大势所趋。一旦被追诉人被赋予辩护人地位,其就可以享有法律规定中辩护律师所拥有的诉讼权利。为此,需要保障被追诉人会见权、阅卷权、取证和法庭调查申请权以及对质权的实现。在当前的庭审实质化改革背景下,对于纯粹自行辩护的被告人，应当要求其参加庭前会议，明白控辩争议焦点，提前为庭审中的自行辩护做好准备。此外，在被告人扰乱法庭秩序的案件中，不应将被告人驱逐出庭并进行缺席审判，而是应在休庭后对其进行批评教育，待其承诺遵守法庭纪律后恢复庭审，以保障被告人自行辩护权的实现。在值班律师不提供出庭辩护服务的情况下，应当保障被追诉人获得值班律师法律帮助的权利，从而使法庭上的自行辩护权能够得到有效行使。在非纯粹的自行辩护中，"辩护冲突"是一个亟待解决的问题，辩护律师应当树立"以被追诉人为中心"的辩护理念，同时将"辩护协商"机制贯穿于辩护活动的始终。律师辩护只能是一种有限的独立或者相对独立，而非绝对独立。

第二章

会见通信，辩护基本

有关律师会见通信权的规定无疑是法律界和法学界共同关注的一个热点问题。在 2012 年《刑事诉讼法》修订时，立法者对会见通信作了更完备的规定。通过仔细研读相关的条文设计，我们可以发现现行《刑事诉讼法》有关辩护律师会见通信权的权利配置具有自己的特色，它既不同于 1996 年修改的《刑事诉讼法》的规定，也不同于 2008 年实施的《律师法》的规定，可以说是对二者进行了折中处理。现行的 2018 年《刑事诉讼法》较为有效地解决了《刑事诉讼法》与《律师法》的冲突问题，较好地平衡了追诉犯罪与保障辩护权之间的关系。从总体上看，这一修法思路和方向是正确的，某些条文的设计也吸收了学界近年来有关该领域的研究成果。但是，现行《刑事诉讼法》的某些规定也暴露出了明显的不足，有的规定违反了基本的诉讼法理，有的规定具有一定的倒退性，从而可能导致实践中律师会见权的落空。本章将通过对其中相关规定的评析，提出修改完善的意见和建议，以期为立法部门进一步修法提供参考。

一、辩护律师会见通信权规定的进步之处

与 1996 年《刑事诉讼法》相比，现行《刑事诉讼法》有关辩护律师会见通信权的规定具有明显的进步性，这种进步性主要体现在保障辩护权的顺畅行使、着力解决实践中律师"会见难"问题上。基于此，现行《刑事诉讼法》一方面吸收了现行规范性文件的相关内容；另一方面实现了与律师法的相互衔接。

（一）明确律师对于普通案件可以凭"三证"直接会见

2018年《刑事诉讼法》第39条第2款规定："辩护律师持律师执业证书、律师事务所证明和委托书或者法律援助公函要求会见在押的犯罪嫌疑人、被告人的，看守所应当及时安排会见，至迟不得超过四十八小时。"这一规定意味着，无论是在侦查阶段还是在审查起诉和审判阶段，律师在会见时均不再需要提前向办案机关提出申请，取得其许可或者"安排会见"。这就可以较好地防止实践中办案部门拖延、推诿甚至拒绝律师会见现象发生。除此之外，还明确了看守所"应当"安排会见的义务，就"及时"安排会见的时间作出了量化规定，即"至迟不得超过48小时"。这就可以大大提高律师会见的工作效率，从而为当事人提供高效的辩护服务。可以说，这一条文设计既吸收了新《律师法》的规定，也借鉴了最高人民法院、最高人民检察院、公安部、国家安全部、司法部、全国人大常委会法制工作委员会《关于刑事诉讼法实施中若干问题的规定》（已废止）中经实践检验行之有效的内容。

（二）明确律师会见不被监听

2018年《刑事诉讼法》第39条第4款规定："……辩护律师会见犯罪嫌疑人、被告人时不被监听。"这意味着无论是在侦查阶段还是在审查起诉和审判阶段，律师的会见都不得被监听。这里的"监听"不但包括使用电子设备监听，也包括派人在场用耳朵监听。既然不允许用电子设备监听，"举轻以明重"，当然更不允许明目张胆地"安插耳目"在场监听。这一规定与1996年《刑事诉讼法》"派员在场"的规定相比无疑更有利于保护律师与犯罪嫌疑人、被告人之间的"秘密交流权"，从而促进有效辩护原则的实现。

基于秘密交流权的必要性和重要性，不仅法治发达国家或地区对此普遍予以承认，一系列国际刑事司法文件也予以确认。1988年12月9日联合国大会批准的《保护所有遭受任何形式拘留或监禁的人的原则》第18条规定："被拘留人或被监禁人与其法律顾问的会见可在执法人员视线范围内但听力范围外进行。"1990年9月7日第八届联合国预防犯罪和罪犯待遇大会通过的《关于律师作用的基本原则》也规定："遭逮捕、拘留或监禁的所有的人应有充分机会、时间和便利条件,毫无迟延地、在不被窃听、不经检查和完全保密情况下接受律师来访和与律师联系协商。这种协商可在执法人员能看得见但听不见的范围内进行。"这一修改说明我国正在按照国际刑事司法准则的要求完善我国的刑事立法,逐步实现与国际社会的接轨。

(三)明确律师与犯罪嫌疑人在侦查阶段的通信权

无论是1996年《刑事诉讼法》还是《律师法》都没有对律师在侦查阶段的通信权问题作出规定,这就意味着律师在侦查阶段不享有通信权。确立通信权的目的与会见权一样,均在于保障律师与被追诉人之间的联络和思想交流,只不过会见是以当面言辞的直接方式进行交流,而通信则是以书面文字等间接方式进行交流,通信权应当是会见权的延伸。如果我们承认侦查阶段的会见权,那么就没有理由否认侦查阶段通信权的正当性。

可喜的是,2018年《刑事诉讼法》第39条第1款规定:"辩护律师可以同在押的犯罪嫌疑人、被告人会见和通信。其他辩护人经人民法院、人民检察院许可,也可以同在押的犯罪嫌疑人、被告人会见和通信。"《刑事诉讼法》将律师的通信权提前至侦查阶段,可谓是律师会见通信权的又一进步。作为会见权的必要补充,赋予律师在侦查阶段的通信权不但可以弥补会见权行使的不足和不便,而且可以实现律师与被追诉人的充分交流。

(四)对律师凭"三证"会见制度设置例外

2018年《刑事诉讼法》第39条第3款规定:"危害国家安全犯罪、恐怖活动犯罪案件,在侦查期间辩护律师会见在押的犯罪嫌疑人,应当经侦查机关许可。上述案件,侦查机关应当事先通知看守所。"这一条文设计尽管在立法技术和实际操作中存在诸多问题(笔者将在下文中详细论述),但是其针对某些特殊案件设置一些例外,应当说具有一定的合理性和可行性。《律师法》规定的律师凭"三证"会见制度虽然立法初衷是好的,但过于理想化。如果不论案件性质和侦查中的特殊情况一概规定律师凭"三证"会见,在实践中必然会引发大面积的抵制,恐难以得到落实。"从我国现阶段的犯罪形势、侦查条件以及侦查模式来看,如果允许律师在所有案件中随时凭'三证'会见在押犯罪嫌疑人,一些重大疑难案件的侦查必然难以突破,而且可能引发律师与侦查人员之间的尖锐冲突,尤其是在侦查阶段的初期。即使在法治国家,对于侦查阶段的律师会见也不是完全没有限制的。"〔1〕从实践理性的角度看,尽管2018年《刑事诉讼法》是对《律师法》的修正,但仍不失为一种进步。

二、辩护律师会见通信权规定存在的不足

现行《刑事诉讼法》的规定与1996年《刑事诉讼法》相比尽管取得了长足的进步,但也存在一些不足。这主要体现在以下几个方面:

(一)特殊案件会见许可的规定可能在实践中演化为普遍的"不予许可"

1996年《刑事诉讼法》实施的经验教训反复证明了一个事实,即凡是授权职权机关许可或者同意的事项,在辩护律师提出申请时,基本上都会变成"不予许可"或者"不予同意"决定。调查取证权如此,会见权更是如此。这样赋予辩护律师的各项权利就会沦为"乞求权"或者"被恩赐的权利"。在实践中,侦查机关在行使裁量权时遵循的是"权力方便行使"的逻辑,律师会见嫌疑人自然会给侦查权的行使带来诸多不便,因此也就难以获得侦查机关的认可和支持。这就使几类特殊案件的被追诉人在侦查阶段丧失了律师帮助权和会见交流权。"从被疑者的辩护权的实质化的观点来看,被疑者与辩护人接见交流的保障必不可少。"〔2〕会见权乃辩护权的基础和核心,如果会见权被剥夺,又何谈辩护权之行使。会见权在特殊情况下可以受到一定程度的限制,但不应被剥夺。对于现行《刑事诉讼法》的这一规定可能导致的后果,我们必须予以高度的警觉。

第一,要求律师会见嫌疑人必须经过侦查机关许可,不符合联合国刑事司法准则最低限度的要求。我国已经签署的《公民权利及

---

〔1〕 孙长永:"侦查阶段律师辩护制度立法的三大疑难问题管见",载《法学》2008年第7期。

〔2〕 [日]铃木茂嗣:"日本刑事诉讼法的特色及解释上的诸问题",载[日]西原春夫主编:《日本刑事诉讼法的形成与特色》,李海东等译,中国法律出版社1997年版,第51页。

政治权利国际公约》第 14 条第 3 款规定:"在判定对他提出的任何刑事指控时,人人完全平等地享受以下的最低限度的保证:……(乙)有相当的时间和便利准备他的辩护,并与他自己选择的律师联络……"联合国人权事务委员会指出:"相当"的时间取决于个案的具体情况;"便利"必须包括被告人获取需要的文件和其他证据,同时有机会聘请辩护律师并与其交流。[1]《保护所有遭受任何形式拘留或监禁的人的原则》第 18 条规定:各国政府应确保,被逮捕或拘留的所有的人,不论是否受到刑事指控,均应迅速得到机会与一名律师联系,不管在何种情况下至迟不得超过自逮捕或拘留之时起的 48 小时。《关于律师作用的基本原则》第 1 条规定:"所有的人都有权请求由其选择的一名律师协助保护和确立其权利并在刑事诉讼的各个阶段为其辩护。"这里强调的是"人人有资格""所有的人",并未将特殊案件中的嫌疑人排除在外。

第二,国外虽然对侦查阶段律师的会见权进行一定程度的限制,但均能坚守"底线正义",保障了必要会见权的实现。例如,《意大利刑事诉讼法典》规定:"在初期侦查过程中,存在特殊的需要防范的情况下,检察官可以请示预审法官批准推迟律师与嫌疑人之间的会见,但推迟的时间不得超过 7 日。"[2] 2004 年 10 月修改后的《法国刑事诉讼法》第 63~64 条在保障被拘留人与律师会见交流权利的前提下,又对这一权利进行了多种限制:①在 24 小时的拘留期间内,被拘留人只能会见律师 1 次,时间不超过 30 分钟。②在法律明文列举的有组织犯罪案件中,被拘留人在被拘留 48 小时以后才能会见律师。③在法律明文列举的毒品走私或恐怖犯罪案件中,被拘留人在被拘留 72 小时以后才能会见律师。《日本刑事诉讼法》第 39 条规定:"身体受到拘束的被告人或者被疑人,可以在没有见证人的情况下,与辩护人或者受可以选任辩护人的人委托而将要成为辩护人的人(不是律师的人,以已有第 31 条第 2 款的许可时间为限)会

---

[1] See General Comments of the Human Rights Committee of the International Convention of Civil and Political Rights, General Comment 13, p. 9.

[2] 转引自孙长永:《侦查程序与人权——比较法考察》,中国方正出版社 2000 年版,第 340 页。

见，或者授受文书或物品。关于前款的会见或者授受，为防止被告人或者被疑人逃亡、隐灭罪证或者授受于戒护有妨碍的物品，可以以法令（包括法院规则。以下同）规定必要的措施。检察官、检察事务官或者司法警察职员（指司法警察员及司法巡查。以下同）为实施侦查而有必要时，以提起公诉以前为限，对第1款的会见或者授受，可以指定日时、场所及时间。但这项指定，不得不适当地限制被疑人进行准备防御的权利。"《英国警察与刑事证据法》第58条规定："只要被拘押人提出了要求，必须一俟可行就允许他咨询律师，除非他被怀疑犯有严重可逮捕罪行，并且由具有警督以上警衔的警官批准予以延迟。另外，在并且只有在资深警官有合理理由认为立即咨询律师会带来以下之一的后果时，资深警官可以批准延迟：干扰或妨害与严重可逮捕罪行相关的证据，或造成对他人的干扰或身体伤害；或者惊动其他被怀疑犯有严重可逮捕罪行的犯罪嫌疑人；或者妨碍因实施严重的可逮捕罪行而获取的财产进行追索。无论如何，一旦被拘押人已被拘留达36小时，被拘押人必须被允许会见律师。"[1]

反观我国的现行规定，由于对侦查机关的权力缺乏必要的规制，对律师会见权缺乏基本的保障，从而可能造成律师在整个侦查阶段都无法会见被追诉人，不利于基本权利司法保障功能的实现。

(二) 犯罪嫌疑人被采取强制措施后不通知家属的规定直接剥夺了聘请律师权以及律师会见权

《刑事诉讼法》规定，除无法通知或者涉嫌危害国家安全犯罪、恐怖活动犯罪等严重犯罪，通知可能有碍侦查的情形以外，应当把监视居住、拘留或逮捕的原因和监视居住、羁押的处所，在监视居住、拘留或逮捕24小时以内，通知其家属。在此，笔者不打算讨论该规定的正当性，仅就该规定如何影响律师会见权（也可以称作被追诉人的会见权）的实现谈点认识。我们知道，实践中一旦犯罪嫌疑人被采取强制措施，往往是嫌疑人家属代为聘请律师，然后才有

---

[1] [英] 约翰·斯普莱克：《英国刑事诉讼程序》，徐美君、杨立涛译，中国人民大学出版社2006年版，第47页。

律师介入诉讼、进行会见的问题。但是，如果一个人被拘留或者逮捕后，侦查机关根据上述情形根本不通知家属其被采取强制措施，那么家属怎么能知道自己的亲人因涉嫌犯罪而需要法律帮助呢？又怎能想到帮其聘请律师前去会见呢？也许有人会反驳说，侦查机关在采取强制措施后会告知犯罪嫌疑人有聘请律师的权利，犯罪嫌疑人聘请律师的权利和律师会见权可以得到保障。但问题是，在犯罪嫌疑人被羁押的情况下，如果不通过家属，被追诉人如何能够完成与律师磋商、签订委托合同并支付律师费用等一系列工作呢？另外，侦查机关连家属都不告知采取强制措施的原因和羁押处所，又怎么可能允许辩护律师知悉呢？因为，律师知悉将意味着家属的知情。由此分析，在律师不知道羁押处所的情况下，律师与被追诉人的会见权是根本无法实现的。

（三）律师在侦查阶段会见犯罪嫌疑人不允许核实证据的规定有违辩护权的基本理论

《刑事诉讼法》第39条第4款规定："辩护律师会见在押的犯罪嫌疑人、被告人，可以了解案件有关情况，提供法律咨询等；自案件移送审查起诉之日起，可以向犯罪嫌疑人、被告人核实有关证据。……"该规定的立法本意很明确，即将律师向当事人核实证据的权能限定在审查起诉阶段和审判阶段，而在侦查阶段仅限于了解案情和提供法律咨询。《刑事诉讼法》第34条规定："犯罪嫌疑人自被侦查机关第一次讯问或者采取强制措施之日起，有权委托辩护人；……"《刑事诉讼法》第37条规定："辩护人的责任是根据事实和法律，提出犯罪嫌疑人、被告人无罪、罪轻或者减轻、免除其刑事责任的材料和意见，维护犯罪嫌疑人、被告人的诉讼权利和其他合法权益。"既然在侦查阶段犯罪嫌疑人委托的律师已经具有了"辩护人"身份，那么辩护律师在提出有利于委托人的材料的同时，为了确证这些材料的真实性和合法性，当然应当被允许向当事人核实有关证据材料。这也是辩护权的题中应有之义。例如，辩护律师在侦查阶段发现了犯罪嫌疑人不在犯罪现场的证据，或者在会见时发现犯罪嫌疑人身上有明显的伤痕（怀疑是刑讯逼供所致），如果无法核实相关证据，又如何能够查清事实从而维护其合法权益呢？《刑事诉讼法》一方面赋予侦查阶段的律师以辩护人身份；另一方面又不允许其核实证据（且不说调查取证的问题），这在逻辑上是自相矛盾的。

此外，本条在立法技术上也存在问题，那就是律师在侦查阶段会见嫌疑人时"可以了解有关案件情况"。这里的"案件情况"是否包括有关证据的情况？如果不包括，那么在诉讼和证据法理上将很难讲得通，因为证据是构成案情的基本要素，我们无法想象谈论案情而不会涉及证据的情况。如果案情包括证据情况，那么"自案件移送审查起诉之日起，可以向犯罪嫌疑人、被告人核实有关证据"的规定就显得"画蛇添足"了。

（四）会见权在立法上未被确立为被追诉人的一项基本权利

会见权是一种谈话交流权，其主体具有相互性、双向性，为了辩护的有效开展，辩护人有从当事人那里了解案情的现实需要，被羁押的被追诉人在强大的追诉压力下处于孤立无援的困境，更有面见律师、寻求法律咨询和帮助的强烈愿望，且与律师交流本身即是被追诉人行使自行辩护权的基础，因此被追诉人享有会见权是其辩护权的题中应有之义。如果把会见权仅作为辩护人的权利而非被追诉人的权利，那么即便被追诉人有面见律师、获得律师帮助的迫切需要，其仍无法主动会见自己的律师并获得法律帮助，只能被动地接受律师来访，消极地等待律师会见。鉴于此，国际上普遍将会见权视为被追诉人的一项基本权利。日本著名学者田口守一先生认为，对被押与外界失去联系的犯罪嫌疑人来说，会见权是最重要的权利。日本判例也认为，会见权"是在押犯罪嫌疑人接受辩护人援助的、刑事程序法上最重要的基本权利，同时从辩护人来看，会见权也是其最重要的固有权利。《日本刑事诉讼法》第39条第1款也把会见权规定为犯罪嫌疑人的权利"。[1]

（五）律师与当事人之间的通信秘密缺乏保障性规定

《刑事诉讼法》虽然赋予了律师与被追诉人在侦查阶段的通信

---

[1]［日］田口守一：《刑事诉讼法》，刘迪、张凌、穆津译，卞建林审校，法律出版社2000年版，第93页。

权,但是缺乏对通信内容、通信秘密的保障性规定。实践中,看守所或者办案机关通常都会对律师与当事人之间的信件进行检查,对内容涉及案情的信件大多予以扣留,这严重限制了通信权的行使。

三、完善律师会见通信权的几点建议

(一) 改革完善会见许可制度,保障律师在侦查阶段必要的会见权

对于《刑事诉讼法》中规定的几类特殊案件,实行不同于普通案件的律师会见制度,进行必要的程序限制是完全必要的。但是基于辩护防御的需要,保障律师与当事人之间必要的沟通和交流也是程序正义和国际刑事司法准则最低限度的要求。法治发达国家及地区尽管也会对特殊案件、特殊情形下的律师会见权进行了一定的限制,但这种限制主要体现在对会见时间的推迟以及指定会见的日期和次数上,并不是否认律师在侦查阶段的会见权。借鉴域外立法经验,结合我国实际,有两种方案可供选择:第一种方案是在设置许可会见制度的同时规定律师在侦查阶段必要的会见次数。例如,规定在整个侦查阶段都应当保证律师会见嫌疑人的次数不少于两次。第二种方案是改变许可会见的规定,通过其他方式对会见过程予以限制。例如,在允许凭"三证"会见的同时,规定侦查机关可以派员在场或者通过电子设备对会见的过程进行监听和监控。这两种方案既考虑到了追诉某些特殊犯罪的需要,也关照到了律师会见权的实现,比目前《刑事诉讼法》的规定更加科学、合理。

(二) 立法上应将通信权修改为通讯权,在保障通讯秘密的同时合理设置例外规定

随着现代信息社会的到来,电子技术、网络技术日益发达并得到普及应用,通过电话、网络视频等方式进行交流联络更加方便快捷,效果比传统的书信往来方式更加明显,而通信权按照字面解释,一般仅限于书信之间的往来。因此,通讯权无论在内涵上还是外延上均比通信权更加丰富。以通讯权代替通信权,不但可以扩大权利行使的方式,而且可以提高诉讼效率,提升辩护权保障水平。

通讯权不但是辩护律师的权利,也是被追诉人的一项基本诉讼权利。在被追诉人有与其律师会见交流的需要和请求时,看守所应

当切实承担起保障被羁押人行使该项权利的义务,即看守所应当及时通知律师,转告当事人提出的会见请求。如果律师确因客观原因无法及时前来会见,那么看守所应当为被羁押人与其律师的联络提供电话、网络视频等通信设备和通信服务(可考虑收取适当的通信费用)。这就可以改变目前由被羁押人只能被动等待律师来访所导致的律师无法及时有效向当事人提供法律帮助的问题。在日本,"犯罪嫌疑人希望会见时,拘留所负责人或检察官必须向辩护人传达,辩护人如不能立即会见时,应该考虑允许通电话或通信"。[1] 日本的这一做法值得我们学习借鉴。

  为了保障通讯秘密的实现,侦查机关一般不得对律师与当事人之间的书信往来进行检查,不得对通话内容进行监听。因为书信、通话本身也是一种联络交流方式,根据"在不被窃听、不经检查和完全保密情况下接受律师来访和与律师联系协商"的要求,当然不得对通话进行监听、对书信进行检查。否则,其交流秘密将难以得到保障。当然,在特殊情况下,基于国家安全和侦查重大犯罪的需要也可以对通话进行监听,对书信进行检查。在德国,当被告人犯有《刑法》第129a条之罪嫌时,在诉讼程序中,被告与辩护人之间的信件来往虽不涉及《刑法》第129a条,仍得被检查。[2] 基于追诉犯罪与保障基本权利的平衡,在尊重通讯自由和通讯秘密的同时,我国也应当对律师与当事人之间的通讯权进行一定的限制,即允许对通话进行监听、对书信往来进行检查。这种必要的限制在我国具有《宪法》上的根据。[3] 但是由于《宪法》规定比较抽象、范围过宽,不利于对公民通讯权的保障,因此需要通过《刑事诉讼法》作出具体、明确的规定。这种限制可考虑适用于以下三类案件:一

---

〔1〕[日]田口守一:《刑事诉讼法》,刘迪、张凌、穆津译,卞建林审校,法律出版社2000年版,第94页。

〔2〕[德]克劳思·罗科信:《刑事诉讼法》(第24版),吴丽琪译,法律出版社2003年版,第174页。

〔3〕《宪法》第40条规定:"中华人民共和国公民的通信自由和通信秘密受法律的保护。除因国家安全或者追查刑事犯罪的需要,由公安机关或者检察机关依照法律规定的程序对通信进行检查外,任何组织或者个人不得以任何理由侵犯公民的通信自由和通信秘密。"

是犯罪性质比较严重、社会危害性比较大及证据收集、固定比较困难的案件，如恐怖活动犯罪、黑社会性质犯罪等；二是有毁灭、伪造证据，干扰证人作证或者串供现实危险的案件；三是危害国家安全的案件和涉及国家秘密的案件。

（三）赋予辩护律师对共同犯罪案件中其他被羁押人的会见权

所谓"共同犯罪案件中其他被羁押人"既包括共同犯罪中一并被处理（侦查、起诉、审判）的同案被羁押人，也包括共同犯罪中被"另案处理"的非同案被羁押人。在司法实践中，各地看守所普遍禁止律师会见自己当事人以外的其他同案或非同案嫌疑人或被告人。[1]然而，律师有时出于全面了解案情、进行有效辩护的需要又不得不对其他被羁押人进行会见调查。比较常见的情形是：某甲被指控涉嫌共同犯罪，在与律师会见时声称自己没有参与所指控的共同犯罪，并称某乙和某丙可以证实这一点，而某乙和某丙亦被作为共同犯罪的嫌疑人被羁押在看守所，这样按照目前律师不能会见其他在押嫌疑人的惯例，辩护律师也就无法会见某乙和某丙，并向他们调查核实案件的相关情况。这类情形在司法实践中经常发生，导致在一些涉嫌犯罪人数较多、案情复杂的案件中，由于律师无法与其他在押嫌疑人、被告人会见并调查核实有关情况，因而不能充分、及时和有效地开展辩护工作。因此，有学者建议在《刑事诉讼法》再修改时赋予辩护律师调查同案嫌疑人、被告人的权利。[2]在律师会见权得到充分保障的美国，律师会见当事人以外的其他被羁押人的权利也得到了法院的司法保障。穆萨维作为美国首位因涉嫌"9·11"恐怖爆炸案而受到审判的犯人，被控与同谋制造2001年"9·11"恐怖袭击事件。在案件审理期间，穆萨维及其律师要求接触另一位据称是基地组织成员的在押人犯，因为他可能知道一些信息，有助于对穆萨维的辩护。政府以国家安全为由拒绝了，辩方便请求

---

[1] 笔者在办理刑事辩护案件过程中，曾多次去外地看守所会见当事人，看到不同地区看守所的墙上悬挂的《律师会见制度》中明文禁止律师会见自己当事人以外的其他同案人。

[2] 田文昌、陈瑞华主编：《〈中华人民共和国刑事诉讼法〉再修改律师建议稿与论证》，法律出版社2007年版，第235~236页。

并获得了法院作出令政府安排证人接受面谈的指令。鉴于问题可能涉及敏感的国家安全,法院对面谈过程作出了一些非常的但并非过分的限制。虽然美国当时正在向基地组织发动军事进攻,但法院仍然作出了有利于穆萨维的指令。[1]

笔者认为,我国应当赋予律师会见共同犯罪案件中其他被羁押人的权利,尤其是要保障律师对"另案处理"的被羁押人的会见权。因为"同案处理"的被羁押人即使律师在庭前不进行会见调查,律师在开庭审理时仍有机会对其调查发问,甚至可以申请法院令其与同案人进行对质,以弥补庭前不能会见的不足。但是,"另案处理"的被羁押人则不同,在律师辩护的本案被告人的审理过程中,他们不会被传唤到庭作证,通常是通过宣读其庭外向警察或检察官所作的书面证言代替法庭作证,这就使律师失去了当庭调查发问的机会。实践中,这种庭外陈述作为定案根据具有很大的危险性:其一,该类陈述大多数是在被羁押的状态下作出的,其陈述缺乏一个相对宽松的环境,意志自由受到一定的限制。其二,由于该人在本案的审理过程中不出庭作证,本案被告人的辩护律师就无法当面质证,即便律师对其庭外陈述有异议也无法得到有效揭露。第三,被"另案处理"的人通常被作为侦控方的"污点证人",不排除与侦检方存在私下交易或"暗箱操作"的可能。其作为被追诉人容易对侦控人员产生"顺从"或者"讨好"的心理,有的甚至会看着办案人员的脸色说话。鉴于上述原因,为了防止冤假错案发生,应当保障律师对"另案处理"的被羁押人的会见权。

(四)加强权利救济,明确侵权的不利后果

如果侵犯权利的行为既不承担法律上的不利后果,也不给被侵权人任何的权利救济,那么这样的权利便会因缺乏保障而在实践中很难实现。"无救济即无权利。"因此,律师会见通信权若要在实践中得到真正落实,必须为侵权行为设置不利后果,避免侵权人从侵权行为中获益,并且要给予被侵权人一定的救济途径。

---

[1] [美]大卫·P. 格林伯格:"美国辩护律师的审前角色:权利和义务",载陈卫东主编:《"三R"视角下的律师法制建设》,中国检察出版社2004年版,第135页。

≫ 第二章 会见通信，辩护基本

在侵权不利后果的设置上，根据侵权的不同情形可考虑采取以下制裁措施：对于非法剥夺律师和被追诉人会见通信权的，在被追诉人与律师会见联络之前，被追诉人有权拒绝回答侦控机关的讯问；由于侦查机关的不当限制使得律师无法会见当事人的，在律师会见当事人之前，检察机关不得作出批准逮捕的决定；对于批捕之后侦查阶段拒绝会见的，侦查终结后侦查机关移送检察院审查起诉的案件，检察机关应当拒绝受理。对于在审查起诉阶段和审判阶段剥夺律师会见权的，检察机关不得提起公诉，法院不得开庭审判，除非会见权得到实现。

对于没有正当理由拖延或者拒绝律师会见的，侦控机关在拖延期间所取得的被追诉人口供不具有证据能力，不得作为起诉和判决的根据。对律师会见和通话进行监听，该监听结果不得用作不利于被追诉人或律师的证据。德国基于信赖保护原则，对辩护人适用特别规则，因为《刑事诉讼法》第148条第1项保证其得与被告不受限制地任为言词上之交往联系（此当然亦含电话联系）。因此如果在对被告施行电话监听时发现其乃在与辩护人通话，则应将录音中断，如已录音，则需将之消除。如果辩护人同时也被监听，并且监听结果证实该辩护人确有犯使刑罚无效罪之嫌疑，则该所监听之结果不得作为不利辩护人之用。[1]

为了维护律师与当事人之间的信赖关系，也为了使律师能够大胆履行辩护职能，防止"龚刚模立功模式"蔓延对律师与当事人的相互信赖关系造成破坏乃至对整个辩护制度形成冲击，不但应当确立律师对当事人的保密义务[2]，还应当确立当事人对律师会见谈话内容和通信内容的保密义务。对于当事人违反保密义务向侦控机关提供的对律师的"检举""揭发"信息，不得作为指控律师涉嫌犯

---

[1] [德]克劳思·罗科信：《刑事诉讼法》（第24版），吴丽琪译，法律出版社2003年版，第337页。

[2] 对此，我国《律师法》第38条第2款已明确规定："律师对在执业活动中知悉的委托人和其他人不愿泄露的有关情况和信息，应当予以保密。但是，委托人或者其他人准备或者正在实施危害国家安全、公共安全以及严重危害他人人身安全的犯罪事实和信息除外。"

罪的证据，更不得以此认定当事人具有立功表现并从中获得益处。当然，在这项制度确立之前，为了防止当事人"构陷"律师，造成"有口难辩"，应当允许律师在会见当事人时进行全程录音录像。

在权利救济方面，域外就不当限制辩护人会见权的行为设置了一定的诉讼救济管道。例如，在日本，"实务中，辩护人可以提出会见，接受指定会见或对此提出准抗告，辩护人也可以对不当指定会见提起国家赔偿请求诉讼"。[1] 日本的做法为我们设置权利救济途径提供了有益的启示。从长远来看，建立司法审查制度乃是一条根本之道。辩护律师有权就剥夺、限制会见通信权的行为申请法院进行独立的司法审查，由法院对受侵害的权利进行救济。当然，这一目标在我国的实现尚任重而道远。

---

[1] [日]田口守一：《刑事诉讼法》，刘迪、张凌、穆津译，卞建林审校，法律出版社2000年版，第94页。

第三章

调查取证,较少使用

调查取证权是律师办理刑事案件的基本权利之一,它能够保障律师及时获取有利于被追诉人的证据材料,提出有理有据的辩护意见,更好地维护犯罪嫌疑人、被告人的程序性权利和实体性权利。关于律师刑事调查取证权的法律规范主要体现在《刑事诉讼法》当中,已于2008年6月1日实施的《律师法》对律师办理法律事务的调查取证权也作出了一般性的规定,新法的修订试图在扩大和保障律师调查取证权方面作出努力,以解决律师在办理法律事务时普遍存在的"调查取证难"问题。[1] 然而,新《律师法》果真能解决刑事诉讼实践中的"取证难"问题吗?笔者认为实际情况并不乐观。如果下述的问题不解决,新法的实施对律师刑事调查取证的现状将无多大改善。基于此,有必要在新法实施之初对其将遇到的一些问题从理论上作出阐释和回答,这不仅可以协调新《律师法》与《刑事诉讼法》在实施过程中的冲突问题,而且有助于促进新《律师法》在刑事诉讼领域的有效实施。以下,笔者将结合《刑事诉讼法》,对新《律师法》实施后律师刑事取证权面临的几个关键问题做一分析,以期刑事诉讼实践中律师的"取证难"问题得以改善。

一、律师在侦查阶段能否调查取证

《律师法》实施后一个亟待回答的问题是律师在刑事诉讼侦查阶

---

[1] 本章初稿完成于2008年《律师法》实施后。2017年《律师法》虽进行了修改,但在调查取证方面变动不大。为保持初心,特将此文放在此处,文中涉及的法条均按2017年修改的版本进行了更新。

段有无调查取证权。因为这不仅涉及律师在侦查阶段的调查取证活动是否违法的问题,还关乎在此阶段所取得的证据材料的证据能力问题。对此,我国《刑事诉讼法》只赋予了辩护律师在审查起诉和审判阶段的调查取证权,而没有赋予在侦查阶段介入的律师调查取证权。所以,学界通常认为律师在侦查阶段没有调查取证的权利,侦查机关也排斥律师在侦查阶段从事调查取证活动,律师通常也以法律没有明确授权为由拒绝调查取证,实践中没有哪个律师甘愿置自身的法律安全风险于不顾去开展调查取证活动。然而,我国新修订的《律师法》却没有排除律师在侦查阶段调查取证的权利,对律师承办法律事务,开展调查取证活动没有诉讼阶段上的限制,而是规定"受委托的律师根据案情的需要","可以向有关单位或者个人调查与承办法律事务有关的情况"。也就是说,只要是承办法律事务的受委托律师都可以调查取证。我国侦查阶段介入的律师是受当事人及其家属委托参与诉讼的,无论是代为申诉、控告侦查违法行为还是代为申请取保候审,承办的均是法律事务,他们完全可以根据案情需要自行决定是否实施调查取证行为。因此,从 2008 年 6 月 1 日起,律师只要介入侦查程序便可以从事调查取证活动,律师在侦查阶段是被赋予了调查取证权利的。两部同时生效的法律对律师在侦查阶段的调查取证权作出了不同的规定,在实践中究竟该执行哪部法律的规定目前尚不明确。这就需要从法理上进行分析,根据"新法优于旧法""特别法优于普通法"的法律适用原理,新《律师法》应当在适用上居于优位。这不仅在于其"新",更在于《律师法》相对于刑事诉讼活动和《刑事诉讼法》具有"特别法"的意味。

笔者在与号称走在全国改革开放前列的南方某省律师协会刑辩委员会的负责人交谈时了解到,尽管新《律师法》已经生效,但在实践中实务界仍然按照《刑事诉讼法》和"六机关"的"四十八条"[1] 执行。也就是说,律师在侦查阶段仍不可以调查取证,律师

---

[1] 1998 年 1 月 19 日,最高人民法院、最高人民检察院、公安部、国家安全部、司法部、全国人大常委会法制工作委员会联合发布《关于刑事诉讼法实施中若干问题的规定》(已失效),因该规定的内容有 48 条,故简称"六机关的四十八条规定"。

也不愿意接受这种授权。之所以如此，按照这位资深律师的解释：一是《律师法》执行得不够彻底；二是在缺乏法律保障的情况下，赋予律师在侦查阶段的调查取证权无异于将律师置于更加危险的境地。可见，对于律师在侦查阶段的调查取证权而言，立法确立得容易，而真正在实践中得到落实却并非易事，在整个法治环境未得到根本改善和保障律师执业法律安全的相关制度未能跟进的情况下，律师对在调查取证中遭遇风险的顾虑只能使其对侦查阶段取证望而却步。

律师在侦查阶段不能进行调查取证显然不利于辩护作用的发挥和被追诉人权利的维护：一是侦查阶段是辩方收集证据的关键阶段，由于距离案发时间较短，物品和痕迹物证较容易提取和固定，证人的记忆也比较新鲜、清晰，如果到了审查起诉或审判阶段再去收集，证据可能已经灭失、毁损或发生改变，有利于被追诉人的证据将难以取得。二是侦查机关基于职业利益和追诉心理，更倾向于收集有罪和罪重的证据，容易忽视无罪和罪轻的证据，因此，不可能做到对有罪、无罪证据一律注意。正如德国学者托马斯·魏根特认为的那样："在某种程度上，检察官和警察都坚持了这一客观性原则：收集与案件相关的全面的信息符合他们的职业利益，因此他们不希望忽略任何将来可能会损害定罪的关键性事实。但是随着案件的侦查活动越来越集中到特定的犯罪嫌疑人身上时，警察会倾向于寻找强化和证实犯罪嫌疑的证据而不再留意可以证明无罪的证据。"[1] 日本学者对此也持相同的观点："侦查机关必须收集有利于犯罪嫌疑人的证据，但是侦查机关对犯罪嫌疑人有利证据的收集，往往不够充分。因此，犯罪嫌疑人、辩护人必须自己积极收集、保全有利于犯罪嫌疑人的证据。"[2] 三是我国庭审方式的对抗制改革要求审前程序与审判能够保持诉讼机制的协调一致。"在审判程序借鉴当事人主义的同时，在审前程序中仍然贯彻典型的职权主义甚至超职权主义。

---

[1] [德] 托马斯·魏根特：《德国刑事诉讼程序》，岳礼玲、温小洁译，中国政法大学出版社2004年版，第152页。

[2] [日] 田口守一：《刑事诉讼法》，刘迪、张凌、穆津译，卞建林审校，法律出版社2000年版，第96页。

这就明显造成了一种机制冲突。双向互动的审判阶段与那种以'单面性'为特征的审前阶段形成冲突。因此严重损害了我国刑事诉讼的平等性、民主性与公平性,而且诉讼机理不统一,也影响程序的推进与有效运作。"[1] 如果被追诉人在侦查阶段不能调查取证,到了法庭审判时又何以拿出有利于自己的证据与控方相对抗?这势必会造成法庭审判中证据出示"一面倒"的态势,控方将形成压倒性优势。

二、律师调查取证是否需要被调查人的同意

我国现行《律师法》第35条第2款规定:"律师自行调查取证的,凭律师执业证书和律师事务所证明,可以向有关单位或者个人调查与承办法律事务有关的情况。"而2001年《律师法》第31条规定:"律师承办法律事务,经有关单位或者个人同意,可以向他们调查情况。"由于2007年修订后的《律师法》删除了"经有关单位或者个人同意"的规定,于是有人便认为律师只要手持执业证书和律师事务所证明就可以向有关单位或个人进行调查,而不再需要经过被调查单位或个人同意。那么,新《律师法》实施后,律师调查取证是否因为立法条文的这一变化而真的无须再征得被调查单位或个人的同意?这种立法表述的不同对律师调查取证实践究竟又意味着什么?这就需要我们从法理层面和实践层面做出分析。

第一,从法理层面对律师调查取证权的性质做一简要考察。律师取证权的性质与律师身份的变迁相关。按照1982年我国颁布的《律师暂行条例》的规定,律师是"国家法律工作者",其身份是国家公职人员;1996年《律师法》将律师定位为:"为社会提供法律服务的专业人员";2007年10月修订的《律师法》则将律师界定为"依法取得律师执业证书,接受委托或者指定,为当事人提供法律服务的执业人员"。随着我国律师制度的改革,律师不再是国家的法律工作者,其公职人员身份越来越淡化,而逐步演变成提供法律服务

---

[1] 龙宗智:"试析我国刑事审判方式改革的方向与路径",载《社会科学研究》2005年第1期。

的社会专业人士,与其他一些社会中介组织的专业人员没什么区别。律师调查取证难的问题也是伴随着律师身份由"国家"到"民间"的变化而凸显出来的。如果说律师作为"国家法律工作者"执行职务尚能体现为一种国家权力,那么律师一旦成为"为社会(当事人)提供法律服务的专业人员(执业人员)",其执业活动就不再具有国家公权的性质,而是体现出一种"权利"色彩。"权力"和"权利"是不同的两个概念,权力行使的主体通常是国家机关的公职人员,体现为国家的意志,权力的实现无须征得相对人的同意而具有强制执行的效力;权利具有私权属性,体现为法律的某种授权和权利主体的意愿,不具有国家强制力。其实现通常以相对人的配合为前提。律师的调查取证权就体现为一种私权利而非国家公权力,其在行使方式上表现为任意性而非强制性,这和侦查机关行使的侦查权具有根本性区别。针对我国律师调查取证难的问题,有的学者提出赋予律师一定的强制取证权、科以证人向律师作证的义务。然而,律师在有关单位或个人不配合的情况下何以能够实施"强制"?从各国的立法和实践来看,证人都只有向法官作证的义务,并无义务向律师作证。"即使是在实行所谓'双轨制'侦查制度的国家,律师或民间侦探组织在办案过程中,也无权使用搜查、拘传及其他强制侦查手段,若需使用必须由国家侦查机关组织实施。"[1] 日本学者也认为:"犯罪嫌疑人没有强制措施权,因此犯罪嫌疑人能够利用的只是证据保全请求权。这是现行诉讼法中才设立的制度。"[2] 可见,那种认为律师调查取证无须经过被调查单位或个人同意、在被调查对象拒绝的情况下律师可以强制取证的意见是没有法理依据的。

第二,从实践层面对律师调查取证权做一基本分析。2007年修订的《律师法》之所以删除了"经有关单位或者个人同意"的规定,主要是考虑到实践中律师调查取证所面临的实际困难,从而在

---

[1] 宫万路、杜水源:"论侦查权的概念",载《江苏公安专科学校学报》2001年第1期。

[2] [日]田口守一:《刑事诉讼法》,刘迪、张凌、穆津译,卞建林审校,法律出版社2000年版,第96页。

立法技术和措辞上作出了一定的变通。律师身份发生改变后，其调查取证也失去了国家公权力的保障，进而成了一种具有私人调查性质的活动。律师开展调查取证本就比较困难，如果再继续规定律师调查取证需"经有关单位或者个人同意"，那岂不等于是以立法的形式明示被调查人"你有权拒绝律师的调查取证"吗？这无疑会使律师的调查取证活动举步维艰。一方面法律规定律师办理法律事务有调查取证权，另一方面又同时规定被调查对象有权拒绝调查。当取证权和拒证权两种权利发生冲突时，通常的做法是牺牲前者。社会大众对律师职业的功能价值认识不足，一些人对律师存在着误解乃至负面、消极的评价。加之中国人自古以来的"厌诉"心理和传统的"和合文化"，认为"多一事不如少一事"。这一切都构成了阻碍和制约律师调查取证有效开展的社会文化基础。所以，研究律师的调查取证权不能脱离中国的本土文化和民众心理。鉴于此，立法者在《律师法》修订时取消了"经有关单位或者个人同意"这一明示规定，避免给被调查对象无故拒绝律师调查取证提供借口。透过这一变化，应当说，立法的初衷是善良的、美好的，意在鼓励有关单位和个人配合律师的调查取证工作。但是，这不等于说律师在调查取证时不需要被调查对象配合甚至可以不经其同意强制调取。事实上，离开了被调查对象的同意或配合、离开了国家公权力的保障，不但证人证言不可能得到，就连物证、书证等实物证据也难以取得。

三、律师的申请取证权如何得到落实

2017年修订的《律师法》第35条第1款规定："受委托的律师根据案情的需要，可以申请人民检察院、人民法院收集、调取证据或者申请人民法院通知证人出庭作证。"这是关于律师申请取证权的规定，2017年《律师法》赋予了律师申请调查取证的权利，与1996年颁布的《律师法》相比，这是关于律师调查取证权的一个进步。赋予律师申请取证权，主要是考虑律师在自行调查取证有困难或遇到阻碍时，由于自己没有强制取证的权力而需要借助公权力的帮助来获取与案情有关的证据。如果法律赋予律师的申请取证权能够得到保障和落实，那么它便不失为一种弥补律师自行调查取证之不足、

克服律师依靠自身力量取证艰难的有效制度设计。其实，辩护律师申请取证权最初并不是被规定在《律师法》中，而是被1996年修正的《刑事诉讼法》确立的。1996年《刑事诉讼法》第37条第1款规定："辩护律师经证人或者其他有关单位和个人同意，可以向他们收集与本案有关的材料，也可以申请人民检察院、人民法院收集、调取证据，或者申请人民法院通知证人出庭作证。"这距今已有二十余年，但"调查取证难"仍被与"会见难""阅卷难""申请变更强制措施难"以及"采纳律师的辩护意见难"并称为律师辩护面临的"五难"问题，这些问题依然没有完全得到解决。尽管立法赋予了辩护律师申请取证的权利，但"调查取证难"依然成了困扰律师刑事辩护的重大问题。《刑事诉讼法》实施的现状告诉我们，要想解决律师调查取证难问题，仅靠法律赋予其申请调查取证权是远远不够的。问题的关键是怎样保障律师的申请获得成功？如何使其申请对司法机关产生一定的拘束力？在司法机关消极不作为的情况下律师拥有哪些救济途径？司法机关又该承担何种不利后果等？律师申请取证权的真正实现有赖于上述配套制度和措施的完善。

第一，取消律师向检察机关申请取证的规定。我国关于律师向人民检察院申请取证的规定不符合诉讼规律，在实践中不具有可行性。检察机关在刑事诉讼中作为控诉方，实质上是诉讼的一方当事人，与诉讼的结局有某种利害关系，必然有自己的利益追求。指控取得成功、被告人获得被定罪的结果是其最大的诉讼追求。辩护律师取证申请能否获得成功取决于控方是否认为"需要"，在绝大多数情况下，律师的取证申请都会不被理睬或被认为"不需要"。试想，让律师向自己的诉讼对手申请取得用以攻击对手的武器不符合人性和心理学的规律。因为，一旦同意了律师的取证申请，调取了有利于辩护的证据，被告人被成功定罪的难度便会大大增加，检察机关的指控就会面临被法院推翻的危险，自己的工作业绩也将受到否定性评价，这是检察官们无论如何也不愿看到的。因此，将检察机关作为接受律师取证申请的主体和基于被追诉人利益开展取证活动的主体在实践中不具有基本的可行性，不利于对律师申请取证权的保障。可行的办法是取消律师向检察机关申请取证的规定，律师在需要调取证据时只能向相对中立的第三方——人民法院——提出申请，由法院负责对申请进行审查并组织实施。这就需要打破目前"分段包干，各管一段"的诉讼体制，使法院可以介入审前程序，决定和实施证据保全工作，以备日后法庭审判所用。这也符合国际上关于辩方申请取证及证据保全的普遍做法。

第二，赋予律师取证申请一定的拘束力。我国律师在办理刑事案件中之所以会遭遇申请调查取证难的问题，是因为律师的申请对检察院和法院缺乏应有的约束力。立法既没有规定律师申请调查取证满足相应条件时被申请方必须同意并实施调查取证行为，也没有规定被申请方拒绝时应承担何种不利的法律后果。为此，不但应当赋予律师以申请权，而且必须使申请权能产生应有的法律效力，使申请在符合法定条件时可以启动调查取证程序，从而保证有利于被追诉人辩护防御的证据能够被及时提取和保全。《德国刑事诉讼法典》第163条a第（二）项规定："被指控人请求收集对他有利的证据时，如果它们具有重要性，应当收集。"此外，该法第244条明确了法院拒绝查证申请的具体情形：只有在因为事实明显，无收集证据的必要；要求查明的事实对于裁判没有意义或者已经查明；证据毫不适当或者不可收集；提出申请是为了拖延诉讼；对于应当证明的、对被告人有利的重大主张，可将主张的事实作为是真实事实来处理的时候，才允许拒绝查证申请。德国的做法值得我们借鉴。我国应对律师申请启动调查的条件和拒绝调查取证申请的情形作出明确规定，使符合法定条件的申请都能得到司法机关的批准，从而启动调查程序。具体可做如下规定：律师能够证明该单位掌握了与案件有关的证据或者该证人了解案件的事实，只要该证据或证人证言对辩护防御有意义，法院便应当接受并及时收集、调取证据或者传唤证人出庭作证。但是对于与案件明显无关、重复性的、无须证明的事实，故意拖延诉讼以及证据收集不能的申请，法院有权拒绝。这种规定方式比起现有司法解释的"认为需要""认为有必要"等模糊性术语更具操作性，也便于对法院同意与否的决定进行审查和监督。

第三，赋予法院以强制程序取得证据和传唤证人出庭的权力。

在某些情况下，即便法院同意了律师的取证申请，但是在收集、调取证据或传唤证人出庭的过程中，一旦有关单位和个人拒绝不配合，如拒不交出掌握的物证、书证或拒不到庭作证，那么律师的申请取证权同样会落空。因此，必须赋予法院强制取得证据（物证和人证）的权力，这是保障律师调查取证申请权不可或缺的一个重要方面。尽管我国《刑事诉讼法》第54条第1款规定："人民法院、人民检察院和公安机关有权向有关单位和个人收集、调取证据。有关单位和个人应当如实提供证据。"但是，对于拒绝提供证据的单位、个人或拒绝出庭作证的证人，法律没有规定必要的强制措施。这就使得有关单位、个人是否提供证据或证人是否出庭作证没有了任何顾忌，成了一件很随意的事情。对此，美国不仅把辩方有以强制程序（the right to compulsory process）取得对被告人有利的证据作为《美国宪法第六修正案》的权利予以保护，而且在《联邦刑事诉讼规则》当中规定了证据保全和作证令等法院强制取证的具体程序。《联邦刑事诉讼规则》第17条规定："（a）作证令应当注明法院名称、案由，加盖法院印章，并命令证人在作证令规定的时间、地点出庭作证。书记官应向申请证令的当事人签发空白的作证令，并签字盖章，申请方在送达作证令之前应当填写空白处的内容。（b）被告人表明无力支付证人费用，并且该证人的出庭对于充分进行辩护是必要的，根据被告人的单方申请，法院应当命令向指名的证人签发作证令。法院命令签发作证令的，程序费用和证人费用将按照与政府申请作证令时向证人支付的同一方式进行支付。（c）作证令可以命令证人提供命令指定的书籍、文件、文献、数据或其他物品。法院可以指示证人在审判之前或者作为证据提供之前将这些指定的材料提交给法院。这些材料到达法院后，法院可以准许各方当事人及其律师对其全部或部分进行查阅。（g）证人没有充足理由不遵守该地区联邦法院签发的作证令的，法院可以认定其行为构成藐视法庭罪。"可见，美国法院签发的作证令是具有强制效力的，不但可以命令证人出庭作证，还可以命令有关人员提供或交出书籍、文献等实物证据，无正当理由而拒绝作证或提供证据，将被控藐视法庭罪。为了保证律师申请的证据能够被收集以及证人能够出庭作证，我国也应授权法院签发调取证据令和证人作证令,对于无正当理由拒绝提供证据的单位或个人,以及拒绝到庭作证的证人,可以分别采取强制调取、罚款、强制证人到庭、司法拘留乃至追究刑事责任等措施。只有法院拥有了强制取证权,律师在刑事诉讼中的申请取证权才能得到切实的保障。

第四,给予律师必要的权利救济,同时规定侵犯律师申请取证权应承担的不利后果:

首先,对律师申请的审查批准期间、实施调查取证的期间、复查期间以及审查结果的形式和内容作出规定。为防止主管机关滥用权力,防止其利用各种手段拖延、妨碍律师调查取证申请权的行使,我国有必要对程序进行的期间和是否批准的形式、内容作出严格规范,给律师以心理预期,对申请批准与否做到心中有数,便于对权力行使进行监督和制约。鉴于律师取证的申请一般比较紧急,可规定有关机关在接到律师的取证申请后在3日内进行审查,并作出批准与否的决定;对于决定收集、调取证据的应当在24小时以内组织实施,对同意证人出庭作证的,应当在开庭3日前由法院通知证人出庭作证。对于期限届满不予答复或拒绝批准的决定,律师有权在3日内提请法院重新审查,法院应当在24小时内作出复查决定。同时,主管机关或复查机关经审查后对是否批准律师的申请都应当以书面形式作出决定,在拒绝批准律师的调查取证申请时还应当说明拒绝的理由。

其次,要加强对律师权利的救济。当律师的调查取证申请有理有据、符合法定条件时,被申请的司法机关应当在审查后立即作出同意的决定并且尽快进行证据收集、保全或者通知证人出庭作证。如果人民检察院对律师的取证申请置之不理、不予答复或者无理拒绝,那么在法定的审查期间届满后,律师有权向人民法院提出调查取证的申请,由法院进行审查决定。对于通知证人到庭作证的申请,法院拒绝通知的,可以借鉴德国的做法,由律师直接通知证人到庭作证。《德国刑事诉讼法典》第220条第(一)项规定:"审判长拒绝传唤某人的申请时,被告人可以对该人员直接传唤。即使无先行的申请,被告人也有权直接传唤……(三)审判中如果表明被直接传唤人员有助于查明案情的,依声请法院应当裁判由国库向被直接传唤人员支付法定的补偿费。"

最后,明确侵犯律师调查取证权应承担的法律后果。对于律师申请调取的关键证据和申请通知出庭作证的关键证人,检察机关的拒绝会导致有利于被告人的证据和证人证言无法呈现于法庭。律师确实能够证明该证据或证人存在过,一审法院应当视作辩方有此证据,从而作出有利于被告人的推论;如果由于一审法院无理拒绝律师的上述申请,未采取证据保全措施造成证据灭失或难以取得,辩方可以此为理由提出上诉,二审法院可以我国《刑事诉讼法》第238条第5项"其他违反法律规定的诉讼程序,可能影响公正审判的"为理由,裁定撤销原判,发回重审。对于指控证据不足的,可以宣告被告人无罪。

四、律师能否聘请私人调查机构代为调查取证

律师参与刑事辩护或代理业务能否委托私人调查机构代为调查取证也是新《律师法》实施后社会比较关注的一个问题。对此,修改后的《律师法》和《刑事诉讼法》都没有涉及,立法既没有禁止也没有准许。然而,私人调查业近年来在我国(尤其是大中城市)得到了迅猛发展。"据不完全统计,截至2003年10月,我国已有调查类组织或机构近2.3万家,其中合法注册的调查公司超过2000家,从业人员超过20万人。"[1] 这说明私人调查业在我国存在着巨大的市场需求。笔者认为,律师在需要调查取证时,可以委托或聘请私人调查机构的专业调查人员代为调查取证。理由如下:

第一,律师的调查取证权不是国家公权力,不是一种职权,没有专属性。律师调查取证权仅是一种权利,具有民间调查的私权性质,对于不具有人身属性的权利,权利人可以行使也可以放弃,既可以自己行使也可以由他人代为行使。"1996年以后的律师调查权在强制力上越来越弱化,以至于逐渐变成了一种'民间调查'了。从效力上看,这种'民间调查'与一般社会机构、公民个人所从事

---

[1] 吕继东:"'私家侦探'的法律思考",载《公安研究》2004年第10期。

的调查并没有任何实质性的区别。"[1] 既然律师调查是一种民间调查，而私人调查机构从事的也是民间调查行为，那么律师当然可以将调查取证事务委托给私人调查机构代为行使。

第二，将调查取证事务委托私人调查机构实施可以化解律师亲自调查所带来的法律风险。由于我国《刑法》306条规定的"辩护人、诉讼代理人毁灭证据、伪造证据、妨害作证罪"的犯罪主体是辩护人和诉讼代理人，而这两类人通常都是由律师来担任，加之该罪名的犯罪构成要件比较模糊，使得律师视刑事调查取证为畏途和"充满职业风险的领域"。1996年修正后的《刑事诉讼法》实施以来，已有多位律师因妨害作证而遭到刑事追诉就是明证。如果律师将调查取证任务委托给私人调查机构代为实施，由于律师不必亲自参与取证，只是对调查机构取得的信息资料加以利用，也就不存在"辩护人、诉讼代理人妨害作证罪"的风险了。又由于私人调查机构和人员不具有辩护人和诉讼代理人的主体身份，不是该罪的主体，这无疑有助于化解律师目前由调查取证带来的法律风险。

第三，私人调查机构参与刑事调查取证能够增强被追诉人的防御能力。在一些国家，辩方的防御能力之所以强大，一个重要原因是其民间私人侦探业的高度发达，辩方可以利用私人侦探进行调查取证。在美国，大多数学者认为，禁止被追诉人雇佣私人侦探违背了程序公正的基本要求。因为刑事诉讼本质上是一场国家和罪犯的战争，在这场战争中，国家可以通过卧底打入到犯罪集团内部，而罪犯却不能派遣一个人打入到国家内部；公诉人有权使用大量的间谍、侦探和线人，而辩护方却无权雇佣任何人为其服务。因此，被告人在公诉案件中所处的不利与被动境地为被告人雇佣私人侦探提供了理由。[2] 私人调查机构拥有比律师亲自调查取证更多的优势，因为在进行刑事取证的过程中，往往必须使用一些专业性的调查手段，如对被调查人进行跟踪、使用窃听以及偷拍等技术侦查手段等。律师

---

[1] 陈瑞华："法律职业共同体形成了吗（上）——以辩护律师调查权问题为切入的分析"，载《中国司法》2008年第2期。

[2] 转引自张泽涛："私人侦探在刑事诉讼中的运用及其规范"，载《法学家》2007年第6期。

毕竟只是法律方面的专家，调查取证并不是其专长。相比之下，私人调查机构拥有受过训练的专业调查人员和必要的调查取证设备。这些人员掌握了进行调查取证所需的专业技术知识，具有一定的取证工作经验，因而在获取有利于辩护的证据方面显得更专业和更有效率。鉴于上述原因，目前律师接受委托从事刑事辩护大多不愿进行调查取证，这显然不利于辩护的有效开展，如果委托私人调查机构代为取证，律师根据所取的证据进行"有理有据"的辩护，必将增强辩方的防御能力，从而增加辩护成功的机会。

第四，私人调查机构取得的证据材料具有证据能力，可被法院采纳为定案的根据。2001年最高人民法院制定的《关于民事诉讼证据的若干规定》第68条规定："以侵害他人合法权益或者违反法律禁止性规定的方法取得的证据，不能作为认定案件事实的依据。"这一规定其实是对民事诉讼中私人取证的承认，放松了对私人取证的限制。即只要没有侵害他人合法权益或者不是采用违反法律禁止性规定的方法取得的证据都可以被作为证据使用，包括未经对方同意的录音录像也可以作为证据。这一规定也为私人调查机构参与刑事取证活动提供了具有法律效力的根据。刑事诉讼解决的是被追诉人的刑事责任问题，事关公民的人身权乃至生命权，其意义和后果要比民事纠纷大得多。因此，更需要增强被追诉人及其律师的取证能力，更应保障其诉讼权利的实现。私人调查人员在刑事取证过程中通常会采取隐性调查的方式，如监听、跟踪和录音录像等，这些手段并不必然侵犯公民的隐私权。比如，对于被调查人没有"合理隐私期待"的在公共场所的谈话进行录音录像就未必会侵犯其隐私权。即便是以侵犯公民隐私权的方法获得的证据资料也并非会被一概排除。美国私人收集的证据不受非法证据排除规则的约束，受侵害的公民可以通过民事法律得到救济，但不影响由此获得的证据在刑事诉讼中的运用。在德国，私人获取的证据在一定条件下可以使用。德国对私人获取证据是否可用的评估，不以证据获取主体为限，重在评估使用该证据是否侵害人格权及侵害的程度。法国对私人获取证据也是予以认可的，即使对违法所得证据也持相当宽容的态度。在轻罪案件中，私人不当获取的证据可以在法庭上使用。由于私人违法取证与国家工作人员违法取证在性质和后果上存在一定区别，对私人取证可以采取更宽容的标准，私人以不正当手段获得的证据，更容易通过证据能力的检验。[1] 根据上述分析，对私人调查机构以非正当手段取得的有利于被追诉人的证据资料，经审查只要具备相关性和真实性的要求，就应承认其证据能力。毕竟，保障无罪的人不受追究、防止冤假错案的发生是刑事诉讼所追求的最高目标。

第五，我国大量存在的合法私人调查机构可以满足律师调查取证的需要。我国近年来出现的名称繁多的各类信息公司、咨询公司和调查事务所等，它们当中有的已经过工商登记，取得了营业执照。这些私人调查机构的成立以及调查取证业务的开展均符合工商管理法律法规的要求，具备合法主体地位，可以向社会提供有偿调查取证服务。"在目前被告方取证能力不足，又没有其他更好办法的情况下，尽快规范具有证据调查功能的证据调查机构，对于提升被告方的取证能力不失为一种较为可行的选择。"[2]

第六，域外私人侦探参与刑事调查取证的做法为我们提供了参照。英美法系国家实行对抗式的诉讼制度，查明案情和收集证据是控辩双方的责任。与这种诉讼制度相适应，形成了双轨制的犯罪侦查制度。"不仅检察官可以要求和指导侦查人员（一般为警察）就案件进行调查，辩护律师也可以聘请某些专门人员（一般为私人侦探和民间鉴定人员）调查案情和收集证据。"[3] 有人认为，律师聘请私人侦探参与刑事调查取证是英美法系国家的做法，我国传统上实行的是职权主义诉讼制度和单轨制的侦查模式，以此排斥私人调查人员介入刑事调查取证领域。笔者认为，这种观点既有违现代刑事诉讼的发展趋势，也不符合国外辩方刑事调查取证权发展的实际。德国作为传统的大陆法系国家，实行的是职权主义诉讼模式，然而，

---

[1] 秦宗文："论刑事诉讼中私人获取的证据——兼对证据合法性的批评"，载《人民检察》2003年第7期。

[2] 宋强："刑诉法的再修改——构建控辩平等的取证机制"，载《法学评论》2008年第2期。

[3] 何家弘编著：《外国犯罪侦查制度》，中国人民大学出版社1995年版，第27页。

其"辩方还可以聘请私人侦探和鉴定人参与案件调查"。[1] 意大利作为向对抗制转型的国家,通过《刑事诉讼法》和《宪法》的修改形成了独具特色的"混合制"诉讼模式。意大利在2000年通过了名为"辩护性调查"的第397号法律,增加了辩方调查权的有关规定。在辩方具体调查方式上,当事人可以将调查权委托给律师行使,律师可以自行调查,也可以委托私人侦探和技术专家等其他人员进行调查。[2] 可见,私人侦探参与刑事调查活动不是英美法系国家的专利,我们在大陆法系国家和诉讼模式转型国家的刑事诉讼中也能看到私人侦探的身影。我国刑事诉讼制度正处在转型中,域外经验尤其是意大利的刑事司法改革经验值得我们借鉴,我国在强化被追诉人防御能力、保障辩方刑事取证权方面也应该为私人侦探的参与留下一片空间。

---

[1] [德]托马斯·魏根特:《德国刑事诉讼程序》,岳礼玲、温小洁译,中国政法大学出版社2004年版,第152页。

[2] 陈卫东、刘计划、程雷:"变革中创新的意大利刑事司法制度——中国人民大学诉讼制度与司法改革研究中心赴欧洲考察报告之三",载《人民检察》2004年第12期。

第四章

证据知悉，辩护前提

我国刑事诉讼中阅卷制度的权利主体是辩护律师，近年来学界对辩护律师阅卷权问题给予了较多研究，而对被追诉人及其家属证据知悉权问题则关注不够，尤其是对以下三个方面的问题更是缺乏深入、系统的研究：一是没有律师帮助的被追诉人证据知悉权的实现问题。二是有律师帮助的被追诉人的证据知悉权问题，即辩护律师能否将阅卷取得的证据材料披露给被追诉人？三是被追诉人家属的证据知悉权问题，即律师能否向被追诉人家属披露阅卷、会见和调查取证所获得的材料？以上三个问题不仅在理论上比较模糊，而且在实践中也具有很大的争议性。证据知悉权作为被追诉人及其家属在刑事诉讼中知情权的核心领域，实有从法理上予以探讨的必要。

一、无律师帮助的被追诉人证据知悉权问题

（一）确立无律师帮助的被追诉人证据知悉权的必要性

在建立证据开示制度的国家，证据开示一般都要求由律师参与，其主要参与者就是辩护律师。在我国，被追诉人主体中有很大一部分是农民和进城务工人员，他们由于经济原因在涉嫌犯罪时大多数没有聘请律师，而我国法律援助制度又不发达，不但指定辩护的范围比较狭窄（目前仅限于三类人员即未成年人、盲聋哑人和可能判处无期徒刑、死刑的人），而且部分承担法律援助义务的律师只有到了审判阶段才能介入。这导致我国刑事案件中律师参与率比较低。据统计：全国刑事案件的律师辩护率不足 30%，很多地方都呈现出

不同程度的下降趋势。[1]我国目前正处于犯罪的高发期，犯罪总量比较大，刑事案件发案已经从1996年的160余万起增加到了2005年的460余万起。[2]可见，近些年来，尽管我国的律师队伍得到了迅猛发展，但是面对我国每年如此庞大的犯罪总数，极其有限的律师数量仍可谓是杯水车薪、供不应求。因此，在目前条件下，国家对所有案件都提供法律援助不具有可行性。既然国家法律援助不可能全面铺开并惠及每一个被追诉人，那么对于没有律师参与辩护的案件，被追诉人是否应当享有证据知悉权？

笔者认为，没有律师参与的案件中的被追诉人仍应享有证据知悉权利。理由如下：一是从权利属性角度分析，被追诉人享有的诉讼权利具有原生性，而辩护律师的诉讼权利具有派生性。律师的证据知悉权来源于被追诉人的辩护权，正是基于被追诉人的授权委托和保障被追诉人辩护权的需要，辩护律师才具有了阅卷的权能。既然我们承认辩护律师的阅卷权或证据开示权，那么就没有理由否认被追诉人的证据知悉权。既然我们承认被追诉人的辩护权，那么就没有理由否认其证据知悉权，因为被追诉人对证据的先悉乃辩护权行使的前提和基础。如果我们否认被追诉人的证据知悉权，就会导致一个悖论，作为原始权利主体的被追诉人享有辩护权却没有证据知悉权，作为派生权利主体、帮助行使辩护权的律师却被赋予了证据知悉权。无论如何，这在逻辑上都是说不通的。二是基于有效辩护的需要。在缺乏律师帮助的情况下，被追诉人面对强大的公权力的指控本来就处于不利的弱势地位，其辩护权的行使在客观上已经

---

[1] 司法部于2002年10月对浙江、河南、云南这三个沿海、中部和西部的代表省份进行过调查。调查结果表明：刑事辩护率的下降趋势惊人。以浙江为例，1995年的刑事辩护率为21.89%，到1997年下降到15.3%，到2002年上半年更降到了14.89%。其中，杭州的刑事辩护率在1997年为20.4%，2002年上半年则已经降为11.6%。详见司法部研究室：《关于近年来律师刑辩率下降及律师执业环境问题的调查报告》。中华全国律师协会的统计显示：2002年全国律师机构的刑事辩护及代理案件为335 267件，较2001年减少了1.26%；除北京等地有较大增长外，大多数地区都是负增长，而且刑事案件在全国律师机构业务比例中是相当低的。可见，自1996年以来，律师的刑事辩护状况日渐萎缩。详见中华全国律协：《2002年度中国律师业务发展数据统计分析报告》。

[2] 柯良栋：“谈谈修改刑事诉讼法必须高度重视的几个问题”，载《法学家》2007年第4期。

受到限制。如果再不允许其在庭审之前了解控方用以指控的证据材料，并据此进行必要的证据准备，那么在庭审之中面对控方的"证据突袭"，被告人便只能处于"被动挨打"的境地，在无法对控诉证据进行充分准备并进行有效质证的情况下，所谓的"自行辩护权"可能只具有形式意义，辩护效果将大打折扣。三是有利于促进案件的及时、正确处理。对于侦控方取得的证据材料，如果侦控机关能够及时披露给被追诉人，不仅可以为其提供一个核对真伪、提出反驳的机会，而且司法机关还能够在充分听取被追诉人意见的基础上，及时作出正确的处理决定。四是有利于实现法律上的平等保护。如果限制无律师参与案件被追诉人的证据知悉权，将有违法律适用上人人平等的原则，使阅卷权成为能请得起律师的少数有钱人的"专利"，这对于大多数请不起律师的被追诉人来讲则是不公平的。一项制度设立和实施的目的是使大多数同类主体都能够享用并受益，如果只对少数能请得起律师的被追诉人的案件进行证据披露，那就意味着刑事案件中只有少部分人受惠，而那些请不起律师的、占刑事案件总数约70%的被追诉人则无法享受到阅卷制度带来的利益，从而无法达到制度设置的目的。五是对于没有律师参与的案件，可以采用变通处理的方式，通过技术性的制度设计使被追诉人证据知悉权的实现具有可行性。

（二）无律师帮助的被追诉人证据知悉权的实现

1. 国外被追诉人证据知悉权的实现路径

在国外，一般都有被追诉人直接获取侦控方证据材料的规定，即侦控机关有义务直接向被追诉人开示其已经取得的相关证据材料。例如，意大利的做法是明确规定司法机关具有告知义务，侦控机关应当告知被调查人与侦控有关的事实及现有的证据材料，在不妨碍侦查工作的情况下甚至告知其证据来源。[1]《俄罗斯联邦刑事诉讼法典》第217条规定："侦查终结后，侦查员应将装订成册并编注页码的刑事案件材料提交给刑事被告人，物证也应一并提交；根据刑

---

〔1〕 田文昌、陈瑞华主编：《〈中华人民共和国刑事诉讼法〉再修改律师建议稿与论证》，法律出版社2007年版，第256页。

≪ 第四章 证据知悉，辩护前提

事被告人的请求还要提交照片、录音和录像资料、电影胶片以及其他侦查行为笔录的附件。在了解有若干卷的刑事案件材料的过程中，刑事被告人有权重复翻阅任何一卷、摘抄任何材料的任何部分、复制文件，包括使用技术手段制作复印件。刑事被告人了解刑事案件材料所必需的时间不受限制。如果被羁押的刑事被告人和他的辩护人故意拖延了解刑事案件材料的时间，则法院依照有关程序作出决定，对了解刑事案件材料确定一定的期限。刑事被告人了解刑事案件材料完毕后，侦查员应查明他们有何申请或其他声明。同时，还要向刑事被告人及其代理人问明哪些证人、鉴定人、专家应传唤到法庭进行询问和证明辩方的立场。"[1]《瑞典诉讼法典》规定："一旦作出起诉决定，嫌疑人有权经申请获得侦查期间的记录或笔记的复印件。"不过，有的国家对向被追诉人开示证据给予了一定限制。在德国，"如果被告人没有辩护人，他可以向检察官要求卷宗副本，他的要求应当得到满足，除非他从卷宗中获得信息可能会危害侦查或他人的主要权利"。[2] 有的国家在规定被追诉人可以取得卷宗材料的同时，又施加了某种限制，要求其不得将相关的证据材料透露给案件以外的第三人。例如，《法国刑事诉讼法典》规定："获得预审案卷材料副本的当事人除鉴定报告的副本外，将其他材料副本透露给第三人的，处3750欧元罚金。"[3]

2. 我国被追诉人证据知悉权实现的程序设计

第一，被追诉人证据知悉的范围。我国《刑事诉讼法》中的一些零散规定包含了被追诉人证据知悉的内容。例如，《刑事诉讼法》第122条规定："讯问笔录应当交犯罪嫌疑人核对，对于没有阅读能力的，应当向他宣读。……"第148条规定："侦查机关应当将用作证据的鉴定意见告知犯罪嫌疑人、被害人。如果犯罪嫌疑人、被害人提出申请，可以补充鉴定或者重新鉴定。"从这些规定我们可以看出，除了

---

[1]《俄罗斯联邦刑事诉讼法典》（新版），黄道秀译，中国人民公安大学出版社2006年版，第195~197页。

[2]［德］托马斯·魏根特：《德国刑事诉讼程序》，岳礼玲、温小洁译，中国政法大学出版社2004年版，第65页。

[3]《法国刑事诉讼法典》，罗结珍译，中国法制出版社2006年版，第113页。

讯问笔录外，被追诉人在审前阶段真正可以知悉的控方证据材料只有被用作证据的鉴定意见，而鉴定意见并非每一个案件都必备的证据种类。被追诉人这种极其有限的证据知悉权与证据开示意义上的证据知悉权相去甚远，不仅知悉的证据种类和范围狭窄，而且缺乏专门的程序予以保障。为了增强被追诉人的辩护防御能力，应当扩大被追诉人对侦控方证据材料的知悉范围。笔者认为，原则上，被追诉人在侦查、起诉和审判阶段对控方证据材料均享有知悉权，但知悉的证据材料范围在不同的诉讼阶段应有所不同。在侦查和审查起诉阶段，侦控人员收集的实物证据（物证、书证、视听资料）、所作的鉴定意见和勘验检查笔录以及讯问笔录都应当及时告知被追诉人并允许其查阅。在案件被提起公诉进入审判阶段以后，被追诉人除有权知悉上述证据材料外，原则上还可以查阅侦控方调查取得的证人证言和被害人陈述。之所以作出这种区别，一方面是考虑到实物证据和勘验检查笔录以及鉴定意见稳定性较强，受到外部影响的可能性较小，被追诉人对这些证据材料的知悉不仅不会对侦查、起诉活动造成妨碍，反而有利于其辩护权的行使；另一方面考虑到我国现行制度下辩护律师和其他辩护人有权在法院受理案件之后查阅本案所指控的犯罪事实的材料，其中当然也包括证人证言和被害人陈述。为了使被追诉人不至于因缺乏律师帮助而减损其证据知悉权，在审判阶段原则上应当允许辩护人知悉侦控方收集在案的证人证言和被害人陈述的内容。

第二，被追诉人证据知悉的方式。该方式可以被分为两种情况：一种是审判前侦查、审查起诉阶段的证据知悉方式；另一种是审判阶段的证据知悉方式。在侦查、审查起诉阶段，被追诉人对控方证据的知悉一方面可以通过侦控机关实施勘验检查、搜查扣押等侦查行为时的在场权实现[1]；另一方面侦控机关可以通过将取得的物

---

[1] 这种证据知悉方式在我国《刑事诉讼法》的有关规定中也有所体现。例如，第139条第1款规定："在搜查的时候，应当有被搜查人或者他的家属，邻居或者其他见证人在场。"第140条规定："搜查的情况应当写成笔录，由侦查人员和被搜查人或者他的家属，邻居或者其他见证人签名或者盖章。……"第142条规定："对于查封、扣押的财物、文件，应当会同在场见证人和被查封、扣押财物、文件持有人查点清楚，当场开列清单一式二份，由侦查人员、见证人和持有人签名或者盖章，一份交给持有人，另一份附卷备查。"

证、书证等实物证据交由被追诉人辨认,将鉴定结论的内容告知被追诉人并征求其意见,以及将讯问笔录交由被追诉人阅读核对等方式达到证据知悉的目的。在案件起诉到法院后的审判阶段,对侦控机关调查收集的证人证言和被害人陈述等证据材料,检察机关应当制作证据目录,列明证明对象,并附上证据复印件,在起诉时一并移送法院,由法院立案庭法官在向被告人送达起诉书副本时将证据目录和证据复印件一并送达给被告人。我国一些地方在进行证据开示试点时也曾采用类似的做法,应在总结试点经验的基础上,待条件成熟时在全国范围逐步推广。例如,山东省寿光市证据开示试点的做法是:由检察机关根据侦查卷宗制作详细的证据目录,而且对于主要证据必须在证据目录中表明证明对象与证据的关键内容。比如,证人某某的证言证明财产损失为1000元。人民法院在向被告人送达起诉书副本时可以同时向被告人送达该证据目录,通过证据目录中表明的证据来源、证明对象来间接地达到证据开示的目的。[1]

第三,对被追诉人证据知悉权的限制。在承认被追诉人享有证据知悉权这一原则的同时,还应当设置若干例外规定,以限制其对某些特定证据材料的知悉。对涉及国家秘密的证据材料、有关"线人"和举报人身份的资料、被追诉人一旦知悉后可能会妨碍其他案件侦查的证据材料,被追诉人原则上无权知悉。这种原则性与灵活性的统一既保障了被追诉人的证据知悉权,解决了因无律师参与而不能进行证据开示的难题,达到了对刑事诉讼中的被追诉人进行平等保护的目的,又避免了由被追诉人提前知悉某些证据内容带来的妨碍诉讼秩序的弊端。从总体上看,直接对被追诉人进行证据披露虽然增加了诉讼成本,但是被追诉人的证据知悉权和辩护权却得到了较为周全的保护。

第四,对相关主体权利和司法利益的保护。在保障被追诉人证据知悉权的同时,还要考虑到被追诉人滥用证据知悉权的可能。被

---

[1] 陈卫东:"寿光证据开示试点模式的理论阐释",载《山东法官培训学院学报》2005年第1期。

追诉人对证人证言和被害人陈述内容的提前知悉有可能会造成打击报复证人、故意毁灭证据以及利诱、威胁证人、被害人作伪证等不利后果。因此，一方面要保障被追诉人的证据知悉权，另一方面还要保护相关主体的权益和司法利益不受侵害，这就需要建立相应的保护性措施。对于已经被羁押的被追诉人，由于其行动自由受到限制，其利用证据知悉机会直接实施妨害证据行为的可能性较小。对于那些未被采取强制措施或者被采取取保候审、监视居住措施的被追诉人，其人身自由未受限制或仅在一定程度上受到限制，这就为其利用证据知悉机会打击报复证人、实施妨害证据行为提供了便利和可能。为了防止上述行为的发生，可考虑采取以下应对和保护措施：法院在向未被羁押的被告人送达起诉书副本和证据目录、证据复印件时，应当同时发布禁止令，禁止其在诉讼进行期间接触特定的证人和被害人，对于违反者，法院可以撤销原来的取保候审或监视居住决定，转为逮捕羁押。

二、有律师帮助的被追诉人证据知悉权问题

在有辩护律师帮助的案件中，被追诉人对证据的知悉主要是通过赋予辩护律师阅卷权而间接实现的。这里涉及一个法理问题和一个实践问题：所谓的一个法理问题就是证据知悉权或阅卷权究竟是被追诉人的权利还是辩护律师的权利？所谓的一个实践问题是指辩护律师能否将查阅、摘抄和复制的案件材料交给被追诉人查阅？对前一问题的回答能够澄清理论上的模糊认识，为被追诉人证据知悉权的确立和实现提供理论基础；对后一问题的回答则能够解决实践中关于该问题的争议，为被追诉人证据知悉的范围设置一个相对明确的规则。

（一）阅卷权主体的法理分析

刑事诉讼中被追诉人对证据的知悉是其进行辩护防御的基础，是辩护权的基本组成部分。《公民权利及政治权利国际公约》设立的国际标准规定：被刑事指控的个人有权获得充分的时间和便利准备辩护。联合国人权事务委员会明确指出："'便利'必须包括辩方能够获

得文件和其他必要的证据,以准备其案件的辩护。"[1]"相当的便利"这个词的英文翻译是"adequate facilities",这个词的含义主要指足够的物质和设施方面的条件,如得到辩护所需要的文件、材料、证人等等。正是基于对被追诉人辩护权的保障,联合国《关于律师作用的基本原则》第21条规定:"主管当局有义务确保律师能有充分的时间查阅当局所拥有或管理的有关资料、档案和文件,以便使律师能向其委托人提供有效的法律协助。应该尽早在适当时机提供这种查阅的机会。"主管当局的证据披露义务是被追诉人有"相当的便利"准备他的辩护的必然要求,是最低限度公正审判的基本保障。我们从被追诉人的辩护权中可以合乎逻辑地推导出其享有证据知悉权的结论。《美国联邦刑事诉讼规则》第16条规定的证据开示的权利主体就是被告人。根据被告人的请求,政府应当将掌握的有关证据资料对被告人公开,并供其审查、复制或照相。我国有学者也认为,辩护人的阅卷权属于被告人最为重要的辩护权利,法理基础源于听审原则之下被告人的请求资讯权,而阅卷制度正是保障审判阶段被告人获悉充分资讯并据以调整辩护方向的重要机制。因此,阅卷权的权利主体应该是被告才对。[2]

那么,既然国际公约、国内立法抑或学者见解均认为证据知悉权乃是被追诉人的诉讼权利,那么为什么大陆法系国家和地区的立法一般都将阅卷权的主体规定为辩护人(主要是律师)?这主要是基于对控方卷证安全保障等技术问题的考虑。例如,德国立法者认为,如果允许被告人接触案件卷宗,被告人有可能毁灭、损坏或丢失卷宗,所以查阅卷宗的权利只限于辩护人。[3] 林钰雄教授亦认为,虽然权利主体是被告人,但行使权限则在其辩护人。这是就被告人的防御权利与证据的保全必要进行立法权衡后的结果,理由无他,卷宗与证物是认定本案犯罪事实的重要基础,由于被告人与本案的利

---

[1] David Harris and Sarah Joseph (eds.), *The International Covenant on Civil and Political rights and United Kingdom Law*, Clarendon Press. Oxford, 1995:223.
[2] 林钰雄:《刑事诉讼法》,中国人民大学出版社2005年版,第171页。
[3] [德] 托马斯·魏根特:《德国刑事诉讼程序》,岳礼玲、温小洁译,中国政法大学出版社2004年版,第65页。

害关系过大,如果容许被告人本人行使阅卷权,难保被告人不会篡改或湮灭卷证。相较之下,辩护律师与本案的利害极其有限,辩护律师篡改或湮灭卷证的概率毕竟较低。[1] 这种权利主体与权利行使主体的二元分离既在一定程度上保障了辩方的证据知悉权也避免了卷证安全风险。但是,如果仅仅是出于卷证安全的考虑,那么完全可以采用以卷宗复印件或物证复制品代替原件的方式让被追诉人直接查阅。立法机关之所以没有选择这一"两全其美"的解决方案,应不只是基于司法成本的考虑,还应有其他方面的考量。

(二) 辩护律师向被追诉人披露证据材料问题之分析

既然证据知悉乃被追诉人之权利,仅仅基于卷证安全的考虑才限制其亲自行使阅卷权,那么在排除了卷宗安全风险的情况下,是否意味着辩护律师可以将自己查阅、复制的证据材料毫无保留地交给被追诉人查阅呢?对这一问题的回答,首先涉及一个基本的理论问题,那就是辩护律师在刑事诉讼中的角色定位问题。

1. 辩护律师角色定位之不同对被追诉人证据知悉权的影响

辩护律师在刑事诉讼中是否具有独立的诉讼地位将直接影响到其对被追诉人披露证据的范围问题。如果把辩护律师定位为被追诉人的代理人,那么律师就应毫无保留地将阅卷内容以不同方式完全披露给被追诉人才算尽到了其职责;如果将辩护律师定位为不受当事人意志约束的独立诉讼主体,那么辩护律师向当事人披露证据材料的范围将会受到一定程度的限制。例如,特殊性侵害案件被害人的住址及其他详细资料是否属于阅卷权之范围?立法者必须权衡被告人防御权之保障以及被害人之保护,而如何权衡又与辩护人的角色定位息息相关:如果辩护人是纯粹的被告人代理人,其经由阅卷所得知的资讯必须告知乃至于交付被告人本人。反之,若能贯彻辩护人的自主地位以及公益角色,辩护人经由阅卷所得资讯而自主拟定辩护策略,不受被告人本人之拘束,并且也不必告知其被害人的详细资料。[2] 在德国的刑事诉讼中,辩护人既不是纯粹的被告人代

---

[1] 林钰雄:《刑事诉讼法》,中国人民大学出版社 2005 年版,第 172 页。
[2] 林钰雄:《刑事诉讼法》,中国人民大学出版社 2005 年版,第 162 页。

言人,也不是中立的司法官员,而是刑事司法制度中的独立主体。德国的法学理论之所以强调辩护人的独立地位,是为了防止其听命于当事人的不合理要求。而且,只有辩护人具有独立地位,他才能与法院和检察官在平等的层面上进行谈判和辩论。[1] 我国学者也认为独立性是律师职业的根本属性,律师职业独立于当事人,就是要求律师要始终与当事人保持职业距离。[2] 我国新修订的《律师法》第2条第2款、第3条第1款规定:"律师应当维护当事人合法权益,维护法律正确实施,维护社会公平和正义。律师执业必须遵守宪法和法律,恪守律师职业道德和执业纪律。"可见,我国律师也不是被单纯视为当事人的代言人,而是被定位为独立的诉讼主体,遵守比当事人更高的行为准则,在维护当事人合法权益的同时,还要承担一定的公益功能,即维护法律正确实施、维护公平和正义,并且要恪守职业道德和纪律。"律师所提供的服务和技能可以有偿,但他们的人格和政治信念则不然。……当事人用金钱换来的忠诚是有限的,因为,律师的职业人格中还有为公共事业做贡献的成分。"[3] 既然辩护律师不是被追诉人的代言人和传话筒,具有维护公平正义的职责,那么其就不能理所当然地将阅卷取得的证据材料全部传达或送达给被追诉人,否则在维护被追诉人利益的同时,其行为可能危及相关主体的合法权益,损害社会的公平正义。

2. 辩护律师向被追诉人披露证据材料的规则

中华全国律师协会制定的《律师办理刑事案件规范》规定律师摘抄、复制的材料应当保密,但是该规范没有明确律师保密的对象,究竟是向当事人保密还是向当事人以外的第三人保密?为贯彻落实新修订的《律师法》,江西省景德镇市人民检察院、景德镇市司法局联合制定了《关于审查起诉阶段实施〈律师法〉的若干意见(试行)》。该意见第14条规定:"律师在审查起诉阶段对阅卷所获得的

---

[1] [德] 托马斯·魏根特:《德国刑事诉讼程序》,岳礼玲、温小洁译,中国政法大学出版社2004年版,第65页。

[2] 司莉:《律师职业属性论》,中国政法大学出版社2006年版,第160页。

[3] [美] 罗伯特·戈登:《律师独立论——律师独立于当事人》,周潞嘉等译,鲁佳校,中国政法大学出版社1992年版,第17页。

案件信息负有严格保密的义务。律师应当妥善保管通过阅卷所获得的案件材料,不得遗失,在审查起诉阶段不得公开。"第 15 条规定:"律师通过阅卷所获取的案件证据和证人情况,不得透露给包括案件当事人在内的其他任何人。"[1] 有学者也认为,律师对于在侦查阶段、审查起诉阶段和审判阶段了解到的案情,除涉嫌罪名外,应该一律向委托人严格保密。其理由主要是"委托人有可能成为干扰侦查和审判的因素",为防止委托人的行为对侦查和审判活动造成妨碍,律师没有必要将阅卷情况向委托人或被告人通报。[2] 上述"行业规范"、地方性文件的规定以及学者观点的缺陷在于过分强调律师对当事人的保密义务而忽视了对被追诉人证据知悉权和辩护权的保障,因而失之偏颇。

第一,辩护律师原则上有权将通过阅卷取得的证据材料披露给被追诉人。其理由如下:一是作为当事人的犯罪嫌疑人、被告人与其辩护律师均属于辩方阵营,律师在大多数情况下是基于当事人委托而参与诉讼,作为被委托人是为委托人提供法律帮助和服务的,岂有向作为委托人的当事人"封锁"的道理?从我国 2017 年《律师法》对律师的定位来看,"律师是指依法取得律师执业证书,接受委托或者指定,为当事人提供法律服务的执业人员。律师应当维护当事人合法权益,维护法律正确实施,维护社会公平和正义"。可见,新法的一个突出特点就是强调了律师为当事人服务的属性,并且把律师"维护当事人的合法权益"放在了"三个维护"之首。试想,如果律师不能与当事人交流案件的证据信息,又何以维护其合法权益?而且,辩护律师对证据的知悉并不能完全代替被追诉人本人对证据的知悉,被追诉人作为案件当事人,对证据知悉有着更强烈的愿望和动机,对用以指控的证据材料的真伪和案件事实具有比辩护律师更大的发言权。二是阅卷制度及其所保护的证据知悉权在本质上都是被追诉人的权利,只是因为在多数情况下被追诉人被羁押客

---

[1] 参见 http://www.jxlawyer.com/index.php?a=show&c=index&catid=265&id=3956&m=content,最后访问日期:2020 年 3 月 13 日。

[2] 司莉:《律师职业属性论》,中国政法大学出版社 2006 年版,第 161~163 页。

观上不便或不能亲自查阅卷宗材料以及出于卷宗安全的考虑才由其律师代为行使。从权利来源来看，辩护律师的阅卷权来源于被追诉人的辩护权。联合国《关于律师作用的基本原则》第 22 条规定："各国政府应确认和尊重律师及其委托人之间在其专业关系内的所有联络和磋商均属保密性的。"这也确认了律师与其委托人交流案情的自由。三是基于法庭质证和有效辩护的需要。由于证人出庭作证率较低，庭审过程中公诉人员对指控的证据材料大多采取摘要宣读或节录宣读的方式，面对当庭出示的大量控诉证据，如果被追诉人事先不了解控方的证据情况，这无异于是控方对被告人实施"证据突袭"，也不符合联合国关于"被指控人有相当的时间和便利准备他的辩护"这一公正审判的最低限度要求。此外，在被追诉人不了解指控证据的情形下，其对整个案情可能会存在片面甚至错误认识，有的甚至会存在侥幸心理，认为自己的一些犯罪证据侦控机关可能还没有掌握，因此本该认罪的却拒不认罪、本该作量刑辩护的却无理要求律师作无罪辩护。如果律师能将控方证据情况及时告知委托人，不仅有利于当事人做好庭审前的证据准备，对有异议的控方证据及时作出回应，而且有利于当事人与其律师相互交流案情，共同提出辩护策略、制定最佳辩护方案，从而提高辩护效果。从实践中的情况来看，"有些案卷材料涉及只有被告人才能解释清楚的专业知识，有些是只有被告人知晓的内幕信息，有些文字语言可以有多种角度的解释。为了辩护的需要，辩护律师要和被告人核对、交流案卷信息"。[1] "律师阅卷和取得相关的证据后，与被告人核对相关证据内容是辩护活动的必要程序，否则便无法行使辩护职能。例如，相关证据的签字、笔迹、证人证言内容等证据如不与被告人核对，就不可能辨明真伪。特别在一些经济犯罪案件中，常常有大量账目、原始凭证等需要与被告人核对。而所有这些证据，如不经被告人亲自辨认和认真回忆、计算，是不可能口头核对清楚的。而如果将这些工作都搬到法庭上去做，开庭的时间就会无限延长，既不现实，也

---

[1] David Harris and Sarah Joseph (eds.), *The International Covenant on Civil and Political rights and United Kingdom Law*, Clarendon Press. Oxford, 1995: 223.

不合理。并且,如果不给被告人充分的时间去核对被指控的证据,就等于剥夺了被告人的辩护权。"[1] 四是从域外立法规定来看,辩护律师将卷宗材料交给当事人查阅也为一些国家的立法所认可。《法国刑事诉讼法典》规定:"律师可以将其取得的预审案卷材料的副本复制给其顾客。"[2] 在德国,虽然只有辩护人享有阅卷权,但是辩护人不被禁止同其当事人谈论卷宗内容,甚至可以给其卷宗副本。[3] 德国学界比较允当的见解也认为:"辩护人得将并且也必需将其从卷宗中所得之数据,或用口语传达,或用卷宗影印本之方式告知被告,使其得知诉讼程序之发展及助其有效地进行辩护。"[4]

第二,对律师披露证据材料的范围应当予以适当限制。大陆法系国家和地区虽然原则上认可辩护人向被追诉人披露阅卷取得的证据材料,但是在立法上和实务上对披露证据材料的范围都给予了一定限制。例如,《日本刑事诉讼法》第299条之二规定:"检察官在向辩护人提供知悉证人、鉴定人、口译人或笔译人的姓名及住居的机会的场合,或者在提供阅览证据文书或证物的机会的场合,认为有可能发生加害证人、鉴定人、口译人、笔译人或证据文书或证物记载其姓名的人及以上的人的亲属的身体或财产的行为,或者有可能发生使以上的人感到恐怖或难以应付的行为的,除对于被告人的防御有必要的以外,可以告知辩护人该项意旨,并要求其注意不得使关系人(包括被告人)知悉能够特定以上的人的住居、工作场所及其他通常所在场所的事项,以及不得使以上的人的安全受到威胁。"[5]《法国刑事诉讼法典》第114条规定:"律师必须通过向预审法官的书记室送交报告或者唯一为此目的发出挂号信并要求回执,将其希望向顾客提交副本的材料或文书的清单告知预审法官。预审

---

[1] 田文昌:"律师应有权向嫌疑人、被告人核实人证",载 http://www.king-capital.com/content/details49_12633.html,最后访问日期:2020年3月24日。
[2] 《法国刑事诉讼法典》,罗结珍译,中国法制出版社2006年版,第112页。
[3] [德]托马斯·魏根特:《德国刑事诉讼程序》,岳礼玲、温小洁译,中国政法大学出版社2004年版,第65页。
[4] [德]克劳思·罗科信:《刑事诉讼法》(第24版),吴丽琪译,法律出版社2003年版,第171页。
[5] 《日本刑事诉讼法》,宋英辉译,中国政法大学出版社2000年版,第68~69页。

≪ 第四章 证据知悉，辩护前提

法官得在收到向其提出的、要求将全部或一部分材料、案卷的副本传达第三人的请求之日起5个工作日内，作出特别说明理由的裁定，从对受害人、受审查人，他们的律师、证人、调查人、鉴定人或者其他参与程序的任何人可能受到压力的角度，反对进行此项传达。"根据《德国刑事诉讼法》第147条第7款之规定，如果被告人从卷宗中获得的信息可能会危害侦查或他人的主要权利，那么其证据知悉权便应受到限制。上述限制体现了被追诉人辩护权保障与被害人、证人等诉讼参与人及相关公民权益保护之间的平衡。实践中，我国的一些检察官也担心："一旦特殊的案件，如职务犯罪、共同犯罪，律师如果在会见时将其于阅卷时得知的案件举报人的名字、同案犯在逃等情况告知其当事人，对于案件的审理是极为不利的。"[1] 这种担心并非多余，因为律师毕竟有自己的职业操守，受执业纪律的约束，与案件结果通常没有直接的利害关系；而作为当事人的被追诉人则不同，他们与案件有直接的利害关系，趋利避害是其本能，面对国家追诉和随之而来的严厉的法律制裁，他们通常会采取各种非正当手段竭力逃避惩罚。因此，律师知悉的内容未必一定要让被追诉人知悉，适当限制被追诉人对证据材料的知悉范围是必要的。笔者认为，对于那些一旦被追诉人知悉便可能会影响其他案件的侦破、妨碍证人作证、干扰被害人如实陈述或者可能对证人、被害人及其近亲属进行打击报复的信息材料（例如举报人、被害人、关键证人的姓名、住址、工作单位、电话等资料，同案人在逃情况，等等），辩护律师不得披露给被追诉人。在具体操作程序上，鉴于实务中辩护律师对哪些证据材料可以向被追诉人披露、哪些材料不能向被追诉人披露较难把握，我国可以借鉴日本的做法，承办案件的检察官或者法官根据案件的具体情况，若认为辩护律师将其阅卷取得的材料披露给被追诉人可能会导致上述情形的发生，应当通知辩护律师不得将特定的资料披露（口头传达、复制后交付）给被追诉人，并要求辩护律师在该项《保密保证书》上签字。对违反者，应规定必要的处罚措施。

---

[1] 林燕："法律冲突与检辩关系的调整"，载《检察日报》2008年11月27日。

第三，明确辩护律师在不同诉讼阶段向被追诉人披露证据材料的规则。在侦查阶段，由于律师没有阅卷权，因此不存在律师向犯罪嫌疑人披露证据材料的问题。在审查起诉阶段，根据《刑事诉讼法》的规定，辩护律师可以查阅、摘抄、复制本案的诉讼文书、技术性鉴定材料，不涉及证人证言、被害人陈述等实质性证据，犯罪嫌疑人对诉讼文书、技术性鉴定资料的知悉并不会影响审查起诉工作的顺利进行，且法律规定犯罪嫌疑人对鉴定结论本来就有知情权。因此，辩护律师将上述材料复制后交付嫌疑人查阅并无不可，反而有利于审查起诉阶段辩护权的行使。然而，按照新修订的《律师法》的规定，受委托的律师自案件审查起诉之日起，有权查阅、摘抄和复制与案件有关的诉讼文书及案卷材料。照此执行，辩护律师在审查起诉阶段就可以查阅、复制包括证人证言、被害人陈述等在内的案卷材料。那么律师是否可以将上述证据材料复制后交由嫌疑人查阅呢？笔者认为，要视被追诉人是否被采取羁押措施而定，因为我国的羁押措施本来就具有预防被追诉人串供、毁灭伪造证据、干扰证人作证的功能，对于被羁押的犯罪嫌疑人，律师可以向其披露甚至交付复印的（包括证人证言、被害人陈述在内的）证据材料；对于未被羁押的犯罪嫌疑人，律师不得向其披露证人证言、被害人陈述以及同案人的陈述，但是可以向其披露稳定性较强的物证、书证、勘验检查笔录以及视听资料等证据材料。这样既可以保障被追诉人的辩护权，又可以兼顾对证人、被害人等相关人员权益的保护。在审判阶段，辩护律师可以向被告人披露其在法院查阅或复制的"所指控的犯罪事实的材料"。"这是因为，案件一旦起诉，包括被告人供述、证人证言在内等所有的证据材料都必须在法庭上公开出示、宣读并经质证，不再有任何秘密可言，已不再属于国家秘密，故法律并不禁止律师或其他辩护人将其交付他人阅知。"[1] 但是，对于未被羁押的被告人，辩护律师不得使其知悉被害人、关键证人有关个人身份、住址、工作单位和联系方式的详细资料。

---

[1] 中华人民共和国最高人民法院刑事审判第一庭、第二庭：《刑事审判参考》(2002年第5辑)，法律出版社2003年版，第87页。

三、被追诉人家属的证据知悉权问题

(一) 被追诉人家属对控方证据材料的知悉

实践中,辩护律师能否将通过阅卷取得的控方证据材料交给被追诉人家属查阅或者能否向其披露卷宗材料的内容?这一问题在立法层面并不明确,实务界也是认识各异。2001年,在河南省曾发生因辩护律师给被告人家属查看在法院复印的卷宗材料而被控泄露国家秘密犯罪的案例。律师于某在担任辩护人期间,将知悉的法院卷宗内容泄露给被告人的家属,造成刑事被告人的家属主动找证人作伪证,被提起公诉。一审法院认定其行为已构成故意泄露国家秘密罪,判处有期徒刑1年。后二审法院认定移送法院的卷宗不属于国家秘密,因而改判其无罪。[1] 随着新《律师法》的实施,律师在审查起诉阶段阅卷范围的扩大,该问题将变得更加突出,律师稍有不慎就可能因涉嫌泄密而被追究刑事责任或接受纪律处罚。我国《律师法》第38条第1款规定:"律师应当保守在执业活动中知悉的国家秘密、商业秘密,不得泄露当事人的隐私。"《律师职业道德和执业纪律规范》第8条规定:"律师应当严守国家机密,保守委托人的商业秘密及委托人的隐私。"因此,律师向被追诉人家属披露证据材料的一个底线要求是不得向其泄露涉及国家秘密的证据材料。这首先需要明确辩护律师阅卷权范围内的证据材料是否是国家秘密或者哪些是国家秘密?尽管上述判例已经明确"犯罪事实的材料"不属于国家秘密,但是在移送法院之前的审查起诉阶段,辩护律师根据2017年《律师法》的规定同样有权查阅、摘抄和复制案卷材料,而不限于《刑事诉讼法》规定的诉讼文书和技术性鉴定材料。最高人民检察院颁布的《检察工作中国家秘密及其密级具体范围的规定》规定,审查起诉的刑事案件的有关材料和处理意见属于秘密级事项,明确了上述材料的国家秘密性质。[2] 既然审查起诉阶段的案件材料

---

[1] 中华人民共和国最高人民法院刑事审判第一庭、第二庭:《刑事审判参考》(2002年第5辑),法律出版社2003年版,第83~88页。

[2] 北京市人民检察院第一分院:"律师阅卷亟待明确的四个问题",载《检察日报》2008年6月10日。

属于国家秘密,那么辩护律师当然无权泄露给作为第三人的被追诉人家属。问题是最高人民检察院颁布的这一规定对辩护律师是否具有拘束力?笔者认为,由于该规定本身是检察机关用以规范内部保密工作的秘密级文件,主要是约束检察人员,避免其泄露这些材料,该文件在对外不公开的情况下又何以能让律师执行呢?因此,检察机关的保密规定并不适用于辩护律师。司法部颁布的《司法行政工作中国家秘密及其密级具体范围的规定》(已失效)第4条规定:司法行政工作中下列事项不属于国家秘密,而作为工作秘密内部掌握,未经批准不得擅自扩散。其中第5项是:"律师受理的未公开的对国家安全、民族团结、对外关系有一定影响的刑事案件、经济案件的案情及对外表态口径。"司法部作为律师执业的主管部门,以内部文件的形式明确了"刑事案件的案情"不属于国家秘密,这也说明作为案情载体的案卷材料并非国家秘密,这显然与最高人民检察院的内部规定存在冲突。《保守国家秘密法》第14条规定:"机关、单位对所产生的国家秘密事项,应当按照国家秘密及其密级的具体范围的规定确定密级,同时确定保密期限和知悉范围。"第17条规定:"机关、单位对承载国家秘密的纸介质、光介质、电磁介质等载体(以下简称国家秘密载体)以及属于国家秘密的设备、产品,应当做出国家秘密标志。不属于国家秘密的,不应当做出国家秘密标志。"《保守国家秘密法实施条例》第12条和第15条第2款分别规定:"机关、单位应当在国家秘密产生的同时,由承办人依据有关保密事项范围拟定密级、保密期限和知悉范围,报定密责任人审核批准,并采取相应保密措施。""无法标注国家秘密标志的,确定该国家秘密的机关、单位应当书面通知知悉范围内的机关、单位和人员。"根据上述规定,对确定为国家秘密的资料、文件,要么应当依照法定程序标明密级,要么应当由有关机关负责通知接触范围内的人员。鉴于检察机关、人民法院关于国家秘密及其密级具体范围的内部规定本身就属于国家秘密文件,辩护律师不可能知道其查阅的案件材料中哪些属于国家秘密,为了避免辩护律师向被追诉人家属泄露本不该泄露的属于国家秘密的案件材料,也为了使律师在实践中有章可循,建议由最高人民法院、最高人民检察院和司法部协商确定案

≪ 第四章 证据知悉,辩护前提

件材料的秘密事项及其密级。此外,对于属于国家秘密的案件材料,公、检、法应当在该文件上表明密级,对不能表明密级的资料,公、检、法在律师阅卷时要及时、明确地告知其有保密义务,不得向第三人泄露。

　　对于涉及国家秘密的证据材料,被追诉人家属当然无权知悉,辩护律师也不应将其披露给家属。那么,这是不是意味着对不涉及国家秘密的材料,被追诉人家属享有知情权、辩护律师也因此可以向其披露呢?对此,有三个方面的问题应当予以考虑:一是当事人家属可能打击报复证人,妨碍被害人、证人作证或制造伪证。由于被追诉人家属与被追诉人之间存在某种血缘或婚姻关系,他们之间的共同利益决定了家属对涉案当事人不可能袖手旁观,尤其是在我国大多数被追诉人因被羁押而失去人身自由的情况下,家属自由活动的空间更大,其对诉讼秩序的破坏具有更大的危险性。一方面,有可能给案件的证人(尤其是举报人)的人身安全带来威胁;另一方面,客观上有可能为家属实施串供、妨害证人作证等非法行为创造条件。在"于某案"中正是被告人家属手持复印的卷宗材料与所涉及的证人逐一联系,才造成了在家属影响下证人作假证的严重后果。虽然于某的行为不构成犯罪,但是其将复制的全部证据材料交予家属查阅的行为显属不当。二是辩护律师对当事人隐私的保密义务。大多数国家都强调律师对当事人的忠实或忠诚义务,我国也不例外,尤其是新修订的《律师法》更加强调律师维护当事人合法权益的职责和对当事人隐私的保密义务。例如,《律师法》第 38 条规定:律师不得泄露当事人的隐私,对在执业活动中知悉的委托人和其他人不愿泄露的情况和信息,应当予以保密。忠实义务的一个重要体现就是律师在履行职务时不得违背当事人的意志,损害当事人的利益。辩护律师查阅、复制的证据材料中可能记载了当事人不愿为外人(包括家属)知悉的个人隐私内容。例如,当事人的房产、个人存款情况,甚至包括当事人背着家属在外面包养情妇、抚养私生子的情况。如果辩护律师不经当事人同意擅自将涉及当事人隐私的证据材料泄露给当事人家属将可能损害当事人的财产利益,损害其名誉,甚至可能导致其婚姻家庭关系破裂,也违反了律师对当事人的忠实和保密义务。三是对证人、被害人名誉权的保护。我国《刑事诉讼法》规定有关个人隐私的案件，不公开审理。最高人民法院《关于适用〈中华人民共和国刑事诉讼法〉的解释》第222条第3款规定："不公开审理的案件，任何人不得旁听，但具有刑事诉讼法第二百八十五条规定情形的除外。""有关个人隐私的案件"不仅限于被告人的隐私，还包括涉案相关人员的隐私，一般是指有关证据材料公开后他人的名誉将受到减损的案件。既然这类案件在庭审时被告人的家属都不得旁听，那么对于涉及第三人隐私和名誉的证据材料也应当在庭前对其保密，律师不得向被追诉人家属披露上述证据材料的内容。根据以上分析，笔者拟提出辩护律师将阅卷所取得的证据材料披露给被追诉人家属的若干规则。

第一，辩护律师原则上不应将通过阅卷取得的控方证据材料披露给被追诉人的家属，尤其是禁止辩护律师将被害人、证人的个人资料以及作证内容披露给当事人的家属。一方面，出于维护司法利益的考虑，被追诉人家属的知情权应受到限制，其知情的范围应当小于被追诉人知情的范围，毕竟其是案外第三人而非本案当事人，当事人应当享有其近亲属所不能享有的诉讼权利；另一方面，从法律规定来看，律师并没有向当事人家属披露控方证据材料的法定义务。从国外情况来看，法律对辩护律师将取得的侦控方证据材料提交或传达给当事人以外的第三人普遍都给予了一定的限制。例如，《法国刑事诉讼法典》规定："只有鉴定报告的副本可以由当事人或他们的律师传达给第三人，以备组织防御之用。"[1]《日本刑事诉讼法典》在规定辩护人享有阅卷权的同时，也要求其注意不得使关系人知悉证人、鉴定人等的居住、工作场所及其他通常所在场所的事项，并不得使以上人员的安全受到威胁。

第二，应当设置相应的例外。主要包括以下三项例外：第一项是检察院或法院许可的例外。根据我国《刑事诉讼法》的规定，犯罪嫌疑人、被告人的监护人、亲友可以被委托为辩护人。而辩护律师以外的其他辩护人经检察院、法院许可，也可以查阅、摘抄复制

---

[1]《法国刑事诉讼法典》，罗结珍译，中国法制出版社2006年版，第112~113页。

本案的有关材料。既然担任辩护人的家属阅卷尚需得到许可,那么辩护律师对于向未担任辩护人的家属披露控方的证据材料也理应取得检察院或者法院的同意。第二项是被追诉人同意的例外。对于涉及被追诉人隐私的证据材料,律师应当向包括被追诉人家属在内的第三人保密。律师在向被追诉人家属披露前应事先征得被追诉人本人的同意,经被追诉人同意后律师方可向其家属披露。2008年4月25日浙江省律协通过的《浙江省律师保密制度(试行)》也规定律师对在执业过程中获悉的当事人隐私、户籍资料或其他尚未公开的秘密事项等应当保密,在委托人同意的情况下,律师的保密义务可以免除(除国家秘密外)。第三项是基于辩护需要的例外。辩护律师对于阅卷中所发现的问题如有疑问,而这些问题确实需要经过被追诉人家属的辨认、核实、解释才能澄清以及只有在其知悉某些证据材料的基础上才能帮助律师提供调查取证线索或者提出鉴定(重新鉴定)申请。例如,被追诉人是否患有精神疾病?其家庭是否有精神病家族史?这些只有当事人家属最为清楚,因此律师应当将鉴定结论及时告知当事人家属,其只有在知悉鉴定结论之后才能与律师商量并决定是否提出补充或重新鉴定的申请。在明确了上述三项例外规则之后,对于不属于例外的情形,法律应规定律师违反披露规则需承担相应的责任。对于违反规定擅自向被追诉人家属泄露证据内容而造成打击报复证人及其亲属,毁灭伪造证据,干扰被害人如实陈述、证人如实作证的律师,以及因泄露当事人隐私致使当事人相关利益受到损害的律师,由律师协会给予相应的纪律制裁和经济处罚,给当事人造成经济损失的,应当由该律师所在的律师事务所给予赔偿。

(二)被追诉人家属对辩方证据材料的知悉

被追诉人家属对辩方证据材料的知悉在实务中涉及两个方面的具体问题:一是律师能否将会见被追诉人时制作的《会见笔录》交予家属查阅或者告知家属会见内容?二是辩护律师能否将自行调查取得的证据材料交由被追诉人查阅或告知其取证内容?对于第一个问题,我国现有法律和司法解释均没有作出相关规定,但是司法部对浙江省司法厅所作的《关于律师向被告人亲属透露案情的批复》

对该问题的处理具有参考意义。根据司法部2007年7月9日颁布并实施的《关于律师透露案情等行为是否适用〈律师和律师事务所违法行为处罚办法〉的批复》（已失效），律师向被告人亲属透露其会见在押被告人时得知的案件信息，致使被告人亲属得以串通证人改变证言，造成了被告人亲属构成妨害作证罪的严重后果，干扰了诉讼活动的进行，根据《律师法》第44条第11项以及《律师和律师事务所违法行为处罚办法》第8条第21项的规定，应当给予相应的处罚。[1] 可见，司法部对律师向被告人家属透露案情是否应予处罚是以是否造成严重后果论。然而，律师在当时的情况下通常是很难预料到是否会"造成被告人家属构成妨害作证罪的严重后果"的。那么，律师能不能以有此批复为由拒绝向被追诉人家属披露案情或者拒绝其查阅《会见笔录》的要求？对此，还需关注以下两个方面的问题：一是对被追诉人家属知情权的满足。我国目前的现实情况是，被追诉人一旦被羁押，基本上与外界（包括家属）都处于隔绝状态，此时律师便成了满足被追诉人家属知情权的唯一合法主体，尽管被追诉人享有与家属的通信权，但是通信内容不得涉及案情，信件在被发送出去之前一般都要经过看守人员的严格检查。在被追诉人与家属无法就案情进行直接沟通的情况下，家属通常会把希望寄托在律师身上，希望通过律师会见达到其间接知悉追诉人案情的目的，尤其是关心律师会见时被追诉人是否认罪以及陈述的事实和情节。虽然立法上并没有确认被追诉人家属对案情的知情权，但是无论从人情、人性的角度来看还是从有利于辩护权实现的角度来看，我们都应当承认被追诉人家属这种知情权的正当合理性。二是被追诉人家属与律师之间所存在的委托关系。鉴于我国绝大多数被追诉人都会被羁押，实务中基本上都是由其家属代为聘请律师，家属以委托人的身份与律师所在的事务所办理委托手续，并且向律师事务所支付律师费。基于此种授权委托关系，委托人应有权了解作为被

---

[1] 参见 http://www.lawyee.net/act/act_display.asp?rid=580374，最后访问日期2020年3月13日。由于该批复于2007年作出，而《律师法》已于2007年10月28日，2012年10月26日和2017年9月1日分别进行了修改，但相对应的条文依然存在，即现行《律师法》的第49条。

委托方的代表——律师的工作情况,而《会见笔录》乃是反映律师工作内容的基本载体之一。加之实践中有的被追诉人家属对律师不信任,从而进一步强化了他们要求查看律师《会见笔录》的心理。通过以上两个方面的分析,笔者认为,应当防止被追诉人家属利用对案情的知悉妨害诉讼秩序,同时也必须满足其正当、合理的知情权要求,尽量在二者之间达致一种平衡。在具体操作中,笔者的意见是,在被追诉人家属提出查阅律师《会见笔录》的要求时,除涉及国家秘密、商业秘密和个人隐私的内容外,如果案件尚在侦查中,律师可以向其介绍基本案情(包括涉嫌的罪名、被追诉人是否认罪、涉嫌犯罪的情节和后果等),而不宜将《会见笔录》直接交予被追诉人家属查阅或复制。但是,如果案件处在审查起诉和审判阶段,由于案件已经侦查终结,证据已经固定,律师可以将《会见笔录》交予家属查阅。此时,律师有义务要求家属不得串供和干扰他人作证,并应告知其实施妨害作证行为的法律后果。这是由律师肩负的"维护法律正确实施,维护社会公平正义"的使命所决定的。

第二个问题,即辩护律师能否将自行调查取得的证据材料交由被追诉人家属查阅?笔者认为,这要区分情况,对于家属提供的调查取证线索并在家属要求下调查取得的证据材料,律师可以告知其证据材料的内容,如果调取的是物证、书证等实物证据,被追诉人家属也可进行查阅。根据《律师执业行为规范(试行)》第38条的规定:"律师应当严格按照法律规定的时间、时效以及与委托人约定的时间办理委托事项。对委托人了解委托事项办理情况的要求,应当及时给予答复。"家属作为委托人,要求律师调查取证,必然希望了解调查取证的情况,这种要求是合情合理的。因此,在调查取证完毕后,律师应当满足家属知情权的要求。对于律师主动进行调查取证而非根据家属要求所获取的证据材料,是否披露给被追诉人家属,应当视律师调查取证的情况而定,如果取得的是有利于被追诉人的证据材料则可以向家属披露,如果是不利于被追诉人的证据材料则有权不予披露,但是在辩护防御上有此需要时除外。

第五章

证据保全，刑诉缺憾

我国《刑事诉讼法》尽管设置了申请取证制度，但是对证据保全制度却未作出规定，也没有赋予当事人证据保全的权利。这既不利于实体真实的发现，也不利于当事人取证权和辩护权的实现。因此，我国《刑事诉讼法》再修改时亟待建立证据保全制度，使当事人可以通过证据保全程序在审判前取得相关的证据，从而为其增设一条新的、有效的取证管道。

一、建立我国刑事证据保全制度的必要性

之所以考虑建立我国的刑事证据保全制度，主要是基于以下四个方面的考虑。

（一）现有的申请取证制度无法替代证据保全制度的功能

我国《刑事诉讼法》虽然规定了申请取证制度，但是这一制度并非证据保全制度，也无法替代证据保全制度。从域外立法来看，一些规定了申请取证制度的国家和地区，在同一部诉讼法中又专门规定了证据保全制度。证据保全首先需要被追诉人一方提出申请，从这个意义上也可归类于申请取证权的范畴，但是其适用的条件不是因为取证遇到阻力而请求公权力协助取证，而是因为等到庭审时再去取证该证据可能已经不复存在了，因而有及时"冻结"之必要。例如，在审前程序中，辩护律师欲向关键证人录取证言，遭到拒绝，遂向检察机关申请，检察机关同意并帮助进行取证，此种情形即属于申请取证权的行使；假如该证人身患重病，在开庭审理前有可能死亡，应被追诉人之申请由法院在其死亡前提前录取并保存其证言，

第五章 证据保全，刑诉缺憾

这样尽管开庭审理时该证人无法出庭作证，也可以此书面证言代替证人的当庭陈述，这种情形当属证据保全。在申请取证过程中，如果对某项证据发生异议或者发现了新证据，可以令证人或者证据提供者、持有者到庭作证，而适用证据保全则无法提供原始人证予以核对，因而两者的取证程序也有所区别。后者的程序要求通常比较严格，一般采取类似于法庭审理的形式，由法官主持，双方当事人有权在场并对证人进行主询问和交叉询问。实行传闻证据规则的国家多是采用此种程序进行证据保全，由此取得的证据作为传闻证据的例外可以直接被法庭所采纳。

根据《刑事诉讼法》的规定，我国的申请取证制度仅适用于审查起诉程序和审判程序，也就是说，被追诉人在侦查阶段不享有申请取证权。而侦查阶段恰是证据保全的关键阶段，一旦时过境迁，许多有价值的证据都将会灭失、毁损或者性质、状态发生改变。例如，被害人死亡、血迹被污染、现场被破坏等，因而最有必要采取证据保全措施。从立法意图来看，我国建立申请取证制度的目的也并非保全证据，而是在辩护律师自行调查取证遭到拒绝时由国家给予其一定的职权救济或协助，以解决因律师身份变化而导致的调查取证无强制力的问题。这从全国人大常委会负责《刑事诉讼法》修改的有关人员的解释中可以得到印证："可以申请人民检察院、人民法院收集、调取证据，是指辩护律师在收集与本案有关的材料中，证人或者其他单位或者个人拒绝会见、拒绝提供物证、书证、视听资料、拒绝作证，辩护律师可以申请人民检察院、人民法院依法收集调取证据。"[1] 以上解释足以说明立法者在设计申请取证制度时根本未考虑到其证据保全的功能。当犯罪嫌疑人在侦查阶段遇到有利于自己的证据，而该证据又有可能毁损或灭失时，嫌疑人却无权保全该证据，这显然不利于其防御准备，对被追诉人是极为不公正的。因此，证据保全制度的缺失不能不说是我国《刑事诉讼法》的一大失误和缺憾。

---

[1] 全国人大常委会法制工作委员会刑法室编著，胡康生、李福成主编：《中华人民共和国刑事诉讼法释义》，法律出版社1996年版，第43页。

很明显，我国设置申请取证制度目的在于排除取证阻力而非证据保全。因此，申请取证制度的功能无法代替证据保全制度的功能。我国有学者认为，申请取证与证据保全属同一性质的权利，提出"1945年开始制定、1975年修改定型的《美国联邦刑事诉讼规则》将被告人的这一权利（指申请以强制程序取证权）在制定法中加以具体化。在该规则中，被追诉方申请法官收集有利于本方的证据被称作证据保全"。[1] 笔者不赞同这一观点，因为这是两种内容和性质皆不同的权利。尽管两种取证都需要向法官提出申请，由法院作出传唤或者命令实施，表面上具有形似性，实则却不然。申请法院强制取证是被告人的一项宪法权利，是正当程序的基本要求，而申请证据保全则是检察官和被告人都拥有的一项诉讼权利；申请取证权使被告人得以通过法院的帮助将有利于己的证据呈现在法庭上，是被告人在审判过程中行使的一项权利。而证据保全"通常只有在证人有不能于审判中出席之虞时，如疾病或其他因素，辩护人始得请求为供述录取。大多数州之规定为：如重要证人可能不能于审判中出席，当事人一方得向法院申请并取得命令后，进行供述录取。……供述录取之目的在保全证据，在符合一定条件后，证人于供述录取之陈述，在审判中得成为实体证据、反驳证据、弹劾证据"。[2] 可见，它是一种审判前当事人为法庭审判固定证据的权利，主要为避免审判时证据之不可得。申请取证权的实现方式是传唤证人到庭或向法庭提交证据，而证据保全主要是通过法官在庭外对证人进行供述录取的方式实现，由当事人双方在法官面前对证人进行交叉询问使证人证言得以保全，此后证人即解除了出庭作证义务，其证言亦获得证据能力。

（二）我国民事诉讼和行政诉讼中都设立了证据保全制度

我国三大诉讼法，除《刑事诉讼法》外，《民事诉讼法》和《行政诉讼法》都规定了当事人申请证据保全的制度。例如，《民事诉讼法》第84条第1款规定："在证据可能灭失或者以后难以取得

---

[1] 陈永生：“论辩护方以强制程序取证的权利”，载《法商研究》2003年第1期。
[2] 王兆鹏：《美国刑事诉讼法》，北京大学出版社2005年版，第454~455页。

的情况下，当事人可以在诉讼过程中向人民法院申请保全证据，人民法院也可以主动采取保全措施。"《行政诉讼法》第42条规定："在证据可能灭失或者以后难以取得的情况下，诉讼参加人可以向人民法院申请保全证据，人民法院也可以主动采取保全措施。"三大诉讼法所解决的问题性质不同，但证据运用和证明机理相同，在诉讼中都可能遇到对一方有利的证据需要采取保全措施的问题。刑事诉讼可能涉及公民的人身自由权乃至生命权被剥夺的问题，关乎一个人最基本的权利，因此全面收集保全证据、正确认定事实显得更加重要。刑事诉讼解决的问题性质重大，这决定了在刑事诉讼中对被追诉人取证权的保障应该更加周全，取证制度也应更加完善。在民事、行政诉讼中，当事人的人身自由一般不会受到限制，而在刑事诉讼中，被追诉人通常被剥夺或限制了人身自由，他们对保全有利于自己证据的需求会更加强烈。

（三）域外刑事诉讼立法中普遍增设了证据保全制度

无论是英美法系国家还是大陆法系国家抑或程序转向国家的刑事诉讼立法都规定了证据保全制度。例如，《美国联邦刑事诉讼规则》第15条专门对"证据保全"程序作了详细规定。当事人有权在审前程序中申请法院保全某些以后难以取得的证据，使之不必等到审判时提出，这类被保全的证据可以不受传闻证据规则的约束而获得证据能力。由于特殊情况，从司法利益考虑，一方当事人预备提供的证人证词需要先行采证并保全至审判中使用时，法庭可以根据该当事人的申请和对有关当事人的通知，命令对此类证人的证词采证，可以同时要求被证据保全的证人在证据保全时提交一切不受特权保护的指定的材料，包括书籍、文件、文献、记录、录音或数据。申请证据保全的一方当事人应当将证据保全的时间、地点书面通知其他各方当事人，通知书应当记载每位被保全的证人的姓名和地址。证据保全时，被告人有权在场，如果被告人被羁押，羁押官员在证据保全时应当交出被告人并使其在询问证人时在场。证据保全中直接询问与反询问的范围与方式应当与审判中可以许可的范围和方式一致。政府还应当向被告人或其辩护人提供政府持有的被告人在审判中可能有权得到的被保全的证人的证词。另外，被告人可以根据

《美国联邦证据规则》的规定全部或者部分使用保全的证据。

《德国刑事诉讼法典》第166条对证据保全问题也作了规定，即"被法官讯问时，被指控人申请收集对他有利的一定证据，如果证据有丧失之虞，或者收集证据能使被指控人得以释放的，法官应当收集他认为重要的证据"。瑞典的法律制度整体上属于欧洲大陆法系，但与典型的大陆法系有所不同，其刑事程序有着与众不同的抗辩制特征。《瑞典诉讼法典》赋予了被追诉人证据保全的权利。《瑞典诉讼法典》第41章专门对"证据保全"问题作了规定，诉讼中涉及对于某人之法定权利极为重要之事实的证据有灭失或难以收集之风险，且未对该未决权利进行任何审理的，地区法院可以询问证人、专家意见、勘验或书证等形式为将来收集和保全证据。任何人（包括被追诉人）想要为将来收集和保全证据的，应向法院提出申请。申请书中应当说明想通过该证据加以证明的事实、该证据的性质、申请者提出收集该证据的根据，可能的情形下，应说明利益受到威胁的其他人。为将来收集和保全证据产生的费用应由申请人支付。法定权利人与该次取证有关的其他人被通知到庭且参与了取证的，申请人应向其支付法庭认为数额合理的必要的差旅费、生活费和时间耗费补助。[1]

原来实行职权主义诉讼制度的国家和地区，在向当事人主义诉讼制度转型的过程中，在各自的刑事诉讼立法中纷纷增设了证据保全制度作为对抗制审判的配套措施，以此增强被追诉人的取证能力和防御能力，适应对抗制诉讼的需要。比较典型的代表是意大利和日本。1988年《意大利刑事诉讼法典》增设了类似于证据保全程序、具有证据保全功能的"附带证明"程序，专门用1章13个条文对"附带证明"的适用条件、申请、法官对申请的决定、实施和取得证据的效力等作出了详细的规定。在初期侦查期间，被调查人可以要求法官进行以下活动：①调取某人的证言，确有理由认为该人将因疾病或者其他重大阻碍原因而不可能在法庭审理时接受询问；②调取证言，根据具体的和特别的材料确有理由认为将出现以暴力、

---

[1]《瑞典诉讼法典》，刘为军译，中国法制出版社2008年版，第146页。

威胁、给予或者许诺给予钱款或其他好处等方式使某人不作证或者作伪证的情况;③让在其他附带证明中或者向公诉人做出不一致陈述的人进行对质,当存在上述第1、2项列举的某一情形时;④进行鉴定或者司法实验,有关证明涉及其状态将发生不可避免的改变的人、物或地点;⑤进行辨认,某些特别紧急的原因不允许将该活动推迟到法庭审理时进行;⑥鉴定在法庭审理中实行将可能造成60日以上的诉讼停缓,被调查人也可以要求进行该鉴定。[1] 上述取证活动具有证据保全的性质。有的证据保全是基于诉讼效率的考虑,在侦查阶段先行提取保全那些不可重复收集的证据以便为法庭审理所用。《日本刑事诉讼法》第14章专门规定了"保全证据"之事项。其第179条规定:"被告人、被疑人或者辩护人,在不预先保全证据将会使该证据的使用发生困难时,以在第一次公审期日前为限,可以请求法官作出扣押、搜查、勘验、询问证人或者鉴定的处分。"按照日本学者田口守一教授的说法:"这是现行诉讼法中才设立的制度。"[2] 我国刑事诉讼正处在转型的过程中,与意大利和日本一样,同样面临辩方取证能力和防御能力增强的问题,因此建立证据保全制度也是势在必行的。

(四)建立传闻证据规则、保障证据真实性的需要

虽然对于可能灭失或者以后难以取得的证据,辩方可以自己收集保存,在遇到阻力时也可以申请职权机关帮助取得,但是无论是辩方自行取证还是申请取证,都是在法庭外单方面进行的取证,也是在法官不在场的情况下实施的取证行为,取得的证据材料都是传闻证据。这样的传闻证据拿到法庭上,控辩双方一旦发生争议,由于原始证人已经死亡或神志不清、出国或下落不明等,使得无法对原始人证进行询问或者质证,庭前单方面取得的证据材料的真实性和可靠性将难以得到保障。对于需要保全的证据,控辩双方尽管有时也可以取得,但它仅属于一般的取证行为,而不属于证据保全行

---

[1]《意大利刑事诉讼法典》,黄风译,中国政法大学出版社1994年版,第140页。
[2][日]田口守一:《刑事诉讼法》,刘迪、张凌、穆津译,卞建林审校,法律出版社2000年版,第96页。

为。这种单方的取证行为（有时对方也可能在场），由于不是在法官面前作出的，在庭审时法官又无法面对原始人证，控辩双方也没有对证人进行交叉询问，因此取得的证据材料缺乏"可信性之情况保障"，难以作为传闻证据规则的例外适用，从而达不到证据保全的目的，无法实现证据保全的功能。因此，只有建立证据保全制度，通过证据保全程序取得的证据才可以作为传闻证据规则的例外而被法庭作为实质证据采用。在日本，陈述人（被告人以外的人）在法官面前所作陈述之书面笔录，由于陈述人死亡、精神或身体的障碍、所在不明或现在国外而不能在公审准备或公审期日陈述的，该陈述人书写的陈述书或者记录该人陈述而由该人签名或盖章的书面材料可以作为证据。所谓"在法官面前所为之陈述笔录"（简称"裁面笔录"），日本实务界认为，包括第一次审判期日前法官实施"保全证据程序所得之讯问证人笔录"（《日本刑事诉讼法》第179条）。[1] 可见，通过证据保全程序取得的证据尽管是传闻证据，但具有了真实性的情况保障，可以作为传闻证据规则的例外承认其证据资格。建立有限的传闻证据规则是我国刑事诉讼立法的发展趋势，也是解决证人出庭作证问题的有效措施，证据保全制度顺应了建立传闻证据规则的需要。

二、确立法院是证据保全的决定和实施机关

在我国建立证据保全制度，首先要考虑的是证据保全申请应向公、检、法哪个机关提出？由谁来决定采取证据保全措施？笔者认为，根据证据保全的性质和功能，申请证据保全应当向法院提出，由法院决定采取并实施证据保全措施。理由如下：

（一）由证据保全的性质所决定

证据保全不仅具有证据取得的性质，而且具有证据调查的性质，是证据取得与调查的结合。"证据保全作为一种特殊的证据调查方法，在方式和手段上与人民法院调查收集证据相类似。"[2] 本来应

---

[1] 王兆鹏等：《传闻法则理论与实践》，元照图书出版公司2004年版，第115页。
[2] 张保生主编：《〈人民法院统一证据规定〉司法解释建议稿及论证》，中国政法大学出版社2008年版，第318页。

当是待审判之时在法庭上调查的证据,由于到了审判之时证据可能灭失或难以取得而无法在法庭上进行证据调查,因而将证据调查前移到审前阶段,亦即在取得证据的同时便对证据进行调查,以保存其证据能力。既然具有证据调查的性质,那么仅有控辩双方中的一方在场显然无法进行,必须由法官参与并主持进行。

(二) 由证据保全制度的功能所决定

证据保全制度的功能有二:首先是为法庭审判保全所需要的证据;其次是可以作为传闻证据规则的例外在审判中承认其证据能力。既然是为法庭审判保全证据,那么出于准确查明案件事实和作出正确裁判的职责要求,法官介入审前证据保全活动乃是其正确行使审判权的自然延伸。同时,法官庭外保全的证据虽具有传闻证据的性质,但其作为中立的裁判者,取证是在其面前作出的,因而所保全证据的真实性能得到较好的保障。正是基于此,美国、日本、德国都把被告人以外之人在法官面前所作的陈述作为传闻证据规则的例外。《德国刑事诉讼法典》第 250 条规定:"对事实的证明如果是建立在一个人的感觉之上的时候,要在审判中对他询问。询问不允许以宣读以前的询问笔录或者书面证言而代替。"第 251 条规定:"(一) 有下述情形之一时,允许以宣读以前的法官讯(询)问笔录代替讯(询)问证人、鉴定人或者共同被指控人:1. 证人、鉴定人或者共同被指控人已经死亡、发生精神病或者居所不能查明;2. 因患病、虚弱或者其他不能排除的障碍,证人、鉴定人或者共同被指控人在较长时间或者不定时间内不能参加法庭审判;……"倘若证据保全申请由侦控机关决定,由于控辩之间的对抗关系,此申请很少能获得批准。即便获得了批准,其所取证据的真实性和可靠性也将难以得到保障。故实行传闻证据规则的国家和地区一般不承认警检询问笔录的证据能力,仅在该陈述"经证明具有可信之特别情况,且为证明犯罪事实之存否所必要者"或者"是在特别可以信赖的情况下作出时"方可作为证据。因此,警检机关不宜作为证据保全的决定主体。不仅如此,由于其取证存在上述的局限性,当在侦查、起诉中有证据保全之需要时,侦检机关也应作为申请主体请求法院采取证据保全措施。

(三) 由法院所担当的辩护权保证义务所决定

我国《宪法》和《刑事诉讼法》均规定被告人有权获得辩护，人民法院有义务保证被告人获得辩护。根据"证据裁判原则"，积极有效的辩护需要证据作为支撑，证据是为辩护服务的，取证权构成了辩护权的核心，是辩护权行使的基础。因此，人民法院有义务保证被告人获得辩护，也就意味着人民法院有义务保证被告人能取得证据，保证能取得证据是保证被告人获得辩护义务的自然延伸。被追诉人取证权的实现以法院义务的忠实履行为前提，而证据保全又是实现被追诉人取证权的重要途径和有效方式，是增强其防御能力的重要手段。人民法院的这种保证义务要求其承担起审查判断证据保全请求、决定并实施证据保全措施以及帮助被追诉人保全有利于辩护的证据的职责。

(四) 建立证据保全制度的国家和地区几乎都是由法官决定和采取证据保全措施

设立证据保全制度的国家和地区均规定申请证据保全应向法官提出，由法官决定并实施。例如，《日本刑事诉讼法》第 179 条、《美国联邦刑事诉讼规则》第 15 条、《意大利刑事诉讼法》第 392 条第 1 款规定："在初期侦查期间，公诉人和被调查人可以要求法官采用附带证明的方式进行以下活动：……"《瑞典诉讼法典》第 41 章第 2 条规定："任何人想要为将来收集和保全证据的，应向法院提出申请。"《德国刑事诉讼法典》第 166 条规定："（一）被法官讯问时，被指控人申请收集对他有利的一定证据，如果证据有丧失之虞，或者收集证据能使被指控人得以释放的，法官应当收集他认为重要的证据。（二）如果应在其他辖区域内收集证据，法官可以嘱托该辖区法官收集。"上述国家之所以将申请证据保全的决定权交给法院，笔者认为大概有以下三方面原因：其一，基于传闻证据规则或法庭审理直接言词原则的考虑，为使保全的证据取得证据能力，能够被法庭容许为证据，由法官亲自决定并保全证据比较合适；其二，在保全证据过程中可能会采取一些强制性措施，如搜查、扣押等，在现代法治国家，警检机关无权直接采取强制性措施，法院则拥有强制性措施的决定权；其三，考虑到保全证据是为法庭审判服务的，即为法官作出正确裁判提供全面的信息，法官对法庭审判中事实的查明需要哪些证据最具有发言权，对申请保全的证据是否具有相关性也比较容易作出判断。

三、我国刑事证据保全程序的构建

证据保全程序，包括证据保全的申请主体、申请条件和方式、管辖、对证据保全申请的处理、证据保全的方法、被保全证据的使用以及法律救济等方面。

（一）证据保全的申请主体

我国《刑事诉讼法》规定的申请取证的主体非常单一，仅限于辩护律师。严格来讲，对于那些没有委托律师担任辩护人的被追诉人就无法提起取证申请，这显然不利于对被追诉人取证权的保障。因此，在构建我国的刑事证据保全制度时，应当扩大证据保全申请主体的范围。法律应当规定犯罪嫌疑人、被告人及其近亲属、辩护人都有向法院提出证据保全申请的权利，为了使控辩双方在证据保全问题上能够实现权利平等和手段对等，侦控机关若需进行证据保全，其作为实质上的一方当事人也应向法院提出保全证据的申请。"美国之证据法'公平地'适用于诉讼之双方当事人。"[1] 无论是传闻证据规则还是证据保全规则都是公平地适用于控辩双方。在美国，检察官被看作是与被告人平等的一方诉讼当事人，因此检察官如果需要进行证据保全，也必须向法院提出申请。我国基于对侦控机关行使职权的高度信赖，在立法上将检察官与被追诉人一样作为证据保全的申请主体还面临一系列的观念障碍和体制障碍。

（二）申请证据保全的条件和方式

申请证据保全应具备"相关性"和"紧急性"这两个方面的条件，申请人应当向法院证明所保全的证据对于是否构成犯罪以及量刑而言是不可缺少的，即能够证明案件的主要事实。同时还需证明若不及时采取证据保全措施，证据有可能发生灭失或者以后难以取得或使用的情况。前者如证人身患严重疾病有可能死亡，鉴定勘验

---

[1] 王兆鹏：《美国刑事诉讼法》，北京大学出版社 2005 年版，第 446 页。

之物将因天然原因或人为原因有毁灭、消失、性状发生改变的危险；后者如证人将出国、远行或者下落不明，物证将被他人带到国外等。申请人请求证据保全应当以书面方式向法院提交申请书，申请书应当记载下列事项：案情摘要、应保全的证据及其所在地点、证人的姓名和住址、证据保全的方法、拟保全的证据所要证明的事实、保全证据的理由等。

（三）管辖法院的确定

申请证据保全如果是在审前程序中提出的，应向将来可能受理该案的法院提出申请；如果是在审判阶段提出申请，应向该案的审判法院提出。遇有紧急情况时，也可以向物证所在地或证人居住地的基层人民法院提出。对不属于自己管辖的证据保全申请，法院应当及时告知申请人向有管辖权的法院提出，或者将申请材料及时移送有管辖权的法院。

（四）对证据保全申请的处理

人民法院在收到证据保全申请书后，应当举行听证活动，法院应当通知控辩双方和拟被保全的证据的持有人、被保全证言的提供人到场，听取各方的意见。对于符合证据保全条件的申请，法院应在 3 日内采取保全措施，对于情况紧急的，应当立即采取证据保全措施；对于不符合保全证据条件的，应当裁定驳回，并说明理由。例如，第三人未持有证据或证据对案件事实的证明无意义或者明显重复等。

（五）实施证据保全的措施

借鉴域外证据保全的经验，结合我国《刑事诉讼法》第 52 条和第 54 条规定的人民法院调查核实证据的方法，申请人可以请求法官实施下列证据保全措施：扣押、搜查、勘验、检查、询问证人或被害人、鉴定、查询、冻结等等。鉴于辨认、对质等证明方法作为取证手段在实践中的有效性，可以考虑将此两种方法也作为法官证据保全的方法使用。1988 年《意大利刑事诉讼法》就将对质和辨认作为附带证明的方式予以确认，这也值得我们借鉴。在实施证据保全措施时，应当通知控辩双方到场，被通知人不到场的，不影响证据保全活动的进行。对于证人证言的采证，控辩双方可以比照法庭调查程序对证人进行询问,尤其是对控方申请保全的证人证言,要保证被追诉人对质权的行使。证人拒不提供证言或者证据所有人、持有人拒绝交出证据的,人民法院可以采取拘传、强制交出、罚款、拘留等强制措施。证据保全的过程应当由法院书记员制作《证据保全笔录》,由参加证据保全的人员签名或盖章,《证据保全笔录》应当附卷备查。

(六) 对所保全证据的保管和使用

被保全的证据应由决定证据保全的法院保管,检察官和辩护人可以到法院查阅、抄录和复制;对于没有辩护人的被追诉人,法官可以将被保全证据材料的副本或复制品送达其阅览。采取证据保全措施的法院与受理案件的法院若是不同的法院,采取保全措施的法院应当将被保全的证据移送受理案件的法院保管。对于被保全的证据,在法庭审理时,当证人传唤不能,或者证人当庭陈述与先前保全程序中的陈述不一致时,可以将被保全的证词作为实质证据或者弹劾证据使用。

(七) 对驳回证据保全申请的法律救济

申请人对法院驳回证据保全申请的裁定不服,可以在收到裁定书之日起5日内申请复议一次,人民法院应当在收到复议申请书之日起3日内作出附理由的复议决定,并书面答复申请人。如果复议决定维持原来的裁定,申请人仍不服,可在一审法院判决后,以法院未尽辩护权保障义务、违反了法律规定的诉讼程序可能影响公正审判为由向第二审法院提出上诉。第二审法院对申请证据保全的条件进行审查,对于符合条件的申请一审法院予以拒绝的,应当以程序违法为由裁定撤销原判、发回重审;对于因拒绝证据保全申请而使有利于被告人的关键证据灭失致使案件事实无法查清的,应当对被告人作出指控证据不足的无罪判决。

第六章

律师保密，不可小觑

2007年《律师法》规定了律师保密规则，该规则一直沿袭至今。但是，在律师被定位为"国家法律工作者"的年代，一些地方的律师被要求协助打击犯罪，甚至被要求检举揭发犯罪，律师保密问题不被重视。随着我国《律师法》的修改，律师定位也发生了变化，从"国家法律工作者"转化为"社会法律工作者"和"当事人法律服务工作者"，律师与当事人之间的信任关系被愈加强调，律师保密规则越来越受到重视。2012年我国《刑事诉讼法》修改，增加了与《律师法》规定大致相同的内容。当前，随着我国律师队伍的不断壮大，在以审判为中心刑事诉讼制度改革和刑事案件律师辩护全覆盖试点的背景下，刑事诉讼对律师辩护和代理质量提出了更高的要求，有效辩护和代理观念被越来越多的人所接受。辩护和代理质量的提高要求律师遵守一定的职业规则，其中最重要的规则便是律师保密规则。[1] 虽然我国《律师法》和《刑事诉讼法》均规定了律师保密内容[2]，但是该问题并未引起学界和实务部门的重视，

---

[1] 2018年4月16日通过并于2018年11月1日生效的《德国律师职业规则》在第2条即规定了"保密规则"，该规则居于各规则之首，由此可见律师保密规则的重要性。

[2] 《刑事诉讼法》第48条规定："辩护律师对在执业活动中知悉的委托人的有关情况和信息，有权予以保密。但是，辩护律师在执业活动中知悉委托人或者其他人，准备或者正在实施危害国家安全、公共安全以及严重危害他人人身安全的犯罪的，应当及时告知司法机关。"《律师法》第38条规定："律师应当保守在执业活动中知悉的国家秘密、商业秘密，不得泄露当事人的隐私。律师对在执业活动中知悉的委托人和其他人不愿泄露的有关情况和信息，应当予以保密。但是，委托人或者其他人准备或者正在实施危害国家安全、公共安全以及严重危害他人人身安全的犯罪事实和信息除外。"

第六章 律师保密，不可小觑

有关律师保密的一系列理论和实践问题并未得到解决。例如，律师保密在性质上是权利还是义务？中外普遍确立了律师保密规则，其理论基础何在？随着认罪认罚从宽制度的实施，值班律师是否应当遵守保密规则？当前律师出书成了一种时尚，涉及每一个案例的当事人，此种披露是否需要经过当事人的允许？在国人关注的"章某颖在美遇害案件"中，假设被告人的辩护律师知道章某颖的尸体下落，能否向被害人家属和社会披露？假如辩护律师知道被告人欲在法庭上作伪证，他能否向法庭揭露？律师以发送微博、微信公众号、微信朋友圈等形式介绍自己办理的案件情况，其庭外言论是否应受到保密规则的规制？律师保密制度如何实现？我国有关律师保密例外情形的规定是否科学、合理以及有无完善的必要？我国《刑事诉讼法》是否应当建立律师免证特权规则？等等。这些问题均需要从理论上作出回答。如果一个律师不知道如何保守职业秘密，其就绝对不是一名称职的律师。在美国，关于律师保守职业秘密的规则体现在三个不同的规则实体中：首先，在证据法中规定有律师-委托人特权；其次，在程序法中，规定有律师的工作成果豁免原则；最后，在律师法中规定有律师的保密义务。律师的保密规则被美国的一些学者称为律师职业行为的核心规则。[1] "保密和忠诚对于律师与委托人之间的关系具有根本性，这是因为除非委托人有与其律师讨论其事务的很大程度的自由。否则，法律建议不能做出，正义不能实现。"[2] 律师保密是一个极具争议性的问题，涉及被追诉人防御的有效性与惩治犯罪的关系。社会期望通过保守秘密来促进某种关系，社会极度重视某些关系，为捍卫保守秘密的本性，甚至不惜失去与案件结局关系重大的信息。很难想象有什么事情比律师保密规则更能阻碍真相的查明。[3] 美国20世纪70、80年代，学界和律师界围

---

[1] 王进喜：《美国律师职业行为规则理论与实践》，中国人民公安大学出版社2005年版，第66页。

[2] 《加拿大律师协会联合会职业行为示范守则》，王进喜译，中国法制出版社2016年版，第63页。

[3] [美]乔恩·R. 华尔兹：《刑事证据大全》（第2版），何家弘等译，中国人民公安大学出版社2004年版，第356页。

绕《美国律师协会职业行为示范规则》第1.6条关于律师保密规则的设定展开了激烈的争论。在我国,在一些典型性案例中,律师泄露当事人秘密的情况比较严重。因此,对该问题的研究应当引起学界和律师界的重视。律师遵守职业保密规则有助于引领社会风尚。律师保密会起到一个示范作用,能够培育人与人之间的信任关系,促进社会的健康发展。

一、律师保密系权利抑或义务

从中外已有的文献资料来看,有的国家或地区将律师保密作为权利看待,有的则将律师保密视作义务。那么律师保密究竟是权利还是义务呢?这关涉律师保密的性质以及律师受制或者对抗的主体,不能不认真对待。在性质上存在认识分歧在很大程度上与我国立法的表述有关。例如,《刑事诉讼法》第48条规定:"辩护律师对在执业活动中知悉的委托人的有关情况和信息,有权予以保密。……"从这一表述看,律师保密当是权利。但是,《律师法》第38条第2款规定:"律师对在执业活动中知悉的委托人和其他人不愿泄露的有关情况和信息,应当予以保密。……"用的是"应当",似乎又成了律师的一项义务。这一问题,是研究律师保密不可回避的问题。

依笔者之见,律师保密具有相对性,针对不同的主体,它既可能是权利也可能是义务。相对于当事人而言,律师保密应当是一种义务,当事人是权利处分的主体,没有当事人的允诺,律师不得泄露有关情况和信息。但是,这种义务又存在例外情形。例外情形的设置完全是价值权衡的结果。《律师法》的立法目的在于规范律师的执业行为,特别强调律师应当有所为有所不为,第38条规定的"应当予以保密"就属于这一范畴。相对于当事人而言,律师保密应当是一种义务,权利处分的主体是当事人,没有当事人的承诺,律师不得泄露有关情况和信息。

相对于司法机关和第三人而言,律师保密又是一种权利,这一点从域外刑事诉讼立法普遍确立的律师免证特权中即可得到明证。只有赋予律师保密以权利属性,才能有效对抗司法机关要求律师披露案件信息的无理要求,也才能保障当事人与律师之间的信赖关系。

第六章 律师保密，不可小觑

《刑事诉讼法》中表述权利的词多用"可以"，但在为数不多的情况下采用了"有权"一词。[1] 这些"有权"的情况都是被追诉人及其辩护人在面临强大的控诉机关时所享有的法律赋予的防御权，体现了强烈的权利属性。换言之，《刑事诉讼法》的立法目的就在于限制公权，尊重和保障人权。因此，在面对国家机关时，律师保密当然是一种权利。中华全国律协也认为："律师保密既有权利的属性，也有义务的属性。当我们强调其作为权利属性的时候，更多的是着眼于律师和司法机关的关系，主张律师可以根据保密特权而免去作证的义务，涉及的是诉讼法上证人作证义务的问题；而当我们强调其作为义务属性的时候，则更多的是着眼于律师和委托人的关系，主张律师应尽到合理的注意，以避免国家秘密、商业秘密及委托人各种隐私和信息被不合理地公开。"[2] 2018年11月生效的《德国律师职业规则》第2条第1款规定："律师有保密的义务和权利。"

关于律师保密问题，《刑事诉讼法》采"权利说"，而《律师法》采"义务说"。对同一事项的不同规定，既损害了法律的权威和统一实施，也反映了立法者的矛盾心态。但是。笔者试图理解这种立法上矛盾的合理性：是否出于保障当事人权利的考虑，《刑事诉讼法》赋予了律师保密权利属性；是否出于规范律师执业活动的考虑，《律师法》赋予了律师保密义务属性。这恰恰说明在律师保密性质问题上，立法者针对律师所面临的不同情形，作出了两种截然不同的价值判断。鉴于律师保密兼具权利义务性质，因此在立法完善时应尽量避免使用"有权""可以""应当"等词汇。对此，可以借鉴《美国律师协会职业行为示范规则》第1.6条的规定，明确规定"未经委托人作出明智的同意，律师不得泄露在辩护、代理过程中了

---

[1] 例如，《刑事诉讼法》第11条规定被告人有权获得辩护；第14条规定诉讼参与人针对某些行为有权提出控告；第29条规定当事人及其法定代理人有权要求审判人员、检察人员、侦查人员回避；第49条规定辩护人、诉讼代理人有权申诉控告；第58条规定当事人及其辩护人、诉讼代理人有权申请排除非法证据。

[2] 中华全国律师协会编：《律师职业伦理》，北京大学出版社2017年版，第153页。

解的案件有关情况和信息".[1] 同时规定了一系列例外情形。

日本学界和实务界也持此种观点,认为律师守密义务具有双重性质。对咨询人和委托人来说是律师的义务,对国家机关和第三人来说是律师的权利。正是基于此种认识,《日本律师法》第23条规定:"律师有保守职务上获得的秘密的权利,同时负担守密义务,但是法律有特别规定的时候不在此限。"[2]

律师保密兼具权利和义务属性,有利于实现有效辩护和代理,更好地维护当事人的合法权利,维护公平正义。具体如下:第一,有利于构建协商式的刑事诉讼模式。经过多年的改革试点,认罪认罚从宽制度和刑事速裁程序被写入《刑事诉讼法》。这些以犯罪嫌疑人、被告人"认罪认罚"为前提的改革举措着眼于构建协商式诉讼模式。认罪认罚从宽制度的实施有赖于控诉方与辩护方之间的平等协商。辩护律师以保密为前提与犯罪嫌疑人、被告人建立起了委托关系,不可避免地会得知犯罪嫌疑人、被告人一些不为人知的秘密,面对控诉机关的指控,律师基于辩护的立场"有权予以保密",这是域外刑事诉讼立法中普遍确立律师免证特权的根据。只有赋予律师保密以权利属性,才能保障律师依法独立履行辩护、代理职责,而不是"唯司法机关的马首是瞻",也才能保障当事人与律师之间的信赖关系。第二,有利于充分保障当事人的权利。律师与当事人之间形式上是一种委托关系,实质上是一种信任关系。基于这层信任关系,律师难免会得到一些控诉机关急于得知的事实和信息。而《律师法》要求律师"应当予以保密"。如此被追诉人才可大胆放心地聘请律师,才可以吐露心中的秘密。律师掌握的信息越全面,越容易提出有价值的意见,其意见被当事人采纳的可能性更大。第三,有利于改善律师的执业环境。当前,律师执业活动面临着诸如"会见难"、司法机关听取律师意见不够充分、认罪认罚从宽制度中律师

---

[1]《美国律师协会职业行为示范规则(2004)》,王进喜译,中国人民公安大学出版社2005年版,第20页。

[2] [日]森际康友编:《司法伦理》,于晓琪、沈军译,商务印书馆2010年版,第23页。

作用发挥不够、律师控告申诉力度不够等情况。[1] 在刑事诉讼中，检察机关可以以披露证据的积极作为方式指控犯罪，而律师可以以保守秘密的消极不作为方式进行防御，以此实现"平等武装"。律师绝对不能协助自己的对手"攻击"自己的当事人。尤其是保密的权利属性，可以使律师在刑事诉讼中成为独立的司法单元，提升其诉讼主体地位。这在目前律师执业环境有待改善的背景下具有重要意义。

二、律师保密的理论基础

律师保密规则作为律师职业规则中的核心规则，其理论基础何在？亦即为什么中外各国普遍确立这一规则，且该规则在域外是一条历史悠久的规则，其价值何在？这是我们研究律师保密问题时同样需要作出回答的问题。

（一）信赖保护理论

律师为当事人提供帮助，当事人必定希望律师能提供高质量的有效帮助。然而，高质量有效帮助的前提是律师能够全面了解案件信息，而案件信息主要来自当事人的吐露。当事人之所以自愿就案件信息向律师倾诉，是因为对律师保守秘密的信赖，亦即信赖保护理论。没有当事人对律师的信赖，律师了解的案件信息必定不全面甚至会受到当事人的误导。在此种情况下，律师难以提出可以为当事人接受的合理建议。律师与当事人之间必须建立信任关系，这是有效辩护的前提。一些国家的律师规则甚至规定，当这种信任关系不存在时，律师可以终止辩护。例如，加拿大律师协会联合会颁布的《加拿大律师协会联合会职业行为示范守则》第 3.7-2 条规定："如果律师与委托人之间严重失去了信任，则律师可以退出代理。"[2] 当事人对律师失去信任是律师退出辩护或者代理的正当理由。律师只有在了解他的委托人所知道的所有与案件相关事实后才

---

[1] 徐向春："尊重保障律师执业权利，彰显现代司法文明"，载《检察日报》2019年7月25日。

[2] 《加拿大律师协会联合会职业行为示范守则》，王进喜译，中国法制出版社2016年版，第157页。

能有效地做好辩护工作。除非委托人能够被保证律师将会以最严格的保密措施来保护所有这些信息，否则我们就无法期望委托人将所有潜在相关的信息——其中包括极有可能使其获罪的那些信息——透露给律师。委托人和其律师建立关系的目的和必要性要求委托人最充分、最自由地表达其目标、动机及行为。如果破坏了当事人对保密性的"神圣信任"，那么委托人就无法自由地将秘密托付给期望能为其提供法律建议和帮助的律师。人们就不会冒险去咨询精于此道的人，或者只敢将案件的一部分告诉他的律师。[1] 律师和当事人之间的信赖关系是对抗制和有效律师帮助的基础，对这种信赖关系的忠诚是"我们职业的光荣"。只有当事人愿意将那些可能牵连自己或使自己陷入困境的事实告知律师，并相信律师能为自己保密，律师才能为其提供最有效的帮助。那些认为律师值得信赖的当事人也更容易接受律师的建议进行正确的行为。[2] 例如，一位射杀了其丈夫的妇女，之后否认自己实施了射杀行为，她不太愿意告诉律师她的丈夫当时正在用一把匕首攻击她。她认为这样说会证实自己确实朝丈夫射击了，然而她并没有意识到她这样做其实是正当防卫，从而可以免于谋杀罪的指控。[3] 可见，当事人对律师全面、如实陈述是取得好的辩护效果的前提条件。法官和律师都同意，保密对于确保当事人坦诚地公开那些可能令其陷入困境或存在潜在风险的事实的重要性。这一共识是基于最广泛的那种以经验为根据的证据，即法官和律师们日复一日、年复一年、世纪复世纪积累起来的经验。[4] 当事人向辩护律师敞开的是心灵的深处，阐述的是自己的无辜，自己的堕落、不愿为他人所知的耻辱，连同私生活和家庭日常生活的所有细节也都向他倾诉。对此，司法女神不仅被蒙上了双眼，

---

〔1〕［美］门罗·弗里德曼：《对抗制下的法律职业伦理》，吴洪淇译，中国人民大学出版社 2017 年版，第 7 页。

〔2〕［美］蒙罗·H. 弗里德曼、阿贝·史密斯：《律师职业道德的底线》（第 3 版），王卫东译，北京大学出版社 2009 年版，第 135 页。

〔3〕［美］戴维·鲁本：《律师与正义——一个伦理学研究》，戴锐译，中国政法大学出版社 2010 年版，第 175 页。

〔4〕［美］戴维·鲁本：《律师与正义——一个伦理学研究》，戴锐译，中国政法大学出版社 2010 年版，第 146 页。

还应该耳朵发聋。[1] 然而，在我国，当事人与律师之间的信任关系以及律师保守职业秘密的问题长期以来一直不被重视。例如，指定辩护或者通知辩护中提供法律援助的律师是"摊派"的，在认罪认罚从宽制度实施过程中，值班律师提供法律帮助是"随机"的，在上述两种情况下根本谈不上信任关系的建立。在值班律师制度中，由于值班律师并非辩护律师，没有值班律师保密的要求，这也是我国指定辩护和值班律师法律帮助质量不高的原因之一。

（二）尊严理论

律师披露案件秘密需经过当事人的同意，这是对当事人主体地位的确认和尊重。在律师保守的秘密中，有一些甚至是当事人不愿意让其配偶和其他家人知悉的个人隐私，而这些个人隐私是维护当事人尊严所不可或缺的。即便是作为被追诉人甚至罪犯的当事人也享有隐私权和人格尊严权。因此，律师保守秘密不仅能给当事人带来案件利益，也可以让其"体面"地生活、人格尊严得到维护。如此一来，尊严理论自然成了律师保守秘密的理论基础。美国学者马修提出的"尊严价值理论"在一定程度上可以对此予以解释。"尊严理论"的核心内容是，评价法律程序正当性的主要标准是它使人的尊严、自尊得到维护和增强的程度，大体包括隐私、参与、平等、理性等方面。"尊严理论"是针对实证主义、工具主义甚至功利主义的程序价值观念而提出的。[2] 律师保密具有对抗公权力的权利性质，甚至可能阻碍事实的发现，这可以避免该项程序设计沦为工具主义和功利主义。"在一个尊重个人尊严的社会中，我们赋予查明真相的重要价值并不是绝对的，在有些情况下可能得服从那些更高的价值。"[3] "只有尊重人的隐私，当事者才能真正成为独立的自治体，而不是被动承受官方处理的客体，其人格尊严也才能得到尊

---

[1] 转引自［俄］尤·彼·加尔马耶夫：《俄罗斯刑事诉讼律师违法活动面面观》，刘鹏、丛凤玲译，中国政法大学出版社2013年版，第294页。

[2] 陈瑞华：《程序正义理论》，中国法制出版社2010年版，第253页。

[3] ［美］门罗·弗里德曼：《对抗制下的法律职业伦理》，吴洪淇译，中国人民大学出版社2017年版，第6页。

重。"〔1〕律师"受人之托，忠人之事"，应当忠诚于当事人，不能做背叛当事人的事情，尤其是未经当事人同意，不得将案件信息泄露出去。否则，当事人可能会背负沉重的"精神枷锁"，被施加可能重于刑法惩罚的"心理痛苦"。维护当事人的人格尊严，就是为了解除这些"枷锁"和"痛苦"。我国和域外刑事诉讼法典普遍确立了不得强迫自证其罪原则，试想一下，假如没有律师保密规则，被追诉人对律师陈述的不想泄露的有罪事实，可能会借助律师的表达成为控方证明有罪的证据，这其实违反了"不得强迫自证其罪"原则。"获得辩护的权利与反对自我归罪的权利的依据都在于对人格尊严的尊重（这体现在个人面对国家时，对自我作出肯定）。"〔2〕

（三）独立辩护理论

独立辩护理论要求，律师辩护不仅要在一定程度上独立于当事人，更要独立于公权机关。律师协助打击犯罪往往是从放弃保密职责开始的。典型的是律师充当警方的"线人"，这是最令人震撼的。由于刑事诉讼是个人与政府之间的一场纠纷，为了防止以强凌弱和为达目的不择手段，更为了实现律师独立辩护，使控、辩、审三方的诉讼构造能够良性运行，赋予律师保密义务具有必要性。律师保密义务的确立，其实是给予了弱小个体对抗强大公权力的有力防御手段。律师可以以此保持独立的品格，防范公权力的侵扰。"辩护职能的重要意义在于防止刑事案件办理过程中形成'一面倒'的局面，以确保诉讼结构的合理和诉讼结果的公正。"〔3〕即使在非当事人主义的诉讼程序中，如果对辩护之进行不授予深广且独立的权利，则仍不免有损法治国家的理想。因此，即使被告人私下对辩护人已为犯罪之自白，该辩护人仍得据此证据不足之情况声请作成无罪之判决。如果辩护人违背其当事人意愿，向法院告知其自白，则辩护人

---

〔1〕 陈瑞华：《程序正义理论》，中国法制出版社 2010 年版，第 257 页。

〔2〕 [美] 戴维·鲁本：《律师与正义——一个伦理学研究》，戴锐译，中国政法大学出版社 2010 年版，第 179 页。

〔3〕 熊秋红：《刑事辩护论》，法律出版社 1998 年版，第 10 页。

不仅严重忽略了其对被告人之代求义务,也将受到刑法的处罚。[1]如果没有律师保密规则,检察官可能会随意地把辩护律师置于证人席上并且要求他透露当事人告诉他的有关案件的一切,那么就会出现比现在多得多的有罪判决。面对这种问题,诚实的辩护律师往往不得不回答说:"他告诉我那是他干的。"律师保密规则阻止公诉人采取这种捷径。[2]"律师执业独立于公共权力机构,包括立法机构、行政机构尤其是司法权力机构。律师职业系独立自由之职业。"[3]《德国律师职业规则》第1条第1、2款规定:"律师除应履行法律或职业规则对其特别规定的义务外,其执业是自由、自治和不受管制的。律师的自由权利是公民参与法治的保障。律师职业的作用是使法治国家成为现实。"

三、当前我国律师保密规则的缺陷

我国律师保密规则主要见诸《律师法》《刑事诉讼法》,然而在性质上二者之间却存在冲突,这当属该规则之缺陷。除此之外,诸如保密主体、对象、范围、期限和例外情形的设置也有可讨论之处,以下分别作一探析。

(一)保密主体

虽然我国《刑事诉讼法》将保密主体限定为"辩护律师",但是律师所在的律师事务所、其他律师、该律师的助理和实习人员其实也是守密主体。以下笔者拟着重分析一下"值班律师"和"实习律师"这两类主体。随着认罪认罚从宽制度的试点和立法确认,"值班律师"这一新型的律师种类也为2018年修改的《刑事诉讼法》所确立。根据《刑事诉讼法》的规定,值班律师并非辩护律师,行使的是"法律帮助"而非"辩护"职能。据此,值班律师自然应被排

---

[1] [德]克劳思·罗科信:《刑事诉讼法》(第24版),吴丽琪译,法律出版社2003年版,第148页。

[2] [美]乔恩·R.华尔兹:《刑事证据大全》(第2版),何家弘等译,中国人民公安大学出版社2004年版,第358页。

[3] 施鹏鹏:《法律改革,走向新的程序平衡?》,中国政法大学出版社2013年版,第240页。

除在保密主体之外。然而，值班律师提供法律帮助的主要内容之一是"提供法律咨询"，被追诉人其实就是法律咨询者。根据前述的信赖保护理论，为了使值班律师的法律帮助有效，也应当要求值班律师对咨询和交流的内容予以保密。大概是律师保密规则立法规定较早，而值班律师制度确立较晚，因此尚未来得及对保密规则内容进行修改。从域外立法和制度实践来看，即便是咨询者，甚至是尚未与律师建立委托关系的"潜在客户"，其与律师交流的内容，律师也应当保密。"面对作为外人的律师，咨询人和委托人在刚开始的咨询阶段就要把所有的话和盘托出，对许多人而言都是勉为其难的。但是如果不能安心地提供信息或者委托律师取证，案件则不能得到很好的处理。"[1] 按照我国《律师法》保密规则的规定，保密的主体是"律师"，按照文义解释，值班律师显然应当被包括在其中。这不可避免地会与《刑事诉讼法》的保密规则发生冲突。需要注意的是，对尚未正式执业的"准律师"，例如"实习律师"或者尚在律师事务所实习的高校和科研院所的学生，因其工作关系，也会接触到涉密事项，其同样负有守密义务。对此，《法国律师法》第12-2条规定："接受培训的个人对于其在培训及实习期间在职业场所、法院及各种机构所了解的事实及行为均应严守职业秘密。律师学员进入培训后，即应在培训中心所在地的上诉法院宣誓，誓词如下：'本人宣誓在此后的培训及实习期间，严守所获悉的一切事实及行为的秘密。'地区职业培训中心管理委员会主席应出席宣誓仪式。"[2] 为此，笔者建议在未来《刑事诉讼法》修改时删除"辩护"二字，并增加"欲成为律师的实习人员"。如此一来，该规则不仅适用于"值班律师"，也适用于"实习律师"。他们在从事辩护或者代理业务的过程中，也有机会了解到委托人和第三人的信息，因此对其行为应当予以规制。既然保密规则是以保护委托人与律师之间的信赖关系为理论基础的，律师保密是其对当事人的一项义务，那么在委

---

[1] [日] 森际康友编：《司法伦理》，于晓琪、沈军译，商务印书馆2010年版，第23页。

[2] 施鹏鹏：《法律改革，走向新的程序平衡？》，中国政法大学出版社2013年版，第253页。

托辩护（代理）合同中就应当对保密事项作出约定，至少应规定"没有委托人、当事人同意，不得泄露与委托人、当事人有关的信息"。[1]

(二) 保密对象

保密对象是指对何人保密的问题。原则上，律师保密应是对所有任何人保密，但是当事人及其家属是需要着重分析的两类人员，也是实践中不可回避的现实问题。当事人作为律师法律帮助的对象，原则上享有阅卷权，但是考虑到我国的侦查利益和司法效益，基于对当事人翻供的顾虑，阅卷权仅被赋予了律师。但是，2012年《刑事诉讼法》修改时赋予了辩护律师在审查起诉阶段以后的"核实证据权"，但对于核实的范围和方式，立法和相关的司法解释均未明确。[2] 司法实务部门的领导，甚至一些学者主张律师只能核实实物证据，对"人证"不能进行核实。理由有二：一是诱发翻供或者串供；二是对被害人、证人进行打击报复。并且，"核实方法限于口头核实"，而不宜将卷宗材料交由当事人阅览。[3] 笔者认为，此种建议不妥。庭审实质化要求质证实质化，如果律师不能核实"人证"并据此做好庭前准备，那么庭审"一面倒"的格局将很难发生变化，这不利于宪法赋予被告人的辩护防御权的实现。至于向当事人家属透露案情的问题，律师应当以是否会引发当事人串供、案犯逃匿、证据毁灭或者证言发生变化为标准加以考量，而不能将卷宗材料、阅卷笔录、会见笔录和调查取证情况告知当事人家属。[4] 有些涉及当事人隐私的情况，律师更不能泄露给其家属。[5]

---

[1] 在实践中，因被追诉人被羁押，许多案件都是由其家属代为委托律师，此时就出现了委托人与当事人不一致的情形。

[2] 韩旭："辩护律师核实证据问题研究"，载《法学家》2016年第2期。

[3] 中华全国律师协会编：《律师职业伦理》，北京大学出版社2017年版，第159页。

[4] 中华全国律师协会编：《律师职业伦理》，北京大学出版社2017年版，第160页。

[5] 韩旭："刑事诉讼中被追诉人及其家属证据知悉权研究"，载《现代法学》2009年第5期。

(三) 保密范围

我国《刑事诉讼法》主要是保护委托人的信息，这在立法上是比较明确的，而对第三人的信息是否予以保护则语焉不详。从"但书"规定来看，似乎可以推导出第三人的秘密信息，律师也有权予以保密。虽是被追诉人及其家属委托的律师，但是其有可能在阅卷、调查取证活动中了解到被害人、证人等第三人的信息。这些信息不经第三人许可律师能否披露也是律师保密规则应当解决的问题。按照《日本律师法》的观点，律师对于第三人的秘密也要遵守保密义务，其立法意图是律师的活动（特别是收集证据）必须保证不随意公开从委托人以外的第三人处获取的信息才能够实行。正是有这样的担保才能确保律师制度得以确立。从德国、法国和欧洲律师协会的律师规则来看，"律师在履行职务时获得的所有信息"均应予以保密，没有特别限定保密的对象。[1]《法国律师法》第66-5条规定："不管是何类案件，无论是法律咨询还是法庭辩护，律师对客户所提供的法律咨询意见、律师针对客户所设计的法律咨询意见、客户与律师之间的通信往来、律师以及在特殊情况下其同事向客户所发送的带有'正式'标志的函件、会谈记录以及在更一般情况下的所有案件材料均受职业秘密规则保护。"[2] 律师"调查取证难"是我国刑事辩护的一大"顽疾"，如果对调查取证活动中了解的第三人信息，律师不能承诺保密，调查取证将会"难上加难"。如果我们承认律师通过阅卷获知的第三人信息应当予以保密，那么律师通过调查取证获知的第三人信息，就没有理由予以公开。为此，若律师欲将第三人不愿公开的信息作为证据在法庭上进行使用，就应当申请法庭进行不公开审理，以兑现保守秘密的承诺。

律师保密规则的范围是"国家秘密、商业秘密、个人隐私、委托人和其他人员不愿披露的其他信息"。"不打算把交流内容透露给除了有利于对当事人提供法律服务的人或者沟通交流所必需的人如

---

[1] [日] 森际康友编：《司法伦理》，于晓琪、沈军译，商务印书馆2010年版，第27页。

[2] 施鹏鹏：《法律改革，走向新的程序平衡？》，中国政法大学出版社2013年版，第269页。

送信者以外的任何人。仅仅指出存在着律师与其当事人之间的交流是不够的，起码周围环境要求保密。"[1] 保密信息通常需要以当事人明示的方式向律师提出，但有时也可根据"周围环境"进行推断。当事人在与律师交流时有第三人在场即是一个值得关注的问题。在很多时候，当事人在咨询时可能有家人或者亲戚朋友陪同，律师可能会有助理或者秘书在场记录，此时并不能以此为由否认交流的秘密性。我国要求律师保密的范围是"有关情况和信息"，通常表现为"交流"秘密，主要是律师"听"到的情况和信息，律师"看"到的以及受当事人委托保管的物品能否作为保密标的被纳入保密范围尚不清楚。这就涉及何谓"秘密"这一问题了。根据对《美国律师协会职业行为示范规则》第1.6页的"注释"，保密规则不但适用于委托人与律师秘密交流的事项，还适用于所有与代理或者辩护有关的信息，不论其来源如何。[2] 有时可能来源于当事人以外的第三方，如果当事人不愿披露，则律师负有守密义务。律师保密范围不限于言词交流，还包括实物材料。例如，委托人基于信任委托律师代为保管的文件、物品，只要这些文件、物品与违法犯罪活动无关或者不含有违法犯罪内容，律师同样应当予以保密。未经委托人允许，不得交给公权机关，公安司法机关也不得予以扣押。域外刑事诉讼立法确立的律师免证特权中均有"禁止扣押"要求，其中对委托人基于对律师的信任交给其保管或持有的物品，律师有权拒绝交出，公权机关也不得随意扣押，除非具备例外情形。因此，针对我国立法上的"有关情况和信息"应作广义解释，既包括言语交流的信息，也包括物品所包含的信息。

（四）保密期限

我国《律师法》和《律师执业行为规范》将律师保密义务的期间限定在"执业活动中"，对起始和终止时间并未作出规定。事实上，律师保密不仅是在其与委托人关系存续期间（所谓的"执业活

---

[1] [美]乔恩·R.华尔兹：《刑事证据大全》（第2版），何家弘等译，中国人民公安大学出版社2004年版，第359页。

[2] 《美国律师协会职业行为示范规则（2004）》，王进喜译，中国人民公安大学出版社2005年版，第21页。

动中"），依笔者之见，律师即便是在辩护或者代理活动结束乃至退出辩护或者代理活动后也均应承担保密义务。根据《日本律师职业基本规则》的规定，即便是取消律师注册的人，或者在案件结束以后，仍然继续负有保密义务，该义务是没有时间限制的。[1] 直到该秘密因已经为公众知悉而无继续保护的必要。需要注意的是，辩护人或者代理人因各种原因而退出辩护或者代理活动，前任律师对于接任律师仍负有保密义务，未经委托人同意，也不得泄露案件秘密和信息。[2] 律师保密除了延续至辩护或者代理关系结束以后之外，在起点上并不以委托关系为始，而是从向该律师咨询时起。否则，自认为涉嫌犯罪的公民就法律事宜就可能不敢大胆请教律师。为了鼓励社会公众积极向法律专业人士寻求法律咨询，接受咨询的律师，无论是专职律师还是兼职律师，均有义务保守秘密。即使涉嫌犯罪的人表示欲潜逃，律师也不应向警察报告。在委托协议签订之前的咨询阶段，如果律师不能保证保守秘密，咨询人怎么敢向律师倾吐心声？而在交流不充分的情况下律师提出的解决方案，又如何能保证质量和保护咨询人的最大利益？何况不排除会有一些律师恶意利用与咨询人交流的信息，"倒向"对方当事人，并利用之前所获取的信息为对方当事人服务。因此，美国律师协会制定的相关职业行为规范指出：保密义务，在律师同意考虑是否建立委托关系时就已经产生了。[3]

（五）例外情形

除了极少数国家对律师保密规则没有作出"例外情形"的规定外，大多数国家均采用了"原则+例外"的立法体例，我国也吸收了大多数国家的做法。律师保密制度的例外是价值权衡的结果。中外在建立律师保密制度时之所以普遍确立允许律师披露信息的例外

---

[1] [日] 森际康友编：《司法伦理》，于晓琪、沈军译，商务印书馆2010年版，第31页。

[2] 《加拿大律师协会联合会职业行为示范守则》，王进喜译，中国法制出版社2016年版，第165页。

[3] 中华全国律师协会编：《律师职业伦理》，北京大学出版社2017年版，第163页。

≪ 第六章 律师保密,不可小觑

情形,就是在律师保密所带来的利益与披露信息所产生的社会价值之间进行综合判断后作出的选择。综观中外立法中关于例外情形的设置,主要涉及三方面内容:一是预防或者避免未来重大案件的例外;二是律师自我保护的例外;三是犯罪或者欺诈的例外。例如,《美国律师职业行为示范规则》第1.6条第(b)项规定:"在下列情况下,律师可以在其认为合理必要的范围内披露与代理委托人有关的信息:(1)为了防止合理确定的死亡或者重大身体伤害;(2)为了防止委托人从事对其他人的经济利益或者财产产生重大损害的,并且委托人已经利用或者正在利用律师的服务来加以促进的合理确定的犯罪或者欺诈;(3)为了防止、减轻或者纠正委托人利用律师的服务来促进的犯罪或者欺诈对他人的经济利益或者财产产生的合理确定的或者已经造成的重大损害;(4)为了就律师遵守本规则而获得法律建议;(5)在律师与委托人的争议中,律师为了自身利益起诉或者辩护的,或者为了在因与委托人有关的行为而对律师提起的刑事指控或者民事控告中进行辩护的,或者为了在任何与律师对委托人的代理有关的程序中针对有关主张作出反应;或者(6)为了遵守其他法律或者法庭命令。"[1] 中国留学生章某颖在美国遇害,至今尸体下落不明,从被害人家属方面来看,在感情上确实无法接受。但是,根据上述的律师保密规则,律师违反委托人意志进行信息披露只能是为防止或避免即将发生的重大伤害,而非已经发生的事实。因此,即使委托人克里斯滕森的辩护律师知悉尸体下落,没有委托人的允许,他也不能将此信息向包括被害人家属在内的社会公众披露,否则将会遭到纪律惩戒。《加拿大律师协会联合会职业行为示范守则》第3.3-3条至第3.3-7条规定了律师保密的例外情形:"当律师有合理根据认为存在迫在眉睫的死亡或者严重身体伤害风险,为防止该死亡或者伤害之必要,律师可以披露秘密信息,但是披露的信息不得超过所需。""如果有人诉称律师或者律师的非合伙人或者雇员:(a)已经实施了涉及委托人事务的犯罪;(b)就涉

---

[1]《美国律师协会职业行为示范规则(2004)》,王进喜译,中国人民公安大学出版社2005年版,第20页。

委托人事务的事项承担民事责任；（c）实施了职业过失行为；或者（d）从事了律师职业不端行为或者不检行为，律师可以为了就指控进行辩护而披露秘密信息，但是披露的信息不得超过所需。""为了证明或者追讨律师费，律师可以披露秘密信息，但是披露的信息不得超过所需。""为了就律师准备进行的行为获得法律或者道德建议，律师可以向其他律师披露秘密信息。""为了查明和解决因律师雇佣关系变更或者律师事务所组成、所有权变更而产生的利益冲突，在合理必需的范围内，律师可以披露秘密信息，但是仅限于披露的信息不会损害事务律师-委托人特免权，或者以其他方式损害委托人。"[1]《德国律师职业规则》第2条第2、3款规定："（2）法律要求或允许的例外，不属《联邦律师法》第43A条第2款所指的违背保密义务。（3）律师的下列行为不属对保密义务的违背：（A）事先已获同意的行为；（B）为该行为系维护正当利益所需，例如为了行使或反对因委托关系产生的请求权或为了本人事务中的防御；（C）行为发生在《联邦律师法》第43E条适用范围以外的事务所工作运行范围之内，而且是客观上常见的和在社会生活中被普遍允许的（社会相当性）。"[2]

我国保密规则规定了三项例外：存在委托人或者其他人准备或者正在实施危害国家安全、公共安全以及严重危害他人人身安全的犯罪事实和信息。这三项例外类似于国外保密规则例外的第一项内容，即为了防止未来重大犯罪的例外，具有"可预防性"和"严重性"两项要件。危害国家安全和公共安全犯罪，分别是我国《刑法》分则第一章、第二章规定的犯罪，从逻辑顺序上可以看出其严重性。除此之外"严重危害他人人身安全的犯罪"是常见多发犯罪，且危害后果严重。在律师保密价值与防止即将发生的严重伤亡后果的价值权衡中，前者作出让步确有其必要性。这就排除了侵犯财产犯罪和妨害司法犯罪案件信息的披露。我国在立法上之所以作此例

---

[1]《加拿大律师协会联合会职业行为示范守则》，王进喜译，中国法制出版社2016年版，第66页。

[2] "德国律师职业规划"，载https://www.jianshu.com/p/34ea95d50ffe，最后访问日期：2019年月20日。

外规定，主要是对特别严重犯罪进行预防和制止，从而避免或者尽可能降低其对社会的严重危害，从社会价值和利益上讲，要超过对辩护律师保密权利的维护。如果一般危险都要求予以披露的话，则显然忽略了保密规则的社会价值。只要损害法益具有严重性，律师即可免除保密义务，并不要求这种危险具有紧迫性。[1] 当然，犯罪种类仅限于上述三种严重犯罪，对于其他危害较轻的犯罪，辩护律师仍享有保密的权利。[2] 即使律师知道被告人欲在法庭上作伪证或者撒谎，也不能向法庭进行披露。虽然律师对法庭有"真实义务"，但这是一种"消极的真实义务"。辩护人对法庭的真实责任并不要求其积极向法庭提供"全部真相"。相反，他如果告诉法庭他知道的全部事情就违反了他对当事人的责任。因而，诚实责任不能被解释为强迫辩护人说话，而是要其保持沉默。[3] 至少律师不能在辩护中援引明知是虚假的被告人陈述，以此来误导法庭。我国《律师法》第2条第2款规定："律师应当维护当事人合法权益，维护法律正确实施，维护社会公平和正义。"可见，"维护当事人合法权益"是律师的首要职责。相较于法庭查明真实，维护委托人对律师的信赖关系进而实现律师制度的目的可能更重要。"一个多世纪以前，对于当事人职责的重要性就开始超过了对法庭及对方律师的职责。"[4]

在各种例外情形中，"律师自我保护"均被作为保密规则的例外予以规定。在实践中，律师被拖欠律师费或者遭受刑事控告、民事起诉和职业惩戒的案例不在少数，为了保护律师权益，应当允许律师披露其工作成果，即便这些工作成果涉及委托人秘密也在所不惜。未来律师保密规则的改革完善应当将律师"自我保护"情形作为例外予以设置。这不仅有利于调动律师工作的积极性，也可以促进我

---

[1] 中华全国律师协会编：《律师职业伦理》，北京大学出版社2017年版，第168页。

[2] 王爱立主编：《中华人民共和国刑事诉讼法释义》，法律出版社2018年版，第101页。

[3] [德]托马斯·魏根特：《德国刑事诉讼程序》，岳礼玲、温小洁译，中国政法大学出版社2004年版，第62页。

[4] [美]蒙罗·H.弗里德曼、阿贝·史密斯：《律师职业道德的底线》（第3版），王卫东译，北京大学出版社2009年版，第137页。

国律师制度的健康发展。

在当前认罪认罚从宽制度实施的背景下,应特别注意被追诉人虚假认罪认罚的问题。一个现实问题是,当律师得知当事人"替人顶罪"的事实后,能否予以披露?例如,律师从被追诉人口中得知其"替人顶罪"的事实,在律师明知其无辜时能否将其无辜的事实予以披露?对此,笔者认为律师应当予以披露,即使这种披露与被追诉人的意见相左,律师也不能继续保守秘密。既然守密义务设置的初衷是实现有效辩护或者代理,实现司法正义,那么此时要求律师继续守密显然会损害司法正义的实现。从价值考量出发,律师也不应继续保守秘密。《俄罗斯律师法》第6条第4款第3项规定:"律师无权在案件中采取违背委托人意志的立场,但是律师相信存在委托人虚假地自证有罪的情形除外。"所谓"虚假地自证有罪",是指被告人承认自己实施犯罪的全部或者部分罪过,但实际上他并没有实施犯罪。[1] 如果保守当事人秘密会导致不公正,或者对无辜的一方造成实质性损害,那么就没有理由保守秘密。[2]

(六)披露的"度"

尽管各国均规定了律师保密的例外情形,但是在律师披露秘密信息时均有"度"的要求。例如,美国要求"在合理必要的范围内"予以披露,加拿大要求"披露的信息不得超过所需"。前者是对披露信息"范围"的限制,后者则是对披露信息"量"的限制。对此,我国立法虽然没有作出明确规定,但律师在披露时也不能"广而告之",仍然存在一个"度"的问题。一是"范围"的度。我国《刑事诉讼法》规定,对"三种例外情形"律师应当及时告知司法机关。问题是,如果律师没有告知司法机关,而是告诉了潜在的被害人,使其及时躲避从而防止了危害结果的发生,那么律师是否应当遭受职业惩戒?对此,笔者查阅了域外关于律师保密规则,均未发现要求律师应当告知警察或者检察官的规定。首先,从诉讼立

---

[1] [俄]尤·彼·加尔马耶夫:《俄罗斯刑事诉讼律师违法活动面面观》,刘鹏、丛凤玲译,中国政法大学出版社2013年版,第289页。

[2] [美]戴维·鲁本:《律师与正义——一个伦理学研究》,戴锐译,中国政法大学出版社2010年版,第186页。

场上看,检察官是辩护律师的"天敌",律师向其"天敌"告知当事人的秘密,可能会极大地伤害当事人的感情。其次,律师若"告知司法机关",自己的当事人可能会"罪加一等",这将严重破坏当事人与律师的信任关系。最后,保密规则允许律师披露的目的是防止未来危害结果的发生,律师向潜在被害人的提前披露,完全可以达此目的,也符合保密规则例外设置的初衷。鉴于以上三方面的理由,笔者认为律师向潜在被害人披露秘密信息不应受到职业惩戒。同时,在我国保密规则修订时,对于"严重危害他人人身安全的犯罪",应删除"告知司法机关"的规定。国家安全机关、公安机关分别承担保护国家安全和公共安全的职责,律师及时向其告知具有便利性,但是上述三种例外情形均要求律师"告知司法机关",此规定显得过于"国家本位"和绝对化。此外,如果律师将此信息在微信、微博上发布,显然不符合"范围"度的要求,超过了披露的限度。二是"量"的度。虽然在极特殊情形下允许律师对秘密信息的披露,但应以实现披露目的为限。否则,即为"过度披露",律师可能会受到惩戒。例如,在利益冲突审查中,律师可能会向所在的律师事务所或者其他律师披露案件信息。作为辩护律师,只需披露当事人的姓名、名称和案由即可,而无需披露当事人是否认罪认罚、是否取得被害人及其家属的谅解以及双方沟通的辩护策略。为了防止利益冲突的情况发生,必要的信息披露应当被允许,但是,"基本上仅限于委托人的姓名和案件名称,多数情况下这些已经足够了"。[1]

四、律师遵守保密规则的实践把握和制度完善

(一)实践中可能出现的泄密情形

长期以来,我们对律师保密问题一直不够重视,这在很大程度上与我们的认识有关。传统观点认为,律师保密在我国实践中不甚突出,亦无研究的必要。事实上,律师能否守密事关委托人与律师

---

[1] [日]森际康友编:《司法伦理》,于晓琪、沈军译,商务印书馆2010年版,第37页。

的信赖关系，事关公众遇到法律纠纷后是否寻求律师帮助，从长远来看还事关律师制度的发展进步。律师泄密的情形在中外都存在，表现为故意和过失两种形态。律师泄露职业秘密，在实践中是如此之多样，被揭露却是如此之少。以违法行为的对象，也就是以泄密的性质为标准，可将泄密行为划分为如下三种类型：一是泄露委托人实施犯罪和其他违法行为的信息材料；二是泄露委托人个人和家庭私生活的信息材料；三是泄露委托人基于律师提供法律帮助而告知律师的其他信息材料。例如，关于被追诉人辩护立场的信息、有损于委托人名誉的信息。[1] 其中，危害最烈、影响最大的当属律师故意向警方泄密。律师最严重、最没有道德感的泄露通常是将被追诉人实施犯罪的情形报告给侦查人员，告知他们被追诉人个性中的弱点，他的疾病、恐惧和心境，他过去实施过哪些违法和不道德的行为。结果是，侦查人员将该秘密信息用作侦查的策略手法，或者使侦查人员相信，应当从被追诉人那里取得其他"有用的"供述，并提供寻找新的指控证据的方向。[2]《德国关于律师作用的基本原则》第8条规定："遭逮捕、拘留或监禁的所有的人应有充分机会、时间和便利条件，毫无迟延地、在不被窃听、不经检查和完全保密情况下接受律师来访和与律师联系协商。这种协商可在执法人员能看得见但听不见的范围内进行。"德国基于信赖保护原则，对辩护人适用特别规则，因为《德国刑事诉讼法》第148条第1项保证其得与被告人不受限制地任为言词上之交往联系。因此如果在对被告人施行电话监听时，发现其乃在与辩护人通话，则应将录音中断，或如已录音时，则需将之消除。如果辩护人同时也被监听，并且从监听结果中证实，该辩护人确有犯使刑罚无效罪之嫌疑，则该所监听之结果不得作为不利辩护人之用。[3] 我国《刑事诉讼法》第39条

---

[1]［俄］尤·彼·加尔马耶夫：《俄罗斯刑事诉讼律师违法活动面面观》，刘鹏、丛凤玲译，中国政法大学出版社2013年版，第294页。

[2]［俄］尤·彼·加尔马耶夫：《俄罗斯刑事诉讼律师违法活动面面观》，刘鹏、丛凤玲译，中国政法大学出版社2013年版，第295页。

[3]［德］克劳思·罗科信：《刑事诉讼法》（第24版），吴丽琪译，法律出版社2003年版，第337页。

第4款规定:"……辩护律师会见犯罪嫌疑人、被告人时不被监听。"上述规定,一方面是为了保障律师与当事人之间的交流秘密,另一方面是为了防止公权力对秘密的窃取,由此导致律师介入的失效。因此,即便是查明事实、控制犯罪,公权机关也不能为达目的而不择手段。既然国际文件和国内法都禁止公权机关掌握、控制律师与当事人交流的内容,那么律师主动"投奔"控诉阵营便是对当事人利益的严重"背叛",的确是"令人惊骇"的事情,是对守密规则的最大破坏。令人难以容忍和置信的是,辩护律师竟然充当警方"线人",通过向警方提供当事人的"情报"领赏。2019年3月,媒体披露澳大利亚一位资深的从事刑事辩护业务的女律师,长期为毒贩、黑帮代理案件,通过搜集自己当事人的犯罪证据,成功帮助警方破获了许多案件。[1] 这在澳大利亚成了一件大"丑闻"就是因为律师严重背叛了他(她)的当事人,他(她)不是在帮助自己的当事人,而是在暗中帮助警察做事。不仅违背了律师保密规则,也有违律师的职责,令人产生"良心上的震撼",这在任何一个宣称是"法治"的国家都不能被容忍。难怪此事被披露出来后,澳大利亚将其视为举国"丑闻"。我国虽然没有发现上述律师泄密的极端案例,但是在前几年影响巨大、引发全社会关注的"李某某等人强奸案"中,该案的辩护律师、代理律师共7人因泄露当事人隐私、不当披露案情而受到北京市律师协会的纪律惩戒。这说明加强律师职业伦理建设、增强律师保密意识已经成为保障我国律师制度健康发展的当务之急。一些律师为了实现自己的目的,将自己办理的案件情况(甚至是作为工作成果集中体现的辩护词、代理词)通过发送微信、微博等形式公开出去,这不仅可能煽动社会舆情,形成"舆论审判",而且有泄露案件秘密之嫌。律师对此应当慎重。此外,近年来,随着一股律师"出书热"潮流的涌现,律师在办结案件后以撰写辩护纪实、回忆录和自传形式出书,虽然可能隐去当事人的真实姓名、使用化名等进行撰写,但仍可能使当事人"特定化",从而泄

---

[1] 参见"女律师举报犯罪,为何竟成惊天丑闻?",载 Http://dy.163.com/v2/article/eb82ubr20514c1jt.html,最后访问日期:2019年8月23日访问。

露当事人的秘密。此外，随着微信等社交工具的流行，很多律师都有自己的微信公众号，律师通常会将其办理案件情况甚至细节披露出来，这很有可能泄露当事人不愿意公开的秘密信息，这是当前律师庭外言论中必须注意的问题。由于我国的羁押率比较高，被追诉人大多会被羁押，通常是由被追诉人的亲属代为委托律师。由于律师费是由亲属支付，律师将当事人秘密信息泄露给亲属的案例不在少数。辩护律师查阅、复制的证据材料中可能记载了当事人不愿为外人（包括亲属）所知悉的个人隐私内容，例如房产、个人存款情况，甚至包括当事人背着家属在外面"包养"情妇、抚养私生子的情况。如果辩护律师不经当事人同意擅自将涉及当事人隐私的证据材料泄露给当事人亲属，将可能损害当事人的财产利益和名誉，甚至可能导致其婚姻家庭关系的破裂，这也违反了律师对当事人的保密义务。[1]

实践中发生的律师泄密情形大部分都是过失泄露。例如，与自己的配偶、子女和朋友谈及所办理的案件的细节；在律师助理协助律师处理案件中，因监督管理不严，致使案件信息被泄露；案件办结以后，在归档过程中，案件信息外泄；律师在接受新闻媒体采访时披露有关案情；律师与其他律师同行谈论案情、寻求帮助时泄露案件信息；律师电脑加密不严，导致"黑客"侵入而泄密。当前，很多律师事务所都实行重大疑难案件集体讨论制度，这种办案模式虽可以集思广益、提高办案质量，但也存在着泄露委托人隐私和案件信息的潜在风险。[2] 上述泄密情形都是律师在不经意间进行的，律师在日常生活、工作中稍加注意即可避免。例如，可以与律师助理、实习人员签订保密协议，隐去当事人、证人、被害人的姓名、住址等重要信息，在会场上发放的案件材料不得带出会场和拍照、录像等，重要的案件材料尽量不通过发送电子邮件方式传送，等等。

---

〔1〕 韩旭："刑事诉讼中被追诉人及其家属证据知悉权研究"，载《现代法学》2009年第5期。

〔2〕 中华全国律师协会编：《律师职业伦理》，北京大学出版社2017年版，第161页。

(二) 保守秘密规则对律师提出的要求

既然律师保守秘密是一项基本的法律要求，那么律师应强化责任意识和保密意识，将保守秘密作为一项职业规则予以坚守。一是委托人在与律师签署委托书时，委托书中应当载有保密条款和例外情形，或者由律师签署专门的保密协议，将其作为委托书的附件。如此方能增强律师的守密责任。二是律师无论是接受采访还是与家人、朋友谈及所辩护或者代理案件，都应当谨言慎行，避免因言语不当而泄露案件信息。律师应当避免关于委托人事务的轻率谈话和其他交流，律师直接的轻率谈话，如果被能够辨别出所讨论事项的第三方听到，也可能会给委托人带来损害。此外，聆听者对律师和法律职业的尊重也可能会降低。[1] 三是律师为获得合理建议，在与其他律师交谈时可能泄露与当事人有关的信息，对此其他律师也负有保密职责。四是律师在出版回忆录、自传或者辩护实录时，涉及案件信息的，应当事前征得当事人同意。"如果律师在从事文学工作，例如撰写回忆录或者自传，律师在披露秘密信息之前，需要获得委托人或者前委托人的同意。"[2] 五是律师在聘用律师助理协助工作时，应当加强监督指导，提示其应注意保守秘密。一旦律师助理泄密，律师应当承担责任。根据《德国刑事诉讼法典》第 53 条 a 之规定，律师辅助人等同于律师。《加拿大律师协会联合会职业行为示范守则》第 3.4-23 条规定："律师或者律师事务所必须恪尽职守，以确保律师事务所的每个成员和雇员，以及律师或者律师事务所聘请其提供服务的每个其他人员不得披露关于律师事务所委托人的秘密信息或者该人曾工作过的任何其他律师事务所的委托人的秘密信息。"[3] 六是在律师办结案件归档时，应当加强保密工作，防止在该环节发生泄密事件。

---

[1]《加拿大律师协会联合会职业行为示范守则》，王进喜译，中国法制出版社 2016 年版，第 59 页。

[2]《加拿大律师协会联合会职业行为示范守则》，王进喜译，中国法制出版社 2016 年版，第 63 页。

[3]《加拿大律师协会联合会职业行为示范守则》，王进喜译，中国法制出版社 2016 年版，第 119 页。

当前应将法律援助律师和值班律师作为守密的最重要主体。与委托律师相比，法律援助辩护律师和值班律师更容易泄密，因为他们带有一定的"官方"色彩，更容易配合司法机关的工作，也较少取得被追诉人的信任。当前值班律师在犯罪嫌疑人签署认罪认罚具结书时在场见证的做法，已经被众多学者质疑为"为检察机关背书"。律师一定不能为了与办案机关搞好关系而牺牲当事人的利益。虽然我国并未要求值班律师守密，一旦出现值班律师泄密情况，也无法追究其责任，这无疑会使其守密意识懈怠。但是，从防止利益冲突的角度考虑，假如值班律师在今后接受该案被害人或者共同被追诉人委托，就不应将其在向被追诉人提供法律帮助时获取的信息告知被害人或者共同被追诉人。这关涉值班律师制度能否健康长远地发展，不能不予以重视。从存在时起，律师业就被禁止做"背叛"客户的事情。根据《俄罗斯律师法》的规定，律师采取违背委托人意见的立场是一种辩护违法行为。[1]

随着信息化时代的到来，律师办案更多地以电子化、数字化形式呈现，这为"黑客"攻击电脑系统进而获取秘密信息提供了便利。为此，律师应采取严密的防护措施，避免电脑信息系统被"黑客"侵入。《德国律师职业规则》第2条第4款规定："保密义务要求律师采取必要的、与风险相当的和对律师职业为可期待的组织和技术措施以保护委托人的秘密。技术措施为已足够，如该措施在适用数据保护法时符合数据保护法的标准。其他的技术措施也应符合技术现状。"

（三）促进保密规则实施的保障措施

目前对律师违反保密规则的处罚，只有《律师法》规定的"行政责任"。[2] 从《律师法》的规定内容来看，主要保护国家秘密、

---

〔1〕［俄］尤·彼·加尔马耶夫：《俄罗斯刑事诉讼律师违法活动面面观》，刘鹏、丛凤玲译，中国政法大学出版社2013年版，第289页。

〔2〕我国《律师法》第48条规定："律师有下列行为之一的，由设区的市级或者直辖市的区人民政府司法行政部门给予警告，可以处一万元以下的罚款；有违法所得的，没收违法所得；情节严重的，给予停止执业三个月以上六个月以下的处罚：（四）泄露商业秘密或者个人隐私的。"

商业秘密和个人隐私,而对"委托人的有关情况和信息"是否能够解释为"个人隐私",可能还是见仁见智。笔者认为,无论是内涵还是外延,"委托人的有关情况和信息"均比"个人隐私"要大。"个人隐私"一词并不足以保护委托人的有关情况和信息。即使律师泄露了上述信息,也难以追究泄密的行政责任。因为,该律师可能会以"情况和信息"并非"隐私"为由进行抗辩,从而使行政责任的追究变得困难。为此,在我国《律师法》修改时,应当将泄露委托人的有关情况和信息纳入行政处罚的范围,以保障保密规则的实施。但是,仅有《律师法》上的行政处罚还不够,还需要《刑事诉讼法》《刑法》作出相应的修改,确立相关的制度和刑罚措施才能有力保障律师保密规则的落实。一是在《刑事诉讼法》上应当确立律师-委托人拒绝作证权。域外刑事诉讼法普遍确立了律师免证特权,不仅对于律师与委托人之间的秘密交流内容(包括会见和通信信息),律师有权拒绝披露,而且对于委托人基于信任关系委托律师代为保管的物品,律师也有拒绝扣押的权利。例如《日本刑事诉讼法》第105条规定:"医师、牙科医师、助产士、护士、律师、代办人、公证人、宗教职业者或者曾经担任以上职务的人,对由于受业务上的委托而保管或者持有的有关他人秘密的物品,可以拒绝扣押。"[1]《德国刑事诉讼法典》第53条规定了律师基于职业原因的拒绝证言权,第97条规定了对拒绝证言权人的扣押禁止。[2] 在法国,如果律师与其顾客之间交换的信件涉及辩护的内容,则预审法官不得扣押这些信件。[3] 该权利的理念基础在于,律师需要获得其客户的完全信任,如果客户担心他们在未来的刑事诉讼程序中将被迫作出对其不利的证言,这种信任程度便会降低。而且,律师应当免受在法庭上讲述真相之义务与保守客户秘密之义务二者之间冲突的影

---

[1]《日本刑事诉讼法》,宋英辉译,中国政法大学出版社2000年版,第26页

[2]《德国刑事诉讼法典》,宗玉琨译注,知识产权出版社2013年版,第27、51页。

[3] [法]卡斯东·斯特法尼、乔治·勒瓦索、贝尔纳·布洛克:《法国刑事诉讼法精义》,罗结珍译,中国政法大学出版社1999年版,第577页。

响。[1] 律师免证特权是保守当事人秘密的基本形式，也是最主要形式，目的是防止公权机关的披露要求。我国《刑事诉讼法》第 62 条第 1 款规定："凡是知道案件情况的人，都有作证的义务。"律师作为知道当事人情况和案件信息的人也不例外。《刑事诉讼法》和《律师法》关于律师保密的规定并不能免除其"作证的义务"。因此，《刑事诉讼法》需要就律师免证权问题作出特别规定。如此方能保障律师的保密义务被落到实处，律师保密规则才能获得强有力的制度保障。二是《刑法》修改时建议对严重泄露当事人秘密的行为"入罪"。《刑法》增加"律师泄露案件秘密罪"或者对现在的"泄露不应公开的案件信息罪"进行修改，将保护对象延展至所有案件中的秘密信息，从而以严厉的刑事责任促进律师履行守密规则。我国《刑法修正案（九）》规定了"泄露不应公开的案件信息罪"。但该罪名保护的是"依法不公开审理案件中不应当公开的信息"，且系"结果犯"，要求造成信息公开传播或者其他严重后果。如果不是"依法不公开审理案件"，即使律师泄露了案件信息，也不会被追究刑事责任。放眼域外，《日本刑法》第 134 条第 1 项即规定了"泄露秘密罪"。该项规定："律师或者曾经从事这些职业的人员，没有正当理由向他人泄露因业务获取的他人秘密，处六个月以下的拘役或者十万日元以下的罚金。"律师公开案件秘密也为刑法所禁止。[2] 辩护人绝对不能泄露从当事人处获知的秘密甚至是表面看起来无伤大雅的信息，否则他就不能有效地工作。在德国，违反这一义务即构成刑事犯罪（参见《德国刑法》第 203 条）。[3] 为了加强律师对保密规则的遵守，宜将我国公开审理案件中的秘密信息纳入刑法保护范围。

---

〔1〕［德］托马斯·魏根特：《德国刑事诉讼程序》，岳礼玲、温小洁译，中国政法大学出版社 2004 年版，第 108 页。

〔2〕［日］森际康友编：《司法伦理》，于晓琪、沈军译，商务印书馆 2010 年版，第 23 页。

〔3〕［德］托马斯·魏根特：《德国刑事诉讼程序》，岳礼玲、温小洁译，中国政法大学出版社 2004 年版，第 62 页。

五、结语

律师保密规则具有相对性。对委托人而言，律师保密是义务，相对于国家公权力和第三人而言，律师保密具有权利属性。对委托人义务的履行，既需要律师严格遵守保密规则，也需要公权力的克制。律师保守秘密既是基于维护委托人与律师的信赖关系，也是基于保障委托人人格尊严和律师独立辩护的需要，特别是委托人对律师的信任，是律师有效辩护和代理的前提，也是委托人采纳律师建议的保证，更是法治国实现的前提。因此，律师保密规则是律师职业规则中的核心规则。我国关于律师保密规则的规定，无论是保密主体、标的还是保密期限、例外设置均有可检讨之处。值班律师和代理律师也应当被纳入保密主体范围；诸如被调查取证人员等第三人信息也应予以保密，而不是仅限于委托人的信息；在保密范围中，除言词交流信息外，文件、资料等物品亦属于保密的范围；保密期限既包括在律师辩护、代理职责的过程中，也包括辩护、代理事务终结和签订委托协议之前的咨询阶段，在保密信息成为"公共信息"之前，律师均负有保密义务；例外设置中应当将"律师自我保护"作为对当事人义务的例外情形，允许律师披露相关信息；在披露"度"的把握上，我国并未作出规定，应当从"范围"的度和"量"的度两个方面进行限制，防止超越披露目的的过度披露。我国保密例外规则中关于"告知司法机关"的规定，可以修改为既"可以告知司法机关"，也可以"告知潜在的被害人"。实践中，律师泄密事件以过失形态为主，也有少量的故意泄密问题。如今律师出书成了一种时尚，律师在图书出版之前应当征得案件当事人的同意，否则有可能因泄露案件秘密而遭到惩戒。当前，守密的重点主体是值班律师和法律援助辩护律师，因为他们与当事人之间更缺乏信任关系，"官方"色彩较浓，更容易配合公安司法机关的工作。否则，法律帮助和法律援助质量不可能得到提高。为了促进律师遵守保密规则，应当通过修改《律师法》《刑事诉讼法》和《刑法》保障守密规则的落实。律师泄露委托人和其他人的信息，是否应当对其进行职业惩戒，《律师法》语焉不详，可能导致追究行政责任的困难。对此，需要《律师法》修改时予以明确。《刑事诉讼法》修改，应当增设律师免证特权规则，而不应当保留当前"凡是知道案件情况的人，都有作证的义务"这一规定。借鉴德国、日本的立法例，在《刑法》中增设律师泄露案件信息罪，将《刑法修正案（九）》中泄露"不公开审理的案件信息"扩大至所有案件秘密信息。以刑罚的严厉性保障律师保密规则的落实。

… …
第七章

核实证据，巨大争议

辩护律师在会见犯罪嫌疑人、被告人过程中能否向其披露证据内容、透露案情，长期以来一直是我国刑事诉讼理论界和实务界的一个颇具争议的问题。2012年修正的《刑事诉讼法》首次规定了辩护律师核实证据的权利。《刑事诉讼法》第39条第4款规定："……自案件移送审查起诉之日起，可以向犯罪嫌疑人、被告人核实有关证据。……"这在一定程度上解决了长期以来律师在会见时不敢向被追诉人披露证据的问题。2012年《刑事诉讼法》在律师辩护权利保障上虽然有了较大进步，但由于"核实有关证据"的立法规定较为模糊，无论是核实证据的内容、范围还是核实方式均不明确，譬如辩护律师在会见时能否将知悉的全部案卷材料披露给当事人？是否应区分实物证据与言词证据？在核实方式上是采取"一问一答"的提问方式还是采取概括告知的方式抑或是交付阅览的方式？等等。由于存在认识上的分歧，这一新设立的制度在实践中未能得到有效实施。一方面，辩护律师因对核实证据的"度"把握不准而心存顾虑，生怕"越雷池一步"而在行使权利时则显得较为保守，对本应核实的证据不进行核实或者不予认真核实[1]；另一方面，少数辩护

---

[1] 关于2012年《刑事诉讼法》实施后辩护律师执业权利行使状况问题，笔者于2014年8月在S省的五个市进行了实证调研，在对118位律师所作的一项关于"您取得案卷材料或者证据材料后发现证据有疑问，是否会向在押当事人核实证据"问卷调查结果显示：有近20%的律师表示"不会核实"或者"不会认真核实"；在核实方式上，有51%的律师表示"采用综合概括的方式向当事人说明，不直接出示或者宣读证据。"仅有30%的律师表示"会向当事人出示或者宣读证据材料"。参见韩旭："新《刑事诉讼法》实施以来律师辩护难问题实证研究——以S省为例的分析"，载《法学论坛》2015年第3期。

律师可能滥用核实证据权，以核实证据为名，帮助当事人实施串供行为，或者教唆、引诱当事人违背事实进行翻供。作为新一轮司法改革的成果，2015年9月最高人民法院、最高人民检察院、公安部、国家安全部、司法部联合发布的《关于依法保障律师执业权利的规定》，在辩护律师核实证据问题上重复了《刑事诉讼法》第39条第4款的立法规定。[1] 因此，辩护律师核实证据问题在司法实践层面仍是一个悬而未决的问题，对此问题仍有继续研究的必要。本章拟对辩护律师核实证据的理论争议、存在的执业风险以及核实证据的内容、范围和方式等问题予以分析，并就修订《刑事诉讼法》和《律师执业规范》、完善相关配套制度提出若干建议。

一、"核实有关证据"立法规定的理论争议和观点评析

（一）理论争议

对《刑事诉讼法》第39条第4款辩护律师"核实有关证据"规定的理解，目前理论界和实务界存在着较大的认识分歧，焦点集中在核实证据的范围上。目前具有代表性的主要有三种观点：一是"阅卷权说"；二是"客观证据说"；三是"不一致证据说"。

"阅卷权说"是指辩护律师会见时向犯罪嫌疑人、被告人核实证据权的行使，实际上是承认了被追诉人的阅卷权。持这一观点的主要是律师界和部分学界代表。律师界代表大多对被追诉人享有阅卷权持肯定态度，认为辩护律师会见在押犯罪嫌疑人、被告人时，可以向犯罪嫌疑人、被告人展示案卷材料，并向其核实相关情况。[2] 有学界代表认为：对于嫌疑人、被告人通过律师的核实证据活动所

---

〔1〕《关于依法保障律师执业权利的规定（征求意见稿）》中原本对核实"有关证据"的范围作出了解释性规定，但由于各方分歧较大，正式公布的文本中不但没有保留征求意见稿中的相关规定，而且对律师披露案情和案卷材料作出了禁止性规定。该规定第14条第4款规定："……律师不得违反规定，披露、散布案件重要信息和案卷材料，或者将其用于本案辩护、代理以外的其他用途。"

〔2〕田文昌、陈瑞华主编：《〈中华人民共和国刑事诉讼法〉再修改律师建议稿与论证》，法律出版社2007年版，第67页；高子程："辩护律师能否将案卷材料出示给被告人"，载《中国律师》2010年第3期；韩嘉毅："向被追诉人出示案卷材料的理解"，载徐昕主编：《司法：刑事辩护的中国问题》（第9辑），厦门大学出版社2014年版，第38页。

获得的查阅控方证据的权利,可以称之为"被告人的阅卷权"。其主要理由是:被告人是辩护权的行使者;阅卷权是被告人参与举证和质证活动的程序保障,也是被告人获悉起诉罪名和理由的题中应有之义,还是被告人与律师协调辩护思路的保证。[1]

"客观证据说"又称"实物证据说",主张辩护律师核实证据时只能向犯罪嫌疑人、被告人核实涉及犯罪嫌疑人、被告人的物证、书证等客观性证据,但不能核实除犯罪嫌疑人、被告人供述或辩解以外的言词证据。[2]更有甚者,将辩护律师核实证据的范围仅限定为"有罪的实物证据",认为"除了可以将有罪的实物证据告诉犯罪嫌疑人、被告人之外,其他证据都不能告诉"。[3]主张"客观证据说"的主要是检察实务部门的代表。在他们看来:"实物证据客观性、稳定性较强,告诉犯罪嫌疑人、被告人后,证据朝着背离案件真相方向改变的风险较小。"如果告知案内全部证据,不但难以达到防范冤假错案的目的,还会面临犯罪嫌疑人翻供的风险,甚至可能使犯罪嫌疑人逃避法律的惩罚。此外,辩护律师将与犯罪嫌疑人、被告人陈述内容不同或相反的证据予以告知,违反了证据保密原则,涉嫌违法犯罪。

"不一致证据说"重点强调对案内"不一致"证据的核实,持这一观点的主要是学界代表。该观点认为:辩护律师与在押的犯罪嫌疑人、被告人会见时可以就案件中的有关事实和证据向犯罪嫌疑人、被告人进行核实,包括将案内有关证据的内容,特别是与犯罪嫌疑人、被告人陈述不一致,甚至有较大出入的证据内容告知犯罪嫌疑人、被告人;必要时还可把有关物证、书证的照片或复印件出示给犯罪嫌疑人、被告人,让其辨认。其理由是:让犯罪嫌疑人、被告人了解、掌握办案机关认定的犯罪事实、罪名以及相关证据,这是联合国《公民权利及政治权利国际公约》和《经济、社会及文

---

[1] 陈瑞华:"论被告人的阅卷权",载《当代法学》2013年第3期。

[2] 孙谦:"关于修改后刑事诉讼法执行情况的若干思考",载《国家检察官学院学报》2015年第3期。

[3] 朱孝清:"刑事诉讼法实施中的若干问题研究",载《中国法学》2014年第3期。

化权利国际公约》对公正审判的基本要求。从诉讼原理上讲，这也是控方应当承担举证责任的应有之义和犯罪嫌疑人、被告人及其辩护律师进行辩护准备的必要条件。[1]

(二) 观点评析

通过对上述观点及其理由的梳理，我们可以发现争议原因在于论者对律师辩护权保障和有效追诉犯罪两种利益的不同考量。争议的焦点无外乎两个方面：一是核实证据的种类、范围如何界定，即仅限于客观性的实物证据还是包括作为言词证据在内的全案证据；二是核实证据的方式，即仅限于"口头告诉"还是包括"出示、阅览"等方式。由于在认识上存在着较大分歧，不但影响了这一新增制度的实施效果，而且加大了辩护律师的执业风险。

"阅卷权说"过分强调被追诉人权利，将辩护律师核实证据权等同于被追诉人的阅卷权。这一观点虽然可以较充分地保障律师核实证据权利的实现，但没有注意到权利行使的"单向性"，即辩护律师才是核实证据的主体，辩护律师与被追诉人之间是一种核实与被核实的关系，在核实活动中，被追诉人通过作出解释说明、认可反驳的意思表示，使案内既有证据在某种程度上得到揭示、检验。因此，被追诉人对证据的知悉是一种有限知悉，而不是像辩护律师那样享有完整的、全面的证据知悉权。如果将其称之为"阅卷权"，那么被追诉人享有的是一种有限的阅卷权，其知悉范围取决于辩护律师因核实证据的需要而对"存疑"证据告知、出示的范围。此外，"阅卷权说"未能正确认识到辩护律师和被追诉人在诉讼法上的地位、职能以及与案件利害关系等方面的不同。"法律将阅卷权赋予的是辩护律师，并没有赋予犯罪嫌疑人，律师享有的执业权利不等于犯罪嫌疑人就享有。"[2]也有学者指出："由被告本人阅卷，与由其辩护人阅卷，也基于功能、利益的不同角度，应谨慎考虑，而非等量齐观。"因此，将辩护律师核实证据权扩张解释为被追诉人的阅卷

---

[1] 陈光中主编：《〈中华人民共和国刑事诉讼法〉修改条文释义与点评》，人民法院出版社2012年版，第33页。

[2] 朱孝清："刑事诉讼法实施中的若干问题研究"，载《中国法学》2014年第3期。

权，有以偏概全之嫌。

"客观证据说"将辩护律师核实证据作为例外对待，并且将核实范围限定在"实物证据"甚至是"有罪的实物证据"方面。该观点过分强调追诉效益，对辩护权的有效行使关照不足，对辩护律师核实证据后被追诉人翻供问题怀着深深的忧虑。他们从部门利益和本位主义出发，对《刑事诉讼法》规定的"有关证据"作出限缩解释，从而将律师核实证据局限在一个非常狭小的范围内，试图将立法上新增设的权利在实践中予以虚化，以此限制辩护律师核实证据权的行使。该观点是"重打击、轻保护""重实体、轻程序"传统思维的具体体现，与依法治国、尊重和保障基本权利的法治精神格格不入，也不符合政法各机关关于依法保障律师执业权利的新要求。实质上是将辩护律师核实证据权这一法律原则"例外化"，颠倒了"原则"与"例外"的关系，不但在理论上难以成立，在实践中也是有害的，应当予以摒弃。

"不一致证据说"特别强调对与被追诉人陈述不一致的证据进行核实，可以说是抓住了"核实证据"的本质属性。由于我国刑事诉讼实务采用"证据相互印证"的证明模式[1]，因此无论是司法办案机关还是辩护律师都特别重视证据内容的"一致性"，当证据之间出现矛盾时，"核实"便成了揭示矛盾、解释矛盾和排除矛盾的题中应有之义。犯罪嫌疑人、被告人作为当事人，在案件事实和证据信息方面具有天然的优势，当发现与犯罪嫌疑人、被告人陈述不一致的证据时，辩护律师向被追诉人核实该不一致证据的内容就显得尤为必要了。虽然该观点抓住了律师核实证据的关键，但是对需要核实的证据种类和范围却语焉不详，难以发挥对实践的指导和规制作用。

二、辩护律师核实证据仍将面临一定的职业风险

在2012年《刑事诉讼法》修改之前，律师能否向当事人核实证

---

[1] 关于我国刑事诉讼采用"印证证明模式"的论述，可参见龙宗智："印证与自由心证——我国刑事诉讼证明模式"，载《法学研究》2004年第2期；韩旭："论我国刑事诉讼证明模式的转型"，载《甘肃政法学院学报》2008年第2期。

据（尤其是同案犯口供）在立法上并不明确，司法实务界对此持否定态度。[1] 从实践情况来看，有的地方律师因与被告人核实证据而被追究刑事责任。[2] 但是，在2012年《刑事诉讼法》赋予辩护律师核实有关证据的权利以及规定"律师会见不被监听"的情况下，律师核实证据是否因此不再有职业风险？在核实证据时是否可以随心所欲、无所顾忌？这是2012年《刑事诉讼法》实施以来律师界普遍关心的问题，也是学界必须从理论上作出回答的问题。在笔者看来，2012年《刑事诉讼法》对律师核实证据权的确认虽然在一定程度上降低了辩护律师核实证据的执业风险，但因相关规范未发生改变，风险依然存在。诚如刑事诉讼法学者王敏远研究员所言：由于《刑事诉讼法》只是规定了可以核对"有关证据"，而并未明确可以核对的证据的具体内容，因此辩护律师的风险仍然没有彻底消除。[3] 具体言之，辩护律师核实证据可能会面临以下纪律风险和法律风险。即便有了"会见不被监听"的法律规定，情况依然如此。

（一）辩护律师核实证据面临的纪律风险

辩护律师核实证据的过程是律师与当事人之间信息双向互动交流的过程。核实证据建立在当事人对现有证据内容知情的基础上，唯有知悉证据内容方可对其真实性、相关性乃至合法性予以确认或者提出反驳意见。因此，律师在核实证据过程中难免会将相关证据内容披露给当事人。而按照现行律师职业规范和执业纪律的要求，律师的上述行为可能因涉嫌违纪违规而面临执业处分或处罚。中华全国律师协会《律师职业道德和执业纪律规范》第23条规定："律师不得与犯罪嫌疑人、被告人的亲属或者其他人会见在押犯罪嫌疑人、被告人，或者借职务之便违反规定为被告人传递信件、钱物或与案情有关的信息。"第45条规定："对于违反本规范的律师、律师事务所，由律师协会依照会员处分办法给予处分，情节严重的，由

---

[1] 王新环："律师不宜向被告人披露同案犯口供"，载《检察日报》2010年4月2日。

[2] 参见重庆市江北区人民检察院起诉书（北检刑诉[2009]818号）。

[3] 王敏远："2012年刑事诉讼法修改后的司法解释研究"，载《国家检察官学院学报》2015年第1期。

司法行政机关予以处罚。"《律师协会会员违规行为处分规则(试行)》第35条第1项规定,具有"会见在押犯罪嫌疑人、被告人时,违反有关规定,携带犯罪嫌疑人、被告人的近亲属或者其他利害关系人会见,将通讯工具提供给在押犯罪嫌疑人、被告人使用,或者传递物品、文件"等情节的,给予中止会员权利6个月以上1年以下的纪律处分;情节严重的给予取消会员资格的纪律处分。《律师办理刑事案件规范》第37条第1款规定:"律师参与刑事诉讼获取的案卷材料,不得向犯罪嫌疑人、被告人的亲友以及其他单位和个人提供,不得擅自向媒体或社会公众披露。"通过对律师行业规范有关规定进行梳理我们可以发现,这些规定均要求律师在会见时不得向被追诉人传递案情信息,不得提及同案犯罪嫌疑人的情况和意见。"律师与被追诉人之间关于案件事实的交流是单向度的,即只能是被追诉人向律师提供相关的陈述,而律师不能向其当事人透露有关案情和证据的信息。"[1] 通常认为,证据信息是最主要的案情信息,如果辩护律师在核实证据的过程中将证据信息透露给当事人即违反了上述禁止性规范,将会受到律师协会的纪律惩戒或者司法行政机关的行政处罚。总之,在现行律师行业自律性规范尚未修订的情况下,律师依然要面对由核实证据所带来的违纪违规风险。

(二) 辩护律师核实证据面临的法律风险

辩护律师核实证据的法律风险主要表现为律师因告知案情和证据情况而导致被追诉人翻供的情形。此时,辩护律师可能会面临两个方面的法律风险:一是泄露国家秘密;二是帮助串供、串证。[2] 在司法实践中,存在辩护律师因将从法院复制的案卷材料交给当事人亲属查阅而被以泄露国家秘密犯罪追究刑事责任的案例,虽然该案中作为被告人的辩护律师最终被宣告无罪,但律师界对披露案卷

---

[1] 汪海燕:"律师伪证刑事责任问题研究",载《中国法学》2011年第6期。
[2] 《保守国家秘密法》第9条规定:"下列涉及国家安全和利益的事项,泄露后可能损害国家在政治、经济、国防、外交等领域的安全和利益的,应当确定为国家秘密:……(六)维护国家安全活动和追查刑事犯罪中的秘密事项;……"《刑事诉讼法》第44条规定:"辩护人或者其他任何人,不得帮助犯罪嫌疑人、被告人隐匿、毁灭、伪造证据或者串供……违反前款规定的,应当依法追究法律责任,……"

材料仍心有余悸。[1] 有司法实务部门代表认为:"如果辩护律师把案内不同或相反的证据告诉犯罪嫌疑人、被告人,那同样涉嫌泄露案件秘密、通风报信、帮助串供串证等违法犯罪。"[2] 律师向被告人透露案情的行为常存在非议甚至可能会导致律师入罪。[3] 在2012年《刑事诉讼法》实施后,有律师将辩护律师核实证据视为律师办理刑事案件的新风险。其理由是:"律师在审查起诉阶段,将案卷证据与犯罪嫌疑人进行核实,可能会出现犯罪嫌疑人得知了其完全不知道的一些证人证言、同案犯的口供,以及其他一些证据和线索的情况,犯罪嫌疑人可能会据此进行翻供,也有可能利用看守所监管不严而进行串供,或者做出其他的妨害司法行为。律师可能会涉嫌诱导犯罪嫌疑人翻供、帮助串供或者妨害司法。"[4] 尽管理论界对辩护律师实施串供行为是否适用《刑法》第306条"辩护人、诉讼代理人毁灭证据、伪造证据、妨害作证罪"的规定存在认识分歧,但在实践中,有些公安、司法机关将律师串供归为《刑法》第306条"毁灭、伪造证据"或者"帮助当事人毁灭、伪造证据"之列,或者笼统地适用"律师伪证罪",对辩护律师追究刑事责任。[5] 由此可见,辩护律师核实证据面临的最大法律风险就是"帮助串供"。何谓"帮助串供"?按照立法部门人员的解释:"帮助犯罪嫌疑人、被告人串供,是指帮助犯罪嫌疑人、被告人与同案人或者证人建立'攻守同盟',串通口径应对办案机关侦查。"[6] 当事人在知悉同案嫌疑人供述、证人证言后客观上确有可能导致翻供,并使口供内容朝着有利于自己的方向改变,这就在无形中给办案人员以律师帮助

---

[1] 参见"河南省沁阳市人民检察院诉于萍故意泄露国家秘密案",载 http://vip.chinalawinfo.com/newlaw2002/slc/slc.asp?db=cas&gid=33621758,最后访问日期:2015年4月25日。

[2] 朱孝清:"刑事诉讼法实施中的若干问题研究",载《中国法学》2014年第3期。

[3] 王新环:"律师不宜向被告人披露同案犯口供",载《检察日报》2010年4月2日。

[4] 杨海生:"律师刑事辩护新的风险",载《才智》2013年第17期。

[5] 汪海燕:"律师伪证刑事责任问题研究",载《中国法学》2011年第6期。

[6] 全国人大常委会法制工作委员会刑法室编著,王尚新、李寿伟主编:《〈关于修改刑事诉讼法的决定〉释解与适用》,人民法院出版社2012年版,第34页。

当事人串供的感觉，如果办案人员跟着"感觉"走，那么律师核实证据的法律风险将由潜在的风险变成现实的危险。上述情形在职务犯罪案件、"涉黑"案件以及其他敏感案件中表现得更为突出。辩护律师出示、宣读同案人供述材料与帮助串供在外部形态上具有某种相似性，两者之间的界限并非泾渭分明。

还需注意的是，随着《刑法修正案（九）》的颁布实施，律师泄露案件信息行为"入罪"，由核实证据带来的法律风险陡增。律师向犯罪嫌疑人、被告人核实证据可能会涉及"不应当公开的案件信息"问题。"有关证据"显然不是"全部证据"。然而，在核实证据活动中，究竟哪些证据可以披露？哪些证据不能披露？由于这一问题没有得到解决，律师核实证据面临着更大的职业风险。以前律师违规披露案情仅会受到行业纪律处分或者主管机关的行政处罚，而刑法修正案实施后，同样的行为却可能承担"泄露不应公开的案件信息罪"规定的刑事责任。[1]

（三）"律师会见不被监听"的规定并不能排除律师核实证据的风险

有观点认为，既然《刑事诉讼法》规定"辩护律师会见犯罪嫌疑人、被告人时不被监听"，那么律师核实证据活动便无从受到监督和控制，律师核实什么及如何核实完全由自己决定，即便有明显不当甚至违法行为也难以被发现。因此，辩护律师核实证据不会有什么法律风险，甚至认为对此问题进行研究也没有多少实际意义。笔者认为，"律师会见不被监听"的规定虽然可以保护律师与当事人之间言词交流的秘密，可以在一定程度上降低律师核实证据的法律风险，但并不能排除由此可能带来的风险。其一，"不被监听"并不等于"不被监视"。根据联合国《关于律师作用的基本原则》第8条的规定："遭逮捕、拘留或监禁的所有的人应有充分机会、时间和便利条件，毫无迟延地、在不被窃听、不经检查和完全保密情况下接受律师来访和与律师联系协商。这种协商可在执法人员能看得见但听不见的范围内进行。"律师的会见行为仍然被置于看守所的电子或

---

[1] 韩旭："《刑法修正案（九）》实施后如何善待律师权利——兼论泄露案件信息罪和扰乱法庭秩序罪的理解与适用"，载《法治研究》2015年第6期。

者人力监控之下。一旦发现律师会见中有传递串供信件、纸条等违规嫌疑，看守所有权依照相关规定进行查验。[1]其二，我国《刑事诉讼法》及其解释性文件并未确立非法监听会见内容的证据排除规则。虽然《刑事诉讼法》禁止监听律师会见，但并未规定非法监听所获取的证据材料不具有证据能力，这就意味着该监听资料可以被用作证明律师会见活动涉嫌违法犯罪的证据。其三，当事人对律师核实证据中违规违法行为进行检举揭发。我国《律师法》和《刑事诉讼法》均规定了律师对当事人的保密义务，并未规定当事人对律师的保密义务。因此，当事人对律师帮助串供或者教唆、引诱翻供的行为进行检举、揭发并不为我国法律所禁止。一些当事人为了获得立功减刑的宽大处理，在与办案机关存在"交易"的情况下，会不惜出卖甚至诬陷自己的辩护律师。在律师会见不被监听的情况下，"检举立功模式"可能会成为辩护律师核实证据的新的风险来源。[2]

三、辩护律师核实证据的实践难题

基于核实证据问题认识上的分歧以及由此带来的实践困惑，有必要根据立法精神，运用诉讼和证据法理并结合司法实务，对核实证据的内涵、核实的范围以及核实方式等实践中争议比较大的几个问题予以重点分析。

(一) 何为"核实证据"？

何谓《刑事诉讼法》规定的"核实有关证据"？从语义学的角度进行解释无疑有助于准确理解和把握立法规定的精神实质。所谓"核实"，顾名思义，乃"检验、查证，审核是否属实"。"核实证据的目的，是对律师在阅卷或会见后对案件事实产生的内心疑问的确认或消除。"[3]显然，只有在辩护律师对案情、证据有疑问的情况

---

[1]《看守所条例》第31条规定："看守所接受办案机关的委托，对人犯发收的信件可以进行检查。如果发现有碍侦查、起诉、审判的，可以扣留、并移送办案机关处理。"

[2] 关于"龚某模检举立功模式"的论述，参见韩旭：《刑事诉讼热点问题专题研究》，四川大学出版社2010年版，第69页。

[3] 孙谦："关于修改后刑事诉讼法执行情况的若干思考"，载《国家检察官学院学报》2015年第3期。

≪ 第七章 核实证据，巨大争议

下才会产生核实的动因并有核实的必要。如果辩护律师对证据没有疑问，那就没有核实的必要，也就不属于证据核实的范围了。这说明律师核实证据的范围是有限的，被追诉人对证据的知悉范围和程度取决于辩护律师核实证据的范围和方式。这可以进一步说明辩护律师享有核实证据的权利并不等于被追诉人拥有了阅卷权。

将"存疑"作为"核实"之前提，一方面是参照《刑事诉讼法》关于法官庭外调查核实证据的规定[1]，另一方面可防止将辩护律师无疑问的证据材料纳入核实范围，从而避免浪费诉讼资源、降低诉讼效率，同时还可避免辩护律师以"核实证据"为名，过分、不当地披露证据材料而对追诉效益造成损害。立法规定的"有关证据"在大多数情况下显然不是"全部证据"。对证据有疑问既包括对证据的真实性有疑问，也包括对证据的相关性、合法性有疑问。在实践中，辩护律师的疑问更多的是对证据的真实性、可靠性的疑问。

问题是，是否"有疑问"完全是辩护律师的一种主观判断，如果缺乏外部检验标准，核实证据的范围会无限扩大，权利滥用的风险也将难以避免。为此，还需要对"主观上有疑问"进行客观化的外部解释。根据司法实务经验，"主观上有疑问"在客观方面通常表现为"内容不一致甚至相反"的证据。"不一致"既可能是其他种类的证据与犯罪嫌疑人、被告人的供述或者辩解不一致，也可能是同案人之间的供述、辩解不一致。不一致的证据形式既可能是实物证据，也可能是言词证据；既可能是有罪证据，也可能是无罪证据。面对这些"不一致证据"，辩护律师通常需要犯罪嫌疑人、被告人作出进一步的解释、说明和确认，以澄清疑点。全国人民代表大会常务委员会法制工作委员会刑法室参与《刑事诉讼法》修改的权威人士在对"辩护律师核实证据"进行解释与适用时曾指出："为了更好地准备辩护，包括向人民检察院提出辩护意见和在法庭上行使辩护职能，进行质证等，辩护律师均需要对其查阅、摘抄、复制的有

---

[1] 我国《刑事诉讼法》第196条第1款规定："法庭审理过程中，合议庭对证据有疑问的，可以宣布休庭，对证据进行调查核实。"

关证据材料及自行调查收集的有关证据材料向犯罪嫌疑人、被告人进行核实,以确定证据材料的可靠性。"[1] 这进一步印证了核实证据的目的在于排除矛盾、合理解释矛盾,从而确认相关证据材料的可靠性。辩护律师将"与犯罪嫌疑人、被告人供述不一致甚至有较大出入的证据内容告知犯罪嫌疑人、被告人,这是法条规定的题中应有之义"[2]。因此,反对核实"不一致或者相反证据"的观点不但不符合"核实证据"的文义解释,而且有违核实证据的立法初衷。

(二) 言词证据能否核实?

实践中,辩护律师对"存疑"的物证、书证、鉴定意见、视听资料、电子数据以及犯罪嫌疑人、被告人供述等证据种类进行核实,一般争议不大。因为,上述证据要么稳定性较强,要么法律规定侦查机关有义务告知当事人或者交由犯罪嫌疑人核对、签名确认。辩护律师核实上述证据通常不会导致犯罪嫌疑人、被告人翻供或者翻供的可能性较小。但是,对于辩护律师能否核实"证人证言、被害人陈述""同案人供述和辩解"以及"未同案处理但实施犯罪存在关联的犯罪嫌疑人、被告人陈述和辩解"这几类"人证",在司法实践中则存在较大争议,也是辩护律师在核实证据时面临的难题。实务部门的同志即主张:"对言词证据,如同案犯罪嫌疑人、被告人陈述,证人证言,被害人陈述以及录制这些言词性证据所形成的录音录像等,不能告诉犯罪嫌疑人、被告人。"[3] 鉴于此,应重点对这几类"人证"的核实问题进行深入研究。

1. "证人证言、被害人陈述"的核实问题

《刑事诉讼法》规定的"有关证据"是一个较为模糊的概念,其内涵和外延是什么,均不清楚,是否包括证人证言、被害人陈述更是语焉不详,这就给不同主体的解释留下了巨大空间。这个问题

---

[1] 全国人大常委会法制工作委员会刑法室编著,王尚新、李寿伟主编:《〈关于修改刑事诉讼法的决定〉释解与适用》,人民法院出版社2012年版,第26页。

[2] 熊红文:"与供述不一致的证据律师可否告知",载《检察日报》2014年8月4日。

[3] 朱孝清:"刑事诉讼法实施中的若干问题研究",载《中国法学》2014年第3期。

本应通过随后的司法解释予以明确。在最高人民法院等六机关联合发布的《关于实施刑事诉讼法若干问题的规定》的草案中，原本对此有具体列举式的规定，包括被告人供述、物证、书证、勘验笔录等。由于有关部门认为此时核实的证据不应包括"证人证言"等证据，而全国律师协会刑事业务委员会对此却持不同意见。因为意见分歧，六机关颁布的《关于实施刑事诉讼法若干问题的规定》对此就未作规定。[1] 笔者认为，核实证据作为《刑事诉讼法》新增加的一项制度，对于提升被追诉人的诉讼主体地位、促进有效辩护具有重要作用。对核实证据予以适当限制确属必要，但限制过多、过严将会使这项制度失去意义。在目前律师执业环境不尽如人意、律师辩护权保障不足的情况下，辩护制度改革的方向应当是进一步扩充和细化律师权利，而不是人为进行限制。证人证言、被害人陈述作为重要的"人证"，往往会对定案起到关键的证明作用，如果不允许辩护律师进行核实，核实证据的制度功能便将大打折扣。除此以外，还基于以下原因：

第一，法庭质证实质化的需要。由于证人普遍不出庭作证，即便在《刑事诉讼法》规定了强制出庭作证制度的情况下，证人出庭作证率也并没有明显提高，直接言词原则并未得到贯彻。在以书面审理为主的法庭上，法庭调查都是围绕案卷笔录展开的，公诉人对证人证言等证据材料大多采取分组举证、摘要宣读或节录宣读的方式，面对当庭出示的大量人证材料，如果被告人事先不了解指控的证据内容，这无异于控方对辩方实施"证据突袭"，不符合联合国《公民权利及政治权利国际公约》关于"被指控人有相当的时间和便利准备他的辩护"这一公正审判的最低限度要求。如果律师在庭前能够对有疑问的人证进行核实，不仅有利于在法庭上展开充分质证，增强质证效果，而且有利于当事人与其律师进行辩护协商[2]，共同提出质证和辩护意见。在俄罗斯，"刑事被告人及其辩护人一般

---

[1] 王敏远："2012年刑事诉讼法修改后的司法解释研究"，载《国家检察官学院学报》2015年第1期。

[2] 关于"辩护协商"问题，参见韩旭："被告人与律师之间的辩护冲突及其解决机制"，载《法学研究》2010年第6期。

应该共同了解刑事案件材料。这使辩护人有可能积极帮助刑事被告人分析所有会成为庭审对象的证据"。[1]

第二,由证人证言、被害人陈述的特点所决定。一方面,证人、被害人在作证(陈述)时,其感知、记忆、表达能力可能存在瑕疵。"心理学及实证研究显示,一般人在知觉、记忆、陈述的过程中,常会出现错误而不自知。"[2]另一方面,有的证人与当事人之间存在利害关系,被害人本身即是当事人,因此在诚实性方面可能存在问题。在司法实践中,证人故意歪曲事实作虚假证言、被害人夸大其词谎报损害结果等情况并不鲜见。基于上述问题,在证人、被害人不出庭、庭审质证不充分的情况下,庭前的证据核实活动显得非常必要,可以及时发现和揭露人证中的不实之词,保障作为定案根据的人证质量。

第三,节约诉讼资源、提高庭审效率。在司法实践中,有些重大复杂案件,起诉到法院的案卷动辄几十卷、上百卷。例如,在湖北省咸宁市中级人民法院审理的刘某等黑社会性质犯罪案件中,有37个被告人,卷宗高达800本之多。如果不允许辩护律师在庭前对人证等证据材料进行核实,而是全部拿到法庭上解决,一旦被告人及其辩护人要求对证据一份份的出示、宣读、质证,那么庭审将会旷日持久,法院将不堪重负。事实上,在该案开庭审理之前举行的庭前会议上,公诉人将举证提纲交给辩护律师,由律师在庭前就提纲上所列的证据向被告人进行核实。法院对此做法也予以认可,甚至鼓励和支持律师这样做。"在不允许犯罪嫌疑人、被告人事先知悉案卷内容的情况下,在庭审质证时,如果被告要求对控方证据一一进行查阅、核对、辨认,不仅会导致庭审的时断时续,而且也会影响庭审的效率。如果案件十分复杂的话,整个庭审甚至会陷入瘫痪状态。辩护律师在庭审前与被告核对证据正是解决这一问题的有效

---

[1] [俄] К. Ф. 古岑科主编:《俄罗斯刑事诉讼教程》,黄道秀等译,中国人民公安大学出版社2007年版,第357页。
[2] 王兆鹏等:《传闻法则理论与实践》,元照图书出版公司2004年版,第5页。

方式。"[1]

第四，从域外情况来看，无论是在立法层面还是在实务层面均不禁止辩护人对证人证言、被害人陈述内容进行核实，甚至可以将卷宗副本直接交付当事人。例如，《法国刑事诉讼法典》规定：律师可以将其取得的预审案卷材料的副本复制给其当事人。[2] 在德国，虽然只有辩护人享有阅卷权，但是辩护人不被禁止同其当事人谈论卷宗内容。[3] 德国学界比较允当的见解也认为："辩护人得将并且也必将其从卷宗中所得之数据，或用口语传达，或用卷宗影印本之方式告知被告，使其得知诉讼程序之发展及助其有效地进行辩护。"[4] 我国也有学者认为，辩护人将阅卷所得的卷证影本交付被告，原则上并不违法。上述国家并未对"人证"内容的披露和核实给予特别限制。[5] 这对我国确立辩护律师核实证据规则具有启示和借鉴意义。

2. "同案犯罪嫌疑人、被告人供述和辩解"的核实问题

对辩护律师能否向当事人核实"同案犯罪嫌疑人、被告人供述和辩解"这一问题，司法实务部门普遍持反对意见，担心被追诉人在得知同案人陈述内容后避重就轻、推卸责任进行翻供或者串供是反对的主要理由。"在共同犯罪中，辩护律师把其他被告人的口供内容透露给他的委托人，等于在共犯供述之间搭起了一个桥梁，似有串供之虞。"[6] 应当说，基于诉讼顺利进行、成功指控犯罪的考量，上述顾虑并非多余。但是，从有效辩护和辩护权保障的角度，似不应将同案人的供述和辩解排除在核实证据的范围之外。

---

[1] "辩护律师可以向犯罪嫌疑人、被告人宣读、出示案卷材料，核实证据"，载 http://blog.sina.com.cn/s/blog_478215620100vq4l.html，最后访问日期：2015年3月28日。

[2] 《法国刑事诉讼法典》，罗结珍译，中国法制出版社2006年版，第112页。

[3] [德] 托马斯·魏根特：《德国刑事诉讼程序》，岳礼玲、温小洁译，中国政法大学出版社2004年版，第65页。

[4] [德] 克劳思·罗科信：《刑事诉讼法》（第24版），吴丽琪译，法律出版社2003年版，第171页。

[5] 关于被追诉人证据知悉权问题，参见韩旭："刑事诉讼中被追诉人及其家属证据知悉权研究"，载《现代法学》2009年第5期。

[6] 王新环："律师不宜向被告人披露同案犯口供"，载《检察日报》2010年4月2日。

第一，禁止对同案人供述和辩解进行核实有违法律规定。立法规定辩护律师可以核实"有关证据"，并未对核实证据的范围作出特别限制。在此情况下，若通过司法解释禁止对同案人口供等证据进行核实，不仅缺乏法律依据，涉嫌越权解释，而且是对公民权利的限制，缺乏基本的程序正当性。[1] 如上所述，凡是内容不一致、辩护律师内心存疑的证据材料均可以进行核实，这是"核实有关证据"立法规定的题中应有之义。在很多时候，同案人口供之间并不一致甚至在关键问题上存在矛盾，为了弄清楚各被告人在共同犯罪中的地位、作用以及所应承担的刑事责任大小，辩护律师对同案人口供进行核实对查明案件事实至关重要。一方面，辩护律师通过对同案人不一致供述的提示、提问，可以帮助当事人恢复某些被遗忘的记忆，从而修正以前的错误陈述或者弥补以前陈述中的遗漏内容，也可以对一些模棱两可的问题予以澄清；另一方面，共同犯罪案件中，各被告人之间事实上互为证人，且在大多数情形下互为目击证人，其陈述能够直接证明案件的主要事实，如果允许对证人证言进行核实，就没有理由对同样能够证明案件事实的同案人口供予以限制。

第二，有违控辩平等的诉讼原理。在共同犯罪案件的侦查讯问中，侦查人员经常使用的一种手段就是将同案人的口供或者"虚构口供"向被告人出示或者宣读，促使犯罪嫌疑人作出供述。这一讯问方式通常被视为侦查谋略而具有正当性。而辩护律师在核实证据时将同案人口供披露给当事人不但不具有正当性，而且违反"自由陈述"原则，涉嫌诱供、串供违法犯罪。[2] 对于同一性质的行为，不同的主体适用不同的标准，前者系侦查谋略，后者则属于串供、

---

[1] 根据新修正的《立法法》第8条规定："下列事项只能制定法律：……（十）诉讼和仲裁制度；……"第45条规定："法律解释权属于全国人民代表大会常务委员会。法律有以下情况之一的，由全国人民代表大会常务委员会解释：（一）法律的规定需要进一步明确具体含义的；……"一方面，辩护权乃公民宪法性权利，属于诉讼制度的范畴；另一方面，因核实证据的立法规定不明确，需要进一步明确其具体含义，只能由全国人大常委会进行解释。显然，由最高司法机关进行解释不妥，违反了《立法法》的上述规定，应谨慎为之。

[2] 朱孝清："刑事诉讼法实施中的若干问题研究"，载《中国法学》2014年第3期。

诱供，对律师和侦查人员采用"双重标准"差别对待，有违控辩平等的基本诉讼原理。

第三，辩护律师核实同案人口供具有庭前"准对质"的性质。最高人民法院《关于适用〈中华人民共和国刑事诉讼法〉的解释》第243条规定："讯问同案审理的被告人，应当分别进行。"此时，为了揭穿虚假口供，令同案被告人当庭对质是一种有效的质证方法。但是，基于庭审秩序和审判效率的考虑，以及审判人员对运用对质规则缺乏经验，对质方法在庭审实践中较少被采用。为了弥补庭审质证之不足，辩护律师在庭前通过对同案人不一致口供进行核实并听取意见即具有了"准对质"或者"间接对质"的性质，这种具有"准对质"性质的证据核实活动有助于辩护律师识别当事人陈述的真伪，从而对案情作出正确的判断，在此基础上提出有效的辩护方案。

第四，正确看待翻供问题。反对核实同案人口供的一个重要理由是被追诉人可能因此翻供。可以说，担心翻供成了限制律师核实包括同案人口供在内的言词证据的最主要原因，这是纠问主义诉讼理念在现实中的反映，是将被追诉人作为证据来源和诉讼客体看待。为此，必须更新司法理念，客观、理性地看待翻供问题。在司法实践中，被追诉人翻供是一种较为普遍的现象，其原因比较复杂，在辩护人没有向当事人核实证据的案件中，翻供现象也是大量存在。翻供不但没有某些人员想象得那么可怕，有时对查明案件事实还具有积极意义。例如，在共同犯罪案件中，某些被告人可能出于"哥们义气"，故意揽罪，但当获知其他同案被告人出卖自己时，必然会推翻先前的不实陈述，作出客观、真实的供述，这种情况并不少见。因此，对翻供不能一概予以否定。在我国《刑事诉讼法》已经确立"不得强迫自证其罪"原则的情况下，翻供可以被看作是被追诉人的一项权利，因为该原则的核心就在于确保陈述的自愿性、任意性，被追诉人既有是否陈述的自由，也有推翻之前陈述作出新的陈述的自由，实践中的案例反复证明被追诉人向侦控机关所作的陈述未必都是真实的，而向辩护律师所作的陈述也未必都是虚假的。即便翻供后的陈述是虚假的，但因核实证据时侦查已经终结，犯罪嫌疑人的有罪供述和其他相关证据已"固定"在案，可以通过庭审质证等程序对口供真伪进行甄别判断。庭审中被告人翻供现象大量存在，但并未影响对被告人的定罪即是明证。因此，从现实意义上讲，翻供的存在具有一定的合理性和必然性，因而司法机关不应以翻供为由，限制辩护律师的核实证据权和被追诉人阅卷权的实现。[1] 对翻供的忧虑，不仅是一种司法不自信的表现，也暴露出了传统办案模式过于倚重口供的弊端。从已经披露出的冤假错案来看，我国冤案的发生大都与办案机关过分依赖口供有关。人类社会已经进入"科学证据"时代，司法办案人员应当抛弃"口供乃证据之王"的陈腐观念，对翻供持一种理性、宽容的态度，更加重视发挥物证和科学证据在诉讼证明中的作用，实现侦查办案和诉讼证明模式的转型，真正建立起以审判为中心的刑事诉讼制度。正如中国人民大学陈卫东教授所言："刑事诉讼不再以口供为中心之日，便是辩护律师核实同案人口供不再是一个问题之时。"[2]

3. "未同案处理但实施犯罪存在关联的犯罪嫌疑人、被告人供述和辩解"的核实问题

该问题涉及如何正确看待这类特殊"人证"的性质。上述特殊"人证"主要包括两种情形：一种是共同犯罪中未同案处理的犯罪嫌疑人、被告人的陈述；另一种是对偶型犯罪或者对合型犯罪（比较典型的是贿赂犯罪中行贿人和受贿人）的陈述。无论哪一种情形，在未同案处理的情况下，实务界通常将一个案件中犯罪嫌疑人、被告人的供述作为另一个有关联案件的证人证言使用。这类特殊"人证"虽然以讯问笔录的形式体现出来，但在分案起诉的情况下，彼案犯罪嫌疑人的供述事实上成了此案定罪的证人证言，对其进行调查、质证和认证应当遵循证人证言的审查判断规则。既然"未同案处理但实施犯罪存在关联的犯罪嫌疑人、被告人的陈述"在实践中

---

[1] 韩嘉毅：《向被追诉人出示案卷材料的理解》，载徐昕主编：《司法：刑事辩护的中国问题（第9辑）》，厦门大学出版社2014年版，第38页。

[2] 陈卫东教授在2015年3月6日中国法学会《关于律师刑事辩护的规定（送审稿）》专家研讨会暨中国法学会2015年第7期立法专家咨询会上的发言。需要说明的是，笔者应邀参加了此次专家咨询会，对陈卫东教授的观点颇为认同。参见 http://www.lawinnovation.com/html/xjdt/13542.shtml（中国法学创新网）。

被作为实质上的证人证言使用,那么在证据核实问题上就应当按照证人证言对待,允许律师在会见时向当事人进行核实。例如,在办理受贿案件的过程中,律师通过阅卷发现受贿人供述的受贿时间、地点、数额等与行贿人的交代不一致,或者行贿人交代了某一笔受贿事实,而受贿人对此却予以否认。此时,如果不允许律师就行贿人的陈述向受贿人核实,辩护律师便无法在听取受贿人意见的基础上发现问题并展开调查取证活动,也不可能针对控辩双方有异议的关键证人在庭前申请法庭通知其出庭作证,更不可能在充分准备的基础上提出有价值的质证和辩护意见。

(三) 言词证据如何核实?

有检察实务部门的代表认为:"核实证据应当是向产生证据的主体询问、对质证据内容的真实性和形式的合法性。"[1] 无论是询问还是对质,都不过是一种"一问一答"式的言词交流方式,类似将出示证据供被追诉人阅览、辨认的核实方式排除在外。对此观点,笔者不能苟同。既然核实证据是一种"检验、查证、审核"的活动,在立法未予特别限制的情况下,实践中就不应人为地限定为某一种方式,而应当就拟核实证据的种类、内容、事项等采取灵活多样的核实方式。至于采取何种核实方式,应取决于能否达到"释疑解惑"的核实目的,立法或者司法解释性文件一般不应对此作出规定,原则上由律师自行掌握。辩护律师根据案情需要既可以采取告知证据内容、"一问一答"的提问方式进行核实,也可以通过出示证据材料供其查阅、辨认、摘录等方式,还可以采取播放视听资料、进行证据演示等方式。需要注意的是,无论采取何种核实方式,辩护律师都必须坚守一个底线,那就是不得诱供或者故意教唆、暗示犯罪嫌疑人、被告人违背事实进行翻供。

对于证人证言、被害人陈述,为了保证核实效果,一般可采取出示卷宗材料供其查阅、辨认等方式进行核实。

对于同案人供述和辩解,考虑到彼此之间互为利害关系,在相

---

[1] 孙谦:"关于修改后刑事诉讼法执行情况的若干思考",载《国家检察官学院学报》2015年第3期。

互了解口供内容的情况下，基于趋利避害的本能，被追诉人翻供的可能性确实比较大，一旦翻供势必会影响追诉效果。因此，在保障律师核实同案人口供权利的同时，应尽可能减少由此带来的对追诉犯罪的负面影响。辩护律师可针对存疑问题采取直接提问的"一问一答"方式进行核实，在必要时也可以采取"概括告知"的方式，不宜将同案人供述和辩解材料直接交当事人阅览或者向其宣读。

对于"未同案处理但实施犯罪存在关联的犯罪嫌疑人、被告人陈述和辩解"，可参照上述证人证言的核实方式。但是，考虑到目前律师核实该类人证还面临着制度上的障碍，当务之急是从制度上保障律师对上述人员会见权的实现。在会见权尚不能得到保障的情况下，又何谈证据核实问题呢？

对犯罪嫌疑人、被告人供述和辩解的真实性、合法性存疑时，辩护律师除了可以采用出示讯问笔录的方式进行核实外，还可以通过播放讯问时的录音录像资料来征询被追诉人的意见。[1] 尤其是在被追诉人对讯问程序、方式等合法性提出异议的情况下，采用此种方式进行核实不失为一种有效举措，可以较好地发现录音录像资料的制作是否与讯问过程同步进行以及是否存在编辑、删减等问题，以便在法庭审判中提出非法证据的调查和排除申请。

在核实言词证据时，还应注意区分被追诉人是否羁押的情形。对未被羁押的犯罪嫌疑人、被告人进行核实时，在核实方式上应给予必要的限制。原则上，辩护律师不宜将记载证人证言、被害人陈述的询问笔录以及同案人口供笔录直接交付犯罪嫌疑人、被告人查阅，可采取"一问一答"这种有针对性的提问方式进行核实。若确有必要让其查阅证据材料，辩护律师应先隐去证人、被害人、同案人的住址、工作单位、联系方式等个人信息。这主要是出于防止被

---

〔1〕从2012年《刑事诉讼法》的实施情况来看，由于对讯问同步录音录像资料的性质存在认识分歧，有的公安、司法人员认为录音录像资料仅是内部工作资料并非诉讼证据，因此不属于律师"阅卷权"的范围，辩护律师不仅不能复制，甚至不能查阅。在此种情况下，对讯问录音录像资料进行证据核实就成为一个实践难题。关于讯问录音录像的性质问题，参见孙谦："关于修改后刑事诉讼法执行情况的若干思考"，载《国家检察官学院学报》2015年第3期。

追诉人干扰、妨害证人、被害人作证以及串供的考虑。笔者在赴法国考察司法制度时发现,法国辩护律师在向当事人披露证据材料时,非常注意区分当事人是否被羁押的情形,"如果当事人被羁押,事情就好办了!"在披露方式上,律师很少将案卷材料直接交给当事人,对于未被羁押的当事人,一般通知其来律师事务所以便告知其相关内容。对不宜对外公开的信息,律师通常会让当事人签署一个《保密协议》,禁止其将案件材料交给新闻记者。

四、辩护律师核实证据配套制度的完善

鉴于辩护律师核实有关证据的立法规定较为模糊,在实践中理解和执行存在巨大争议,且已有的制度规范与核实证据的法律规定相抵触。因此,我国亟待从制度上予以规范完善,从而为律师核实证据提供明确指引。这不但有助于增强核实证据制度的实效性,而且可以避免核实证据给律师带来的风险。

(一)尽快修订完善律师执业行为规范

现行律师执业行业规范均对律师"披露案情""传递信息"予以限制,并作为违规、违纪行为进行处理。然而,这些规范性文件大多是在20世纪制定的,有的虽已经过修订,但距今也有十余年的历史。在2012年《刑事诉讼法》已经明确规定"辩护律师可以核实证据"的情况下,作为律师执业行为规范,如果再继续强调律师对当事人"不得透露案情""不得传递信息""不得提及同案犯罪嫌疑人的意见"等保密义务,不仅不合时宜,而且有违法律规定。建议司法部、中华全国律师协会尽快对有关律师执业的部门规章、行业规范进行清理,对与《刑事诉讼法》不一致、明显不合时宜的规定及时进行修改,实现部门规章、行业规范与《律师法》《刑事诉讼法》规定的协调一致。

(二)根据不同的诉讼阶段确定不同的核实范围

根据诉讼阶段的不同为辩护律师配置不同的诉讼权利,这是我国《刑事诉讼法》在辩护制度设计上遵循的一项基本原则。《刑事诉讼法》"之所以规定辩护律师从审查起诉阶段才可以向犯罪嫌疑人、被告人核实有关证据,主要是考虑到这时案件已经侦查终结,案件事实已经查清，主要证据已经固定，辩护律师核实证据不致影响侦查活动的正常进行"。[1] 可见，"证据是否已经固定""是否影响侦查活动顺利进行"是核实证据制度设计的重要考量因素。按此两项因素进行衡量，很难说同案人供述、证人证言等人证在侦查终结时已经固定，因为人证具有不同于物证、书证的"易变性"特点，现实中犯罪嫌疑人、证人到了审查起诉阶段因知悉案情而翻供、翻证的现象普遍存在。一旦翻供、翻证，证据之间便难以形成证据链条，检察机关可能因案件证据不足、达不到法定的证明标准而放弃指控，从而影响诉讼的顺利进行，这在那些仅靠言词证据定案的诉讼中表现得尤为突出。此外，根据《刑事诉讼法》的规定，虽然案件已经到了审查起诉阶段，但仍存在补充侦查的可能[2]，案件可能又会回到侦查阶段。在此过程中，如果允许对言词证据进行核实，一旦证据内容发生改变，势必会影响侦查活动的开展。在我国以审判为中心的刑事诉讼制度尚未建立之前，依赖口供的办案模式在短时间内仍难得到根本改变。作为一种关照现实的过渡性方案，在证据核实问题上注意区分言词证据与实物证据，应当说是一种相对合理的务实做法，也符合我国不同诉讼阶段辩护权配置的规律和特点。

根据上述原则和精神，建议在修改《人民检察院刑事诉讼规则》《关于适用〈中华人民共和国刑事诉讼法〉的解释》时对《刑事诉讼法》关于辩护律师核实证据的规定予以细化。具体可作如下规定："自案件移送审查起诉之日起，辩护律师在会见犯罪嫌疑人、被告人时，可以向其核实自行调查收集的证据材料以及查阅、摘抄、复制与犯罪嫌疑人、被告人供述和辩解不一致的物证，书证，勘验、检查、辨认、侦查实验等笔录，鉴定意见，视听资料，电子数据；自提起公诉之日起，辩护律师可以核实与犯罪嫌疑人、被告人供述和辩解不一致的证人证言、被害人陈述、同案人供述和辩解，以及虽未同案处理但与实施犯罪存在关联的案外人陈述。"

---

[1] 全国人大常委会法制工作委员会刑法室编著，王尚新、李寿伟主编：《〈关于修改刑事诉讼法的决定〉释解与适用》，人民法院出版社2012年版，第27页。
[2] 《刑事诉讼法》第175条第2款规定："人民检察院审查案件，对于需要补充侦查的，可以退回公安机关补充侦查，也可以自行侦查。"

(三) 对核实证据的范围予以适当限制

任何一项制度设计都涉及利弊权衡和价值判断问题，核实证据制度也不例外。辩护律师核实证据不可避免地会使被追诉人知悉相关证据信息，而被追诉人对证据信息的知悉，一方面有助于更好地行使辩护权，增强防御的有效性；另一方面也可能导致虚假翻供甚至毁灭、伪造证据，妨碍证人作证等行为发生，损害刑事追诉利益。我们不能因为该项制度在实施过程中可能存在弊端就否定其价值，从而架空制度功能。只有在认识到其可能存在弊害的同时对其加以适当限制才是一种理性的选择。根据域外经验，考虑到我国司法实践的实际情况，对辩护律师核实证据的范围从制度上给予一定限制确有必要。从域外情况来看，凡是确认辩护律师"阅卷权"的国家和地区，均对阅卷范围作出了一定的限制，在立法和实务上都有一些例外规定和做法。其立足点在于保护第三方的利益以及追诉利益，是对保障辩护权与追诉犯罪两种不同价值的平衡。例如，《德国刑事诉讼法》于1999年修正时在通过第147条第7项赋予被告"卷宗资讯权"的同时还明确规定："只要在不危及侦查目的以及不抵触第三人较优越且值得保护的利益之范围内，能给予卷宗内容的答复以及卷宗之影本。"依照《俄罗斯联邦刑事诉讼法》第217条第1款之规定，所有刑事案件材料通常都要提交刑事被告人了解。但是作为例外，可以不提供了解的是针对被害人，其代理人、证人，其近亲属、亲属和亲近的人所采取的安全措施的相关情况，即他们的个人情况（《俄罗斯联邦刑事诉讼法》第166条第9款）。[1] 我国的司法官存在同样的顾虑："一些特殊的案件，如职务犯罪、共同犯罪，律师如果在会见时将其于阅卷时得知的案件举报人的名字、同案犯在逃等情况告知其当事人，对于案件的审理是极为不利的。"[2] 笔者于2015年6月随中国法学会代表团赴法国考察"司法权的合理配置"情况，期间专门就"辩护律师向当事人披露证据"问题请教了法国

---

[1] [俄] К.Ф.古岑科主编：《俄罗斯刑事诉讼教程》，黄道秀等译，中国人民公安大学出版社2007年版，第357页。

[2] 林燕："法律冲突与检辩关系的调整"，载《检察日报》2008年11月27日。

的执业律师，了解到了法国实务界的做法：辩护律师拿到案卷材料后，一般不会将全部材料交给当事人，而是写信告知法官拟将哪些材料交给当事人，法官收到信件后可以对不宜披露的材料提出反对意见，如果法官不回复即视为同意。实务界认为，当事人不应知道受害人的住址，律师对此负有保密义务。受害人若不愿公开自己的住址，可以将代理律师所在律师事务所的地址作为其地址，这主要是为了保护受害人和某些证人的安全。基于相同的考虑，我国应当在制度上明确辩护律师核实证据时须对下列案件信息负有保密义务：容易受到侵害和暴露身份的证人（举报人、隐匿身份实施侦查的人）、鉴定人、被害人的姓名、住址、工作单位、电话等资料，同案人在逃情况等。如果辩护律师对证人身份信息以及是否具备作证条件和能力有疑问，例如，证人身份是否真实、证人是否在案发现场、证人是否了解案件情况，辩护律师可以采取向犯罪嫌疑人、被告人询问的方式进行核实，而不必具体告知案卷记载的证人身份信息。

鉴于辩护律师在披露个案信息时较难把握"度"的问题，在具体操作程序上，我国可以借鉴域外做法，明确律师阅卷时办案机关有履行提示、告知的义务，在对案卷中的证据情况进行综合评估后，若认为辩护律师将某些敏感信息披露给当事人可能会影响其他案件的侦破、妨碍证人作证、干扰被害人如实陈述或者可能对证人、被害人及其近亲属实施打击报复等，办案机关可以列出不宜披露的案卷材料的"负面清单"，以书面形式通知辩护律师不得将清单上所列的证据材料披露给当事人，并要求辩护律师签署《保密保证书》。对违反者，检察机关、人民法院可建议律师协会给予相应的纪律惩戒，并将其列入办案机关的"黑名单"。

（四）明确对律师会见违法监听的法律后果

为了解除辩护律师核实证据的后顾之忧，刑事诉讼立法应当为非法监听设置不利的法律后果，通过证据排除的方式来保障律师核实证据权的实现。虽然2012年《刑事诉讼法》将"律师会见不被监听"写进了法律，但是没有规定相应的法律后果，这就不能确保该项规定在现实中得到贯彻，无法对来自公权机关的非法监听行为进行有效控制，辩护律师与当事人之间在核实证据过程中的秘密交流权也无法得到充分保障。为了排除由核实证据所带来的风险,我国有必要在制度上确立一项保护性规则,即非法监听所获证据(视听资料)的排除规则。在此问题上,我国可借鉴德国的做法,将来在修改《刑事诉讼法》时对非法监听的后果予以明确,增加"通过监听所获得的证据材料不得作为对辩护律师和被追诉人不利证据"的规定。德国基于信赖保护原则,对辩护人适用特别规则。因为《德国刑事诉讼法》第148条第1项保证其得与被告不受限制地任为言词上之交往联系。因此,如果在对被告实施电话监听时发现其乃在与辩护人通话,则应将录音中断,如已录音,则需将之消除。如果辩护人同时也被监听,并且监听结果证实该辩护人确有犯使刑罚无效罪之嫌疑,则该监听之结果不得作为不利辩护人之用。[1]

除了通过设立非法监听证据排除规则来防止公权力的侵扰外,律师也可通过对会见全程进行录音录像的方式进行自我保护,以此固定和保全证据,从而降低由核实证据带来的执业风险。关于律师会见时的录音录像问题,笔者认为,律师作为核实证据的主体,应拥有是否进行录音录像拍照的自主权,其可以根据具体情势灵活掌握,无须受制于当事人。因此,建议删去"事前应征得犯罪嫌疑人同意"的规定,以更好地维护律师执业权利。

(五)赋予辩护律师在侦查程序中有限的"核实证据权"

2012年《刑事诉讼法》第40条规定:"辩护人收集的有关犯罪嫌疑人不在犯罪现场、未达到刑事责任年龄、属于依法不负刑事责任的精神病人的证据,应当及时告知公安机关、人民检察院。"这是《刑事诉讼法》2012年修改新增加的规定,主要是考虑到如果律师掌握了犯罪嫌疑人无罪的确实证据,却为了所谓的辩护效果而搞"证据突袭",既损害了委托人的合法权益,违反了律师的职业要求,也不利于司法机关及时纠正错案、改变侦查方向,从而损害司法公正。[2] 上述"三类证据"对诉讼进展影响之巨,足以产生撤销案

---

〔1〕 [德]克劳思·罗科信:《刑事诉讼法》(第24版),吴丽琪译,法律出版社2003年版,第337~338页。

〔2〕 全国人大常委会法制工作委员会刑法室编著,王尚新、李寿伟:《〈关于修改刑事诉讼法的决定〉释解与适用》,人民法院出版社2012年版,第31页。

件、不起诉或者宣告无罪的诉讼后果。因此，立法特别强调辩护人对上述证据的开示义务。如果我们承认辩护律师在侦查阶段拥有对"三类证据"的调查取证权，那么随之而来的问题便是辩护律师在侦查阶段能否向犯罪嫌疑人核实上述证据？对此问题，制度上尚不明确，实务上也颇有争议。有人主张："如果辩护人在侦查阶段收集到犯罪嫌疑人无罪的证据，也可以向犯罪嫌疑人核实。因为立法对此并没有作出禁止性规定。"[1] 也有人持反对意见，理由是《刑事诉讼法》规定辩护律师只有在案件进入审查起诉后才可以核实证据。在笔者看来，2012年《刑事诉讼法》修改时未能注意到三类无罪证据的特殊性以及与证据核实制度之间的程序衔接问题，不能不说是一个缺憾。

第一，既然立法上已经承认辩护律师在侦查阶段有收集上述三类无罪证据的权利，那么核实证据便成了调查取证权的题中应有之义，是辩护律师调查取证权的延伸，也是律师积极行使辩护权的体现。否则，就是不完整的调查取证权。从辩护理论上看，辩护人收集的证据属于辩方证据，而对于辩方证据岂有向作为辩护主体的犯罪嫌疑人、被告人"封锁"的道理？

第二，就辩护权保障而言，无论是理论界还是实务界都不可能只允许律师收集证据而不允许对收集来的证据进行调查核实。根据证据学原理，调查取证是手段，使用证据进行诉讼证明才是目的。为了保障所收集的证据材料能够得到正确、有效的使用，就必然要求取证主体对证据进行核实，以确认其客观真实性，侦控方取证如此，辩护方也不例外。《刑事诉讼法》第50条第3款规定："证据必须经过查证属实，才能作为定案的根据。"无论是控诉证据还是辩护证据均概莫能外，"查证属实"本身就要求辩护律师对已有证据向被追诉人进行核实。

第三，无论是律师职业道德还是律师执业规范，均要求辩护律师不得向公安、司法机关提供明知是虚假的证据，即律师负有消极

---

[1] 孙瑞玺："刑事辩护新规则的理解与适用"，载http://www.legaldouly.com.cn，2015年3月26日。

≪ 第七章 核实证据，巨大争议

的"真实义务"。[1] 为了防止辩护律师将虚假的"无罪证据"提交给公安、司法机关，律师在告知或提交上述证据前应尽到必要的注意和谨慎义务。为了保证该项义务的履行，也应当就收集到的"三类证据"向犯罪嫌疑人进行核实，以辨明其真伪，防止虚假证据材料进入诉讼。这一方面可以节约司法成本，提高诉讼效率；另一方面可以降低辩护律师的法律风险。有人也许会提出，辩护律师将收集到的无罪证据材料提交办案机关后，办案机关自然会进行核实，辩护律师何须多此一举？对此问题的合理解释是：办案机关固然可以向被追诉人以及其他单位和个人核实证据，但就发现真实的效果而言，辩护律师核实证据的效果通常应优于侦查办案人员。因为律师与当事人之间具有一种信任关系，基于这种信任关系，当事人更愿意向自己委托的律师吐露真情，而对办案人员则持一种排斥、戒备心理，建立在彼此信任基础上的交流陈述更有利于发现案件真实。因此，办案机关依职权对证据进行核实并不能代替辩护律师的证据核实活动。

第四，律师在侦查阶段对收集到的无罪证据进行核实，能够及时终止诉讼，避免和减少司法错误。对有疑问的证据材料进行核实后，证据的相关性、真实性如果能够得到确认，无疑会强化辩护律师对犯罪嫌疑人无罪的内心信念，其在侦查阶段提出的撤销案件、终止诉讼的辩护意见无疑具有针对性和说服力。一旦被侦查机关所采纳，不但可以调整办案思路和方向，减少司法浪费，而且可以有效防范冤假错案发生。

综上，需在刑事诉讼立法上确认辩护律师在侦查阶段对"三类证据"的核实权。建议在《刑事诉讼法》修改时增加如下规定："为确认证据的可靠性，辩护律师对收集到的有关犯罪嫌疑人不在犯罪现场、未达法定刑事责任年龄、属于依法不负刑事责任的精神病人的证据，可以向犯罪嫌疑人进行核实。"

---

[1]《律师法》第40条规定："律师在执业活动中不得有下列行为：……（六）故意提供虚假证据或者威胁、利诱他人提供虚假证据，妨碍对方当事人合法取得证据；……"

五、余论

辩护律师核实证据问题，既是一个理论上颇具争议的问题，也是一个实践中令人深感困惑的问题，还是一个制度上亟待完善的问题。在依法治国、加强人权司法保障的大背景下，作为辩护权重要内容的辩护律师核实证据权问题已是一个不容回避的显性问题。对此问题的回答事关《刑事诉讼法》的正确执行以及辩护权保障水平。在《刑事诉讼法》明确赋予辩护律师核实证据权利的情况下，没有人再否认律师核实证据的正当性，问题的关键在于核实证据的范围如何界定。由于认识分歧较大，关于适用《刑事诉讼法》的司法解释性文件均回避了该问题，由此给辩护实践带来了极大的困惑，各地在执行过程中随意性较大。尽管如此，最高人民检察院在出台司法解释时仍将"违法限制辩护律师核实有关证据材料"作为《刑事诉讼法》第49条"检察救济"的内容予以保障。应当说，最高人民检察院的初衷是良善的，意在维护辩护律师核实证据权的实现，具有一定的进步意义。但是，在《刑事诉讼法》规定的"有关证据"范围尚不清晰的情况下，又如何来判断是否"违法限制辩护律师核实有关证据材料"？一方面，检察机关可能是限制、剥夺律师核实证据权的违法主体；另一方面，其还是提供权利保障的救济主体，两项职能彼此冲突，救济主体适格性不足。我国《刑事诉讼法》对权利侵害采用"检察救济"的模式，应当说是一种权宜之计，所能提供的权利保护十分有限，而真正有效的救济机制则在于由独立的、中立的法院提供"司法救济"。[1]

辩护权乃被追诉人的一项基本权利，为我国《宪法》所规定，具有宪法权利的属性。根据程序法定、辩护权保障的法治国原则和精神，司法解释性文件不能通过限定核实证据范围对作为辩护权构成要素的核实证据权进行克减。若确有必要进行限制，只能通过修改《刑事诉讼法》来解决。按照立法精神和诉讼法理，《刑事诉讼

---

[1] 韩旭："检察官客观义务：从理论预设走向制度实践"，载《社会科学研究》2013年第3期。

法》规定的核实"有关证据"范围并不限于客观性的实物证据,还包括言词证据,尤其是与犯罪嫌疑人、被告人供述和辩解不一致的言词证据。当然,对案件中敏感人证的身份、住址、联系方式等个人信息,可作为例外情形限制披露。对此,亟待通过修改《刑事诉讼法》和司法解释予以明确和保障。

中编 02

刑事辩护权保障

第八章

辩护冲突，化解思路

长期以来，在我国刑事辩护实践中存在着律师与被告人之间的辩护冲突现象，这种冲突既体现在审判法庭上二者所发表的辩护意见或辩护观点方面，也体现在辩护策略的选择方面。前者，例如被告人当庭否认犯罪、宣称自己无罪，而其辩护律师根据自己对案情的了解和内心确信仍作有罪的罪轻辩护；[1] 又如被告人当庭对指控的犯罪供认不讳，而辩护律师却为被告人作无罪辩护，[2] 或者罪轻辩护；[3]

---

[1] 笔者作为兼职律师曾于2005年在广州市增城区人民法院担任一起强制猥亵妇女案的被告人的辩护人，在庭前会见被告人时，被告人矢口否认实施了犯罪。笔者耐心劝说，试图动员其认罪并配合辩护人在法庭上做量刑辩护，但被告人在庭审中仍坚持做无罪辩护。笔者根据所查阅的案件证据资料，内心确信被告人实施了犯罪，于是在法庭上做了从轻处罚的量刑辩护，而没有按照被告人的意思做无罪辩护，法官当庭征求被告人意见，询问其是否同意笔者继续为其辩护，被告人并未表示反对。后一审判决宣告被告人罪名成立。在中国刑事诉讼法学会2007年兰州年会上，笔者就此案与清华大学法学院的张建伟教授进行交流，张教授认为在被告人否认犯罪的情况下，辩护人不应做量刑辩护，要么仅就程序和证据问题进行辩护，要么退出本案的辩护。另，北京崔英杰案，被告人在一审法庭上以本案系意外事件、否认犯罪的情况下，其两位辩护律师则做了故意伤害罪的罪轻辩护。参见"北京崔英杰案庭审实录"，载 https://www. mianfeiwendang. com/doc/644e5d4944eefbbd37380bcb，2020年3月15日访问。

[2] 在"华南虎照"案件的二审庭审上，周正龙多次认罪，而其辩护律师仍坚持为周正龙做无罪辩护。参见梁娟："认罪与无罪辩护冲突，二审改判周正龙落泪"，载 http://www.china.com.cn/news/txt/2008-11/19/content_16787943.htm，2020年3月15日访问。另外，在"央视大火案"的一审庭审中，被告人沙某在法庭上认罪，但其辩护律师却提出了无罪辩护的意见。载 http://news.sohu.com/20100326/n271103852.shtml，2020年3月15日访问。

[3] 许霆案件中，被告人许霆对公诉机关指控的盗窃罪不持异议，但是其两位辩护律师在法庭上认为被告人许霆的行为应当构成侵占罪而非盗窃罪。参见［2007］穗中法刑

再如同一被告人委托的两位辩护人一个作有罪辩护,另一个作无罪辩护;或者一个作甲罪的辩护,另一个作乙罪的辩护。[1]后者如辩护律师欲提出神智障碍的辩护意见,以被告人存在精神疾病为由申请进行司法精神病鉴定,而被告人却坚称自己作案时精神正常拒绝进行精神病鉴定;又如律师欲申请通知某特殊证人出庭作证,而被告人基于各种考虑拒绝该证人到庭作证。对于刑事辩护实践中一直存在的这种冲突,虽然学术界和司法实务界对此现象都有所察觉和认识,但对该问题普遍重视不够,理论上也缺乏深入、系统的研究。律师"辩护独立"论,对于解释实践中时常令我们感到困惑的辩护冲突问题总显得苍白无力。正是由于我国对此问题理论研究的不成熟,导致我们对上述冲突的合理性及其解决机制难以从理论上作出有力的解释,更难以建立起一套应对冲突、解决矛盾的有效规则。理论的匮乏和规则的缺失只能造成实践的混乱和无序,这不仅难以通过有效辩护达到维护被告人合法权益的目的,而且不利于我国刑事辩护制度的健康发展。因此,需要我们在一个更加广阔的学术视野下对不同制度背景下的冲突解决模式进行比较考察,对其利弊得失作深入分析,在此基础上结合我国实际提出解决我国辩护冲突问题的原则和具体规则。

一、域外辩护冲突的两种解决模式

只要存在律师参与辩护的情形,被告人与律师之间的辩护冲突就不可避免,无论是英美法系国家及地区还是大陆法系国家及地区,莫不如此。但是,不同的诉讼理念、诉讼制度以及对律师角色认识的差异,决定了两大法系国家解决冲突的模式也各有不同。从整体上看,英美法系国家更注重对当事人意志的尊重,而大陆法系国家(地区)则更强调律师在辩护中的独立地位。于是便形成了两种不同

(接上页)二初字第 196 号广州市中级人民法院刑事判决书,载 http://tieba.baidu.com/f?kz=439645545,2020 年 3 月 15 日访问。

[1] 这种情况在实践中虽然并不多见,但是从理论上讲并非没有存在的可能。因此,作为一种辩护冲突的特例在此予以指出。

≪ 第八章 辩护冲突，化解思路

特色的冲突解决模式，即"当事人主导辩护模式"和"律师独立辩护模式"。

（一）当事人主导辩护模式

以美国为代表的英美法系国家在协调被告人及其律师辩护立场的冲突上更加尊重当事人的意志自由，体现为以当事人为主导的冲突解决模式。无论是有关律师职业的行为准则还是相关判例都反映了这一点。在美国，解决委托人与律师权利分配问题的法律文件是美国律师协会制订的用以指导律师执业活动的《美国律师协会职业行为示范规则》。根据该规则第1.2条的规定，律师应当遵循委托人就代理的目标所作出的决定，应当就追求这些目标所要使用的手段同委托人进行磋商。在刑事案件中，委托人就进行何种答辩、是否放弃陪审团审判以及委托人是否作证等事项同律师磋商后所作出的决定，律师应当遵守。从该规定来看，委托人对通过代理服务所要达到的目标有最终的决定权，在实现这些目标所要使用的手段问题上律师也要与委托人进行磋商。因此，在委托人和律师的关系中，委托人并不是被动的，律师应当尊重委托人的权利。然而，"目标"和"手段"的区分有的时候并不能反映律师和委托人在决策权上的分野。某些决策虽然是策略性的，可以解释为"手段"，但是对整个诉讼的进行有全局性的影响，如是否放弃陪审团审判的问题。因此，上述规则在作了"目标"和"手段"的区分后，又对"进行何种答辩""是否放弃陪审团审判"等问题作出了特别规定。[1]在"目标"问题上，虽然律师要遵从委托人的决定，但是如果律师认为对这一"目标"的追求会给委托人的利益造成实质性的危害，律师可以选择退出辩护。《美国律师协会职业行为示范规则》第1.16（b）(3)条规定：即便对当事人的利益有"实质的不利影响"，如果当事人坚持要追求律师认为是"矛盾的或者鲁莽的"目标，律师也可以退出。对当事人决定权的尊重是建立在这样一个前提之上，即上述规则认为的"正常的律师和当事人的关系是建立在假设有适当

---

[1] 王进喜：《美国律师职业行为规则理论与实践》，中国人民公安大学出版社2005年版，第27页。

的建议和帮助的时候，当事人有能力对一些重要的问题作出决定的基础之上的"。可见律师在当事人作出决定前的建议、沟通和帮助是何等的重要，律师应该尽最大的努力来保证当事人是在告知了相关的因素之后才作出决定的。此外，全美法律协会颁布的《律师管理法重述》（1998年第3版）也是调整律师与当事人关系的一个有意义的法律文件。该"重述"认识到对"目标"和"方式"进行有意义的区分是不可能的，要求律师"在与当事人商量之后，以合理的方式去实现当事人规定的法律目的"。明确"当事人对律师的所作所为有基本的控制"，因为律师是"代理涉及当事人的事宜并且是为了实现当事人的合法目的"。上述法律文件在处理律师与当事人辩护冲突问题上具有以下特点：一是当事人对辩护目标或目的的选择有最终决定权，律师在当事人作出决定之前应当向当事人提供有利于作出正确决定的相关信息，并提供适当的建议和帮助；二是律师在实现当事人目标的具体方式上享有自主权，但是该决定应当在与当事人磋商、征求其意见之后作出，并且所采用的方式是合理的，不会损害到当事人的权利；三是对当事人决定的辩护目标，如果律师认为其会对当事人的利益造成实质上的不利影响，那么律师应当劝说当事人改变这一决定，但是如果当事人仍坚持己见，律师要么退出本案的辩护，要么在当事人选择的范围内进行辩护。

美国通过一系列司法判例确认了当事人对辩护的主导以及在辩护中的中心地位，而辩护律师仅仅是被告人的权利保护者和协助者，处于从属地位。大法官威廉·J. 布伦南（William J. Brennan）认为："辩护律师的角色首先是保护者，保护当事人在刑事案件审判整个过程中的自治权以及尊严。"[1] 哈利·A. 布莱真门（Harry A. Blackmun）法官在"Jones案"中强调"作为一个道德上的问题"律师应该遵循当事人的意愿："在给完当事人最大可能赢得官司的最好的理由之后，律师应该对当事人作出的一些并不琐碎的请求持默

---

[1] Jones v. Barnes, 103 S. Ct. 3308, 3318~3319 (1983).

≫ 第八章　辩护冲突，化解思路

许的态度。"[1] 美国联邦最高法院在"Faretta v. California 案"中指出："辩护的权利是直接给予被起诉人的，因为他将可能直接承受案件失败的后果。""一个助手，虽然是一个专家，但还是一个助手。"《美国宪法第六修正案》的条文和精神都认为：跟其他被修正案保证的辩护手段一样，辩护律师应当是对被告人的一种协助，否则律师将不会是提供帮助的人，而变成了主导者，结果使辩护成了剥夺修正案所坚持权利的一种方式。[2] 在"Faretta 案"中，美国联邦最高法院把当事人控制自己案件的权利上升到了宪法的高度。具体到个案当中，在当事人承认有罪的情况下，律师能否违背被告人的意思而独立进行无罪辩护？下面的一个案例给出了关于这一问题的答案。

一个能生动地表现平衡律师责任和当事人自主权中出现的难题的案件是美国 20 世纪 90 年代晚期的"Unibomber 案"。自首的炸药客西奥多·卡克辛斯基（Theodore Kaczynski）因为在一个反"科技"的运动中通过邮件将炸弹发送给很多学者和科学家而被以杀人罪起诉。卡克辛斯基的辩护律师，即经验丰富且训练有素的公设辩护人朱迪·克拉克（Judy Clarke）和奎因·丹佛（Quin Denver）相信唯一有可能避免死刑的途径是作被告精神有障碍的辩护。但是，卡克辛斯基坚决反对被描述为精神上有疾病，他认为这样的描述是对他人格的侮辱。克拉克和丹佛为他们的当事人费尽心力而且也是全心全意为他的利益考虑。他们认为，通过说明他们的当事人处于一个不正常的精神状态能够在最大程度上保护他的利益。这样一来就可以减轻他的罪行，以挽救他的生命。但是，同生命相比，卡克辛斯基更在意其精神上的尊严，不想他自己的精神状态被描绘得像一个疯子。这个案子反映的问题在于一个以当事人为中心的辩护律师是不是应该遵循当事人提出的策略，即便这样很有可能会导致当事人被判死刑。在"Unibomber 的案"中，就像克拉克和丹佛建议的一样，我们应该多建议卡克辛斯基去走那条有可能让他活下来的道路。

---

[1] Jones v. Barnes, 103 S. Ct. at 3313, note 6, 转引自 [美] 蒙罗·H. 弗里德曼、阿贝·史密斯：《律师职业道德的底线》（第 3 版），王卫东译，北京大学出版社 2009 年版，第 65 页。

[2] Faretta v. California, 422 U. S. 806, 819~821（1975）.

167

但是，如果卡克辛斯基没被说服并坚持我们在法庭上不作无罪辩护并且在量刑的时候也不坚持以精神有问题作为减轻刑罚的理由，那么我们可以这么做：如果不会伤害到当事人，那么我们可以退出，并且建议其去找其他的辩护律师。如果要其去找其他的律师是不太可能的，或者说这么做有可能对其不利，那么我们可以继续作辩护律师并且按照他的选择进行辩护。[1]

这一案例说明，在被告人选择认罪的情况下，律师不能违背被告人的意志选择无罪辩护的策略。即便这样做事实上对被告人在实体处理上有利，律师也不能置当事人的意愿于不顾而进行自认为"正确"的"独立辩护"。"一旦委托人在案件中作出了关键的选择，辩护律师就要以律师方法，采取与委托人的选择相当的战略决定。"[2] 在相反的情形下，即如果被告人坚持自己无罪，那么律师是否可以依据自己对案件事实和法律的判断而作有罪辩护呢？回答同样是否定的。"如果律师认为判决有罪是不可避免的，但被告人对赢取指控却固执和不现实地抱乐观态度，辩护律师不能强迫或威胁被告人答辩有罪。律师只是因为被告人坚决要行使法律权利而威胁他妥协处理案件，这是不道德的。……律师只限于道德地通知和建议。如果被告人拒绝接受律师的建议，律师仍旧必须尽可能提供这种情形下最好的辩护。"[3] 这充分体现了美国刑事辩护中对当事人人格尊严和自主权的尊重。正如美国的蒙罗·H.弗里德曼和阿贝·史密斯两位教授所言："既然人的尊严和自治权如此受到重视，而且这些能够在道德哲学、心理学、职业道德规范以及在宪法上找到相关表述，有什么正当的理由可以使律师去推翻一个当事人的决定呢？"[4]

---

[1] [美] 蒙罗·H. 弗里德曼、阿贝·史密斯：《律师职业道德的底线》（第3版），王卫东译，北京大学出版社2009年版，第62~63页。
[2] [美] 爱伦·豪切斯泰勒·斯黛丽、南希·弗兰克：《美国刑事法院诉讼程序》，陈卫东、徐美君译，何家弘校，中国人民大学出版社2002年版，第241页。
[3] [美] 爱伦·豪切斯泰勒·斯黛丽、南希·弗兰克：《美国刑事法院诉讼程序》，陈卫东、徐美君译，何家弘校，中国人民大学出版社2002年版，第241页。
[4] [美] 蒙罗·H. 弗里德曼、阿贝·史密斯：《律师职业道德的底线》（第3版），王卫东译，北京大学出版社2009年版，第65页。

第八章 辩护冲突，化解思路

（二）律师独立辩护模式

与英美法系国家解决冲突的方式不同，大陆法系国家及地区采取的是一种律师独立辩护的冲突解决模式，强调在当事人与律师的辩护观点发生冲突时，律师可以按照自己对案件的认识独立地发表辩护意见，不受当事人意志的左右。之所以采取律师独立辩护模式，这与大陆法系国家及地区对律师角色的定位密不可分，即律师不是当事人的利益代言人，具有独立的诉讼地位。德国的法学理论认为："辩护人既不是被告人的纯粹的代言人，也不是中立的司法官员。他的特征应当表述为，是刑事司法制度中的独立机构，单方面忠实于被告人的利益。德国的法学理论强调辩护人的独立地位，是为了防止其听命于当事人的不合理要求；而且，只有辩护人具有独立地位，他才能与法院和检察官在平等的层面上进行谈判和辩论。鉴于其独立的地位，辩护人不是帮助被告人作出或接受有约束力的程序性指令的代理人。"[1] 在日本，刑事辩护具有实现社会正义的公益性特点，辩护人同样具有独立的诉讼地位。判例中经常使用的"总括性的代理权"这一用语表现了辩护人的这种地位。辩护人的诉讼活动通常是建立在被告人之间的"总括性的"信赖关系之上，对于辩护人的每一个诉讼行为，没有被告人的意思表示也不会特别成为问题。因此，只要辩护人的诉讼活动是在行使《刑事诉讼法》明文规定的权利，就可以与被告人的意思"独立"出来。[2]《日本刑事诉讼法》第41条明文规定了"辩护人的独立行为权"，即"辩护人，以本法有特别规定的情形为限，可以独立进行诉讼行为"。我国台湾地区学者林钰雄教授认为，就整个刑事司法体系的结构设计而言，辩护人虽为被告利益，但同时带有公共利益的色彩，并且担当一定的公法机能。基于辩护人担当一定公益功能并且独立于被告意思之外

---

[1]〔德〕托马斯·魏根特：《德国刑事诉讼程序》，岳礼玲、温小洁译，中国政法大学出版社2004年版，第61页。

[2]〔日〕松尾浩也：《日本刑事诉讼法》（新版·上卷），丁相顺译，金光旭校，中国人民大学出版社2005年版，第249~250页。

的自主地位，辩护人可谓整个刑事司法体系中自主的司法单元。[1]

基于辩护人具有独立于当事人意志的自主性以及具有当事人所不具备的专业法律素养，在当事人与其辩护人发生辩护冲突时，应允许辩护人独立开展辩护活动，不受当事人意志的约束，有时为了维护当事人的利益，甚至可以违背其意思。"辩护人在诉讼程序中的独立地位亦显现在当其在维护被告之利益时，并不像一代理人一样，处处受被告意愿控制。因此，其亦得违背被告之意愿为被告之有利而自行声请讯问证人，虽然被告可能不愿该证人曝光；同地，其亦得声请对被告进行心理调查，虽然被告自己觉得很正常，也根本不想进入精神病院被观察；而虽然被告自己已经承认有罪（不管其因何理由为此承认），辩护人仍得为促请无罪判决之辩护。"[2] 在被告利益与被告意思冲突时，最能彰显辩护人独立于被告意思之外的自主地位。例如，杀人案件之被告，在案发当时与其情妇过夜故有不在场证明，但为避免外遇曝光而忽略了被误判杀人的危险及后果。在类似情形下，辩护人在不违反其保密义务的前提下，有可能乃至于有必要为被告利益但反于被告之意思而进行辩护。[3] 尽管辩护人可以不受当事人意志的支配进行独立辩护，但是作为当事人权利的专门维护者，辩护人不得实施有损当事人利益的辩护行为。例如，被告人对辩护人坦白自己是替身犯，辩护人也确信被告人无罪，这时即使被告人希望被认定为有罪，但辩护人为了维护被告人的正当利益也应该作无罪辩护。此外，辩护人的责任是维护被告人的正当利益，所以不允许作出不利于被告人的行为，也不允许违背被告人主张无罪的意志而作有罪辩护。[4]

---

[1] 林钰雄：《刑事诉讼法》（上册·总论篇），中国人民大学出版社2005年版，第161页。

[2] [德] 克劳思·罗科信：《刑事诉讼法》，吴丽琪译，法律出版社2003年版，第150页。

[3] 林钰雄：《刑事诉讼法》（上册·总论篇），中国人民大学出版社2005年版，第161页。

[4] [日] 田口守一：《刑事诉讼法》，刘迪、张凌、穆津译，卞建林审校，法律出版社2000年版，第157页。

≪ 第八章 辩护冲突，化解思路

(三) 两种模式的形成机理

上述两种不同的冲突解决模式背后有着内在的形成机理或者说逻辑必然，这与两大法系国家及地区对律师角色的不同认识、文化观念和诉讼制度的差异有着密切联系。

1. 对律师角色认识的差异

两大法系国家及地区的律师在尽最大努力维护当事人正当权利这一职责要求上是相同的，但是在对律师与当事人关系的认识及律师的定位上则存在着一定的差异。在美国刑事诉讼中，当事人与律师之间实质上被视为委托代理关系，"美国的律师在与客户的关系中，处于受托人的位置"。[1] 因此，律师与委托人是服务与被服务的关系，律师相对于其委托人处于协助者的从属地位，律师在一般情况下不得违背委托人的意思而独立行为。为了体现这种关系中律师服务于委托人的性质，美国律师协会库塔克委员会在制定《职业行为示范规则》时将通常所说的"律师-委托人"（attorney-client）关系，重新订正为"委托人-律师"（client-attorney）关系，以凸显委托人的中心地位。美国法律协会制定的《美国律师协会律师执业法重述》也采用了同样的方法。[2] 除了律师的这种受托人或代理人角色之外，从职能角度来看，律师更像是当事人的一个专门"法律顾问"（Counsel），在诉讼中为当事人提供相关的案件信息和最好的法律建议，以利于当事人在综合考虑各种情况后作出正确的选择。"实质上，律师通知和向被告人提出建议，被告人决定该怎么做，律师决定如何最好地完成委托人的选择。"[3] 最后，在律师与国家的关系上，律师的工作并不代表国家，作为自由职业者，其功能是为当事人合法利益的最大化服务，哪怕这些利益与国家利益相冲突。

在大陆法系国家及地区，辩护律师的角色与美国对抗制下的律

---

[1] 宋冰编：《读本：美国与德国的司法制度及司法程序》，中国政法大学出版社1998年版，第189页。

[2] 王进喜：《美国律师职业行为规则理论与实践》，中国人民公安大学出版社2005年版，第25页。

[3] [美]爱伦·豪切斯泰勒·斯黛丽·南希·弗兰克：《美国刑事法院诉讼程序》，陈卫东、徐美君译，何家弘校，中国人民大学出版社2002年版，第241页。

师角色有着极大的差别。辩护律师不是当事人的"代言人",更不是当事人"雇来的枪",辩护关系不同于民法上处理事务的纯粹契约关系,其具有公益色彩和公法上的自主地位。因此,与当事人不同,辩护律师的行为必须符合更高标准的行事准则,承担一定程度上的真实性义务。作为立于被告之侧的"独立的司法机关",其在司法上有其社会上公家性质的功能。[1] 既然律师被视作一独立的司法机关,那么刑事辩护在性质上便不仅具有当事人利益的"私利性",而且还具有保护人权、实现社会公平正义的"公益性",律师的执业活动不仅是在为当事人服务,而且也是代表国家在工作。因此,辩护律师就不能"唯当事人马首是瞻",而只能在法律以及职业伦理的框架内进行辩护。从两大法系的上述比较来看,美国等英美法系国家和地区更重视律师为当事人服务的属性,而大陆法系国家及地区则更强调律师服务当事人属性与服务公共利益的统一。这就导致英美法系国家和地区的律师与当事人之间的联系比较紧密,对当事人的意思自治更加尊重,因此律师在辩护中的独立性相对较弱;而大陆法系国家及地区的律师不是把服务当事人作为唯一的目标,律师同时还要兼顾社会公益和其他政策目标的实现。因此,律师为当事人服务的特性显得相对淡化,对当事人的个人意愿也缺乏足够的重视。律师的独立性虽得到了强调,但是不可避免地会导致律师与当事人之间关系的疏离、紧张乃至发生信任危机。

2. 文化观念和诉讼制度的差异

英美法系国家奉行当事人主义的诉讼制度,由当事人双方主导和推进程序的进行,被告人不但可以处分程序性权利,而且可以处分实体性权利,通过双方的对抗和合作促进纠纷的解决。当事人主义的诉讼理念和制度对"当事人主导辩护模式"形成的影响主要体现在以下方面:

第一,"个人主义"与"国家主义"文化观念的分野。个人主义在美国人的文化观念中占据重要地位,构成了美国文化的核心,

---

[1] [德] 克劳思·罗科信:《刑事诉讼法》(第24版),吴丽琪译,法律出版社2003年版,第149~150页。

≪ 第八章 辩护冲突，化解思路

塑造了美国人的民族性格，是美国精神的真实写照。当事人主义的诉讼制度恰恰是个人主义文化观念在刑事诉讼程序上的反映，"因为个人主义着重当事人对程序的自行发动及控制，所以由当事人双方自行决定问题的争点，自行决定证据的呈现"。[1] 在当事人主义中，当事人的诉讼主体地位和自主权得到了充分的尊重和实现。正如罗伯特·N. 贝拉等所指出的："我们尊崇个人尊严，确切地说，我们信奉个人的神圣不可侵犯性。任何可能破坏我们自己思考、自己判断、自己决策并按自己认定的方式生活的东西，不仅在道德上是错误的，而且是亵渎神明的。"[2] 在这种文化观念的支配下，诉讼中的当事人对于与自己切身利益有关的事项拥有决定权，任何人都不能代替其作出选择，律师只是作为当事人的助手而存在。当事人始终是诉讼的主人，即使律师对案件的打理对于能否胜诉已经变得至关重要，但在所有重要的决策上，当事人的同意仍然是必要的前提。[3] 因为"案件属于当事人，而不是律师"，所以律师应当把自己看成是一个让当事人可以对案件整个过程进行有益控制的代理。[4]

与英美法系国家及地区相反，大陆法系国家及地区流行的是"国家主义""集体主义"的文化思潮，在这一思潮影响下，"重国家、轻个体"、个人的主体地位被贬损。欧陆国家在废除纠问制、实行职权主义后，虽然法律上确认了被告人的诉讼主体地位，赋予了被告人包括辩护权在内的一系列诉讼权利，但是由于受纠问制下被告人长期所处的客体地位这一传统的影响，被告人在刑事诉讼中的自主性并没有提高到如英美法系国家及地区被告人那样的水平。反映在辩护权的行使上，就是被告人的意志对辩护人的行为不产生约束力，其不享有对辩护的控制和决定权。[5] 因此，被告人并不是一

---

[1] 王兆鹏：《美国刑事诉讼法》，北京大学出版社2005年版，第489页。
[2] [美] 罗伯特·N. 贝拉等：《心灵的习性——美国人生活中的个人主义和公共责任》，翟宏彪等译，生活·读书·新知三联书店1991年版，第82页。
[3] [美] 米尔吉安·R. 达玛斯卡：《司法和国家权力的多种面孔：比较视野中的法律程序》，郑戈译，中国政法大学出版社2004年版，第215页。
[4] Laurens Walker, E. Allen Lind John Thibault, "The Relation between Procedural and Distributive Justice", 65 Va. L. Rev. 1401, 1417 (1979).
[5] 当然，在聘用和解聘辩护人这一点上，被告人具有意志自由，享有最终决定权。

个完整、自治的辩护主体，很多时候这一决定权掌握在具有公家性质、被视为"独立司法机关"的律师手中，而法院也似乎更愿意听取律师的意见而不是当事人意见。

第二，"纠纷解决型"与"真实发现型"诉讼制度的分野。基于各自诉讼理念和诉讼目的的不同，英美法系国家把刑事诉讼视为国家与当事人之间的一场纠纷，诉讼目的就是解决纠纷，受实用主义哲学的影响，美国等英美法系国家及地区刑事诉讼被设计为"纠纷解决型"模式。这一模式的特点是把作为原告的检察官与被告人作为法律地位平等的主体对待，被告人不但有较大的程序控制权，而且还可以处分自己的实体权益。因此，刑事诉讼具有类似于民事诉讼的特征，这就决定了美国等英美法系国家及地区的刑事辩护更接近于民事代理。民事代理中受托人不得违背委托人意志进行代理活动的规则在刑事辩护中同样得以体现。正如前文所述及的，"美国的律师（无论是民事代理还是刑事辩护）都处于受托人的位置"。为了提高纠纷解决的功效，美国还发展出了被告人认罪答辩程序和辩诉交易制度，被告人一旦在自愿、明知和明智前提下认罪，就不再进行正式审判，直接进入量刑程序。虽然被告人在是否认罪问题上一般会与律师磋商，但是认罪与否的决定权在被告人，律师不能代为作出，这已为《美国律师协会职业行为示范规则》所确认。因此，被告人一旦作出认罪答辩，律师便只能服从被告人的这一决定并就量刑问题与检察官进行"讨价还价"，而不能再作出与被告人意思相反的无罪争辩。相反，在被告人作无罪答辩的情况下，在正式的法庭审判中，律师在负责裁决罪与非罪问题的陪审团面前只能按照被告人的无罪意见进行辩护。

大陆法系国家及地区刑事诉讼的目标是查明案件的事实真相而不是解决纠纷，因此其刑事诉讼程序被设计为"真实发现型"。该模型的特点是，法官依职权积极主动地调查案件事实，并控制审判程序的进程；检察官不被视为与被告人平等的一方当事人，而是承担客观义务的"官署"；即便被告人认罪，仍需进行法庭审判，并根据法庭调查证据的情况作出判决。这些特点决定了其刑事诉讼程序的运行并不遵循民事诉讼的规则，当事人与律师之间的辩护关系也不同于民事代理关系,律师不必在当事人的意志范围内从事活动。美国那种用于快速解决纠纷的认罪答辩和辩诉协商机制在大陆法系国家及地区也并不存在。因此,即使被告人在法庭上已经认罪,律师基于对事实真相的追求和自己的"内心确信"也仍然可以在"维护被告人合法权益"的旗帜下,违背被告人的意志作独立的无罪辩护。在个别情况下,律师甚至可以置被告人的无罪意见于不顾,将对当事人的忠诚义务抛诸脑后,按照自己的专业判断代为承认被告人有罪,并作从轻或减轻处罚的量刑辩护。正如哈瓦那大学法学教授们的描述:"革命律师的首要任务不是去主张他的当事人是无辜的,而是要判定当事人是否有罪,以及如果有罪的话,寻求最利于其改造的制裁方式。"[1]

二、两种模式的异同及其利弊分析

(一) 相同与差异——两种模式之比较

无论是"当事人主导辩护"模式还是"律师独立辩护"模式都是在典型意义上所作的类型化分析,两种模式的区分只具有相对性而非绝对性。虽然两种模式分别代表了两种不同的冲突解决方法,但是它们仍具有一些共同特点。

第一,在对律师性质的认识上,"当事人主导辩护"模式并未把律师视为当事人的诉讼代言人,律师的职责受制于他的"法院官员"或"律政人员"的角色,这与"律师独立辩护"模式下律师被看作独立的司法机构、具有公法上的性质相似。律师的公共性质或公益性质使得律师独立于其当事人,决定了律师为当事人服务的边界。即律师在"片面"地忠实于其当事人利益的同时,还承担着对法庭的诚实义务。例如,不得撒谎故意欺骗、误导法庭,不得帮助当事人毁灭、伪造证据。从这个意义上看,尽管英美法系国家被称作"当事人主导辩护"模式,但是律师仍保持一定的独立性。尤其是在

---

[1] J. Kaplan, Criminal Justice 264~265 (1973); Berman, "The Cuban Popular Trials", 60 Colum. L. Rev. 1317, 1341 (1969), 转引自 [美] 蒙罗·H. 弗里德曼、阿贝·史密斯:《律师职业道德的底线》(第3版), 王卫东译, 北京大学出版社 2009 年版, 第16页。

辩护的方法技巧方面，律师的独立性更强。因此，在两种模式下，律师辩护都具有一定的独立性，其差异只是独立的程度不同而已。

第二，在律师工作方式上，两种模式均强调律师与当事人之间的沟通协商。沟通协商既可以维系律师与当事人之间的信赖关系，也可以避免和化解二者之间的辩护冲突。在大陆法系国家及地区的"律师独立辩护"模式下，虽然强调律师辩护的独立性，但是律师与被告人交流协商、尊重被告人意愿同样受到重视。日本学者认为，通过辩护人的活动受到保护的应当是被告人本人，因此必须尊重被告人本人的意思。对于被告人，辩护人应尽可能让其理解自己只能在法律以及职业伦理的框架内进行辩护，必须尽力维持双方的信赖关系。[1] 德国学者认为："辩护人必须得到当事人的完全信任，否则他就不能有效地工作。"[2] 在德国，辩护人与当事人之间的自由交流权受到了法律的有力保障。在"当事人主导辩护"模式下，即使律师对实现辩护目标的手段和方式有独立的决定权，但应当事先与委托人进行磋商。

第三，在冲突的解决手段上，一旦双方的信任关系遭到破坏，退出辩护作为冲突的最终解决机制在两种模式下都普遍存在。律师退出辩护既包括律师辞去委托、主动退出辩护，也包括由于当事人行使解聘权、律师被动退出辩护。不过，在律师主动退出辩护的情况下，两种模式的处理稍有不同。在美国，律师一旦接受了案件，其终止其与客户之间关系的自由就会被严格限制，律师仅在紧迫的情况下才可以退出。相反，德国律师却可以在任何时候自由地终止委托关系。[3]

两种模式的差异主要体现在律师对当事人的依附性和律师的独立程度方面。在发生辩护冲突时，英美法系国家的"当事人主导辩护"模式更加重视律师对当事人的忠实性，律师服务当事人的"私

---

[1] [日] 松尾浩也：《日本刑事诉讼法》（新版·上卷），丁相顺译，金光旭校，中国人民大学出版社2005年版，第249、251页。

[2] [德] 托马斯·魏根特：《德国刑事诉讼程序》，岳礼玲、温小洁译，中国政法大学出版社2004年版，第62页。

[3] [美] 迪特里希·鲁施迈耶：《律师与社会——美德两国法律职业比较研究》，于霄译，上海三联书店2010年版，第124页。

≪ 第八章　辩护冲突，化解思路

人"属性得以凸显，因此律师对当事人的依附性更强，律师独立辩护的程度较弱，当事人的意志居于主导地位。相反，在大陆法系国家及地区的"律师独立辩护"模式下，律师职责具有服务公共利益的"官方"色彩，其服务当事人的"私人"属性相对淡化，这决定了律师对当事人的依附性较弱，律师独立辩护的程度相对较强。为了维护当事人利益和司法公平正义，即便违背当事人意思，律师仍可展开独立的辩护活动。正如美国学者迪特里希·鲁施迈耶教授所分析的那样：有证据表明，在一般情况下，德国律师更具"官员"特性。对客户的忠诚和提供高效的服务是美国律师正式和非正式规范的主流命题，而德国规范则更强调律师的法院官员角色，以及律师作为有学识职业者的独立性和尊严。当然，律师作为法庭官员的地位也并没有被美国法律伦理所忽视，只是这一点在美国没有得到像德国那样的强调，也没有在成文规则的细节中被反复加强。同样的道理，德国法律伦理更加强调律师保持其独立性的义务和与客户保持一定距离的义务。这种独立性限制了客户的要求和权利。[1]

（二）两种模式的利弊分析

通过以上比较，我们发现两种模式各有所长，且利弊共生，其存在是与各自的文化传统、价值取向、诉讼制度相适应的，很难分辨孰优孰劣。

1. "当事人主导辩护"模式的利弊分析

"当事人主导辩护"模式强调当事人在辩护中的中心地位，当事人的意志和诉讼主体地位得到了最大程度的尊重。辩护律师认为无论什么问题，只要是重要的，都应向被告人进行说明，然后由被告人自己决定。这种做法被称为"当事人中心主义"。[2] 既然是"当事人主导辩护"或者"当事人中心主义"，那么一旦在重大辩护事项上发生冲突，律师就必须调整自己的辩护思路，按照当事人确定的辩护目标和方案进行辩护，否则便只能退出辩护。这一冲突解决

---

[1] [美]迪特里希·鲁施迈耶：《律师与社会——美德两国法律职业比较研究》，于霄译，上海三联书店2010年版，第142、187、122页。

[2] [美] F. 费尼："刑事辩护的伦理道德问题——美国的经验与教训"，郝红宇译，载《外国法译评》1998年第2页。

模式充分体现了律师对当事人的忠诚义务和律师服从、服务于当事人的属性，即律师必须忠于当事人的选择和目标，必须按照当事人自己认为的"最大利益"进行辩护。在这种模式下，当事人对所要实现的"辩护利益"的判断高于律师的专业判断，这是以英美法系国家普通人的"理性人"假设为前提的。所以，在英美法系国家和地区的辩护中，律师与当事人"南辕北辙"的现象几乎是难以想象的。

但是，过分重视当事人意志的"至上性"、一味强调律师的忠诚义务也会带来一系列的弊端。最明显的是律师可能会沦为当事人达到个人非法目的的工具，因为律师的有用性和忠实度经常是以其对当事人愿望和计划的贡献程度来衡量的。另外，在当事人所坚持的"辩护利益"与司法的公平正义相冲突时，律师对当事人愿望的迁就可能导致其放弃对司法利益和公平正义的追求。"因为，在美国律师接手一个案件后，只要客户坚持，他就有义务进行诚实但不正义的辩护。"[1] 就像前面提到的"Unibomber 案"，当事人卡克辛斯基坚称自己精神正常，反对律师作被告人精神有障碍的辩护，因为在个人生命和精神尊严之间，当事人更在意其精神尊严。律师对当事人意见的尊重使其放弃了精神障碍辩护的机会。最后，卡克辛斯基在一些指控上承认有罪，并因此而被判处了死刑。在我们看来，指出被告人有精神障碍的疑点，进而查明该事实，使被告人得到一个罚当其罪的合理判决，乃司法公平正义的体现。公平正义实现所带来的司法利益（生命权的保护）应高于当事人所在意的"精神尊严"利益。从这个意义上讲，律师在辩护策略的选择上尽管尊重了当事人的愿望，但很难说是一次正义的辩护。在此情形下，律师过分迁就被告人的辩护要求从而丧失独立辩护的精神，不但难以维护当事人的正当利益，而且在客观上会使当事人利益遭受实质上的损害。

2."律师独立辩护"模式的利弊分析

"律师独立辩护"模式强调律师相对于当事人的独立性，即律师与其当事人之间要保持适度的距离，在当事人的意见与律师的专业

---

[1] [美] 迪特里希·鲁施迈耶：《律师与社会——美德两国法律职业比较研究》，于霄译，上海三联书店 2010 年版，第 126 页。

第八章 辩护冲突，化解思路

判断发生冲突时，律师可以自己的专业判断代替当事人的意见。该模式的优势体现在以下两个方面：

第一，可以帮助当事人更充分、有效地行使辩护权。律师作为法律专业人士在对辩护意见的把握和辩护策略的选择上，具有被告人所不具备的优势：一是辩护律师享有被告人所不具的诉讼权利。例如，作为辩护防御权基础的阅卷权、调查取证权、申请取证权等，法律都是赋予辩护律师而非被告人，这就决定了律师可以获得更多的案件信息，对证据和事实的了解更加全面、客观。虽然被告人对事实真相最为清楚，但作为当事人，案件的处理结局与其有直接的利害关系，在趋利避害的人性本能驱使下，被告人通常会"避重就轻"，从有利于自己的角度进行事实描述；而辩护律师通过阅卷和调查取证，可以从有利、不利的正反两面认识案件事实。二是辩护律师在法律专业知识和辩护经验方面具有资源优势。律师作为受过长期专门法律知识训练的专业人士，无论是在对实体法上犯罪构成的认识还是在对诉讼程序、证据规则的运用上都是作为普通公民的被告人所无法比拟的。律师在出庭参加诉讼的长期实践中也积累了相当丰富的辩护经验，掌握了一定的辩护技巧，对现实中法官的职业心理和判决规则比较熟悉。这些优势决定了律师提出的辩护意见更加专业和合理，尤其是对罪与非罪、此罪与彼罪界限的把握相对准确，更容易被法庭所采纳。三是律师的"第三人"身份有利于其客观、冷静地判断形势。律师作为与案件结局没有直接利害关系的诉讼参与人，其实是"案外人"的角色，这一角色可以使其站在案件之外、案件之上客观、冷静地观察、分析案情，提出最佳的辩护思路和方案。与当事人的"片面性"相比，律师所具有的"中立性"和"超然性"决定了其提出的辩护方案更为切实可行。"当事者迷，旁观者清，纵使具有法律专业知识的被告人，由于被追诉的心理压力，也很容易发生误判情势乃至于六神无主的混乱状态，因此，往往必须借助另一个法律专业知识者来为其辩护。"[1] 因此，在被告

---

[1] 林钰雄：《刑事诉讼法》（上册·总论篇），中国人民大学出版社2005年版，第158页。

人与其辩护律师意见不一致的情况下，律师依法进行独立辩护可以帮助被告人更充分地行使辩护权。

第二，有利于促进司法利益之实现。在刑事辩护中，当事人提出的要求和要实现的"利益"有时会与司法利益相冲突，其提出的可能是不合理的要求，其要维护的利益可能是不正当的甚至是非法的利益。例如，对于"替人顶罪"而故意作虚假认罪的问题，律师作为"法庭官员"具有更高的行事准则，负有对法庭的诚实义务。因此，律师一旦知悉上述情况就不能听命于当事人的要求，而必须作出独立的无罪辩护，以实现司法的公平正义。"德国的法学理论强调辩护人的独立地位，是为了防止其听命于当事人的不合理要求；而且，只有辩护人具有独立地位，他才能与法院和检察官在平等的层面上进行谈判和辩论。"[1] 司法利益中也包含了当事人利益，只不过律师是站在一个更高的层面来维护当事人的利益，其在听取被告人意见的同时还必须兼顾社会公共利益的实现。

第三，促使律师业形成良好的职业伦理。"独立辩护"模式下律师不必听命于当事人的不合理要求，不仅可以预防和减少律师违反职业规则行为，而且能够促使其养成较好的职业伦理。只有使律师独立于当事人，其才能与法官、检察官一道形成一个法律共同体，从而维持整个律师业的尊严、荣誉和声誉。"虽然没有系统的对比证据，但毫无疑问的是，美国律师的行为游离于职业伦理的情况，特别是对职业伦理系统地和持续地违反，（与德国相比）更为普遍。"[2] 这在一定程度上解释了为什么美国律师一般来说不像德国律师那般具有良好的职业道德。

凡事有利皆有弊，"律师独立辩护"模式会造成以下弊端：一是当事人的合理愿望和正当诉求易被忽视，被告人的诉讼主体地位易受到贬抑。在此种模式下，律师有利用自己的专业优势"越俎代庖"之嫌，在当事人自身所追求的"辩护利益"与律师欲实现的"辩护

---

[1] [德]托马斯·魏根特：《德国刑事诉讼程序》，岳礼玲、温小洁译，中国政法大学出版社2004年版，第61页。

[2] [美]迪特里希·鲁施迈耶：《律师与社会——美德两国法律职业比较研究》，于霄译，上海三联书店2010年版，第142页。

利益"发生不一致时,律师通常会以自己的判断代替当事人的意见。二是导致律师对当事人忠诚义务的降低。律师不受当事人意志约束甚至可以违背当事人意志进行独立辩护,这本身就削弱了律师对当事人的忠诚度,这大概与大陆法系国家及地区律师所具有的"官方"属性有关。"律师作为'法庭官员'的身份限制了他对客户的忠诚义务。其结果就是形成了律师各种担当和义务的微妙平衡。"[1] 在当事人利益与各种公共利益的平衡中,律师为当事人利益服务的功能被弱化。三是导致律师与当事人之间的交流协商不够充分。一方面,在发生辩护冲突时,二者之间的辩护协商缺乏制度性保障;另一方面,律师对"独立辩护"的强调使得其缺乏与当事人进行沟通协商的动力。四是导致法庭上可能会出现两种不同甚至相反的辩护声音。强调律师辩护的独立性而又缺乏必要的辩护协商,法庭上必然会出现"自说自话"的局面。一个辩护共同体内部发出两种相反的声音势必会冲淡辩护的整体效果。五是导致律师与当事人之间的信任关系被破坏。在当事人的愿望和要求不被重视、律师与当事人的沟通交流不够充分的情况下,律师的独立辩护行为很难取得当事人的理解和认可,这不可避免地会导致律师与当事人之间关系的疏离、紧张乃至发生信任危机。

三、从"绝对独立"走向"相对独立"——处理我国辩护冲突的基本原则

面对域外的两种冲突解决模式,我国又该作出何种选择?这是处理我国辩护冲突不容回避的问题,即我国究竟是采"当事人主导模式"还是采"律师独立辩护模式"抑或走"第三条道路"?通过前文的分析可知,两种模式各有所长、亦有所短,可谓利弊兼得。不过,无论是从律师的性质及其角色定位还是从文化观念和诉讼模式等方面考察,我国与大陆法系国家及地区更具有相似性。这种相似性不仅体现在辩护制度的基本理论方面,也反映在辩护冲突的解

---

[1] [美] 迪特里希·鲁施迈耶:《律师与社会——美德两国法律职业比较研究》,于霄译,上海三联书店2010年版,第20页。

决实践方面。此外，律师制度作为"舶来品"，被我国引入得较晚，且经历了破坏和恢复重建的过程，辩护制度目前尚不发达，律师的职业伦理仍有待培育和提高，执业中的违法违纪行为仍时有发生，面对这一历史和现实，强调律师与当事人之间的适度分离，强调律师辩护的独立性对律师制度和辩护制度的良性发展无疑具有现实意义。因此，处理我国的辩护冲突应当以大陆法系国家及地区的"律师独立辩护模式"为基本参照，在吸收该模式优点的基础上，探索出一条适合我国国情的"第三条道路"——既坚持律师辩护的"独立性"又坚持辩护的"协商性"，从而实现从"绝对独立"辩护向"相对独立"辩护的转型。与完全不受规制的"绝对独立"辩护相比较，"相对独立"辩护凸显了以下几方面的特征：

第一，辩护的协商性。一方面律师在制定辩护思路、提出辩护意见前应加强与被告人的沟通协商，以期达成一致的辩护意见，从而预防法庭上辩护冲突的发生，为此需要进一步保障和落实律师的会见交流权；另一方面当被告人在法庭上突然改变了庭审前与律师达成一致的辩护意见时，律师应询问其改变的原因，通过与被告人协商，以协调彼此的辩护观点，从而提出最佳的辩护方案。这种协调未必要求二者完全一致，有时基于辩护策略的考虑，或者在被告人不明确表示反对且不损害被告人利益的情况下，允许彼此观点的差异。因此，在面对辩护冲突时，其处理结果未必一定是"求同"，也可能是"存异"。不过，在"存异"的情况下，律师提出的辩护意见要尽可能取得被告人的理解和认同。

第二，辩护的有效性。律师独立辩护受到辩护有效性的制约，即律师独立辩护不得损害辩护的有效性。辩护的有效性是从裁判者接受辩护意见的程度和对法官心证形成的影响力角度来考察的，从辩护的逻辑力量来看，辩护有效性拒绝自相矛盾的辩护观点并存，尤其是排斥同一被告人的两个辩护人发表相互冲突的辩护观点，进行所谓的"独立"辩护。

第三，辩护的增益性。律师进行独立辩护不但不应减损被告人的利益，而且要增进被告人的利益。辩护的增益性要求律师不得提出重于指控罪名的辩护罪名，不得在指控一罪的情况下作构成数罪

≫ 第八章 辩护冲突,化解思路

的辩护,不得在被告人否认有罪的情形下作"独立"的有罪辩护。

第四,辩护的协议性。除指定辩护外,律师能够参与诉讼、进行辩护的前提是与被告人签订辩护委托协议,从而建立起委托关系,而这种委托关系又是建立在被告人对律师信赖的基础上。辩护委托关系一旦成立,律师虽然可以独立行使职权,依法履行职务,不受被告人意志的控制,但是为了维系和巩固这种信赖关系,也为了保障辩护职责的顺利完成,律师在进行辩护时不可能置被告人意愿于不顾而进行"完全独立的辩护"。因为一旦信赖关系遭到破坏,被告人随时可能终止辩护协议,解除委托关系。实践中,律师作为"受雇人"不能不考虑"雇主"的愿望和要求。我国 2017 年《律师法》提出律师是接受委托或指定,为当事人提供法律服务的执业人员。明确强调了律师的受托性和为当事人服务的属性。强调律师对当事人的忠诚义务,必然会限制律师辩护独立性的发挥。

(一)律师依法独立辩护应当是我国辩护理论和实践坚持的方向

1. 律师独立辩护在我国既有学理基础又有法律根据

关于律师作为辩护人在刑事诉讼中的地位问题,我国学界经过多年的讨论,基本上已经达成共识,认为律师并非被告人单纯的利益代言人,而是具有独立的诉讼地位。[1] 律师所具有的独立诉讼地位决定了其具有不受当事人意志约束的独立辩护权能。可以说,在我国强调律师独立辩护具有相当坚实的理论基础。

---

[1] 例如,熊秋红教授认为,辩护人原则上不受被指控人意志约束,辩护人的诉讼地位可以界定为辩护人是刑事诉讼中具有独立诉讼地位的诉讼参与人。参见熊秋红:《刑事辩护论》,法律出版社 1998 年版,第 163 页。陈瑞华教授认为,辩护律师在刑事审判中的独立性表现为其不得为追求对被告人有利的诉讼结局而不择手段,以至于违背法律和正义,因而独立于作为其委托人的被告人。参见陈瑞华:"辩护律师在刑事诉讼中的地位",载《中国律师》1996 年第 7 期。宋英辉教授认为,辩护律师具有独立于犯罪嫌疑人、被告人的独立自主地位,辩护律师在维护犯罪嫌疑人、被告人的利益的同时,还负有维护司法公正与社会正义的义务。如果将辩护律师界定为当事人的利益代理人而不要求其承担维护司法公正与社会正义的义务,可能导致犯罪嫌疑人、被告人滥用辩护律师诉讼权利逃避罪责的恶果。参见宋英辉:"辩护律师在刑事诉讼中的角色定位",载《中国司法》2007 年第 4 期。有的学者还从辩护人"固有权"和"传来权"区分的角度论述了辩护人具有独立的诉讼地位。参见韦忠语:"论辩护人在刑事诉讼中的地位与责任",载《现代法学》1998 年第 3 期。

律师独立辩护的法律根据体现在我国《刑事诉讼法》和《律师法》的相关规定当中。《刑事诉讼法》第37条规定："辩护人的责任是根据事实和法律，提出犯罪嫌疑人、被告人无罪、罪轻或者减轻、免除其刑事责任的材料和意见，维护犯罪嫌疑人、被告人的诉讼权利和其他合法权益。"《律师法》第2条第2款规定："律师应当维护当事人合法权益，维护法律正确实施，维护社会公平和正义。"该法第31条规定："律师担任辩护人的，应当根据事实和法律，提出犯罪嫌疑人、被告人无罪、罪轻或者减轻、免除其刑事责任的材料和意见，维护犯罪嫌疑人、被告人的诉讼权利和其他合法权益。"按照对该条的权威解释："律师担任辩护人，在刑事诉讼中是具有独立诉讼地位的诉讼参与人。律师依自己的意志依法进行辩护活动，独立履行职务，维护犯罪嫌疑人、被告人的合法权益，不受犯罪嫌疑人、被告人意志左右。"[1] 另外，中华全国律师协会颁布的《律师办理刑事案件规范》第5条第3款规定："律师在辩护活动中，应当在法律和事实的基础上尊重当事人意见，按照有利于当事人的原则开展工作，不得违背当事人的意愿提出不利于当事人的辩护意见。"从上述法律规定来看，律师辩护依据的是"事实和法律"而非"被告人的意思"，律师的职责也不单是"维护当事人合法权益"，还要"维护法律正确实施""维护社会公平和正义"。这说明，当被告人意志与事实和法律不符时，当被告人利益与法律和社会公平正义发生冲突时，律师可以违背被告人意思而以对事实和法律负责的精神进行独立辩护。

2. 被告人辩护能力普遍羸弱的现状要求律师依法独立辩护

值得注意的是，我国刑事被告人的构成主体不但法律知识欠缺，[2] 而且文化程度普遍较低，其中的大多数不但对法律术语的涵

---

[1] 全国人民代表大会常务委员会法制工作委员会编，王胜明、赵大程主编：《中华人民共和国律师法释义》，法律出版社2007年版，第99页。

[2] 我国刑事被告人以农民和进城务工人员（农民工）为主体，据公安机关的调查，在一些大中城市，外来人口犯罪占到刑事案件犯罪总数的70%以上；据2006年9月19日《新京报》报道，从2005年到2006年4月间，北京被提起公诉的被告人中，流动人口占67.2%。参见郝英兵："2000—2008年中国犯罪现象分析"，载《中国人民公安大学学报（社会科学版）》2010年第1期。

义缺乏了解,而且难以运用法言法语准确、清晰地表达自己的思想,这使其参与诉讼的能力大大降低。其在诉讼中无法向法庭提出中肯有力、全面系统的辩护意见,这从法庭上被告人在自行辩护中的茫然不知所措的神情和寥寥数语、无的放矢的有限辩解中可见一斑。面对此种现状,要求律师辩护听命于被告人意见或者要求律师意见与被告人的辩护意见保持一致显然是不可能的,也不利于维护被告人合法权益。因此,在被告人与其律师在辩护能力相差悬殊的情况下,律师依法进行独立辩护有利于被告人辩护权的正确、充分和有效行使。

3. 律师独立辩护有助于发现真实、防止冤假错案发生

律师独立辩护还具有一项重要功能,那就是防止冤假错案的发生,特别是在被告人虚假承认有罪的案件中,律师依据事实和法律进行独立的无罪辩护更有必要。现实中,被告人虚假承认有罪主要有以下三种情形:一是犯罪嫌疑人遭受刑讯逼供或者变相刑讯逼供,因而被迫承认有罪。二是被告人与检察机关或者法院私下达成某种交易,迫使被告人认罪从而换得较轻的处理。这种情况主要是针对实践中一些证据不足的敏感案件。三是为了"替人顶罪"而主动承认犯罪,这主要发生在家庭成员、亲友以及领导和下属之间。这类情形虽然在实践中并不常见,但仍不可避免。在前两种情形下,律师依法进行独立的无罪辩护可以对公权力的滥用形成监督和制衡,使违法的侦查、起诉和审判行为得到揭露和纠正。在最后一种情况下,律师进行独立辩护有助于发现案件事实真相,避免司法错误发生。无论在上述哪种情形下,律师独立辩护都有助于防止冤假错案发生,最大限度地保障被告人的合法权益,促进司法正义之实现。

4. 律师独立辩护作为一种辩护策略具有现实合理性

偏重惩罚犯罪的诉讼目的以及司法一体化的诉讼体制决定了我国法院的无罪判决率极低的现实,有一部分证据不足、达不到定罪标准的案件,法院基于各种考量作出了"疑罪从轻"的判决。尤其是对于那些犯罪性质、后果不严重、情节较轻的案件,如果被告人

认罪甚至悔罪，通常可以在制度、政策上获得刑罚适用上的优惠。[1] 被告人基于自身现实利益的考虑通常会选择认罪，以期在量刑问题上获得从宽处理。面对被告人认罪的情况，对于那些证据不足或者罪与非罪界限不明的案件，律师究竟是和被告人意见保持一致从而在承认有罪的情况下作量刑辩护还是作独立的无罪辩护呢？此时，律师面临一个辩护策略的权衡和选择问题。基于此，笔者作出以下三种假设：一是如果律师不按照自己的内心信念提出无罪辩护意见而是一味顺从被告人的有罪意见从而作量刑上的辩护，那么也许被告人一样会得到判处缓刑等从宽处理的结果，但是这样做的代价是律师放弃了辩护人依据事实和法律进行辩护的职责，丧失了维护社会公平正义、维护法律正确实施的职业精神。二是如果律师劝说被告人和自己的辩护意见保持一致，坚持作无罪辩护，那么不仅难以获得无罪判决的结果，而且很可能由于被告人不认罪而失去适用缓刑或从轻量刑的条件，被告人将无法获得现实利益。三是如果一方面让被告人在法庭上承认有罪，另一方面律师根据自己的独立判断提出证据不足或构不成犯罪的无罪辩护意见（即使明知获得无罪判决的希望非常渺茫），那么这样做的结果便是，一方面被告人因为认罪而在刑罚适用上得到了从宽处理，被告人由此获得了现实利益（如被宣告缓刑从而免受牢狱之苦），另一方面律师的无罪辩护意见尽管没有被法院采纳，但因其指出了证据不足或法律上构不成犯罪的问题，可以促使法官在判决时将定罪问题转化为量刑问题，被告人可以由此获得一个相对有利的判决结果。此外，律师提出的无罪辩护意见也为日后的申诉和再审创造了机会和条件。在以上三种假设中，从辩护策略的角度考虑，虽然律师与辩护人的辩护观点相互冲突，但是第三种假设似乎更符合我国的司法实际和司法特色，

---

[1] 最高人民法院、最高人民检察院、司法部《关于适用普通程序审理"被告人认罪案件"的若干意见（试行）》（已失效）第9条规定："人民法院对自愿认罪的被告人，酌情予以从轻处罚"。我国长期以来奉行的"坦白从宽，抗拒从严"的刑事政策，也是鼓励和倡导被告人认罪。我国《刑法》第72条规定："对于被判处拘役、三年以下有期徒刑的犯罪分子，同时符合下列条件的，可以宣告缓刑：……（二）有悔罪表现；……"可见，适用缓刑的条件之一是有"悔罪表现"，司法实践中掌握的底线标准是必须"认罪"，如果被告人不认罪，法院一般不会适用缓刑。

也是在目前条件下争取被告人利益最大化的现实可行的辩护方案。

(二)律师辩护"绝对独立"会带来一系列负面后果

律师独立辩护虽然整体上有益于对被告人权益的维护,但是过分强调律师辩护的"独立性",被告人与其辩护律师之间、同一被告人的两个辩护人之间"自说自话",发表相互矛盾的辩护意见,在实践中可能会带来一系列的问题。

1. 过分强调律师独立辩护会削弱辩护的逻辑力量

被告人与其辩护人共同构成了辩护阵营,通过辩护活动的开展共同防御控诉方的指控,削弱控诉的力量,从而说服法官接受其辩护意见。为了增强辩护的力量,辩方观点必须明确、焦点集中、不违反基本的逻辑思维规律。被告人与辩护人之间、同一被告人的两个辩护人之间都是一个辩护共同体或统一体,对外均代表辩方,发出的都是辩护的声音,如果"自说自话",一个说"无罪"、一个说"有罪",不但缺乏统一的辩护焦点或者辩护核心,而且会因自乱阵脚而造成逻辑上的混乱。从人类的逻辑思维规则来看,被告人要么是有罪的,要么是无罪的,不存在有罪与无罪之间的中间地带,作为一个辩护共同体同时发出"有"和"无"两种不同的声音,违反了逻辑学上的同一律(不矛盾律),会使其陷入一种思维混乱的状态。逻辑上的自相矛盾必然会大大削弱辩护的说服力,降低辩护的效果,从而达不到有效辩护的目的。如果辩护意见中"有罪"与"无罪"并存,对公诉方而言,这无疑是"授人以柄",当一个人(辩护人或被告人)辩无罪时,公诉人的第一反应就是"你们自己(被告人或者辩护人)都已经承认有罪了,还辩什么无罪",当重大辩护意见发生冲突时,其效果反倒是帮了控方的忙,"缴了自己枪"。正如陈瑞华教授所言:"公诉方会很自然地将被告人认罪、律师做有罪辩护的情况,视为支持本方公诉主张的佐证,从而对那些无罪辩护意见进行有力的反驳,辩护方等于自行为公诉方提供了进攻本方的武器。这种情况下的无罪辩护意见显得既是无力的又是可笑的。"[1] 对此,

---

[1] 陈瑞华:"律师辩护能完全独立吗?",载 http://china.findlaw.cn/bianhu/xsssfzs/bianhuyudaili/susongdaili/39720.html,2020年3月15日访问。

法庭也会感到困惑，不禁要问"你们一个说无罪、一个说有罪，你们的辩护意见究竟是什么"？在此种情况下，法院在判决说理时因辩护主旨不统一、不明确也难以展开充分的说理论证。在辩护方自身对被告人有罪与否都拿不准的情况下，又怎么能指望法院采纳无罪辩护意见从而作出无罪判决呢？

2. 过分强调律师独立辩护会损害被告人的正当利益

律师独立辩护有一个基本底线，那就是不能损害当事人的正当利益。无论律师对被告人有罪的内心确信多么强烈，对罪名的判断多么准确，如果有可能损及被告人利益，律师不得以自身的专业判断代替被告人的意志自由。具体言之，在被告人否认犯罪的情况下，律师如果根据自己的独立判断在确认有罪的前提下进行量刑辩护，那么无疑是背离了自己的辩护职能，充当起了"第二公诉人"的角色，等于是代被告人承认了犯罪。在法庭看来，既然作为法律专业人士的辩护律师都认为自己的当事人构成了犯罪，那么被告人独自所作的无罪辩护更多的可能是一种"狡辩"。这样的辩护必然是"成事不足，败事有余"的拙劣辩护。此外，在被告人只承认一个较轻罪名的情况下，律师提出一个也许更符合事实和法律的较重罪名。例如，被告人认为自己构成职务侵占罪，而律师则认为构成贪污罪，这同样会损害被告人的正当利益。在北京曾发生过某律师在为一指控为诈骗罪的被告人辩护时，在被告人否认犯罪的情况下仍作有罪辩护，并且提出被告人构成比指控的诈骗罪更重的非法集资罪和合同诈骗罪的辩护意见的案例。律师此言一出，被告人便向法庭提出申请，要求该律师"回避"。[1] 该律师因为被告人作"重罪辩护"而被戏称为"倒戈律师"，并受到了社会的普遍质疑。也许该律师会认为，我的辩护完全是在表达自己的观点，未受任何人左右，体现出了独立辩护的精神。但是，这样的"独立辩护"显然是背叛了当事人的利益，只能令"亲者痛、仇者快"。因此，在陈瑞华教授发出了"律师辩护能完全独立吗"的疑问后，笔者不禁要问："律

---

[1] 参见汪震龙：《律师爆冷门，为被告作'罪重辩护'》，载 http://www.lawyers.org.cn/info/01ba7a14ec6347739fcfafdbdb9baf13，2020年3月15日访问。

师完全独立辩护真的能维护被告人的合法权益吗?"

3. 过分强调律师独立辩护会抹杀被告人的诉讼主体地位

主体,就是有意识、有思维,能够把自己的活动同客观事物区别开来,进行自觉的调节和控制,形成和实现预期目的,并且能够自主地意识到自己的存在及其价值、自主决定自己的行为和言论的个体。[1] 被告人在诉讼中的主体地位体现在其能够通过平等对话和有效参与的方式对裁判结论的形成施加积极影响,从而在一定程度上成为能够主宰自己命运的个体。被告人在刑事诉讼中有效参与的最重要途径是行使为自己辩护的权利,律师的帮助是为了维护和巩固被告人的辩护权。从辩护权的产生来看,"辩护权的基础是嫌疑人、被告人自己本人有辩护的权利。这是产生委托辩护人辩护权利的根据"。[2] 因此,被告人的辩护权具有原生性,而辩护人的辩护权具有派生性,犯罪嫌疑人、被告人乃刑事诉讼主体,辩护人不属于诉讼主体。从辩护与诉讼结果的关系来看,被告人与诉讼结局有直接的利害关系,是诉讼结果的直接承受者,而辩护人不必因辩护的失败而承担不利的诉讼结果。由于辩护的效果与被告人的联系如此紧密,以至于辩护律师不能不尊重和保护被告人在辩护上的自治权。"但是(律师)这种专业的态度通常并没有被用来提高个人的自主权和自我控制,而是被用来剥夺人们的自主权和权利。这些法律专家恰恰打击了当事人控制和参与自己的合法诉求,而不是鼓励他们去了解和控制他们自己的选择和生活。"[3] 实践中,律师可能会利用作为法律人的优越地位将自身凌驾于当事人之上,"越俎代庖",从而把自己的意见强加于当事人。他们通常自以为是地认为自己提出的辩护意见或设计的辩护方案是如何"英明",又是如何最有利于自己的当事人。殊不知,在利益多元化的时代,当事人同样拥

---

[1] [德]拉德布鲁赫:《法学导论》,米健、朱林译,中国大百科全书出版社1997年版,第121页。

[2] [日]村井敏邦:"日本的刑事辩护问题",刘明祥译,载王丽、季贵方主编:《走有中国特色的律师之路》,法律出版社1997年版,第90页。

[3] Sylvia Law, "Afterword: The Purpose of Professional Education", in *Looking at Law School* 205, 212~213 (Gillers ed., 1977).

有多种相互冲突的正当利益，律师提出的辩护方案在维护一项利益的同时可能牺牲掉了在被告人看来其他更为重要的利益。尤其是在我国刑事和解制度蓬勃发展的新形势下，尊重当事人的意见显得更为重要。如果律师不把被告人当作一个具有理性选择能力的人看待，只是站在自己的专业立场而不是站在被告人的角度设身处地替被告人着想，那么很可能是"好心办坏事""出力不讨好"。因为在律师看来所要实现的利益有时未必是"被告人想要的利益"。如果律师一味强调"独立辩护"而不把被告人视为"自主决定自己行为和言论的个体"，那么其结果正像《费加罗》或大众喜剧中所讲的故事——仆役很容易最终主宰他们的主人。那样，名义上由当事人控制的诉讼最终往往是被当事人的助手——律师——所把持。[1]

四、实践中几种具体冲突的解决

（一）被告人当庭认罪情形下律师能否作无罪或罪轻辩护

在被告人当庭认罪的情况下，辩护律师原则上可以为被告人作无罪或者罪轻辩护，但是被告人解除委托关系的除外。其理由是：实践中，被告人当庭认罪的原因比较复杂，有的虽然被告人明知自己无罪，但是基于各种外部压力被迫违心地认罪；有的是为了包庇他人犯罪故意虚假地认罪；有的明知有罪证据不足或者罪与非罪界限不明，但考虑到法院判决无罪的可能性较小，如果认罪还有可能适用缓刑，因此在权衡之后就选择认罪；有的是由于对行为的法律性质缺乏正确认知，对此罪与彼罪的界限不甚明了而盲目承认指控罪名。在上述这些被告人认罪的场合，如果律师不能据理力争，依据事实和法律进行独立的无罪辩护或者罪轻辩护，那么将不能最大限度地维护被告人的合法权益，实现司法的公平正义。在具体程序上，一旦被告人庭前否认犯罪而在庭审中突然认罪，那么律师应当马上申请法庭休庭，询问被告人认罪的真实原因，告知其认罪的后果，在协商的基础上，争取达成一致的辩护意见。如果律师确信被

---

[1] [美] 米尔伊安·R. 达玛什卡：《司法和国家权力的多种面孔：比较视野中的法律程序》，郑戈译，中国政法大学出版社2004年版，第215页。

告人无罪或构成另一个较轻的罪名,那么律师应尽量说服被告人与其一道作无罪或罪轻辩护;如果被告人仍坚持作有罪辩护或坚持指控的罪名,那么律师可以选择退出本案的辩护,也可以在被告人不反对的情况下继续作独立的无罪或罪轻辩护。但是,在律师退出本案的辩护将会使被告人失去其他律师的帮助,从而对其辩护防御明显不利时,或者法庭认为律师退出辩护将会拖延审判,严重影响诉讼效率时,法庭可以拒绝律师退出辩护。在美国,律师退出辩护也需要受到法院的约束。根据《美国律师协会职业行为示范规则》的规定,律师必须遵守要求在终止代理时对裁判庭进行通知或者得到裁判庭的允许的现行法律。如果裁判庭命令律师继续代理,则尽管存在着终止代理的正当理由,律师仍应当继续代理。例如,在一些情况下,如果律师退出代理会给委托人的利益带来严重不利影响,即使继续代理会给律师造成很大的困难,法院也不会批准律师退出代理。[1] 我国一些地方律师协会制定的有关律师辩护的指导意见,对于在被告人当庭认罪情况下律师能否作独立的无罪辩护也予以了有条件的认可。[2]

(二) 被告人主张无罪情形下律师能否做有罪辩护

在被告人当庭否认犯罪的情况下,即使辩护律师庭前是按有罪做量刑辩护准备的,也不能违背被告人的意思,代为承认有罪并作量刑方面的辩护。无论是英美法系还是大陆法系,在这一点上都坚持相同的原则。这可以从以下方面得到解释:一是被告人作为案件的当事人对于自己是否犯罪最为清楚,也最具有发言权,律师虽然是法律方面的专家,但是其毕竟是案件的局外人,并没有亲历案件的发生过程,因此律师不能代当事人承认有罪;二是根据律师辩护

---

[1] 参见《美国律师协会职业行为示范规则》1.16(c)款规定,转引自王进喜:《美国律师职业行为规则理论与实践》,中国人民公安大学出版社2005年版,第135页。

[2] 参见《山东省律师协会死刑案件辩护指导意见(试行)》第66条之规定:"开庭前辩护律师与被告人达成无罪辩护意见,开庭后被告人当庭认罪的,辩护律师应当申请法庭休庭。休庭后,辩护律师应当与被告人协商,以达成一致的辩护意见。无法达成一致意见的,辩护律师可以与被告人解除委托关系,并向法庭申请退出本案的辩护工作。辩护律师有确凿的证据证明被告人无罪的,辩护律师可以继续进行无罪辩护,但被告人主动解除委托关系的除外。"

应"最大限度地维护被告人合法权益"的底线要求,在被告人否认犯罪的情况下,律师不顾及被告人的意志仍作量刑辩护,将在实质上损害被告人的正当利益,并且如上文分析的那样,被告人的无罪辩护意见因为律师已经作出了量刑辩护更难以被法官所采纳,从而达不到说服裁判者的有效辩护目的。在程序设置上,如果律师确信被告人有罪并已经做了量刑辩护的准备,而被告人庭前认罪、庭审中却突然翻供,那么律师应申请休庭,与被告人进行交流和协商,争取就量刑辩护达成一致意见。如果被告人坚持己见,未能达成一致意见,律师要么申请法庭退出本案的辩护,要么改变既定的辩护方案,按照被告人的无罪辩护思路,从证据上、程序上以及法律适用上进行相应的无罪辩护。我国一些地方律师协会的指导意见是,在被告人突然否认犯罪的情况下,律师应与其协商以达成一致意见,否则律师应与当事人解除委托关系,退出本案的辩护。[1] 应当说该规定的基本精神是可取的。

(三) 同一被告人的两位辩护人的辩护意见能否相左

为同一被告人辩护的两名律师因各自进行"独立辩护"从而发生辩护冲突的现象在现实中也并不少见。这种冲突主要表现在两个方面:一是有罪与无罪的冲突,即一个律师作无罪辩护,另一个律师作有罪前提下的量刑辩护。二是此罪与彼罪的冲突,即一个律师认为被告人构成指控的犯罪,而另一个律师则认为构成指控犯罪以外的其他罪名;两个辩护律师都不同意指控的罪名,一个辩甲罪,另一个辩乙罪。当发生前一种冲突时,其结果正如陈瑞华教授所指出的那样:"两名为同一被告人提供辩护服务的律师,如果真的出现分别作无罪辩护和有罪辩护的情况,这要比被告人与律师辩护思路不一致的情况更成问题。如果说被告人的认罪或不认罪最多影响的是法官对案件事实的判断的话,那么,两名律师相互矛盾的辩护意见最终会带来相互抵消的后果,两种辩护都难以发挥影响法官的作

---

[1] 参见《山东省律师协会死刑案件辩护指导意见(试行)》第67条规定:"开庭前辩护律师与被告人达成量刑辩护意见,开庭后被告人不认罪的,辩护律师应当申请法庭休庭。休庭后,辩护律师应与被告人协商,以达成一致的辩护意见。无法达成一致意见的,辩护律师可以与被告人协商解除委托关系,并向法庭申请退出本案的辩护工作。"

第八章 辩护冲突，化解思路

用。至少，在有罪辩护意见的影响下，无罪辩护意见很难得到法官的采纳。"[1]当发生后一种冲突时，同样会损害辩护的效果，因为同意检察机关指控罪名的辩护意见会给公诉方提供进攻辩方的"武器"，使得另一个反对公诉方指控罪名的辩护意见变得苍白无力。在一个辩甲罪、另一个辩乙罪的情况下，给法官和公诉人的感觉是"连你们自己都拿不准，你们的辩护意见究竟是甲罪还是乙罪，被告人不可能既构成甲罪又构成乙罪"。

两位律师的辩护意见发生冲突，其实也是被告人与律师意见的冲突。因为被告人与其两位律师共同构成了"辩护方"，两位律师的意见无论是有罪与无罪的冲突还是此罪与彼罪的冲突，被告人都只可能认可其中的一种意见，不可能既同意有罪意见又同意无罪意见，也不可能既同意自己构成甲罪又同意自己构成乙罪。所以，被告人必然会与"互唱反调"的两位律师中的一位发生意见冲突。被告人的辩护意见也会因为那位与其"唱对台戏"的律师的"反向意见"而被抵消或者软化。因此，两位律师之间、被告人与律师之间必须坚持统一的诉讼立场，形成"辩护合力"，才能"重拳出击"抵御公诉方的强大指控。否则，只能是"相互拆台"和"自毁长城"。

为了避免两位辩护人之间、被告人与辩护人之间上述辩护冲突局面的发生，应当建立庭审前和庭审中的辩护协商机制。协商既包括两位律师之间的沟通交流，也包括两位律师分别与当事人进行沟通协商。在两位律师经过必要的辩护准备形成辩护思路后，应当就各自拟在法庭上提出的辩护思路交换意见，通过分析论证共同确立一个最佳辩护方案，或者从中选择一个双方都能接受的辩护意见在法庭上发表。如果两位律师各持己见，彼此不能说服对方，那么两位律师应当分别征求当事人的意见，如果当事人只认同其中一位律师的意见，那么与此意见不同或相反的另一位律师要么改变自己的立场，作为第二辩护人协助前者进行补充性辩护，要么与当事人解除委托关系，退出本案的辩护。在庭审中，如果出现两位律师辩护

---

[1] 陈瑞华：《律师辩护能完全独立吗？》，载 http://china.findlaw.cn/bianhu/xsssfzs/bianhuyudaili/susongdaili/39720.html，2020年3月15日访问。

意见相反的情况，法庭应主动征求被告人的意见，询问其同意哪一位辩护人的意见，辩护意见不被认可意见的律师此时只有两种选择：一是改变自己的辩护思路；二是如果仍坚持自己的辩护意见，那么只能选择退出辩护。

(四) 辩护方式、方法发生冲突的解决思路

在辩护意见或辩护目标基本一致的前提下，当事人与律师之间有时会就实现目标的手段或具体方式发生冲突。例如，对于是否申请鉴定、是否申请通知证人出庭作证、是否向某一证人、被害人调查取证以及是否出示某一证据等问题。笔者认为，对于辩护的具体方式方法问题，一旦发生冲突，律师应当在听取当事人意见的基础上自行作出决定，在此问题上，律师具有更高的独立性，拥有更大的决策权和自主权。首先，律师自主决定辩护的方式方法通常不会损及当事人的合法利益，因为律师与当事人具有共同的辩护目标，只要律师采用的方式方法不偏离这一目标，在辩护目标范围内活动都是允许的。其次，律师在辩护中采用什么样的方式方法更多的属于一个专业技术性问题，而律师作为具有诉讼经验的专业人士在辩护手段的选择和运用上要比当事人更具优势，因此宜将这一权利交由律师来行使。《美国律师协会职业行为示范规则》也是区分"目标"与"手段"，将辩护"目标"的决定权交给委托人，而将为达致这一目标所采用"手段"的决定权分配给律师行使。再次，律师作为法律共同体成员具有高于当事人的行事标准，律师隶属于律师事务所这一组织，并受司法行政机关和律师协会的监督指导。在执业中，律师不但要遵守法律法规，而且要受到律师执业纪律和职业伦理准则的约束。因此，将辩护手段的决定权交给律师并不会导致辩护权被滥用。相反，如果由当事人来决定采用何种辩护手段，那么反而可能会造成"为达目的不择手段"的情形。最后，律师对辩护方式方法的决定权具有法定性，属于律师的"固有权"而非"传来权"。无论是调查取证权、阅卷权还是申请鉴定权、出示证据权、申请通知证人出庭作证权，都是我国《刑事诉讼法》赋予辩护律师的权利，有些权利（如调查取证权和阅卷权）连当事人都不享有，是专属于辩护律师的权利。综上，辩护方向和辩护思路确定后，采

用什么样的辩护方法一般应当由辩护律师决定，律师不必听命于当事人及其家属。

五、结语

律师辩护权的取得和行使，既有当事人的授权属性，又有法律的规定性。律师辩护的授权性决定了律师在辩护重大事项上不能完全脱离当事人的意志而自作主张，律师能够参与诉讼进行辩护毕竟是建立在当事人与律师的辩护委托协议的基础上的，而辩护委托协议虽然不是纯粹的民事契约关系，但具有民法上的委托代理合同性质，无论是刑事诉讼中的辩护人还是民事诉讼中的代理人，二者都是为了维护委托人的合法权益而存在的，通过参与诉讼帮助委托人更好地行使诉讼权利。这就为律师行使辩护权设定了两条底线：一是律师辩护不但不能损害委托人的合法权益，而且要实现被告人正当利益的最大化；二是律师辩护虽然不完全受当事人意志左右，但在重大辩护事项上仍须征求并尊重当事人的意见，这是取得被告人理解和信任的前提，也是辩护活动得以顺利开展的基础。律师辩护的法定性决定了律师在法律范围内具有一定的辩护独立性，律师作为法律共同体的成员，辩护的独立性要求其在辩护时不得违反法律规定，不得有悖于律师职业道德及职业纪律，不能片面迎合当事人，甚至对当事人唯命是从，从而无原则地迁就被告人的无理或者非法要求。在这个意义上，律师独立于其当事人。律师与当事人是一种既独立又统一的关系。"虽然两个主体各自独立，彼此分离，但拥有统一的意志，同属于一个统一体。"[1] 基于以上分析，律师的辩护独立只能是一种"有限独立"或者"相对独立"，而非"完全独立"或"绝对独立"。律师需要在当事人意志与独立辩护之间做出必要的协调和平衡。一方面，我们要认识到律师辩护独立对维护被告人合法权益、实现司法公平正义的积极意义；另一方面，我们也应当注意到过分强调律师独立辩护甚至倡导那种所谓的"绝对独立""完全独立"在实践中所可能产生的负面效应。因此，我们既要反对那

---

[1] 林林："辩护权主体的二元结构辨析"，载《人民检察》2007年第21期。

种在发生辩护冲突时不与被告人沟通协商、不顾被告人意愿、随心所欲开展的所谓"独立辩护",又要摒弃那种完全听命于被告人的要求、缺乏独立判断精神的"代言人式的辩护"。我国辩护冲突的解决应当坚持以下思路:一是尊重并体现被告人意志,尤其是注意被告人合法和合情合理辩护意见的充分表达。为此,一旦发生辩护冲突,律师与被告人进行"辩护协商"便应当成为律师辩护的基本工作方式。通过辩护协商,一方面可以促使被告人放弃非正当、合理的意见,从而理解并接受律师正确的辩护意见;另一方面律师可以在倾听被告人合理意见的基础上重新审视并修正自己原有的辩护观点和辩护方案。二是律师在与被告人协商后如果双方意见仍无法统一,除非被告人明确表示反对,否则律师可以按照自己对案件事实的认识和对法律的理解发表辩护意见,但是该独立意见的发表不得实质上损害被告人的正当利益。因此,辩护冲突的处理结果既可能是"求同",也可能是"存异"。在制度设计上和辩护实践中还应当注意以下两点:一是在辩护协商中律师不能利用自身的资源优势对被告人形成不适当的压力;二是法院对律师拒绝辩护的权利应给予必要的限制,防止因律师退出辩护而使被告人在辩护防御中处于孤立无援的更不利境地。

第九章

刑法修正，律师回应

《刑法修正案（九）》增设了泄露案件信息罪这一新罪名，并对扰乱法庭秩序罪的罪状作出了修改，立法上的规制和调整虽然不是针对律师群体，但是与近年来一系列影响性案件中存在的律师执业乱象不无关系。可以预料的是，《刑法修正案（九）》实施后，上述两个罪名的适用主体将更多的是作为辩护人和诉讼代理人的律师，律师执业行为将越来越多地受到刑法规制。刑事立法的调整虽然有利于规范律师执业行为，但可能会对律师执业权利构成限制，从而影响辩护职能的充分发挥。这就是为什么律师界普遍对上述两个罪名的设立和修改给予更多关注的原因。也正是在律师界的强烈关注和社会公众的广泛参与推动下，《刑法修正案（九）（草案）》中扰乱法庭秩序罪的兜底罪状"其他扰乱法庭秩序的情形"最终才未被保留，而是细化为具体罪状。立法机关希冀以此预防和减少刑罚权的滥用。随着《刑法修正案（九）》的正式通过，刑法修改过程中的各种争议虽将持续下去，但不再是讨论的重点，而如何正确理解和适用《刑法修正案（九）》规定以及如何有效防止刑罚权的滥用将会成为法学界乃至全社会关注的热点话题。本章拟结合《刑法修正案（九）》中与律师执业权利保障关系最为密切的泄露案件信息罪和扰乱法庭秩序罪这两个罪名，重点论述以下三个问题：一是《刑法修正案（九）》对律师执业行为进行立法规制存在的问题；二是《刑法修正案（九）》实施后对律师执业行为可能产生的影响；三是警惕《刑法修正案（九）》中追究律师刑事责任的条款被滥用。

一、《刑法修正案（九）》对律师执业行为的规制存在的问题

（一）泄露案件信息罪存在的问题

针对近年来发生的律师在办理不公开审理案件中违规泄露当事人隐私、不当披露案情这一较为突出的问题，为了保护国家秘密、商业秘密和个人隐私，保障诉讼活动依法独立公正进行，修正后的《刑法》第308条之一第1款规定："司法工作人员、辩护人、诉讼代理人或者其他诉讼参与人，泄露依法不公开审理的案件中不应当公开的信息，造成信息公开传播或者其他严重后果的，处三年以下有期徒刑、拘役或者管制，并处或者单处罚金。"这一规定将泄露案件信息行为"入罪化"，加大了对该类行为的规制力度，实现了对不公开审理案件中包括个人隐私在内的案件信息的刑法保护，有利于实现对当事人权益和司法利益的保护，具有一定的现实性和必要性，应当说是刑事立法上的一个进步。但是，法规范之间缺乏协调性、法条具有含糊性以及律师执业行为边界不清晰导致实务界在对该法条的理解和适用上仍面临一系列问题。

第一，法律规范之间缺乏协调性。我国《刑事诉讼法》第48条规定："辩护律师对在执业活动中知悉的委托人的有关情况和信息，有权予以保密。……"既然"有权"予以保密，那么对辩护律师而言，保密乃是一项"权利"而非义务。根据法理学的基本原理，"权利"既可以行使，也可以放弃，对权利的放弃并不会产生不利的后果，也就是说，辩护律师放弃保密权而泄露委托人的"有关情况和信息"并不会承担任何法律责任。既然如此，又何来以"泄露案件信息罪"追究泄密人刑事责任之说？《刑事诉讼法》和《刑法修正案（九）》均是全国人民代表大会通过的基本法律，效力上并无高下之分，《刑事诉讼法》是专门机关和诉讼参与人开展诉讼活动所遵循的基本行为规范，作为实体法的《刑法》无权对《刑事诉讼法》作出修改。在《刑事诉讼法》未将辩护律师保密作为法定义务予以规定的情况下，此次《刑法修正案（九）》修改置《刑事诉讼法》的既有规定于不顾，将泄露案件信息行为"入罪"导致实体法与程序法在同一事项上冲突，使辩护律师在此问题上无所适从，从

而影响到了该法条的实施效果。[1]

第二,"依法不公开审理的案件中不应当公开的信息"范围具有相当的不确定性。"泄露案件信息罪"中的"案件信息"是指"依法不公开审理的案件中不应当公开的信息"。对于"依法不公开审理的案件"比较容易理解和把握,根据三大诉讼法的规定,是指有关国家秘密案件、个人隐私案件、当事人申请不公开审理的涉及商业秘密的案件以及审判的时候被告人不满18周岁的案件。[2]根据《刑法》第308条之一第2款之规定:"有前款行为,泄露国家秘密的,依照本法第三百九十八条的规定定罪处罚。"因此,泄露内容属于"国家秘密"的,成立"泄露国家秘密罪"而非"泄露案件信息罪"。据此,"泄露案件信息罪"中的"依法不公开审理的案件"主要是指涉及个人隐私案件、未成年人犯罪案件和申请不公开审理的离婚案件、涉及商业秘密案件。该罪通常发生在这四类案件的诉讼过程中应无异议,问题的关键是这四类案件中哪些信息属于"不应当公开的信息"?"不应当公开的"标准是什么?范围如何界定?是"依法律规定"不公开还是"依司法解释、规范性文件、行业规范"不公开?抑或是"依办案机关的要求"不公开?这些问题在立法上均不明确。"不公开审理案件中哪些信息属于不应当公开的信息,其范围缺乏必要的界定。"[3]就担任辩护人、诉讼代理人的律师而言,其在"依法不公开审理的案件"中"不应当公开的信息"的范围依据不同法律规定和司法解释性文件、行业规范的要求而不同。根据

---

[1] 在《刑法修正案(九)》实施中可能会发生被追诉人及其辩护人以《刑事诉讼法》赋予"保密权"为由对"泄露案件信息罪"的指控进行抗辩的情形。

[2] 《刑事诉讼法》第188条规定:"人民法院审判第一审案件应当公开进行。但是有关国家秘密或者个人隐私的案件,不公开审理;涉及商业秘密的案件,当事人申请不公开审理的,可以不公开审理。"第285条规定:"审判的时候被告人不满十八周岁的案件,不公开审理。但是,经未成年被告人及其法定代理人同意,未成年被告人所在学校和未成年人保护组织可以派代表到场。"《民事诉讼法》第137条规定:"人民法院审理民事案件,除涉及国家秘密、个人隐私或者法律另有规定的以外,应当公开进行。离婚案件、涉及商业秘密的案件,当事人申请不公开审理的,可以不公开审理。"《行政诉讼法》第54条规定:"人民法院公开审理行政案件,但涉及国家秘密、个人隐私和法律另有规定的除外。涉及商业秘密的案件,当事人申请不公开审理的,可以不公开审理。"

[3] 林维:"刑法应当如何平等规制律师",载《中国法律评论》2015年第2期。

《律师法》的相关规定，律师对在执业活动中知悉的委托人和其他人不愿泄露的有关情况和信息，应当予以保密。对泄露商业秘密或者个人隐私的，给予相应的纪律惩戒。中华全国律师协会制定的行业规范扩大了律师应予保密的信息范围，将"与案情有关的信息""摘抄、复制的材料""同案犯罪嫌疑人的情况和意见"等均列为保密范围。例如，《律师职业道德和执业纪律规范》第23条规定："律师不得……借职务之便违反规定为被告人传递信件、钱物或与案情有关的信息。"《律师办理刑事案件规范》第37条第1款规定："律师参与刑事诉讼获取的案卷材料，不得向犯罪嫌疑人、被告人的亲友以及其他单位和个人提供，不得擅自向媒体或社会公众披露。"最高人民法院、最高人民检察院、公安部、国家安全部、司法部联合发布的《关于依法保障律师执业权利的规定》也将"案件重要信息和案卷材料"作为"不应当公开的信息"予以强调。该联合文件第14条第4款规定："律师不得违反规定，披露、散布案件重要信息和案卷材料，或者将其用于本案辩护、代理以外的其他用途。"此外，最高人民法院《关于适用〈中华人民共和国刑事诉讼法〉的解释》第306条规定："庭审期间，全体人员应当服从法庭指挥，遵守法庭纪律，尊重司法礼仪，不得实施下列行为：……（四）对庭审活动进行录音、录像、拍照或者使用即时通讯工具等传播庭审活动；……"该司法解释则将庭审信息作为出庭律师禁止披露的内容，进一步扩大了"不应当公开的信息"的范围。综上所述，除保守国家秘密外，律师保密的范围大致分为商业秘密、个人隐私和案件信息。对于"商业秘密"的内容，《反不正当竞争法》第9条第4款规定，商业秘密是指不为公众所知悉、具有商业价值并经权利人采取相应保密措施的技术信息、经营信息等商业信息。对于"个人隐私"，通常理解为不涉及"公共领域"和"公共利益"个人私生活范畴，包括我国《律师法》规定的"委托人和其他人不愿泄露的有关情况和信息"，其实就是公民享有的隐私权。在认定"泄露案件信息罪"问题上，商业秘密和个人隐私的内容、范围比较容易理解，而较难把握的是"案件信息"即"案情"，一般以案卷材料为载体，律师披露案情的内容、对象、范围以及披露到何种程度等均缺乏明确的规则，实务上的做法也不一致。例如,刑事诉讼中辩护律师向当事人披露案情或者将复制的案卷材料交给当事人及其近亲属查阅是否属于泄露案件信息?律师在开庭前能否在网上公布辩护词或者起诉书内容?辩护词、起诉意见书、起诉书和案卷材料等是否属于泄露案件信息罪中"不应当公开的信息"?这些问题都有待从制度规则上予以明确。[1]

(二)扰乱法庭秩序罪存在的问题

《刑法修正案(九)》在原《刑法》第309条扰乱法庭秩序罪的基础上,增加规定了两项罪状:侮辱、诽谤、威胁司法工作人员或者诉讼参与人,不听法庭制止,严重扰乱法庭秩序的;有毁坏法庭设施,抢夺、损毁诉讼文书、证据等扰乱法庭秩序行为,情节严重的。《刑法修正案(九)》增加上述两项规定,具有非常强的目的性和指向性,意在对近年来频频出现的"死磕派"律师"闹庭"现象进行刑法规制。在律师界强烈的反对声中,最终通过的《刑法修正案(九)》虽然删除了"草案"中"其他严重扰乱法庭秩序的行为"这一兜底规定,代之以"有毁坏法庭设施,抢夺、损毁诉讼文书、证据等扰乱法庭秩序行为,情节严重的"这一具体、明确的罪状,在一定程度上避免了扰乱法庭秩序罪沦为一个"口袋罪",防止公权力利用该规定对律师进行职业报复。但是,《刑法修正案(九)》仍然保留了"草案"中关于"侮辱、诽谤、威胁司法工作人员或者诉讼参与人,不听法庭制止,严重扰乱法庭秩序的"的规定,该项规定在实践中仍然存在被滥用的可能。"侮辱、诽谤、威胁"均带有很强的主观色彩,容易被司法人员作扩张解释。譬如,律师因不满法官在法庭上的表现而当庭发表批评性意见、当庭提出抗议或者言词过于激烈就很可能被视作是"侮辱""威胁",从而获罪。又如,律师在控辩双方激烈辩论中带有人身攻击性的语言与"侮辱"的界限同样不是泾渭分明的。因此,如何细化、完善扰乱法庭秩序罪的具体适用条件,如何有效划清"侮辱、诽谤、威胁"与辩护律师激烈甚至不当言辞之间的界限,尚有待司法解释进一步明确。

---

[1] 关于辩护律师向被追诉人及其家属披露案件信息的范围问题,可参见韩旭:"刑事诉讼中被追诉人及其家属证据知悉权研究",载《现代法学》2009年第5期。

二、《刑法修正案（九）》实施后对律师执业权利可能产生的影响

尽管立法部门相关负责人声称《刑法修正案（九）》相关条文不是针对律师群体的，但是从上述两个罪名的增设和修订情况来看，其立法意图重点在于规范律师执业行为，希望通过刑罚制裁来维护法庭秩序、树立司法权威。可以预料的是，《刑法修正案（九）》的实施必然会给律师执业带来一定的影响。这种影响主要表现在两个方面：一方面，律师执业中的不规范行为将逐步得到遏制，有助于促进律师业的健康发展，这可以被称为"积极影响"；另一方面，律师执业尤其是开展刑事辩护活动可能面临更大的职业风险，刑事辩护功能将受到抑制，由此带来新的"辩护难"问题，这可被称为"消极影响"。

（一）律师执业中不规范行为将逐步得到遏制

近年来，律师执业中行为失范问题比较突出，在社会上造成了恶劣影响。例如，在轰动一时的"李某某强奸案"中，李某某的辩护人周某将庭审情况以微博、博客方式向媒体披露，公开发布被害人有关妇科检查材料，公开发布鉴定结论、监控视频、警方照片等案件证据，并且对案件证据、其他辩护人的意见进行分析、评价。北京律师协会依据相关规定认定周某构成不当披露案情、泄露当事人个人隐私等违规行为，遂对其作出公开谴责的行业纪律处分，并建议司法行政机关给予相应的行政处罚。[1] 在"念斌案"中，被告人辩护律师张某生自2010年以来通过其新浪博客发表数十篇文章，披露了关于"念斌案"的具体案情、证据，发表了关于此案的法律意见，对司法机关及人员的评论、批评等言论。[2] 针对上述现象，在《刑法修正案（九）》起草过程中，多数人认为当前泄露审判信息和国家秘密的情况时有发生，一些不公开审理的案件尚未开庭被害人信息等案情就被公布和炒作，不仅侵犯了当事人的合法权益，

---

[1] 参见"北京市律师协会行业纪律处分情况通报"，载 http://beijinglawyers.org.cn/cac/4167.htm，2015年9月21日访问。

[2] 转引自杨先德："刑事司法中律师庭外言论法律问题探讨"，载《政法论坛》2015年第2期。

而且妨害了司法机关正常的司法运作，对其中造成严重后果的或者情节严重的，应当追究刑事责任。[1] 由于律师协会的行业规范效力较低，加之相关规范较为模糊，即使发生律师违规行为，处理通常也较轻，有的甚至不了了之，未能对律师形成有效的约束机制，以至于律师界的违规行为屡屡发生却得不到有效遏制。此次《刑法修正案（九）》将之前律师违规违法行为上升为犯罪，不惜动用刑罚手段予以规制，就是希望以此来遏制近年来愈演愈烈的律师违规行为。刑罚具有严厉性、最后性和保障性的特点，可以达到相关法律、行业规范所无法起到的效果。无论是增加泄露案件信息罪还是将"侮辱、诽谤、威胁"行为入罪，无疑都会对包括律师在内的诉讼参与人形成一定的威慑力，使他们在执业或参与诉讼过程中尽量保持自我克制、谨言慎行、不越雷池，律师执业中不当披露案情、侵犯当事人隐私权以及法庭上审辩冲突的乱象可望得到改变。总体上看，《刑法修正案（九）》的实施将对规范律师执业行为产生一定的影响，起到积极的推动作用。当然，上述两罪的实施效果以及对律师执业行为可能产生的影响还有待观察和实践检验。

（二）律师从事刑事辩护或将面临更大的职业风险

在看到《刑法修正案（九）》实施可能对律师执业产生积极影响的同时，我们也不能忽视其在实施过程中存在的问题。

第一，"不应当公开的信息"范围和内容可能会被一些办案机关作扩大解释。这是该罪名在适用中最大也是最容易发生的问题。例如，《刑事诉讼法》第39条第4款规定："……自案件移送审查起诉之日起，可以向犯罪嫌疑人、被告人核实有关证据。……"律师向犯罪嫌疑人、被告人核实证据可能会涉及"不应当公开的信息"问题。"有关证据"显然不是"全部证据"。然而，律师核实证据活动中究竟哪些证据可以披露？哪些证据不能披露？对此，无论是学理上还是立法上都没有一个清晰的界定。目前诉讼法学界在核实证据

---

[1] 参见《中华人民共和国刑法修正案（九）（草案）参阅资料》，第十二届全国人大常委会第十一次会议参阅资料（三），2014年10月27日，转引自赵秉志、商浩文："论妨害司法罪的立法完善——以《刑法修正案（九）（草案）》的相关修法为主要视角"，载《法律适用》2015年第1期。

的范围问题上存在着较大的认识分歧。具有代表性的有以下三种观点：一是"阅卷权说"[1]；二是"客观证据说"[2]；三是"不一致证据说"[3]。在法规范层面，《关于依法保障律师执业权利的规定（征求意见稿）》对"有关证据"的范围本来是作出了解释性规定的，但遗憾的是正式公布的该联合性司法文件却仍沿袭了《刑事诉讼法》的原文。除此之外，还对律师披露案情和案卷材料作出了禁止性规定。[4] 由于这一问题没有得到解决，律师核实证据面临着更大的职业风险。以前律师违规披露案情，仅会受到行业纪律处分或者主管机关的行政处罚[5]，而在《刑法修正案（九）》实施后，律师同样的行为将可能承担泄露案件信息罪的刑事责任。原最高人民检察院副检察长朱孝清主张："如果辩护律师把案内不同或相反的证据告诉犯罪嫌疑人、被告人，那同样涉嫌泄露案件秘密、通风报信、帮助串供串证等违法犯罪。"[6] 在过去的司法实务中，曾经发生过辩护律师因为把从法院复制的案卷材料交给当事人亲属阅览而被以泄露国家秘密罪追究刑事责任的案例[7]，虽然该案中辩护律师

---

[1] 陈瑞华："论被告人的阅卷权"，载《当代法学》2013年第3期。

[2] 孙谦："关于修改后刑事诉讼法执行情况的若干思考"，载《国家检察官学院学报》2015年第3期；朱孝清："刑事诉讼法实施中的若干问题研究"，载《中国法学》2014年第3期。

[3] 陈光中主编：《〈中华人民共和国刑事诉讼法〉修改条文释义与点评》，人民法院出版社2012年版，第33页。

[4] 该文件第14条第4款规定："律师不得违反规定，披露、散布案件重要信息和案卷材料，或者将其用于本案辩护、代理以外的其他用途。"

[5] 《律师职业道德和执业纪律规范》第23条规定："律师不得与犯罪嫌疑人、被告人的亲属或者其他人会见在押犯罪嫌疑人、被告人，或者借职务之便违反规定为被告人传递信件、钱物或与案情有关的信息。"第45条规定："对于违反本规范的律师、律师事务所，由律师协会依照会员处分办法给予处分，情节严重的，由司法行政机关予以处罚。"《律师协会会员违规行为处分规则》第35条规定："不遵守法庭、仲裁庭纪律和监管场所规定、行政处理规则，具有以下情形之一的，给予中止会员权利六个月以上一年以下的纪律处分；情节严重的给予取消会员资格的纪律处分：（一）会见在押犯罪嫌疑人、被告人时，违反有关规定，携带犯罪嫌疑人、被告人的近亲属或者其他利害关系人会见，将通讯工具提供给在押犯罪嫌疑人、被告人使用，或者传递物品、文件。"

[6] 朱孝清："刑事诉讼法实施中的若干问题研究"，载《中国法学》2014年第3期。

[7] 参见"河南省沁阳市人民检察院诉于萍故意泄露国家秘密案"，载http://vip.chinalawinfo.com/newlaw2002/slc/slc.asp?db=cas&gid=33621758，2020年3月15日访问。

因审判阶段的案卷材料并非国家秘密而被二审法院宣告无罪,但是如果同样的情形发生在《刑法修正案(九)》实施后,该辩护律师很可能会面临"泄露案件信息罪"的指控。笔者于2014年8月在S省5个市进行问卷调查,在对118位辩护律师所作的一项关于"您取得案卷材料或者证据材料后发现证据有疑问,是否会向在押当事人核实证据"的问卷调查中,统计显示:有近20%的律师表示"不会核实"或者"不会认真核实";在核实方式上,有51%的律师表示"采用综合概括的方式向当事人说明,不直接出示或者宣读证据";仅有30%的律师表示"会向当事人出示或者宣读证据材料"。[1]统计结果表明,律师往往会由于担心泄露案件信息而对本应核实的证据不进行核实或者不予认真核实。之前尚且如此,泄露案件信息这一行为入刑后的情况可想而知。因此,《刑法修正案(九)》实施后律师参与刑事辩护的风险不降反升,律师同样的行为将承担更大的责任、面临更严重的后果。这将在一定程度上架空《刑事诉讼法》赋予律师的核实证据权,被追诉人在刑事诉讼中的地位将进一步恶化,辩护权将更难得到保障。

第二,司法解释有可能降低《刑法修正案(九)》的入罪门槛从而使律师较易获罪。根据以往的刑法实施经验,在《刑法》作出修改后尤其是增设新的罪名之后,最高司法机关会出台相应的司法解释,对《刑法》中的"犯罪情节""后果"等抽象性规定、模糊性用语作出具体、细化规定,以统一适用标准、指导司法实践。从泄露案件信息罪和扰乱法庭秩序罪的犯罪构成看,两个罪名既可能是结果犯,也可能是情节犯。因此,对结果或情节的判断直接决定犯罪成立与否。例如,泄露案件信息罪要求"造成信息公开传播或者其他严重后果";公开披露、报道不应当公开的案件信息,要求具备"情节严重"。扰乱法庭秩序罪中的侮辱、诽谤、威胁司法工作人员或者诉讼参与人,要求达到"严重扰乱法庭秩序"的程度;对于毁坏法庭设施,抢夺、损毁诉讼文书、证据等扰乱法庭秩序行为,

---

[1] 韩旭:"新《刑事诉讼法》实施以来律师辩护难问题实证研究——以S省为例的分析",载《法学论坛》2015年第3期。

要求具备"情节严重"这一条件。至于何为"公开传播或者其他严重后果"、何为"严重扰乱法庭秩序""情节严重"等，都有待司法解释作出进一步规定。毋庸讳言，近年来少数律师的违规行为着实让司法人员"头疼"，律师在一些地方被视为"麻烦制造者"。在此种背景下，最高司法机关在解释法律时能否坚守中立立场、会不会带有职业偏见和歧视都不无疑问。更让人疑虑的是，在这种偏见和歧视的影响下，不排除通过司法解释放宽定罪条件、降低入罪门槛的可能，以此使更多"不听话"的律师轻易获罪。如果这样，不仅是司法的悲哀，也是法治的悲哀。

三、警惕《刑法修正案（九）》中追究辩护人刑事责任条款被滥用

如果说以前律师从事刑事辩护活动的风险来源于调查取证（涉嫌《刑法》第306条"辩护人、诉讼代理人毁灭证据、伪造证据、妨害作证罪"），那么随着《刑法修正案（九）》的实施，泄露案件信息和扰乱法庭秩序将会成为刑事辩护新的风险点。为了降低律师参与辩护的风险，警惕和防止《刑法修正案（九）》关于追究辩护人、诉讼代理人刑事责任的法律条款被滥用，在理解和适用《刑法修正案（九）》时应当注意以下几个方面的问题。

（一）抑制刑罚冲动、保持司法克制

刑罚是一种不得已的"恶"，在适用中应当坚持比例原则，在使用较轻的惩罚措施能够达到制止违法效果的情况下，就不要使用对当事人权益造成更大影响的措施。《刑法》所具有的基本权利保障机能是通过其谦抑性体现出来的。尤其是对立法时就备受争议的新增设罪名或者罪状，在"由轻改重"之后，其司法适用更应慎重。[1]

---

[1] 立法起草过程中，有意见认为，增设泄露案件信息罪应当慎重。该条主要是针对律师等披露案件信息的情况进行的规定，关于禁止披露不公开审理案件中不应公开的信息，律师法相关的规章、行业规范都有明确的规定，通过加强职业规范管理就可以解决问题。在当前律师的执业环境有待改善，辩护权有效保障尚须加强的情况下，片面强调和动用刑法来维护司法权威，是否符合当下中国的实际情况，需要进一步研究。参见《中华人民共和国刑法修正案（九）（草案）参阅资料》，第十二届全国人大常委会第十一次会议参阅资料（三），2014年10月27日，转引自赵秉志、商浩文："论妨害司法罪的立法完

对于泄露案件信息的行为，《律师法》《未成年人保护法》等相关法律均将其作为违法行为而给予行政处罚；而对于扰乱法庭秩序的行为，最高人民法院《关于适用〈中华人民共和国刑事诉讼法〉的解释》第307条根据情节轻重，已分别规定了警告、训诫、责令退出法庭、强行带出法庭以及罚款、拘留等司法措施。如果上述措施足以制止违法违规行为，就无需刑法化。因此，在具体适用时，应注意行政处罚、司法强制措施与刑事处罚之间的过渡和衔接，尽量多适用非刑罚化的处罚措施，只有在迫不得已的情况下作为最后手段才可以动用刑罚手段。刑罚过度适用不仅会挫伤律师办理刑事案件的积极性，使目前刑事案件律师参与率低的现状雪上加霜，而且会导致刑事辩护环境的进一步恶化，律师不敢依法大胆进行辩护，控辩关系严重失衡，辩护职能将渐趋萎缩，冤假错案自然难以防范。

（二）注重情节权衡、合理适用"但书"

如上所述，无论是泄露案件信息罪还是扰乱法庭秩序罪，均有"情节严重"的法定要件。因此，在罪与非罪的问题上，司法办案人员应注意审查判断并区分案件情节，对于虽有泄露案件信息或者扰乱法庭秩序行为发生，但是没有造成严重后果或者恶劣社会影响、有认错悔过表现以及因一时冲动、情绪失控而发生言语冲突或者法庭指挥、决定确系违法而律师依法据理力争、进行言辞抗议等情形，可以适用《刑法》第13条"但书"规定，以"情节显著轻微危害不大的，不认为是犯罪"进行处理。必要时，可以向律师所在的律师协会进行通报，并向律协或者司法行政机关发送要求予以纪律惩戒或者行政处罚的司法建议。

（三）善意适用法律、防止曲意释法

正确适用法律的前提是准确理解法律，理解法律也包括对法律作出解释性规定。有关刑法适用的司法解释无论是由中央政法各机关联合作出还是由最高法院作出，解释者都必须怀有良善之心，防止

（接上页）善——以《刑法修正案（九）（草案）》的相关修法为主要视角"，载《法律适用》2015年第1期。关于立法过程中两罪的争论，还可参见周光权："《刑法修正案（九）》（草案）的若干争议问题"，载《法学杂志》2015年第5期。

脱离立法精神作任意的扩张解释，避免陷整个律师界于不利境地。同时，应注意平衡惩治律师违法违规行为与保障辩护权正当行使的关系。尤其是在律师因核实证据、披露案卷材料可能涉嫌泄露案件信息问题上，应尽快明确律师核实有关证据的范围、方式等。在相关规定出台之前，不宜将证人证言、被害人陈述甚至同案人口供排除在可以核实的证据范围之外。即便因律师核实证据包括将案卷材料交给被追诉人阅览而导致翻供，也不应追究律师泄露案件信息罪的刑事责任。

（四）坚持控辩平等、避免厚此薄彼

法庭是一个由控、辩、审三方组成的场域，控辩平等是程序正义的基本要求和具体体现。裁判方的独立、公正体现在对控辩双方的平等对待上，既包括程序上的平等，也包括实体上的平等。程序上的平等不仅可以维护控辩平衡、塑造法官的中立形象、树立司法权威，而且有利于避免和减少审辩冲突以及由冲突升级所导致的法庭秩序混乱，从而预防扰乱法庭秩序行为的发生。实体上的平等主要是刑法适用上的平等，它既是一项刑法原则，也是一项宪法原则。[1] 针对"侮辱、诽谤、威胁司法工作人员或者诉讼参与人，不听法庭制止，严重扰乱法庭秩序"的情形，扰乱法庭秩序罪的主体既可能是作为辩护人、诉讼代理人的律师，也可能是作为公诉人的检察官。对于检察官侮辱、诽谤、威胁诉讼参与人等行为，法官能否像对待律师一样及时制止，并在制止无效且严重扰乱法庭秩序时启动刑事追责程序，既关乎刑法是否能够一视同仁的实施，也是对法官依法独立行使职权"成色"的检验。对检察官而言，虽然其肩负着代表国家出庭指控犯罪的神圣使命，但是在法庭这个特殊的场域内，为了保证"游戏"的公平进行，检察官应克服自身在道德上的"优越感"，"放下身段"与辩护律师"平起平坐"，以"诉讼一方当事人"的心态和角色投入到"游戏"中，自觉接受规则的约束。

---

〔1〕《刑法》第 4 条规定："对任何人犯罪，在适用法律上一律平等。不允许任何人有超越法律的特权。"《宪法》第 33 条第 2 款规定："中华人民共和国公民在法律面前一律平等。"

（五）适用管辖回避、坚守程序正义

泄露案件信息也好，扰乱法庭秩序也罢，其妨碍的都是办案机关的司法利益。因此，办案机关与案件处理结果产生了实质上的利害关系。任何人均不得作为自己案件的法官，这是"自然正义"的基本要求。正是基于此，《刑事诉讼法》对追究律师妨害作证罪刑事责任程序作出了特别规定，即"违反前款规定的，应当依法追究法律责任，辩护人涉嫌犯罪的，应当由办理辩护人所承办案件的侦查机关以外的侦查机关办理。辩护人是律师的，应当及时通知其所在的律师事务所或者所属的律师协会"。设置特别程序，"有利于防止侦查机关滥用律师伪证罪的规定，随意对辩护人立案侦查和采取强制措施，使辩护人能更加放心大胆地依法履行辩护职责，维护犯罪嫌疑人、被告人的合法权益"。[1] 泄露案件信息罪、扰乱法庭秩序罪与辩护人、诉讼代理人妨害作证罪在犯罪主体上都可能是律师，侵犯的客体都可能是诉讼活动的顺利进行等司法利益，尤其是泄露案件信息与串供之间可能会产生犯罪竞合。因此，上述三个罪名之间具有某种同质性。既然律师涉嫌妨碍作证罪适用指定管辖、异地管辖等特别程序，那么律师涉嫌泄露案件信息罪、扰乱法庭秩序罪同样应当适用这一程序。为了防止原办案机关先入为主、避免职业报复行为发生，维护基本的程序公正，对律师涉嫌上述犯罪的，原负责侦查、审查起诉和审判的办案机关应当集体回避，实行异地管辖，由原办案机关以外的办案机关办理，具体可由上一级公安机关指定其他公安机关立案侦查。如果原办案机关是检察院或者法院，那么应当将律师涉嫌犯罪的线索或者证据材料移送同级公安机关，由同级公安机关报上一级公安机关指定管辖。

---

[1] 全国人大常委会法制工作委员会刑法室编著，王尚新、李寿伟主编：《〈关于修改刑事诉讼法的决定〉释解与适用》，人民法院出版社2012年版，第35页。

第十章

法庭纪律，辩护规矩

法庭是人民法院行使审判权的重要场所，是向社会生产和输出正义的地方。如果说法官是正义的化身，那么这种正义的形象便是通过法庭这扇窗口生动地展示出来的。相对于裁判文书所表达的结果公正而言，法庭所传递的更多是一种过程或程序的公正。只有在法庭公正得到保障的情况下，实体公正才有可能实现。法庭公正不仅包括法庭内所进行的个案诉讼活动的公正，也包括法庭规则本身公正合理，而后者又是保障法庭审判活动有序、公正进行的前提。2012年底，最高人民法院《关于适用〈中华人民共和国刑事诉讼法〉的解释》（以下简称2012年《刑事诉讼法解释》，该解释后虽有修改，但本章讨论的问题，并未修改）正式公布。2012年《刑事诉讼法解释》在"公诉案件第一审普通程序"中专设"法庭纪律与其他规定"一节，用10个条文对法庭纪律及衍生问题作出规定。从规定内容来看，具有以下两个方面的特点：一是随着时代的变迁和现代信息技术的发展，对1993年颁布的《人民法院法庭规则》作了补充完善；二是法庭纪律更加严格，且对违反法庭纪律的惩戒措施更趋严厉。最高人民法院借对新《刑事诉讼法》作出司法解释之机，适时对法庭规则作出调整，是针对司法实践中出现的新情况、新问题而作出的具有较强针对性的规定。"近年来，随着现代科技的发展，在有的案件审理过程中，出现诉讼参与人私自录音、录像、摄影和利用邮件、博客、微博等方式报道庭审活动的现象；……甚至有极个别辩护律师严重违反法庭纪律，经多次提醒、训诫仍不服从法庭指挥,以致被依法强行带离法庭,引发了舆论关注。"[1] 法庭规则的完善以及法庭纪律的严格,无疑有助于法庭秩序的维护,从而有利于保障庭审活动的顺利完成。但是,这种自己为自己订立规则的做法似乎有失中立性。[2] 此外,法庭规则不单单是一个法庭纪律的技术问题,它更是一个关涉权利与权力的宪法性问题,涉及多项权利(权力)的冲突和平衡问题。例如,言论自由权与独立审判权、公众知情权与公开审判权、辩护权与法庭指挥权(法庭警察权)等等。因此,法庭规则的制定一定要慎之又慎。尽管最高人民法院正式公布的2012年《刑事诉讼法解释》对有关法庭纪律的争议内容作了修改,但是"法庭纪律与其他规定"的相关规定仍有一些不尽合理之处,主要涉及四个方面的问题:一是关于庭审中发送邮件、博客、微博的问题;二是关于驱逐出庭的问题;三是关于"另案处理"的问题;四是关于辩护人当庭拒绝辩护的问题。以下笔者将分别提出并加以讨论。

一、关于庭审中发送邮件、博客、微博的问题

2012年《刑事诉讼法解释》第249条规定:"法庭审理过程中,诉讼参与人、旁听人员应当遵守以下纪律:……(三)不得对庭审活动进行录音、录像、摄影,或者通过发送邮件、博客、微博客等方式传播庭审情况,但经人民法院许可的新闻记者除外;……"对于该条解释,有以下四个问题值得探讨:

(一)庭审中辩护律师能否发送邮件、博客、微博传播庭审情况

辩护律师在庭审中发送微博、博客的问题始于2011年贵阳小河法院审理的"黎某洪涉黑案"。在本案庭审过程中,有多名辩护律师通过手机发送微博传播法院庭审情况。自此之后,律师庭审中发送

---

[1] 张军、江必新主编:《新刑事诉讼法及司法解释适用解答》,人民法院出版社2013年版,第254页。

[2] 最高人民法院曾在《关于适用〈中华人民共和国刑事诉讼法〉的解释(征求意见稿)》中规定对违反法庭纪律的律师,法院有权给予禁止执业6个月的惩戒。这一规定在社会上曾引发巨大争议,很多人认为这一解释是越权解释,直接违反了《律师法》的规定,最高人民法院有"借机扩权"之嫌。

微博是否合法的问题便引起了法律界人士的热议和最高司法当局的重视。2012年《刑事诉讼法解释》的禁止性规定即是对该问题的正式回应。在2012年《刑事诉讼法解释》公布之后，从笔者调查了解的情况来看，有相当比例的执业律师对此规定持反对态度，认为在目前司法不公、审判权缺乏有效的外部监督以及辩护权得不到保障的情况下，律师通过博客、微博及时报道和揭露法庭上、庭审中发生的违法行为，可以使法院的审判活动接受更广泛的社会监督，从而有利于减少违法审判行为，推动司法公正的实现。而最高人民法院禁止的主要理由是："实践中，个别诉讼参与人当庭利用电脑、手机等'直播'庭审情况，试图引发舆论关注、炒作，制造'舆论压力'，这显然干扰了人民法院依法独立、公正审判。"[1] 看来，最高人民法院也是基于保障"公正审判"的需要才作出如此的限制。为什么两者同样是基于对"司法公正"目标的追求却得出了如此截然相反的结论？这不能不引起我们的思考。虽然在此问题上呈现出"公说公有理、婆说婆有理"的局面，但是如果我们不是满足于理论上的高谈阔论，而是站在超越角色限制的立场，以理性的眼光、务实的态度来审视当下的网络环境和司法生态，那么得出的结论将更具有正当性，也更具说服力。

虽然笔者本人是一名从事学术研究和教学工作的兼职律师，一名专门从事刑事辩护的执业律师，但仍然认为最高人民法院对诉讼参与人的这一禁止性规定并无太多的可指责之处，甚至认为确有限制的必要。主要基于以下理由：

第一，职能分工的需要。刑事法庭是一个由控、辩、审三方构筑的空间，是各方集中实施诉讼行为的场所，在法庭这样一个特殊的场景中，每一诉讼主体按照自己的职能分工（职责）扮演着不同的诉讼角色，从而保证庭审活动的顺利完成。根据《刑事诉讼法》第37条之规定："辩护人的责任是根据事实和法律，提出犯罪嫌疑人、被告人无罪、罪轻或者减轻、免除其刑事责任的材料和意见，

---

[1] 张军、江必新主编：《新刑事诉讼法及司法解释适用解答》，人民法院出版社2013年版，第256页。

≫ 第十章 法庭纪律，辩护规矩

维护犯罪嫌疑人、被告人的诉讼权利和其他合法权益。"即维护被告人的诉讼权利和其他合法权益应当通过提出无罪、罪轻或者减轻、免除其刑事责任的材料和意见来实现，而不是通过其他方式方法。因此，根据职能分工理论，辩护人在庭审中的所有活动都应围绕辩护——无论是实体性辩护还是程序性辩护——展开，从事辩护以外的其他行为，包括发送博客、微博传播诉讼信息的行为，都是违反辩护职能的行为。

第二，有效辩护的需要。有效辩护要求辩护人以敬业负责的精神、缜密严谨的思维、专业精湛的技艺提供高质量的辩护服务，从而成功地说服法官采纳其合理意见，并在法律限度内实现被告人利益的最大化。律师既然"受人之托"就应"忠人之事"。律师应当专注于审判活动，"需要专心应对庭审中的各种情况，对庭审变化作出反应并及时调整庭审策略，律师忙于发送微博，当事人会作何观感"？[1] "诉讼参与人不专注庭审，无疑也有违职业道德，有损当事人的合法权益。"[2] 这也是最高法院反对律师在庭审中发送微博、博客的主要理由。法庭上风云变幻，律师何以可能"一心二用"？因此，律师在庭审中应当将更多的时间、精力用在法庭上，用在充分的举证、质证和法庭辩论以及辩护策略上。将"功夫"更多地用在说服法官上，而非法庭之外对公众的影响上。即便是在共同犯罪案件的审理中，法庭对同案其他被告人的法庭调查、辩论也可能涉及与自己当事人有关的案件事实，从而影响责任认定，这同样需要律师精心准备、认真应对。有人认为，在一名被告人委托两名辩护人参与辩护的情况下，一名辩护人集中参与庭审，另一名辩护人负责发送微博、博客，这样岂不是不会影响辩护效果？笔者认为，这种观点同样不能成立。在有两名辩护人参与辩护的情况下，通常会存在辩护上的分工，表现为一种互补或合作的关系，如果一名辩护人埋头发送微博、博客而无视另一辩护人的辩护意见，那么就可能导

---

[1] 慕鹤："法官认真审案，律师专心辩护，微博直播庭审交给媒体"，载《南方周末》2020年3月15日。

[2] 张军、江必新主编：《新刑事诉讼法及司法解释适用解答》，人民法院出版社2013年版，第256页。

致辩护意见相左,不仅不能形成相互协作的合力,而且会分散辩护焦点,削弱辩护效果。此外,律师在庭审中尤其是在法官或者公诉人发言时,不认真倾听,而是当着法官的面手持手机发送邮件或微博,给人以不尊重法庭的感觉,似有藐视法庭之嫌。

第三,防止内容片面性和"舆论审判"的需要。辩护律师的角色定位决定了它无需对全部案件事实负责,而只需对"有利于"当事人的事实负责,他(她)并不像法官或者检察官那样承担"客观性义务",这说明辩护律师具有明显的"当事人性"。这种"当事人性"决定了其在发送微博、博客时往往会站在自己当事人的立场发表言论,不能恪守客观中立的立场。为了取得社会舆论的同情和支持,通常会有意"放大"或"忽略"某些事实、情节。加之微博这一新兴社交工具字数上的局限性(每条内容不超过140字),使得通过微博传播的信息具有了选择性、不连续性、不完整性的特点,难以客观、真实地反映庭审进行的全过程。内容的片面性和报道的不完整性以及带有主观色彩的情绪化评论一旦在社会上广为传播,很容易误导公众,从而形成"网络围观"和"舆论漩涡"。一旦形成巨大的"舆论漩涡",作为置身其中的法官和法院将很难"独善其身",广州"许霆案"、湖北"邓玉娇案"、西安"药家鑫案"、云南"李昌奎案"反复证明了这一事实。不仅在我国,域外国家和地区,也已经认识到公众过分介入审判活动对司法公正的影响。"在当今的电子时代,公众无限接触刑事审判的弊端和危险变得明显起来:被告人和证人的隐私权受到影响,证人的陈述被希望符合公众的期望,甚至连法庭的审判行为也会受到媒介的可能反应的影响。"[1]一个案件如果受到舆论的广泛关注,那么便会引起上级领导的重视,而这种重视又会通过领导"批示""过问""开会研究""听取汇报"等行政化的形式对法院的独立审判造成影响,从而最终改变裁判的结果和被告人的命运。司法独立是司法公正的根本保证,我们的律师一方面呼唤司法公正,另一方面又试图通过网络舆论来主导法院

---

[1] [德]托马斯·魏根特:《德国刑事诉讼程序》,岳礼玲、温小洁译,中国政法大学出版社2004年版,第135页。

第十章 法庭纪律，辩护规矩

审判、削弱司法公正得以实现的前提——司法独立性。这就陷入了一个恶性循环的怪圈——越是司法不公就越需要借助社会舆论的力量进行监督，而社会舆论的过度介入又会影响法院审判权的独立行使，在审判独立无法得到保障的情况下，又如何实现长久的和普遍的司法公正呢？因此，司法应当远离喧嚣和情绪化的舆论范围，保持应有的理性，这种理性是司法权作为判断权的品质所必须具备的，没有司法的理性，便没有司法的独立性。因此，司法的理性化和司法的独立性，需要包括律师在内的每一个法律共同体成员的共同努力，需要我们精心呵护、培育和大力推进。

第四，保障证言质量和证人安全的需要。证言的真实性和证明力直接决定着案件事实的认定。为了保证证人证言质量，《刑事诉讼法》和 2012 年《刑事诉讼法解释》规定了证人作证的相关规则。例如，《刑事诉讼法》第 52 条规定："……必须保证一切与案件有关或者了解案情的公民，有客观地充分地提供证据的条件。……" 2012 年《刑事诉讼法解释》第 216 条第 2 款规定："证人、鉴定人、有专门知识的人不得旁听对本案的审理。" 受传统法律文化的影响，我国公民的作证意识本来就不强，如果允许律师发送微博、博客向社会传播证人在法庭上的作证情况，那么证人便会因担心身份和作证内容被公开而遭受打击报复，从而不愿意出庭作证或者不愿意如实作证。[1] 证人因心存顾虑就难以保证其"有客观地充分地提供证据的条件"。此外，之所以禁止证人旁听对本案的审理，主要是考虑到证人因受到庭审情况以及其他证人证言等证据的"污染"而不能独立、客观地提供证言，从而降低证言的质量。如果允许律师以微博、博客等手段传播庭审情况，那么证人即使在法庭外也有可能通过手机、电脑等了解到庭审情况，这无异于该证人"旁听了对本案的审理"。在证人尚未出庭作证的情况下，一旦了解了庭审情况，证人便可能会改变先前所提供的证言，以迎合所了解到的庭审情况，也有可能

---

[1] 为了加强对证人的保护，2012 年《刑事诉讼法》第 64 条专门规定了不公开证人、鉴定人、被害人真实姓名、住址和工作单位等个人信息以及采取不暴露外貌、真实声音等出庭作证措施的保护措施。

发生证人之间相互串证的问题。

限制律师当庭发送博客、微博传播庭审情况其实是限制了律师的庭审报道权，在认识到律师庭审报道权所可能带来的上述弊病的同时，也必须看到对该种权利进行限制所带来的问题——审判权因缺乏监督而存在滥用的风险。因此，在律师传播权退出法庭的同时，必须强化其他途径的监督功能，以作为限制律师权利的补偿：一是适当加强专业新闻媒体和旁听群众对庭审的报道权和监督权；二是强化检察官客观义务和对法庭审理活动中违法行为的监督职能。2012年《刑事诉讼法》第209条规定："人民检察院发现人民法院审理案件违反法律规定的诉讼程序，有权向人民法院提出纠正意见。"三是加强审级监督，切实贯彻审级独立原则。

（二）旁听人员能否发送邮件、博客、微博传播庭审情况

2012年《刑事诉讼法解释》对旁听人员同样作出了一律禁止的硬性规定。笔者认为，将旁听人员与辩护律师等诉讼参与人不加区分、一概予以禁止的做法未免太过武断，不利于审判公开原则的贯彻，也无法满足公众知情权和监督权的需要。

第一，与辩护律师不同，旁听人员在法庭中不承担诉讼职能，不存在"一心两用"和违反职业道德的问题。其有充分时间和精力对庭审情况进行实时文字记录并予以发布。

第二，从旁听人员的构成来看，既有当事人的亲朋好友，也有与当事人素不相识、仅是对案件本身感兴趣的普通社会公众，而后者与案件并无利害关系，其完全能够以中立的立场进行客观报道，而不必顾虑像辩护律师那样的偏私性或"当事人性"。

第三，从权利关系和权利来源来看，新闻记者的庭审报道权来源于公众的知情权，既然新闻记者经法庭许可可以以电子邮件、微博、博客的方式传播庭审情况，那么有什么理由拒绝作为公众代表的旁听人员对自己在法庭上的所见所闻予以记录并进行发布呢？也许有人会反驳：新闻记者经许可还可以录音、录像和摄像，是不是旁听人员也可以录像和摄影呢？笔者认为，录像、摄影与发送邮件、博客不同，其对法庭秩序和审判效果的影响更大，不仅在于录像、摄影设备体积较大（尤其是新闻媒体使用的专业设备），往往占据一

第十章 法庭纪律，辩护规矩

定的法庭空间甚至遮蔽法官或旁听人员的视线，而且在于其运行时伴有声响以及闪光灯的耀眼光亮，这些都可能使法官、检察官和诉讼参与人分散注意力。而利用手机、电脑发送邮件、微博就不存在上述问题。因此，对旁听人员录像、摄影进行限制则是必要的。

第四，从审判公开的角度来看，之所以大力推进审判公开制度的实施，就是要解决公众知情权和监督权的障碍，消除司法神秘主义，防止"暗箱操作"。"阳光是最好的防腐剂"，只有公开才有公正。从理论上讲，凡是公开审理的案件，都是允许公众旁听的，但是由于法庭空间的有限性，不可能满足所有有旁听意愿的公众的需要，法院有时不得不采取一定的限制性措施。[1] 然而，对于因相距遥远或工作繁忙而无法前往审判地以及因法庭场所的局限性而无法进入法庭旁听的人员，完全可以通过接收、查阅法庭内旁听人员或者新闻媒体发送的微博、博客来实时了解庭审情况，从而克服上述障碍和局限。可以说，这是一种间接的"旁听审理"，是审判公开原则的题中应有之义，是更高层次的审判公开。这一做法也是贯彻落实十八大精神有关加强权力运行制约监督的具体举措。党的十八大报告明确提出："保障人民知情权、参与权、表达权、监督权，是权力正确运行的重要保证。"可见，保障公众的对庭审活动的知情权、监督权是审判权正确行使的重要保障。

第五，从域外情况来看，对公众能否在法庭内通过微博发布庭审情况，也是经历了由紧到松、逐渐放开的过程。以英国为例，在微博等社交媒体出现以后，与出于保护司法活动而限制媒体对案件的报道类似（例如，手机铃声和相机的闪光灯会打扰正常的庭审秩序；摄影或案件报道会给证人出庭作证造成压力或对陪审团的判断造成影响或造成舆论影响司法的"媒体审判"），在一段时间内，英国法院不允许任何人在法庭内使用微博。2011年2月，英国最高法院制定了有关在法庭内使用微博等实时文字通信工具的指导意见。

---

[1] 1999年最高人民法院发布的《关于严格执行公开审判制度的若干规定》第10条规定："依法公开审理案件，公民可以旁听，但精神病人、醉酒的人和未经人民法院批准的未成年人除外。根据法庭场所和参加旁听人数等情况，旁听人需要持旁听证进入法庭的，旁听证由人民法院制发。……"

该意见规定,除法庭禁止报道的案件之外,公众可以在保证设备安静且不影响法庭秩序的情况下,在法庭内使用微博。目前,苏格兰的法院正考虑取消在法庭内使用微博的限制。[1]

也许有人会提出,既然辩护律师发送微博会影响证人作证甚至导致打击报复证人的后果,那么旁听人员发送微博岂不是面临同样的问题?笔者以为,上述问题可以通过以下两种方案得以解决:一是限制博客、微博报道庭审情况的范围,明确要求旁听人员在发布博客、微博时不得涉及证人的姓名、身份、住址以及作证的内容;二是自庭审开始至进入法庭作证前,将证人在证人室隔离,禁止其使用手机、电脑等通信工具接收、查阅邮件或者访问博客、微博等。

笔者虽然反对对旁听人员发布博客、微博和电子邮件采取完全禁止的"一刀切"的做法,但是考虑到旁听人员中有部分或者全部是被告人或者被害人的亲友,这部分旁听人员在发布庭审信息时很难保持客观冷静,具有明显的偏私性,不仅有可能以偏概全、误导公众,而且有可能通过发布微博、博客对证人施加压力、进行威胁或者引诱、教唆证人作伪证。因此,对作为当事人亲友的旁听人员,其发布博客、微博、电子邮件必须事先取得法庭的许可;而对其他旁听人员则无需取得法庭的许可。2011年12月14日,英格兰及威尔士的首席大法官贾奇发布了新的有关庭审实时文字报道的正式指导意见。该意见规定普通公众向法院提出正式的书面申请或者口头的非正式申请获准之后,方可在法庭内发布微博。这主要是考虑到,在个别案件中,使用微博对案件进行报道,会对证人和陪审团造成不良影响,或者过多的电子设备的使用会对法庭内的相关电子设备造成干扰,所以法庭有权限制设备数量以及随时收回许可。[2]

(三) 新闻记者发送邮件、博客、微博的许可与限制

虽然2012年《刑事诉讼法解释》对诉讼参与人、旁听人员发送微博、邮件的行为作出了禁止性规定,但是对新闻记者却作了例外规定,即"经人民法院许可的新闻记者除外"。也就是说,人民法院

---

[1] 葛峰:"英国法院如何应对微博时代",载《南方周末》2012年3月23日。
[2] 葛峰:"英国法院如何应对微博时代",载《南方周末》2012年3月23日。

≪ 第十章 法庭纪律，辩护规矩

对新闻记者能否在庭审中发送博客、微博、邮件的行为拥有自由裁量的许可权。笔者认为这一规定有值得商榷之处。其一，如上所述，发送邮件、博客与摄影、录像不同，一般是在静音状态下进行的，不会对法庭审理秩序造成干扰，因此不应像限制录像、摄影那样限制新闻记者使用微博、博客；其二，新闻从业者一般都受过较好的专业训练，积累了较为丰富的报道经验，并且受到职业道德和职业纪律的约束，因此能够客观准确地报道案件情况，传递庭审信息；其三，从域外情况来看，我们仍以英国为例，对新闻记者在庭审中发布微博，从一开始的绝对禁止到2010年出台临时性指导意见，规定记者在申请法庭许可后，可以在法庭内发布有关案件情况的微博，再到2011年12月14日，贾奇法官发布新的有关庭审实时文字报道的正式指导意见，规定记者和法律评论员无需申请即可在法庭内发布微博报道案件信息。[1] 英国法院对新闻记者法庭内发布微博的态度转变可以给我们以启发。综上所述，笔者认为，新闻记者通过发送邮件、微博、博客报道庭审情况的行为不必经过申请和法院许可，如此可以保障新闻记者更好地履行司法报道权和舆论监督权。

从应然角度以及长远改革来看，应当取消"经过许可"的限制性规定。但是，规则既出就应付诸实施。笔者拟就"经人民法院许可的新闻记者除外"的规定在实践中可能遇到的问题谈几点看法，希望以此规范许可权并推动其公正行使。

第一，关于许可权的行使主体。2012年《刑事诉讼法解释》规定许可主体为"人民法院"，但是究竟由谁来代表人民法院作出许可决定则语焉不详。是法院院长还是审判委员会抑或是法院宣传部门的负责人？这关乎新闻记者向何人、何组织提出申请的问题。

第二，许可的对象和条件。许可对象为"人民法院许可的新闻记者"，2012年《刑事诉讼法解释》采用这种表述方式总体上给人以"差别待遇"的不公平感觉。对照1993年《人民法院法庭规则》（已失效）第10条的规定"新闻记者旁听应遵守本规则。未经审判长或者独任审判员许可，不得在庭审过程中录音、录像和摄影"。这

---

[1] 葛峰："英国法院如何应对微博时代"，载《南方周末》2012年3月23日。

一规定不仅许可权的主体明确,而且能体现出对新闻记者在规则面前"一视同仁"以及法庭报道权上的平等性。对于2012年《刑事诉讼法解释》中的规定,人们不禁要问"经人民法院许可的新闻记者"究竟是哪些记者?同样是"新闻记者",同样享有新闻报道权,为什么有的能够获得许可而有的则不被许可,许可与否的标准和条件是什么?如果这一问题得不到解决,不但会招致被拒绝的新闻记者的抱怨和不满,而且被许可的新闻记者也很难被指望能够进行客观、公正的报道以及敢于真正行使舆论监督权。在公开、公正的许可标准和条件出台之前,建议法院在提出申请的新闻记者中随机抽取,这不失为一种相对公平的解决方案。

第三,许可的案件范围。2012年《刑事诉讼法解释》对此并未作出明确规定,笔者以为凡是法院公开审理的案件,新闻记者提出庭审报道要求的,法院原则上都应予以许可。对于有重大影响、社会各界比较关注的案件,更应当保障新闻记者对庭审情况的传播报道权。在新兴媒体高度发达的时代,网络上充斥着各种真假难辨的信息,尤其是网络谣言会以极快的速度广泛传播,误导公众的判断。"谣言止于真相",为此,法院应当进一步公开案件审理情况,允许更多的新闻媒体以微博、博客等方式报道庭审实况。

(四)禁止发送邮件、博客、微博规定的技术执行难题

一个制定得完美的规则未必能够得到完美的执行,而一个得不到执行的规则只能流于一种口号式的宣言。2012年《刑事诉讼法解释》虽然明确禁止诉讼参与人、旁听人员通过发送微博、博客等方式传播庭审情况,但其能否得到正确执行尚面临着技术操作上的难题。根据对2012年《刑事诉讼法解释》第249条第(三)项规定文本的文义解释:首先,法院并不限制旁听人员、诉讼参与人在庭审中携带或者使用手机(调至静音状态);其次,法院也不禁止诉讼参与人、旁听人员在庭审中发送邮件、博客、微博等,法院所禁止的是对"庭审情况"通过邮件、微博等进行传播。这就带来了一个问题,那就是法庭在庭审的有限时间内何以知晓并判断出旁听人员、诉讼参与人发送的是有关"庭审情况"的信息?为此,在实践中,有的法院采取了粗暴、简单的处理方式,例如对旁听人员在安检时

暂扣其手机，禁止参与人在法庭上使用电脑，或者采取屏蔽、干扰法庭电子信号的措施。然而，这种处置方法虽然将"复杂的问题简单化"，客观上有利于维护法庭纪律，但是这种做法不仅违反了2012年《刑事诉讼法解释》的规定，而且侵犯了律师正当的执业权利和公民的私权利。最高人民法院有关权威人士在对2012年《刑事诉讼法解释》的适用解答中也指出："司法实践中，部分辩护律师等诉讼参与人经常需要携带笔记本电脑、平板电脑等进入法庭，以进行法规查询等工作。这些笔记本电脑、平板电脑等是办案工具，应当允许诉讼参与人带入法庭。但是，这些电子设备也具有录音、录像、摄影或者发送邮件、博客、微博客的功能，诉讼参与人不得通过发送邮件、博客、微博客等方式传播庭审情况。"[1] 既然允许诉讼参与人和旁听人员携带电脑并在法庭内适用，但又不允许传播庭审情况，这样的规则该如何从技术层面进行操作，看来需要认真研究。

二、关于驱逐出庭的相关问题

驱逐出庭，并非我国法律和司法解释上的规范性用语，而是外国法中和我国民间一种习惯性的通俗表达方式。在我国规范性文件和法律中与此相对应的概念是"责令退出法庭"和"强行带出法庭"。[2] 2012年《刑事诉讼法解释》第250条规定："法庭审理过程中，诉讼参与人或者旁听人员扰乱法庭秩序的，审判长应当按照下列情形分别处理：（一）情节较轻的，应当警告制止并进行训诫；（二）不听制止的，可以指令法警强行带出法庭；……"驱逐出庭是法庭警察权行使的典型表征。笔者认为有必要对其中的一些问题

---

[1] 张军、江必新主编：《新刑事诉讼法及司法解释适用解答》，人民法院出版社2013年版，第257页。

[2] 例如，1993年《人民法院法庭规则》（已失效）第11条规定："对于违反法庭规则的人，审判长或者独任审判员可以口头警告、训诫，也可以没收录音、录像和摄影器材，责令退出法庭或者经院长批准予以罚款、拘留。"2012年《刑事诉讼法》第199条第1款规定："在法庭审判过程中，如果诉讼参与人或者旁听人员违反法庭秩序，审判长应当警告制止。对不听制止的，可以强行带出法庭；……"

再作进一步讨论。[1]

(一) 如何界定"扰乱法庭秩序的行为"?

驱逐出庭适用的前提条件是"扰乱法庭秩序",但是何谓扰乱法庭秩序以及哪些行为属于扰乱法庭秩序的行为似乎并不明晰。2012年《刑事诉讼法解释》第249条以列举的方式规定了五项诉讼参与人、旁听人员应当遵守的法律纪律,其中的第(五)项规定"不得实施其他扰乱法庭秩序的行为"。这类似于一个"等"字,是一个兜底条款。这样语焉不详的规定无疑给了法官相当大的自由解释的空间,不但不能给诉讼参与人和旁听人员以心理预期和行为指引,而且为法官动辄训诫甚至驱逐其不喜欢的人(尤其是辩护律师)提供了借口。

从2012年《刑事诉讼法解释》第249条规定的表述来看,是将违反法庭纪律的行为等同于扰乱法庭秩序。笔者认为,两者之间并不能完全画等号,在性质上是有所区别的。有些违反法庭纪律的行为并不必然引起法庭秩序的混乱,甚至不干扰和影响庭审的正常进行。例如,未经许可在法庭内发送邮件、微博传播庭审情况。在一些情况下,诉讼参与人即便是没有遵守"服从法庭指挥"的法庭纪律,也未必会达到"扰乱法庭秩序"甚至被驱逐出庭的程度。蔡墩铭教授即认为:"如果仅仅诉讼关系人不听诉讼指挥,尚不能认为法庭秩序遭受妨害,实不得行使法庭警察权,盖审判长不可借法庭警察权之行使,以迫使诉讼关系人更服从其诉讼指挥,否则其所收之效果每每适得其反。"[2] 依笔者之见,只有严重违反法庭纪律的行为才可能构成"扰乱法庭秩序"。在认定"扰乱法庭秩序"时,除了要看客观上是否引起法庭秩序混乱以及庭审难以继续进行下去等外部标准外,还要考察行为人主观上是否具有扰乱法庭秩序并造成法庭混乱的故意。在实践中,应当注意区分未经审判长许可和在审判长制止情况下的发言、陈述和辩解以及就庭审程序违法问题提出

---

[1] 韩旭:"辩护律师被驱逐出庭的程序法理思考",载《郑州大学学报(哲学社会科学版)》2013年第1期。

[2] 蔡墩铭:《刑事审判程序》,五南图书出版公司1992年版,第54页。

≪ 第十章 法庭纪律，辩护规矩

异议、表达不满的言论与扰乱法庭秩序行为的区别，也不能将律师在庭审过程中因情绪激动而发表言辞激烈的言论视为扰乱法庭秩序的行为。

(二) 公诉人可否成为驱逐出庭的对象

我国法律和司法解释规定的驱逐出庭的适用对象是两类人：一是诉讼参与人；另一类是旁听人员。根据《刑事诉讼法》第108条第（四）项之规定，诉讼参与人是指当事人、法定代理人、诉讼代理人、辩护人、证人、鉴定人和翻译人员。显然，该条款将出庭的公诉人排除在外。但是，无论是在理论上还是在实践中，公诉人完全有可能构成违反法庭纪律、扰乱法庭秩序的主体。[1] 在立法和司法解释未将公诉人作为法庭规则和法庭纪律规制对象的情况下，又何谈违反纪律后的惩戒措施？法庭规则不能约束公诉人，从下述三个方面可以得到解释：其一，我国检察机关是法律监督机关，检察官是代表国家行使检察权的主体，而非英美对抗制下的诉讼当事人（诉讼原告）。不仅如此，检察官还享有一系列法律监督权，包括对法庭审判活动的监督权。[2] 一个对庭审活动享有法律监督权的主体怎么可能反过来接受法庭的监督呢？其二，在制度设计上，基于对检察官作为"法庭官员"或者"司法官员"遵章守纪、个人自律的道德信赖，无需通过规则加以限制。其三，在控、辩、审三方构成的庭审格局中，公诉人所承担的控诉职能具有启动庭审和推动程序进行的功能。按照"不告不理"的原则，没有公诉就没有审判。离开了公诉人的配合，庭审便无法完成。正是庭审对公诉人这一角色的不可或缺性决定了其即使违反法庭纪律也不可能被驱逐出庭。

然而，公诉人作为实际的诉讼参与人，在日趋竞技化的法庭上同样存在着对法庭"游戏规则"的遵守、维护问题。如果规则只是

---

[1] 例如，1993年《人民法院法庭规则》（已失效）第5条规定："审判人员进入法庭和审判长或者独任审判员宣告法院判决时，全体人员应当起立。"但是，1996年修改后的《刑事诉讼法》实施后，曾经发生有些地方的公诉人在法庭上拒绝起立的问题。这是不是违反了法庭规则呢？

[2] 2012年《刑事诉讼法》第203条规定："人民检察院发现人民法院审理案件违反法律规定的诉讼程序，有权向人民法院提出纠正意见。"

对诉讼的其中一方（辩护方）制定的，那么不仅有违"控辩平等"原则，而且是对辩护方的歧视。在日本，"法庭警察权的对象是在法庭的所有人员"。[1]《俄罗斯刑事诉讼法典》第257条有关审判庭的秩序规定："法警保持审判庭的秩序，执行审判长的命令。法警维持审判庭秩序的要求对于出席审判庭的所有人员均有强制力。"[2] 从域外规定来看，并不因为公诉人代表国家行使控诉职能而对其"网开一面"，法庭纪律对公诉人与辩护人一视同仁，他们均有遵守法庭规则和维护法庭秩序的义务。

为了实现法庭上的控辩平等，同时为了提升审判权威、维护司法尊严，有必要将法庭纪律和法庭规则同时适用于公诉人。当公诉人不服从法庭指挥、严重违反法庭纪律时，审判长有权对其予以训诫，甚至将其驱逐出庭。当出庭公诉人被驱逐出庭后，法院应向其所在的检察院检察长进行通报，建议检察长另行指派公诉人出席法庭。《俄罗斯联邦刑事诉讼法典》第258条（对扰乱审判庭秩序的处罚措施）第2款规定："公诉人或者辩护人不服从审判长的指令时，如果用其他人代替他们会损害刑事案件的诉讼，则刑事案件的听审可以根据法院的裁定或裁决延期进行。同时，将此情况分别通知上级检察长或律师协会。"[3]

（三）被告人被驱逐出庭后的程序设置问题

被告人乃当事人，是主要的诉讼参与人，如果其在出庭受审时扰乱法庭秩序致使庭审无法正常进行，也会遭到驱逐出庭的惩戒。由于我国刑事诉讼程序没有规定缺席审判制度，在实践中，即使出现被告人扰乱法庭秩序的情况，法庭通常也不会采取驱逐出庭措施。要么是当庭训诫并予以制止，要么是在短暂的休庭后对被告人进行教育。例如，法官会告知被告人其在法庭上的表现或者态度将会作

---

[1] [日] 田口守一：《刑事诉讼法》（第5版），张凌、于秀峰译，中国政法大学出版社2010年版，第224页。

[2] 《俄罗斯联邦刑事诉讼法典》（新版），黄道秀译，中国人民公安大学出版社2006年版，第227页。

[3] 《俄罗斯联邦刑事诉讼法典》（新版），黄道秀译，中国人民公安大学出版社2006年版，第228页。

≪ 第十章 法庭纪律，辩护规矩

为量刑时考虑的一个因素，从而达到教育目的，以取得被告人的配合。从国外立法例来看，刑事诉讼法大都规定了被告人因扰乱法庭秩序被驱逐出庭后的庭审程序。例如，《德国刑事诉讼法典》第231条b规定："因为违反秩序的行为，被告人被带离审判庭或者拘押的时候，如果法庭认为他的继续在场并非必要不可，他的在场对审判进程甚至有带来严重影响之虞，可以无被告人的审判。在任何情况下，对被告人都要给予就公诉表示意见的机会。一旦准许被告人重新出庭，如果此时尚未开始宣布判决的，审判长应当对他告知他缺席时进行的审判的主要情况。"[1]《法国刑事诉讼法典》第322条规定："如被告人本人扰乱秩序，被驱逐出审判庭之后，交公共力量看守，直至庭审结束，以听候法院处理。每次庭审之后，由重罪法庭书记员向没有出庭的被告人宣读庭审笔录，以及向其送达检察院的公诉意见书副本和法庭作出的判决。此种判决视同对席判决。"[2]《俄罗斯联邦刑事诉讼法典》第258条第3款规定："受审人扰乱审判庭秩序的，可以勒令退出审判庭，直至控辩双方辩论结束。但在这种情况下他仍然有权进行最后陈述。在这种情况下，刑事判决应在受审人在场时宣读或在宣读后立即向他宣布，由他本人签收。"[3]尽管上述国家的立法规定各有不同，但我们仍可以发现一些共同特点：一是均设立了缺席审判制度，即在被告人因被驱逐出庭而缺席的情况下庭审继续进行。二是在被告人缺席的情况下，其基本的诉讼权利仍需要予以保障。例如，德国和法国均要求保障被告人的辩护权、缺席期间庭审情况知悉权，俄罗斯则要求保障被告人的最后陈述权。三是宣告判决时被告人应当在场。

我国《刑事诉讼法》和司法解释已经赋予了审判长将扰乱法庭秩序的被告人驱逐出庭的权力，但是驱逐出庭之后怎么办？能否在被告人缺席的情况下继续进行审判？是否允许其重返法庭？何时可以重新回到法庭？返回法庭后的程序如何进行？缺席期间的权利如

---

[1]《德国刑事诉讼法典》，李昌珂译，中国政法大学出版社1995年版，第97页。
[2]《法国刑事诉讼法典》，罗结珍译，中国法制出版社2006年版，第239~240页。
[3]《俄罗斯联邦刑事诉讼法典》（新版），黄道秀译，中国人民公安大学出版社2006年版，第228页。

何保障？如果这些问题不明确，那么即使法官拥有这项权力，其也不敢大胆行使，因为其不知道将被告人驱逐出庭后继续进行庭审是否违法。因此，在规定一项制度时必须做到相关配套制度的跟进。为了弥补立法和 2012 年《刑事诉讼法解释》的漏洞，建议最高人民法院通过制定专门的司法解释对被告人被驱逐出庭后的相关程序问题予以明确。其一，应当确立被告人被驱逐出庭后的缺席审判制度。这既有助于及时、有力地维护法庭秩序也不至于降低庭审的效率，有效避免审判的过分拖延或者迟缓。在被告人被驱逐出庭后应当送法院候审室临时羁押，由法警看管。其二，审判长拥有对被告人重返法庭时间的裁量权。在上述三个国家中，德国法没有明确被告人重新回到法庭的具体时间，俄罗斯联邦法规定在法庭辩论结束前，法国法规定直至庭审结束。可见，法国最为严格，德国相对来说较为宽松，具有一定的灵活性。我国不宜采取法国做法，可以将德国和俄罗斯的做法结合起来，规定至迟在法庭辩论结束后、最后陈述前让被告人重返法庭。在法庭辩论之前的审理程序中，如果被告人经教育表示悔改并保证不再继续扰乱法庭秩序的，审判长可行使裁量权，随时令其到庭接受审理。其三，保障被告人最低限度的诉讼权利。在被告人重新回到法庭后，审判长应当告知其缺席期间的庭审情况，尤其是程序进展、公诉人发表公诉意见情况、关键证人的证言以及鉴定意见，并让其针对公诉意见进行自我辩护、征询其对证人证言和鉴定意见的意见。其四，在由辩护人参与辩护的案件中，在被告人缺席期间允许辩护人代为行使诉讼权利，与被告人亲自行使产生同样的法律效力，但明显损害被告人利益的除外。

（四）辩护人被驱逐出庭后被告人仍要求其继续辩护的处理

2012 年《刑事诉讼法解释》第 253 条规定："辩护人严重扰乱法庭秩序，被强行带出法庭或者被处以罚款、拘留，被告人自行辩护的，庭审继续进行；被告人要求另行委托辩护人，或者被告人属于应当提供法律援助情形的，应当宣布休庭。"本条是关于辩护人因扰乱法庭秩序被驱逐出庭或被拘留的情况下被告人辩护权的保障规定。在辩护人缺席的情况下，根据该规定，被告人要么"自行辩护"，要么"要求另行委托辩护人"辩护。但是，2012年《刑事诉讼法解释》却回避了实践中还可能出现的第三种情形。即被告人既不愿意自行辩护也不要求另行委托辩护人，而是基于对该辩护人的信赖，仍要求其继续为自己辩护。对于一旦出现此种情形该如何处理，2012年《刑事诉讼法解释》未给出答案。最高人民法院相关人士对此的解释是：原辩护人不得继续行使辩护权。主要理由有两个方面：一是更好地维护被告人权益。在刑事诉讼中，辩护人没有独立的权益，其所享有的权利都是为了更好地维护被告人的合法权益。而辩护人严重违反法庭纪律，给审判人员留下了不好印象，由其继续辩护，不利于维护被告人的合法权益。二是更好地维护法庭秩序。辩护人严重违反法庭纪律，继续担任辩护人，无益于对法庭秩序的维护。[1] 然而，在笔者看来，上述理由缺乏论证、难以服人。

第一，由原辩护人继续辩护可以更好地维护被告人的合法权益。在大多数情况下，那些所谓"严重违反法庭纪律"而被驱逐出庭的辩护人多是一些"舍身求法"、敢于"真辩"的律师，他们为了捍卫当事人的正当权利不惜"得罪"法官大人，这样的辩护人才是对当事人利益认真负责、值得当事人信赖和尊重的人。当事人与辩护人之间良好的信赖关系是辩护活动得以开展的前提条件。最高人民法院相关人士所谓的"辩护人严重违反法庭纪律会给审判人员留下不好印象"，因此"由其继续辩护，不利于维护被告人的合法权益"。对此，笔者不禁要问：法官审理案件、定罪量刑究竟是依据事实、法律还是凭个人"印象"？辩护人违反法庭纪律与被告人何干？为什么要把不利益的后果转嫁给被告人承担？排除偏见乃公正审判的基本要求、责任自负原则乃基本的法律常识，我想我们的法官不可能不明白这些道理。此外，由于原辩护人已经进行了会见、阅卷甚至调查取证等充分的前期准备工作，对案情和争议焦点更为熟悉，因此辩护更具有针对性和实效性。反之，如果拒绝原辩护人继续辩

---

[1] 张军、江必新主编：《新刑事诉讼法及司法解释适用解答》，人民法院出版社2013年版，第259~260页。

护而另行委托辩护人,根据 2012 年《刑事诉讼法解释》第 256 条的规定,[1] 新任辩护人最长只有 15 天的辩护准备期限,这对于疑难、重大、复杂的案件来说在时间上未免显得过于仓促。

第二,由原辩护人继续辩护并非不利于法庭秩序的维护。尽管原辩护人因违反法庭纪律被带离法庭,但是通过庭外对辩护人的训诫和教育,辩护人完全有可能认识到自己在法庭上言行的不当并表示改正。在被告人作出保证不再违反法庭纪律的情况下,其扰乱法庭秩序的危险性已经消除,此时其回到法庭继续辩护并不存在"无益于法庭秩序的维护"的问题。法庭警察权的行使应当本着谦抑原则和必要性原则,在辩护人已经悔改的情况下,实无必要再将其驱逐于外。

第三,法庭拒绝原辩护人继续辩护是公权对私权的侵犯。在委托辩护中,当事人与辩护人之间既然签订了辩护委托协议,就存在着私法上的民事合同法律关系。这种合同关系同样具有法律效力,应当受到法律的保护。但是,在被告人仍然要求辩护人继续辩护的情况下,如果禁止已无扰乱法庭秩序危险的辩护人参与辩护,那么将涉嫌公权对私权的侵犯,同时也是不尊重被告人辩护权(委托辩护权)的体现。

第四,由原辩护人继续辩护有利于提高庭审效率、节约司法成本。辩护人经教育改正后重返法庭辩护可以避免由休庭另行委托或者指定辩护人导致的庭审拖延、效率低下的问题。同时也节约了被告人因另行委托辩护人所需支付的二次律师费用。此外,如果另行委托或指定辩护人,新任辩护人仍需要重新阅卷、会见,这无疑增加了法院、看守所的工作负担和劳动时间。

根据以上理由,笔者认为,在被告人既不愿意自行辩护(很多情况下是无力自行辩护)也不要求另行委托辩护人,而是主张辩护人继续辩护的情况下,如果被驱逐出庭的辩护人愿意悔改并保证不

---

[1] 2012 年《刑事诉讼法解释》第 256 条规定:"依照前两条规定另行委托辩护人或者指派律师的,自案件宣布休庭之日起至第十五日止,由辩护人准备辩护,但被告人及其辩护人自愿缩短时间的除外。"

再违反法庭纪律，法庭应当允许该辩护人重返法庭继续辩护。

三、关于"另案处理"问题

2012年《刑事诉讼法解释》第254条规定第2款规定："有多名被告人的案件，部分被告人拒绝辩护人辩护后，没有辩护人的，根据案件情况，可以对该被告人另案处理，对其他被告人的庭审继续进行。"最高人民法院在《刑事诉讼法》没有规定的情况下以司法解释的形式创设了一种新型的案件处理方式——另案处理。另案处理涉及案件审理程序的变更和审理方式的变化（将共同犯罪案件由一案分割为数个案件进行审判），与延期审理、中止审理在性质上类似，均属于基本程序事项，因此应当由法律作出规定。

最高人民法院在由多名被告人参加的共同犯罪案件的审判中创设"另案处理"方式，其初衷可能是考虑到不能因个别或少数被告人需另行委托辩护人而影响整个案件的审判效率，希望通过"另案处理"的方式将该部分被告人分流出来，单独分案审理。笔者认为，该规定可能损害被告人的权利，影响审判的公正性。

第一，"另案处理"的适用条件不明确。从2012年《刑事诉讼法解释》的规定来看，应当具备三个条件：有多名被告人的案件；被告人拒绝辩护人辩护后没有辩护人；根据案件情况。前两个条件都容易理解和把握，关键是后一个条件"根据案件情况"，究竟是根据案件的什么情况？这给法官留下了自由解释的空间。

第二，"另案处理"的决定主体不清。当案件需要"另案处理"时，谁有权决定案件是"一并审理"还是"另案处理"？是由审判长还是合议庭抑或是庭长、院长决定。

第三，一系列程序问题亟待解决。对于"另案处理"的案件是由原合议庭进行审理还是另行组成合议庭进行审理？原来采用普通程序审理的案件在"另案处理"后可否采用简易程序审理？在"另案处理"的情况下审限如何计算？是重新计算审限还是按照原来案件的审限计算？在另行委托的辩护人参与诉讼后，原来已经进行的审判程序是否有效？已经出庭作证的证人或出示的证据是否需要重新出庭作证或者重新出示？法庭审理是否需要从头开始？检察机关是否需要重新起诉或者变更起诉？如果认为原指控的罪名不准确，是否允许在另案处理的过程中予以变更？法院是否需要重新登记立案？案号如何确定？

第四，被告人的程序权利和实体权利可能会受到损害。在程序权利方面，被告人的对质权和辩护律师的阅卷权都会受到影响。由于将同案审理的被告人人为地分开，同案被告人之间的对质权将难以实现。2012年《刑事诉讼法解释》第199条规定："讯问同案审理的被告人，应当分别进行。必要时，可以传唤同案被告人等到庭对质。"从该规定来看，只有在"同案"情况下才存在对质的问题，而一旦另案处理，对质权便无法得到保障。对共同犯罪而言，被告人之间的当庭对质对查明案件事实而言意义重大，尤其是对相互推卸责任的共同犯罪案件而言更是如此。因此，从这一意义上看，"另案处理"的做法未必有利于查明案件事实。就辩护律师的阅卷权来看，由于以前是"同案审理"，辩护律师在阅卷时可以查阅到全部的案件材料，而在"另案处理"的情况下，案卷材料可能被另立，新任辩护人就无法像以前一样看到整个案卷材料，这在一定程度上限制了辩护律师的阅卷权。

在实体权利方面，通过"另案处理"的方式还可以规避证据规则的适用，使得对被告人的定罪变得更加容易，从而增加了错误定罪的风险。例如，2012年《刑事诉讼法》第53条规定："……只有被告人供述，没有其他证据的，不能认定被告人有罪和处以刑罚；没有被告人供述，证据确实、充分的，可以认定被告人有罪和处以刑罚。"在同案审理的情况下，各被告人的口供在性质上均被视为"被告人供述"，而在被告人被"另案处理"的情况下，继续审理的案件中的被告人供述对"另案处理"的案件来说，在性质上转化为了"证人证言"，可以此来证明另案处理的被告人的犯罪事实。尤其是在前案已经作出有罪生效判决的情况下，前案当中被告人供述的证明力更强，而对另案处理的案件的影响也会更大，一旦前案判决出现错误，另案处理的案件也有可能随之出现错误。此外，如果前案和另案不是由同一审判组织进行审理，还有可能出现前后判决不一致的问题，从而损害司法权威和法律尊严。

第五,增加诉讼成本、浪费司法资源。当被告人被"另案处理"时,不仅法院面临二次开庭的问题,检察院也面临二次出庭的问题,不仅案件"一分为二",而且案卷也要"一分为二",因为案卷是案件的物质载体。在技术操作上,法院有可能将原同案审理的案卷材料中与另案处理的被告人有关的材料复印、复制,然后整理成卷,用以对另案处理的案件进行审理,这无疑加大了法院的诉讼成本。另外,被害人、证人、鉴定人等诉讼参与人在同案审理的情况下通常只需要一次性出庭履行其诉讼职能,而在另案处理的情况下,仍需要出庭陈述、作证或者提供意见,从而增加了诉讼负担。对一些案件的被害人而言,二次出庭无疑是受到"二次伤害"。

四、关于辩护人当庭拒绝辩护的问题

(一)有关辩护人拒绝辩护的规定属有待商榷

2012年《刑事诉讼法解释》第255条规定:"法庭审理过程中,辩护人拒绝为被告人辩护的,应当准许;……"该规定实际上是赋予了辩护人不受限制的拒绝辩护权。而我国《律师法》第32条第2款规定:"律师接受委托后,无正当理由的,不得拒绝辩护或者代理。但是,委托事项违法、委托人利用律师提供的服务从事违法活动或者委托人故意隐瞒与案件有关的重要事实的,律师有权拒绝辩护或者代理。"此外,《律师法》第48条还对律师接受委托后无正当理由拒绝辩护规定了法律责任,即"由设区的市级或者直辖市的区人民政府司法行政部门给予警告,可以处一万元以下的罚款;有违法所得的,没收违法所得;情节严重的,给予停止执业三个月以上六个月以下的处罚"。可见,我国立法对律师拒绝辩护不仅有条件的限制,而且对违反者还规定了较为严厉的处罚措施。法律明确规定只有在具备"正当理由"的情况下律师才可以拒绝辩护。所谓"正当理由",主要是指出现如下的法定情形:其一,委托人的委托事项违法,如委托人委托律师毁灭、伪造证据或者为其串供、威胁引诱证人改变证言作伪证等等。其二,委托人利用律师提供的服务从事违法活动,如委托人让律师办"关系案""金钱案"等等。其三,委托人故意隐瞒与案件有关的重要事实。律师代理委托事务的基础

是充分了解委托事务的事实情况。如果委托人故意隐瞒与案件有关的重要事实，律师将无法开展工作，在此情况下，律师可以拒绝辩护或者代理。[1] 在辩护人拒绝辩护问题上，最高人民法院的2012年《刑事诉讼法解释》与《律师法》规定冲突。在辩护律师拒绝辩护问题上，实践中仍应当执行《律师法》的规定而非2012年《刑事诉讼法解释》的规定。

（二）对律师拒绝辩护权进行限制是域外的普遍做法

很多国家和地区都规定律师只有在特定情况下才可以拒绝辩护。例如，美国律师协会制定的《美国律师协会职业行为示范规则》第1.16条（谢绝或终止代理）中规定，律师在下述情况下才可以拒绝代理（辩护）：律师丧失为委托人提供代理所需的体力或者智力；委托人利用律师的服务从事犯罪或者欺诈活动；委托人不能履行对律师承担的同代理有关的义务或者使律师负担不合理费用；等等。此外，一些国家和地区对指定辩护中的律师拒绝辩护问题还作出了特别规定。例如，《日本律师法》第24条规定，律师如果没有正当理由，对依据法令由官公署所嘱托的事项以及依据会章的规定或日本律师联合会所指定的事项，不得拒绝办理。

（三）辩护人当庭任意拒绝辩护的危害

辩护人任意拒绝辩护的危害有以下三个方面：一是损害被告人的辩护防御权，恶化其诉讼地位。尤其是在有多名被告人的共同犯罪案件中，如果部分辩护人当庭拒绝辩护，那么这部分被告人相对于有辩护人帮助的被告人来说在诉讼中将处于相对不利的境地，其辩护防御能力将大大降低。为了保护被告人的利益免受律师退出辩护的影响，美国律师协会制定了更加严格的规则。根据《美国律师协会职业行为示范规则》的规定，律师必须遵守要求在终止代理时通知裁判庭或者得到裁判庭的允许的现行法律。如果裁判庭命令律师继续代理，则尽管存在着终止代理的正当理由，律师仍应当继续代理。例如，在一些情况下，如果律师退出代理会给委托人的利益

---

[1] 全国人民代表大会常务委员会法规工作委员会编，王胜明、赵大程主编：《中华人民共和国律师法释义》，法律出版社2007年版，第101~102页。

第十章 法庭纪律，辩护规矩

带来严重不利影响，即使继续代理会给律师造成很大的困难，法院也不会批准律师退出代理。[1] 二是影响诉讼效率，造成审判拖延。在辩护人当庭拒绝辩护的情况下，如果被告人要求另行委托辩护人，那么依照 2012 年《刑事诉讼法解释》的规定，法庭就应当宣布休庭，给予被告人重新委托辩护人以及辩护人准备辩护的时间。在有多名被告人的案件中，如果辩护人拒绝辩护，还可能存在对部分被告人"另案处理"的问题。另外一个应引起重视的问题是，在有多名辩护人的共同犯罪案件中，如果对辩护人拒绝辩护不加以必要的限制，可能会出现辩护人之间相互"串通"，分别通过拒绝辩护权的行使来拖延法庭审理的情况，从而使案件久拖不决。这一切必然会导致审判的迟缓，严重影响诉讼效率。三是不利于鼓励律师履行法律援助义务。在指定律师进行辩护的案件中，指定的律师当庭拒绝辩护还涉及法律援助义务的履行问题。从 2012 年《刑事诉讼法解释》第 254、255 条的规定内容来看，"辩护人拒绝为被告人辩护的，应当准许"。这里的辩护人，既包括委托辩护人，也包括提供法律援助案件中的指定律师。如果允许被指定的律师没有正当理由拒绝辩护，不仅某些特殊被告人的辩护权得不到及时、有效的保障，而且律师因违反法定义务须承担相应的法律责任。我国《律师法》第 42 条规定："律师、律师事务所应当按照国家规定履行法律援助义务，为受援人提供符合标准的法律服务，维护受援人的合法权益。"第 47 条规定：律师拒绝履行法律援助义务的，"由设区的市级或者直辖市的区人民政府司法行政部门给予警告，可以处五千元以下的罚款；有违法所得的，没收违法所得；情节严重的，给予停止执业三个月以下的处罚"。因此，2012 年《刑事诉讼法解释》有关辩护人拒绝辩护的规定与法律严重抵牾，使得承担法律援助义务的律师在刑事法庭上可以轻易地逃避责任和义务。

综上，鉴于 2012 年《刑事诉讼法解释》第 255 条与《律师法》

---

[1] 参见《美国律师协会职业行为示范规则》第 1.16 条第（c）款规定，转引自王进喜：《美国律师职业行为规则理论与实践》，中国人民公安大学出版社 2005 年版，第 135 页。

的冲突，笔者建议最高人民法院尽快修正该规定，在规定修正以前暂停其实施，在辩护人拒绝辩护问题上，仍应以《律师法》第 32 条的规定为准执行。

第十一章

客观义务，实质辩护

检察官客观义务不仅是一种理论，更应是一种制度和技术装置，这一制度安排既对检察官执行职务提出了更高的要求，也使检察官在行使权力时面临前所未有的挑战。一方面要求检察官积极有效地检控犯罪，另一方面又要求其切实维护被追诉人的实体权利和程序权利，将两种相互对立的职能集于一身，未免有点强人所难。实践中，检察官要在两者之间找到一个平衡点，确实是一门高超的艺术，也是对检察官智慧和能力的考验和挑战。如果我们承认检察官是人而不是神，那么我们就不能不承认客观义务的实践限度。无奈，这就是客观义务论者所必须面对的现实。在现实面前，客观义务论者不应心灰意冷，更不应退却，而应保持清醒、知难而进，在承认客观义务"先天不足"的同时，通过"后天改良"弥补缺陷使其能够茁壮成长。而"后天改良"的方法是除了为客观义务注入必要的、合理的制度和程序因子外，还必须为其生长培育一个良好的体制和机制环境。然而，即便这种改良非常成功，我们也必须认识到客观义务所固有的"基因"并不能彻底改变，期许客观义务是一剂治愈中国刑事司法各种顽疾的良药只能是一厢情愿的幻想。那么我们不禁要问，中国刑事司法改革的路在何方？我的回答是：在风雨飘摇中坚守客观义务，在如履薄冰中完善辩护制度，在平等武装中优化诉讼结构，在权力自律和权力制衡中寻求权利对权力制约的有效路径。

一、检察官客观义务从抽象走向具体

检察官客观义务最大的问题是其空洞化有余而实效性不足。客观义务的研究陷入了一种宏大的理论叙事中,缺乏对现实问题的关照和细致入微的学术分析,这是产生上述问题的重要原因。一种理论无论多么美丽动听,均必须具有实用性,确实能够为解决现实问题提供指引,这样理论才会具有生命力。为此,检察官客观义务的研究必须走出理论的神坛,回归到现实实践中。这就迫切需要我们对客观义务的一些基本理论问题作出认真的思考和解读。例如,检察官客观义务在我国是一种道德义务还是法律义务?如果是一种法律义务,那么究竟包括哪些方面的义务?实践中以什么标准以及由谁来评价检察官是否尽到了客观义务?检察官违反客观义务的行为是否应当受到制裁以及应当受到什么样的制裁?诸如此类的问题都是客观义务研究必须回答的基本问题。只有这些问题得到解决,客观义务才能从空洞的理论转化为具体的实践。

(一)检察官客观义务应当上升为法律义务[1]

如果将客观义务停留在道德的层面,那么道德义务的履行必然建立在个体自律的基础上,人类历史的经验反复证明自律往往是靠不住的,况且客观义务本身具有人性中"强人所难"的特点,这更加剧了主体自觉履行义务的难度。因此,只有借助外部强制力建立有效的"他律"机制,才能迫使检察官知难而"为"。从"义务"的法律属性来看,义务和责任、后果相对应,如果违反义务不必承担相应的法律后果,那么就不是真正意义上的义务。只有将道德义务上升为法律义务,客观义务才会具有坚实的基础和制度化的保障,否则客观义务只能沦为道德说教抑或空洞的口号。作为一项法律义务必然以法律规范的形式体现出来。虽然总体上可以将客观义务定位为法律义务,但是在表现形式上可以采用"原则+制度"的模式。一方面,将检察官客观义务作为一项基本原则在《刑事诉讼法》中

---

[1] 本章写作时《检察官法》并未修改。2019年《检察官法》修改,正式将客观义务写入其中。

≪ 第十一章 客观义务，实质辩护

予以明确规定；另一方面，在《刑事诉讼法》中通过一系列具体制度予以体现和保障。这主要是考虑到"客观义务"是一个历史性、动态性和包容性的概念，随着对该问题研究的深入，客观义务理论将不断丰富、发展，法律规范不可能穷尽客观义务的全部内容。如果仅仅局限于某几项有限的制度，而不确立一般性的基本原则，那么客观义务的功能必然受限，难以发挥对检察行为的全面指导和约束作用，尤其是对那些尚未上升为法律规范而检察官又应当客观公正实施的行为，"基本原则"发挥着"填补法律漏洞"的功能，避免了制度性局限带来的检察官怠于履行客观义务的现象发生。"法律原则以宏观的指导性和较宽的调整范围稳定地对法律关系主体的行为进行调节和规范。"[1]

(二) 检察官客观义务有其特定的内容和范围

检察官客观义务的内涵具有一定的模糊性和不确定性，即便是在德国，"这种'客观义务'到底包括哪些内涵也不是十分清楚"[2]。理论界的研究时间较短，因此有学者提出："在我国，从目前研究成果来看，为检察官客观义务下定义为时尚早，关键问题在于现在研究者对检察官客观义务的精神实质的把握仍显欠缺。"[3] 在研究检察官客观义务时，我们必须注意其内容"泛化"的问题，防止将客观义务变成一个漫无边际、无所不包的术语。按照笔者的理解，检察官客观义务是指检察官在刑事诉讼中应当超越当事人立场，担当"法律守护人"的使命，对不利和有利被追诉人的情况一并注意，并在必要时基于被追诉人的利益而采取行动，在协助法院查明案件事实的同时，维护被追诉人的程序权利和实体权利，以保障法律的正确实施和公平正义的实现，并在违反义务时承担一定的不利后果。笔者关于检察官客观义务内涵的界定与以往的研究成果相比具有两点不同：一是强调检察官维护正当程序以及保障被追诉

---

[1] 王敏远主编：《刑事诉讼法》，社会科学文献出版社2005年版，第48页。

[2] 程雷："检察官的客观义务比较研究"，载《国家检察官学院学报》2005年第4期。

[3] 吴健雄、王金贵："关注客观义务，深化检察改革——检察官客观义务学术研讨会综述"，载《人民检察》2007年第17期。

人诉讼权利实现的义务;二是反映了检察官客观义务所具有的"义务"性质,即明确违反义务所应承担的后果。这就使我们对检察官客观义务的认识更加全面、具体,也有助于促使检察官在实践中更好地履行客观义务。

客观义务作为一项法律义务有其特定的指向和范围边界,主要包括以下八个方面的义务:①客观、全面地收集、开示和出示证据的义务;②对非法取证行为进行调查核实并排除非法证据的义务;③避免提起不当诉讼的义务;④客观提出量刑建议以及在认为被告人无罪时请求法院作出无罪判决或者申请撤回起诉的义务;⑤为被告人利益提出抗诉或者申请再审的义务;⑥保障被追诉人诉讼权利的义务;⑦诉讼关照的义务;⑧保障辩护人行使辩护权利以及认真倾听辩护意见的义务。与域外相比,我国检察官客观义务的内容更加丰富,义务也更加繁重。之所以如此,是因为一方面客观义务乃职权主义和实体真实主义的产物,我国刑事诉讼传统对实体真实的追求不仅契合了客观义务的要求,而且强化了检察官的客观义务;另一方面我国的检察机关具有法律监督机关的地位,将检察官看作司法官,检察机关拥有批捕、羁押审查等一系列强制措施决定权以及当辩护人诉讼权利受到侵犯时为其提供法律救济的权力,在一定程度上代行了域外法院的司法审查职能。根据权力义务相统一的法理,检察官理应承担更重的客观义务。

(三)检察官履行客观义务的状况应当具有一套科学的评价标准

既然客观义务最终要回归到实践层面,体现在检察权的行使中,那么就必须有一套可供检验、评判检察权行使正当与否的标准。无论是对检察官的绩效考评还是违反客观义务后的责任追究以及不利后果的承担,都离不开一套相对明确并具有可操作性的标准。基于此,笔者试图通过研究为中国的检察实践提供一套可检验的标准。唯有如此,客观义务才能从理论的"神坛"走向具体的实践,才能实现一种"看得见的正义"。这些衡量指标主要包括:证据方面的客观义务(协助收集、调取证据,应辩护方申请进行证据保全,全面开示和出示证据,积极调查非法取证行为并对非法证据材料予以排除);强制性措施审查和使用方面的客观义务(严格把握逮捕条件、防止逮捕措施滥用,加强对羁押必要性的审查、实现逮捕与羁押的分离,强化对指定居所监视居住措施的监督和制约,加强对技术侦查措施使用的审查和监督);追诉方面的客观义务(严格把握立案条件并全面行使立案监督职能,贯彻初查措施的任意性规则,客观全面地审查起诉并做到起诉与不起诉并重,依法撤回起诉或请求无罪判决,严格限制对已经提起公诉的案件进行补充侦查);量刑方面的客观义务(检察官应当收集、移送与量刑有关的各种证据材料,检察官不应违背真实信念提出策略性量刑建议,提出量刑建议不应损害被告人辩护权的行使,检察官应正确看待无罪辩护与量刑辩护共存的问题);全面抗诉的义务。

(四)违反客观义务应当承担相应的不利后果

这些不利后果的承担既有实体方面的,也有程序方面的。在实体方面,既可以体现在日常绩效考评中的否定性评价上,也可以是就个案对责任人的行政、纪律处分,甚至可以追究刑事责任;在程序方面,主要体现为纠正违法行为、更换办案人员、排除非法证据、禁止在法庭上出示证据、宣告违法诉讼行为无效、作有利于被告人的推定等等。

二、在矛盾冲突中坚守客观义务

自德国19世纪从法国引入检察官制度以来,关于检察官定位问题(一造诉讼当事人还是法律守护人)的争论就一直持续不断。经过那场世纪大论辩,虽然检察官客观义务最终在德国得以确立,并随后传播到世界其他各地,成了目前两大法系国家(地区)共同认可的理论,但是由于其自身面临诸多无法克服的难题,客观义务自诞生之日起便一直处于风雨飘摇之中。在域外,有人认为"客观公正的检察官是痴人妄想",客观义务是"乌托邦";有人认为是一种"高贵的谎言";有人认为让检察官履行客观义务"通常会流于伪善的钓鱼式查证"[1]。我国著名刑事诉讼法学者陈瑞华教授尖锐地指

---

[1] 朱朝亮:"检察官在刑事诉讼之定位",载《东海大学法学研究》2000年第15期。

出，必须正视检察官在刑事诉讼中"当事人化"的基本现实，不要对检察官客观义务和中立立场抱有任何不切实际的期待。[1] 然而，我们不能因为实践的困难及其有限性就否定客观义务理论和制度本身所蕴含的价值，从而放弃对客观公正立场的追求，客观义务的国际化发展已经证明了该项制度所具有的顽强生命力。在我国，强调检察官客观义务具有特别重要的意义：一是有利于更好地实现刑事诉讼任务。《刑事诉讼法》将"尊重和保障人权"的宪法原则写入其中，成了我国刑事诉讼的一项基本任务和原则，而客观义务的基本精神即在于保障人权，尤其是维护被追诉人的基本诉讼权利。因此，强调客观义务有利于增强刑事诉讼的人权保障机能。二是有助于预防和减少刑事错案的发生，提高刑事司法的公信力。客观义务以其对"有利及不利情形"的双面注意以及对实体真实的追求，发挥着预防错案的功能。三是促进控辩实质上平衡，维护程序公正。客观义务是在检察官承担追诉犯罪的职能之外，又增加了一项负担——对被追诉人的保护和关照，以此抑制其过于狂热的追诉偏好和冲动，使检察官的追诉活动有所节制，并在程序正义之路上理性展开，从而避免伤及无辜。鉴于我国目前辩护制度尚不发达、被追诉人辩护权保障状况短期内尚难以得到大幅度改善的现实条件，走强化客观义务之路，让检察官对被追诉人进行必要的关照和帮扶，对矫正控辩失衡也许更具有实质意义。《刑事诉讼法》的再修改完善了辩护制度，强化了检察机关和检察官对辩护权的保障，但是其实施效果尚有待观察。这一切都决定了作为"法律守护人"的检察官履行客观义务对辩护权实现的重要性。如果检察官能够保证律师的会见权、主动或者根据律师申请调取有利于被告人的证据、全面移送并出示有罪无罪、罪轻罪重的证据材料、认真倾听辩护律师的意见，那么被追诉人的诉讼防御能力将会大大提升。从这一意义上看，检察官客观义务与控辩平衡并非此消彼长的关系，检察官客观义务的履行在一定程度上可以增强辩护方的防御能力，不仅不会使被告人"客体化"，而且有助于强化其诉讼参与能力、确立和提升其诉讼

---

[1] 陈瑞华：《刑事诉讼的中国模式》，法律出版社2008年版，第293页。

主体地位。四是可以证成检察机关的法律监督地位。检察机关作为实质上的诉讼一方当事人承担的检控犯罪的职能与其法律监督职能相互冲突的问题近年来屡遭学界诟病和质疑,这涉及检察权行使的正当性问题,关乎检察制度的兴衰乃至存亡。客观义务中所包含的超越当事人立场为检察机关作为法律监督机关的超然性、公正性的角色期待提供了正当化根据。总之,在中国当下全面加强检察法律监督的语境下,越是强调检察监督职能,就越应当强化检察官的客观义务,二者相辅相成。

强化检察官客观义务虽然具有十分重要的意义,但是客观义务的实现状况却不尽如人意,检察官在实践中违反客观义务的问题还相当严重。主要表现为检察权行使的偏私性、工具性、报复性、恣意性以及差别性。

检察官客观义务在理想与现实之间之所以存在着断裂,主要是由以下因素造成的:一是检察官履行客观义务面临着心理上的难题和无法逾越的角色冲突。主要表现为检察官证明责任的强化对客观义务履行的影响;检察官承担取证合法性的证明责任与承担非法证据排除义务的冲突;检察机关强制侦查权的扩充与人权保障义务之间的冲突;强化检察官的检控职能与强化辩护权保障义务的冲突。二是检察官履行客观义务面临诸多体制上的障碍。表现为:由于政治体制改革的滞后性,导致少数党政领导和部门对检察权行使进行不当干预;"上命下从"的检察领导体制对检察权独立行使的影响;此外"司法一体化"的诉讼体制不仅严重削弱了检察机关对违法侦查行为的监督,而且使检察机关和检察官违反客观义务的行为无法受到有效的司法审查和制约。三是检察官履行客观义务面临着机制上的障碍。首先,"警检分离"的工作机制使得检察官履行客观义务的基础不可避免地遭到动摇;其次,检察机关内部不合理的绩效考核机制,使得检察官的个人利益与案件的处理结果挂起钩来,基于自身利益的考虑,检察官在办案中难免会偏离客观立场;最后,行政化的工作机制使作为个体的检察官丧失独立的意志和品格,沦为权力棋盘上的一粒"棋子",随时处于执棋人的调遣和摆布之中。四是案多人少的矛盾使检察官承受较大的办案压力。新《刑事诉讼法》

实施后，检察机关面临更大的侦查和出庭公诉的压力，尤其是要在法庭上承担证据合法性的证明责任；对于所有适用简易程序审判的案件，检察官也都必须出庭支持公诉，这些无疑增加了检察官的工作量。而检察官客观义务的履行势必需要更多的司法投入，为了提高检控效率，检察官可能会疏于履行客观义务。五是检察官履行客观义务面临程序上的困境。除了检察官履行客观义务缺乏具体、明确的判断标准外，还存在着客观义务的法律程序保障不足、权利救济机制弱化、程序性制裁虚无等问题。上述这些问题是我国检察官客观义务研究中必须予以正视的问题，也是检察制度乃至司法制度改革中亟待解决的问题。

尽管检察官履行客观义务在中国面临如此众多的难题，尽管其实现状况不尽如人意，但是检察官客观义务本身所蕴含的公正、中立、权利关怀、限制权力的思想契合了中国司法制度改革的需要，代表了一种先进的检察理念和检察制度。在检察权扩张且缺乏司法审查和制约的体制下，在"谁来监督监督者"的命题依然无法得到有效解决的情况下，借助客观义务这一自律装置在一定程度上可以抑制检察权的滥用，防止权力恣意可能带来的灾难性后果。因此，在我国当下，客观义务值得我们倍加珍视和呵护。对于刑事司法制度来说，检察官客观义务并不是可有可无的，它不仅关涉整个刑事司法制度的正当性，也是培育公众认同刑事司法制度的重要机制。在中国语境下，需要我们犹如追逐大漠里的海市蜃楼那般积极追捧。无论是制度建设，还是意识培育，都须如此。[1] 客观义务就是这样——在激辩中诞生，在争议中成长，在矛盾冲突中发展壮大。

三、认识检察官客观义务理论的限度

在我们看到检察官客观义务对我国法治建设所具有的积极意义的同时，也必须清醒地认识到客观义务自身的局限性。

（一）强调客观义务不利于我国刑事诉讼向当事人主义方向的发展

毕竟，客观义务是职权主义诉讼制度的产物，是把检察官塑造

---

[1] 郭松："检察官客观义务：制度本源与实践限度"，载《法制与社会发展》2009年第3期。

成一个高高在上的"权利保护者"角色。刑事诉讼中检察官与被告人的关系犹如家长制下的父子关系,"儿子"的前途命运都紧紧掌握在"父亲"的手中。这样一种关系在无形中抬高了检察官和检察机关的地位,也增强了检察官的优越感,使检察官具有一种居高临下的"主人"感觉,这显然有悖于当事人主义所要求的平等精神。在日本关于检察官客观义务的讨论中,松尾浩也教授认为,强化检察官的司法官地位或者客观义务势必会"助长检察官的权威、冲淡当事人主义的性质"。[1] 我国一些学者也意识到了这一问题。例如,龙宗智教授认为,强调客观义务总是伴随着强调检察官的司法官地位,强调检察官作为法制守护人包括被告保护者的身份,这不免会影响控辩平衡。[2] 彭勃博士亦认为,承认检察官客观义务是将检察官的权限提升到与法官类似的高度,必然造成检察官对刑事案件影响力的增强,使检察官对案件的处理权难以受到有效的司法抑制,背离了当事人主义诉讼原则。[3] 事实也证明了这一点,如果说1996年《刑事诉讼法》的修改是向当事人主义方向努力,那么2012年《刑事诉讼法》再修改则是伴随着检察机关法律监督职能的全面加强,刑事诉讼不仅没有继续"当事人化",而且在一定程度上还有所回归。一个典型例证是公诉案件的移送起诉方式又重新回归到1979年《刑事诉讼法》"全案卷宗移送主义"的老路上,学者们所普遍期待的"起诉状一本主义"并未被立法机关所采纳。《刑事诉讼法》两次修改的实践表明,在我国刑事诉讼模式的选择上,立法者呈现出左右摇摆的态势。客观义务的研究必须放置在具体的诉讼模式中进行才更具意义。

(二)强调客观义务一定程度上会损害审判权威

因为强调客观义务意味着检察机关法律监督职能的加强,也意味着检察官的司法官地位得以强化,检察官在审前程序甚至整个诉讼程序中成了主导,其结果是法官在刑事诉讼中的功能和作用得到

---

[1] [日]松本一郎:"检察官的客观义务",郭布、罗润麒译,载《法学译丛》1980年第2期。

[2] 龙宗智:"中国法语境中的检察官客观义务",载《法学研究》2009年第4期。

[3] 彭勃:《日本刑事诉讼法通论》,中国政法大学出版社2002年版,第25~26页。

抑制，其程序中心的主体地位受到挤压，这不利于树立审判权威，也使得"审判中心主义"在我国难以有生长的空间，而司法审查和令状主义都是建立在"审判中心主义"的基础之上。在刑事诉讼中，由于缺少一个中立、权威的裁判机构，不仅无法对检察官履行客观义务的情况作出客观、公正的评价，而且违反客观义务的行为也难以受到有效审查和制裁。"在司法权威问题上，缺乏最终权威，遇到问题和纠纷更多地依靠制度外不规范的协商和沟通解决。"[1] 从这一意义上看，客观义务对中国刑事法治建设具有某种消解作用，这也是我们在研究客观义务时需要警惕的问题。于是，在客观义务问题上呈现出二律背反的现象。一方面，中国的法治建设尤其是检察制度建设需要强化检察官客观义务；另一方面，对客观义务的过度强调又可能会阻碍刑事法治现代化建设的进程。如何在权衡上述利弊的基础上做出选择，是摆在我们面前的一项重大课题，也是客观义务论者必须回答的问题。它涉及诸如检察监督、控辩平衡、审判监督与审判权威的关系等一系列基本理论问题以及侦查权、检察权和审判权的合理配置问题。

四、中国刑事司法公正更具根本性的路径选择

为防止检察官过分当事人化、监督和制约检察权的正当行使，必须坚持客观义务，但是因其自身的局限性以及实践层面的有限性，检察官客观义务并非治愈中国刑事司法顽疾的"灵丹妙药"，也不是通往刑事司法正义之路的唯一选择。更具根本性和实质意义的路径是通过优化诉讼结构、建立有效的权力制约机制来保障司法公正的实现。

（一）改革诉讼结构、优化职权配置

当务之急是要改变目前"分段包干，各管一段"的诉讼体制，大力推进"审判中心主义"建设，建立中国的司法审查制度，加强审判权对侦查权、公诉权的监督制约。检法关系中应凸显法院的中心地位，首先是由诉讼的基本特点、规律所决定的。诉讼是由控、

---

[1] 许永俊：《多维视角下的检察权》，法律出版社2007年版，第126页。

≪ 第十一章 客观义务，实质辩护

辩、审三方构成的三角结构，审判方超越控辩双方踞于结构顶端，在整体和程序上对诉讼过程具有权威性作用和决定性影响，不仅在实体上最终决定起诉和辩护的命运，而且在程序上对侦控方和辩护方的诉讼活动进行评判，从而规范双方的诉讼行为。其次，是由不同的权力属性所决定。不论是公诉权还是审判监督权，检察机关行使的都是请求权或提出意见权，这种请求权相对于法院的裁决权（确认权、决定权）而言只能处于从属地位。[1] 关于法院的地位，正如德沃金在其名著《法律帝国》中所表述的那样："在法律帝国里，法院是帝国的首都，而法官则是帝国的王侯。"[2] 只有法院足够强大、权威才可以保障侦控方遵守程序规则，维护程序的公平正义。另外，为了建立合理的诉讼结构、提升审判权威，还应当对检察监督体制进行改革，实现监督方式、监督重心的转变。在监督方式上，应当通过"诉权"的充分行使来强化其监督职能，检察监督应当更多地以"诉"的形式体现出来，从而实现法律监督权与诉权的有机统一；在监督重心上，应当弱化审判监督，尤其是对法庭审理活动的监督以及检察长通过列席审判委员会所实施的监督，进一步强化侦查监督，尤其是对非法取证行为的监督，切实履行对非法取证行为的调查核实职责以及排除非法证据的义务。

（二）充分发挥辩护权的监督和保障职能

在对客观义务的研究中，学者们普遍认识到了客观义务的实践限度，认为检察官的客观义务并不能代替辩护功能的发挥。例如，林钰雄教授指出："单单客观性义务本身，并不足以保障被告的主体地位及防御权利。首先，应然并不等于实然！客观性义务是一种应然面向的义务，但不表示个案中之实然状态。更何况正是因为法官和检察官必须彻查事实，千头万绪，所以纵使本于良知，也可能忽略或误判某些有利于被告的线索或证据。就此而论，辩护人的功能在于，专就被告有利方面督促国家机关实践其应然的客观性义务，

---

[1] 许永俊：《多维视角下的检察权》，法律出版社2007年版，第126页。
[2] [美]德沃金：《法律帝国》，李常青译，中国大百科全书出版社1996年版，第361页。

并且动摇其不利于被告事项之判断,以便保证无罪推定原则能在具体个案中实现。"[1] 美国哈佛大学教授德肖微茨也认为:"不是所有的检察官都是公正的,所以,我们永远需要热情的辩护律师来监督检察官。"[2] 客观义务在相当程度上是一种自律性约束机制,而自律的作用是有限的。因此,对客观义务论的效用不能过分高估,而应当注意通过合理的诉讼构造与制约机制来提供更为有效的公正性保障。[3] 蔡墩铭教授从实质辩护与形式辩护区分的角度分析道:"被告为保护其正当利益,固有辩护权,即以促进司法之正当运用为目的之法院或检察官,亦应认为其有此项权利(或义务),对于此种辩护,称为实质辩护。……检察官诉追被告之犯罪,法官则审判被告之犯罪,均难期其对于被告之利益予以正当之辩护,此以须要有专门保护被告权利之辩护人,为被告之利益予以辩护,称为形式辩护。"[4] 目前,完善辩护制度、强化辩护职能,重点是认真贯彻落实2012年《刑事诉讼法》的相关规定,切实保障辩护律师的会见权、阅卷权、调查取证权、听取意见权以及获得救济权的实现,建立律师依法执业的有效保障机制,防止和减少对律师的职业报复行为。

(三)注意协调网络舆论与检察权独立行使的关系

在检察官履行客观义务方面,尚需注意社会舆论对客观义务的影响。随着网络等新兴媒体的普及,尤其是微博的巨大影响力,检察机关在实现检务公开的同时要做好网络舆情的引导和应对工作。检察业务的司法性决定了检察官应保持适度的超然性和独立性,检察官应当具有法治的思维和理性的判断,防止网络对司法的"绑架",对于一些有广泛影响、社会敏感度较高的案件,应特别警惕。如果不注意处理好网络舆论与检察权独立行使的关系,那么检察官履行职务将面临"雪上加霜"的艰难困境,客观义务将难以实现。

---

[1] 林钰雄:《刑事诉讼法》(上册·总论篇),中国人民大学出版社2005年版,第158页。

[2] [美]艾伦·德肖微茨:《致年轻律师的信》,王楚明、汤家芳译,上海人民出版社2004年版,第124页。

[3] 龙宗智:"中国法语境中的检察官客观义务",载《法学研究》2009年第4期。

[4] 蔡墩铭:《刑事诉讼法论》,五南图书出版公司1993年版。

第十二章

拒绝辩护，谁人来助

随着刑事案件律师辩护"全覆盖"试点的全面推开，律师参与辩护的比例将有大幅度提升。但仅有"辩护数量"并不足以保障诉讼公正性的提高。因此，刑事辩护应从重"辩护数量"向重"辩护质量"转变。为了提高辩护质量，使辩护能对诉讼结局产生影响，必须重视委托人与律师的关系，保证委托人能够聘请到"心仪"的律师，律师也能为"不令人厌恶"的委托人服务，不能随意允许拒绝辩护、"分道扬镳"情形的出现，这是实现有效辩护的基础。对拒绝辩护问题，我国《刑事诉讼法》和《律师法》虽然都已作出规定，但涉及的理论和实践问题并不清晰，学界对此的关注也不足，亟待进行较为深入的研究。例如，在拒绝辩护问题上，是否包括拒绝委托？为什么委托人与律师权利不对等？实践中，委托人拖欠律师费能否成为律师拒绝辩护的理由？无论是委托人还是律师拒绝辩护是否需要经过公安司法机关的审查？公安司法机关审查的依据和标准是什么？如果律师拒绝辩护，是否需要将相关材料移交给新接任的律师？移交材料的界限在哪里？如果是当庭拒绝辩护，庭审程序应如何进行？如果是法律援助律师拒绝辩护，程序又如何进行？特别是在刑事案件律师辩护"全覆盖"背景下被告人拒绝辩护的条件和情形如何设置？对拒绝辩护问题的研究，不仅可以加强对被追诉人辩护权的保障，也可以改进我国的刑事诉讼程序，使程序运行更加科学合理。鉴于此，笔者拟结合我国拒绝辩护的实践，运用比较研究方法，分析我国拒绝辩护制度存在的问题，提出改革完善的意见，为我国《刑事诉讼法》和《律师法》的未来修改建言献策。

本章主要对以下几个问题进行研究：一是在拒绝辩护问题上，委托人与律师为何权利不对等；二是拒绝辩护情形的疏漏；三是拒绝辩护的审查；四是律师拒绝辩护后相关事务的处理；五是律师辩护"全覆盖"背景下被告人拒绝辩护的情形。

一、在拒绝辩护问题上委托人与律师为何不对等

我国《律师法》第32条规定："委托人可以拒绝已委托的律师为其继续辩护或者代理，同时可以另行委托律师担任辩护人或者代理人。律师接受委托后，无正当理由的，不得拒绝辩护或者代理。但是，委托事项违法、委托人利用律师提供的服务从事违法活动或者委托人故意隐瞒与案件有关的重要事实的，律师有权拒绝辩护或者代理。"《刑事诉讼法》第45条规定："在审判过程中，被告人可以拒绝辩护人继续为他辩护，也可以另行委托辩护人辩护。"笔者查阅了域外拒绝辩护规定，均是采用与我国相同的态度，即委托人拒绝律师辩护是无条件的，不需要说明原因，而律师拒绝辩护则是有条件的，且有"正当理由"。这引发了笔者的思考，为什么在拒绝辩护问题上，委托人与律师权利不对等？其背后隐含着什么样的理论？对此，笔者试着作一分析和回答。其一，刑事辩护合同并非纯粹的民事契约。如果该合同系纯粹的民事契约，则委托人与作为被委托人的律师地位平等、权利对等。但是，辩护关系之所以能够存续，在很大程度上源于委托人对律师的信任关系。信任关系一旦遭到破坏，律师的辩护（代理）工作便将"岌岌可危"。在协议关系之外，两者之间高度信赖关系的存续是他们关系保持的前提。[1] 这种建立在充分信任基础上的委托辩护合同不同于一般的民事合同，人身化和个性化体现得比较明显。另外，在通知法律援助机构提供律师辩护的情况下，根本不存在委托协议的问题。其二，律师接受委托后不能置委托人于不利境地。律师协助委托人处理的法律事务涉及委托人的生命、自由和财产，应竭尽全力维护委托人的权益、避免损

---

〔1〕 [日]森际康友编：《司法伦理》，于晓琪、沈军译，商务印书馆2010年版，第89页。

≪ 第十二章 拒绝辩护，谁人来助

失的扩大。律师犹如医生，医生在急诊患者寻求医疗救助时"拂袖而去"，只能使患者陷入不利境地。律师如果没有正当理由，在委托人最需要的时候拒绝辩护，也必然使委托人陷入窘境。在没有律师协助的情况下，作为法律外行人的被追诉人，不但"不知所云"，还"不知所终"，自行辩护效果不彰也充分说明了这一点。其三，辩护权性质理论。从权利本源来看被追诉人才是辩护权的原始主体，辩护律师仅是"派生主体"或者"辅佐主体"。律师是协助被追诉人解决刑事责任问题的，律师辩护是被追诉人辩护权的延伸，其行使辩护权具有"派生性"。大陆法系国家和地区通常将辩护人作为辅佐人，具有辅助委托人的性质。其辩护和辅助质量的优劣，委托人最具有发言权。作为提供法律服务的一方，为了确保服务质量，不能随意拒绝服务，从而使委托人陷入窘境。其四，先前义务理论。律师一旦与委托人签订辩护协议，在此后就应像勇士一样"为权利而斗争"，而不能"临阵脱逃"或者"半途而废"。否则，就辜负了委托人当初的"期待"。"一旦委托人-律师关系建立，律师就失去了许多的行动自由。"[1] 处于代理关系之中的律师和当事人之间并不存在着什么真正的互惠关系：委托基本上是一种单向行为。代理人对他的委托人负有一种主要的单向承诺。[2] 其五，在律师资源比较稀缺的地区，如果允许律师随意拒绝辩护，被追诉人将因为没有律师可用而失去获得辩护的权利。鉴于以上理由，立法在委托人和律师拒绝辩护问题上持不同的立场和态度，似乎可以理解。

二、拒绝辩护阶段的提前

我国立法上的拒绝辩护是指律师接受委托后的行为，但是委托是辩护的前提。因此，广义上的拒绝辩护应当包括拒绝委托行为，拒绝委托是拒绝辩护的题中应有之义。对于大多数律师而言，基于案源和经济方面的考虑，通常不存在拒绝委托的问题。但是，对于

---

[1] 王进喜：《美国律师职业行为规则理论与实践》，中国人民公安大学出版社2005年版，第135页。

[2] [美] 戴维·鲁本：《律师与正义——一个伦理学研究》，戴锐译，中国政法大学出版社2010年版，第297页。

不缺少案源，也无须考虑经济收入的知名律师而言，可能就存在一个"选择办案"的问题，拒绝委托将不可避免。因此，该问题仍有讨论的价值。有人认为：律师是"国民社会的医生""可靠的权利守护者"，且律师不能辜负社会大众的信任，所以律师没有拒绝委托的自由。但是，在契约自由和私人自治的原则下，律师和委托人都是对等的私人，是否签订委托协议，应根据双方的意思表示决定。如果律师本来不想做的事情被强制的话，该律师不擅长的事情也有可能被强制，这对委托人来说也是非常不幸的。[1] 基于我国《律师法》规定的拒绝辩护情形，如果律师在接受委托之前就已经知道委托事项违法或者要求律师采用违法手段实现辩护目的，那么此时律师就应当拒绝接受委托。《俄罗斯律师法》第6条第4款第1项规定："律师无权接受向其寻求法律帮助的人的具有明显违法性质的委托。"[2] 如果寻求法律帮助的人坚决要求律师以违反职业道德的方式帮助其进行辩护活动，那么律师也有权拒绝委托。

当下，我国一些新成立的公司以业务经营为名，行违法犯罪之实，公司设立的目的就是从事违法犯罪活动。例如，以非法吸收公众存款为目的成立的金融担保公司等，如果该公司以高额的律师费为诱饵聘请律师提供法律帮助，而律师主观上认识到该公司设立的目的，那么律师便可以拒绝接受委托。律师拒绝委托，也是对自身的保护。如果律师一开始就拒绝委托，可以避免与违法委托人存在"千丝万缕"的联系，降低职业风险。此外，除了有利于鼓励律师对违法行为说"不"外，还可使其更好地安排自己的事务，避免中途退出的不便和尴尬。虽然我国法律对这一问题没有作出规定，但是笔者认为在委托权上被追诉人及其家属与律师是平等的，必须保障双方的"意思自治"和"两相情愿"。被追诉人及其家属有选择律师的自由，律师也有选择当事人的自由。公众比较关心的是，律师对明知有罪的被追诉人能否拒绝辩护的问题。笔者认为，"明知有

---

[1] [日]森际康友编：《司法伦理》，于晓琪、沈军译，商务印书馆2010年版，第92页。

[2] [俄]尤·彼·加尔马耶夫：《俄罗斯刑事诉讼律师违法活动面面观》，刘鹏、丛凤玲译，中国政法大学出版社2013年版，第285页。

罪"与"检察机关能否证明有罪成立",即达到"排除合理怀疑"的程度,是有区别的。公众应该接受这样的事实:在刑事案件中,律师替一个他明知有罪的人辩护是完全妥当的。假如被告人所请教的每一位律师都因为他看上去有罪而拒绝办理该案件,那么被告人就犹如在法庭之外被判有罪。[1]

且在委托问题上赋予律师拒绝权,并不会使被追诉人在诉讼中受到不利影响,也不会恶化其在诉讼中的地位。因此,与接受委托后中途退出的情形明显不同。即使其"心仪"的律师拒绝了担任其辩护人的要求,他(她)仍能寻找到与"心仪"律师学识、职业经验相似的律师担任。综上所述,我国《律师法》修改时,也应该对此予以明确,并将拒绝辩护的情形由接受委托后提前至接受委托时。如此的拒绝辩护是一种完全的、彻底的拒绝辩护。

三、拒绝辩护情形的疏漏

律师接受委托后,以"将辩护进行到底"为原则,以拒绝辩护为例外。如果律师在没有法定例外情形的情况下拒绝辩护,可能会受到违法惩戒。[2] 我国律师拒绝辩护也要求有"正当理由",所谓的"正当理由",主要是指《律师法》规定的"三种情形",即"委托事项违法、委托人利用律师提供的服务从事违法活动或者委托人故意隐瞒与案件有关的重要事实"。上述前两项中的"违法"应该是广义的"违法",不仅包括行政违法,还包括严重违法——犯罪和违反律师职业道德的行为。实践中,"委托事项违法"主要是整体违法或者一般违法,即委托人或者家属委托律师对明知有罪的人采用行贿办案人员、制造伪证等"腐败"方法,使被追诉人逃避法律追

---

[1] 转引自韩立收:《你戴着荆棘的王冠而来——律师职业解读》,法律出版社2007年版,第174页。

[2] 我国《律师法》第48条规定:"律师有下列行为之一的,由设区的市级或者直辖市的区人民政府司法行政部门给予警告,可以处一万元以下的罚款;有违法所得的,没收违法所得;情节严重的,给予停止执业三个月以上六个月以下的处罚:(一)私自接受委托、收取费用,接受委托人财物或者其他利益的;(二)接受委托后,无正当理由,拒绝辩护或者代理,不按时出庭参加诉讼或者仲裁的;(三)利用提供法律服务的便利牟取当事人争议的权益的;(四)泄露商业秘密或者个人隐私的。"

究。例如，在一起强奸案件开庭审理的前夕，被告人与辩护人商定，他们的辩护方针是使被害人名誉扫地，即明显虚假地声称被害人以自己的行为挑逗被告人，举止轻浮、解开衣服等。虽然预备实施诽谤难以受到《刑法》的追究，但是可能会被认为是违反律师职业道德的行为，即律师接受了明显违法的委托。在此种情形下，律师有权拒绝辩护。[1] 委托事项合法，仅在实现目的方法上提出非法要求，即"局部违法"，不属于律师拒绝辩护的情形，律师仅需拒绝其非法要求即可。

在拒绝辩护情形问题上，一方面存在对既有法律规范适用的理解问题；另一方面存在《律师法》对例外情形的规定不周延的问题。对于域外普遍确立的律师拒绝辩护情形，我国在立法上并未作出相应规定。例如，对于律师因健康原因不能胜任委托辩护事项、委托人拖欠律师费、委托人与律师在辩护立场和策略上存在严重分歧等情况，律师可否拒绝辩护，立法并未言明。在拒绝辩护情形上，《美国律师协会职业行为示范规则》第1.16条区分了不同情形，把律师拒绝辩护分为强制性拒绝和任意性拒绝。将"律师的生理或者精神状况严重地破坏了律师代理该委托人的能力"作为强制性拒绝辩护的情形。将"委托人未能就律师的服务实质履行对律师的义务，并且律师已经向该委托人提出除非委托人履行该义务，否则律师将退出代理的警告的"作为"律师可以退出代理"的任意性拒绝情形。[2]《加拿大律师协会联合会职业行为示范守则》也将律师退出代理区分为强制性退出和任意性退出两种类型。无论是美国还是加拿大，"任意性退出"的规定均赋予了律师在退出问题上的自由裁量权，避免了"一刀切"的僵化处置方式，使得律师可以相机行事。在加拿大任意性退出代理情形中，将"律师与委托人之间严重失去信任"和"委托人不支付律师费"作为律师可以退出辩护的任意性拒绝辩护情形进行规定。同时将"律师没有继续办理某事务的称职

---

[1] [俄] 尤·彼·加尔马耶夫：《俄罗斯刑事诉讼律师违法活动面面观》，刘鹏、丛凤玲译，中国政法大学出版社2013年版，第289页。

[2] [俄] 尤·彼·加尔马耶夫：《俄罗斯刑事诉讼律师违法活动面面观》，刘鹏、丛凤玲译，中国政法大学出版社2013年版，第52页。

性"作为强制性退出代理的情形。[1] 该情形包括律师因健康原因和律师被采取限制人身自由措施原因而无法代理该案件。日本学者针对律师拒绝辩护主要列举了四种情形：信赖关系被破坏；关于案件处理的预测见解发生差异；律师伦理上发生问题；委托人不向律师支付报酬。[2] 我国规定的律师拒绝辩护的三种情形侧重于律师违反职业伦理方面的问题，而对如何保障委托人的权益进而实现有效辩护和保护律师合法权益则关注不够。我国《律师法》规定的是"律师有权拒绝辩护"，从文义解释来看，似乎均是"任意性拒绝"。然而，三种例外情形的前两种均属于职业伦理方面的要求，律师应无自由裁量的余地，不是律师"有权"而是"应当"拒绝的"强制性拒绝"情形。《加拿大律师协会联合会职业行为示范守则》第3.7-7（B）项规定"委托人坚持指示律师以违反职业道德的方式行事"作为"强制性退出代理"的情形。至于"委托人故意隐瞒与案件有关的重要事实的"情形，作为"任意性拒绝辩护"并无不可。虽然这种行为可能影响双方之间的信赖关系，但是经律师晓之以利害关系和保密规则时，委托人可能不再"故意隐瞒"，告知律师实情。笔者认为，除我国《律师法》规定的三种例外情形外，至少应当增加以下四种情形，作为律师拒绝辩护的事由：一是当律师因健康原因失去辩护能力或者因涉嫌违法犯罪而被采取限制人身自由措施时，律师无法完成委托事务，此时允许律师辞去委托、拒绝辩护是对委托人权益的保障和维护。根据《日本刑事诉讼法》第38条第3项之规定，辩护人因心神障碍履行职务有困难的，可以作为解聘的事由。[3] 二是当委托人与律师之间的信任关系遭到严重破坏，且无修复的可能性时，允许律师辞去委托。在委托辩护中，委托人与律师之间的信任关系是委托关系存续的基础，当委托人向律师撒谎或者

---

[1]《加拿大律师协会联合会职业行为示范守则》，王进喜译，中国法制出版社2016年版，第157页。

[2][日]森际康友编：《司法伦理》，于晓琪、沈军译，商务印书馆2010年版，第94页。

[3][日]田口守一：《刑事诉讼法》（第5版），张凌、于秀峰译，中国政法大学出版社2010年版，第186页。

委托人制造伪证时，律师可能会产生一种"被欺骗"的感觉，双方之间的信任关系将荡然无存，如果没有修复的可能，应当允许律师退出辩护活动。但是，法律援助指派辩护除外。此外，如果委托人拒绝在重大问题上接受律师的建议并一意孤行，委托人在某个重要方面坚持不合理要求或者不合作，或者律师面临从委托人那里不能获得足够指示的困难，均可认为双方之间的信任关系已遭严重破坏。三是委托人拒绝支付律师费或者拖欠数额巨大的律师费，经律师催要，委托人拒绝支付的。律师提供法律服务的对价是委托人支付律师费，如果委托人拒不支付律师费，当然可以成为律师辞去委托、拒绝辩护的理由。四是委托人与律师的辩护立场发生冲突，而又不能协调一致的，应当允许律师拒绝辩护。例如，被追诉人坚称自己无罪，而律师坚持认为被追诉人有罪而拟作量刑辩护，由此产生了"辩护冲突"。为了保障辩方阵营能够形成合力，"重拳出击"，协调双方的辩护立场非常重要，这是实现有效辩护的基础。如果律师不能劝说被追诉人改变辩护立场，使其与自己保持一致，那么律师别无选择，只能退出对本案的辩护。日本将"辩护人明显违背职务"作为解聘的事由之一。所谓"辩护人明显违背职务"，一般限定在辩护人明显玩忽职守或者完全无视犯罪嫌疑人、被告人的意向这类的辩护活动。[1] 在上述四种情形下，宜将第一种情形作为"强制性拒绝辩护"事由，后面三种作为"任意性拒绝辩护"事由。

四、拒绝辩护的审查

从域外情况来看，无论是委托人解雇律师还是律师辞去委托，均需要法院的审查同意。因为辩护主要是审判阶段的诉讼行为，且审判权能够介入到审前程序当中。根据《美国律师协会职业行为示范规则》的规定，律师必须遵守要求在终止代理时对裁判庭进行通知或者得到裁判庭的允许的现行法律。如果裁判庭命令律师继续代理则尽管存在着终止代理的正当理由，律师仍应当继续代理。例如，

---

[1] [日] 田口守一：《刑事诉讼法》（第5版），张凌、于秀峰译，中国政法大学出版社2010年版，第186页。

第十二章 拒绝辩护，谁人来助

在一些情况下，如果律师退出代理会给委托人的利益带来严重不利影响，即使继续代理也会给律师造成很大的困难，法院也不会批准律师退出代理。[1] 根据《加拿大律师协会联合会职业行为示范守则》第3.7-6条之规定："只有在案件审判之前获得了法院准许的情况下，律师才能退出案件。"之所以赋予法院以审查权，不外乎有两方面原因：一是委托人的无因解雇和律师任意性退出辩护制度的存在，律师的"可以"退出需要经受司法审查；二是法院作为公正审判方，对被追诉人辩护权的保障乃题中应有之义，为了维系控辩平衡的诉讼格局，介入律师退出辩护活动，并进行适度的干预，有利于保障被追诉人的辩护权。

我国以审判为中心的刑事诉讼制度改革尚在进行中，审判权尚不能介入到审前程序中，审前程序中的辩护主要面向各办案机关。我国《刑事诉讼法》第34条第4款规定："辩护人接受犯罪嫌疑人、被告人委托后，应当及时告知办理案件的机关。"既然律师接受委托，需及时告知办案机关，那么律师被解雇或者辞去委托、拒绝辩护便也应及时告知办案机关，由办案机关审查决定委托人是否可以解雇律师或者律师能否拒绝辩护。从域外的立法和实践来看，并无统一、明确的"审查判断标准"和方法，法官通常是针对个案进行裁决。审查判断的标准是不能恶化被追诉人的地位，使其在诉讼中处于不利境地。审查判断方法是"利益衡量"，对律师拒绝辩护审查对象是有无"正当理由"。在美国审判程序中，委托人对律师的解雇往往需要得到法院的批准，在马上就要开始审判的情况下，委托人的要求很可能被驳回。此外，法官往往不愿意批准贫困的被告人替换被指派的律师，他们怀疑这可能仅仅是拖延诉讼的手段。当这种请求是在诉讼开始以后提出来时，被告人必须证明存在正当理由，如实际存在的利益冲突。[2]《加拿大律师协会联合会职业行为示范守则》第3.7-5条规定："在律师同意代

---

[1] 参见《美国律师协会职业行为示范规则》1.16（c）款规定，转引自王进喜：《美国律师职业行为规则理论与实践》，中国人民公安大学出版社2005年版，第135页。

[2] 王进喜：《美国律师职业行为规则理论与实践》，中国人民公安大学出版社2005年版，第134页。

理刑事案件后,已经确定的审判期日使得委托人不得找到其他律师,或者使得其他律师不能就审判进行足够准备,且在如果不对委托人的利益产生不利影响就不能推迟审判期日的情况下,已经同意代理的律师不得因为未支付律师费而退出代理。"[1]

制定一个拒绝辩护的明确、统一的审查标准确实十分困难。但是,制定一个概括性的总原则仍是可行的。法官可在个案中对照该原则对各种情势进行权衡,不失为一种处理该问题的出路。该概括性的总原则可以为"被追诉人未能获得律师辩护或者在辩护中处于不利地位"。笔者认为,在以下情形下,法院不应作出"准许"的决定。一是被告人表示不再委托辩护人而自行辩护;二是"辩护冲突"通过协商可以化解,能够达成一致立场;三是认罪认罚从宽案件。从域外立法经验来看,法国立法者在借鉴美国辩诉交易制度建立庭前认罪答辩程序时,认识到律师参与的必要性和重要性,为了防止检察官利用辩诉交易强迫被告人作出有罪答辩并防止无罪的被告人违心认罪,确立了较为完善的律师参与机制。《法国刑事诉讼法典》第495-8条第4款规定:"(在庭前认罪答辩程序中)被告不得放弃律师协助权。"律师应在程序的任何阶段现场为被告提供咨询和帮助。[2] 美国辩诉交易制度中被告虽享有《美国宪法第六修正案》规定的律师帮助权,但这一权利为被告可以放弃的权利。尽管如此,"被告人通常必须靠律师在答辩协商中代表她,并由律师提出是否认罪的建议。因此,确保她在答辩程序中接受了有效的律师帮助这一宪法权利非常重要"。[3] 这就不难理解为什么美国辩诉交易的协商主体通常是检察官和律师。[4]

在"通知辩护"情形下,被告人坚决拒绝指派的律师为其辩护,

---

[1] 《加拿大律师协会联合会职业行为示范守则》,王进喜译,中国法制出版社2016年版,第163页。

[2] 施鹏鹏:《法律改革,走向新的程序平衡?》,中国政法大学出版社2013年版,第158页。

[3] [美]约书亚·德雷斯勒、艾伦·C.迈克尔斯:《美国刑事诉讼法精解》(第4版),魏晓娜译,北京大学出版社2009年版,第168页。

[4] 韩旭:"认罪认罚从宽制度中的值班律师——现状考察、制度局限以及法律帮助全覆盖",载《政法学刊》2018年第2期。

而要求指派自己选任的律师，法院应否同意？笔者认为，在此种情况下，应当满足被告人的要求。一是可以增强"通知辩护"中当事人对律师的信任关系，从而提高法律援助辩护的质量，实现此类案件中的有效辩护。二是体现被告人的程序主体地位。被告人是否具有程序主体地位在于其是否消极、被动地等待国家的安排和处置，能否对诉讼结果施加积极的影响。尽量指派被告人相信或者信任的律师，不仅有助于辩护关系的和谐稳定，还有利于提升被告人的程序主体地位。被告人应有机会在一定期间内自行表示对律师人选之意见。如果审判长未给予被告人此机会，而自行为其指定辩护人，则可能构成上诉第三审之理由。[1]

五、拒绝辩护后的事务处理

无论是委托人解聘律师还是律师辞去委托，都会产生拒绝辩护的后果。拒绝辩护后，前任律师会与委托人、后任律师产生一定的关系，如与委托人的律师费结算问题、与后任律师之间的相关材料移交问题。遗憾的是我国《律师法》对此并未作出规定，这就产生了一系列实践问题：如在委托人解聘律师的情况下是否要向律师支付违约金或者赔偿金？律师费如何结算？前任律师的哪些材料应当移交？哪些材料不必移交？是否应对委托人和办案机关进行通知？这些问题均需要从理论上作出回答。

第一，在委托人解聘律师的情况下律师可否要求委托人支付违约金或者赔偿金？此种情形在实践中可能会遇到。对此，笔者认为，委托人不用向律师支付违约金或者赔偿金。理由如下：一是当初签订的辩护协议，并非纯粹的民事协议，不完全适用《民法典》进行调整。二是既然法律上允许委托人无理由解聘律师，那么解聘律师的行为便当属一种权利，委托人解聘律师又何来违约和赔偿一说？三是域外经验可资借鉴。"美国法院在一个判决中曾经指出，委托人可以在任何时候有原因或者无原因来解雇其律师，这一已经稳固确

---

[1] [德]克劳斯·罗科信：《刑事诉讼法》（第24版），吴丽琪译，法律出版社2003年版，第156页。

立的原则，源于这种合同关系的个人性质和信托性质。如果委托人有权在任何时候在没有原因的情况下终止律师和委托人之间的关系，自然得出的一个结论是不能强迫委托人因为行使该合同中暗含的权利而支付损害赔偿金。委托人对律师的解雇，并不构成对合同的违反。"[1]

第二，关于拒绝辩护后律师费用的结算问题。因拒绝辩护的时间点不同和律师付出的工作量不同，而无一个固定标准。美国学界认为：律师可以要求就已经提供的服务取得"合理价值"，"合理价值"规则被认为既能保证律师对其提供的服务获得合理补偿，也能促进公众对律师这一职业的信任。[2]《日本律师联合会收费等基准规程》规定："委任中途因案件的处理导致解除委托、辞去委托或者不能继续被委任的情况发生时，律师在与委托人协商的基础上，可以根据委任案件的处理程度，受领相应的报酬。"[3] 基于域外相对成熟的经验，我国在发生拒绝辩护情形时，委托人应当根据律师付出的劳动支付相应的报酬，付出劳动的多少应当由律师证明。根据"意思自治"原则，一旦发生争执可以由双方协商解决，如果协商不成可以提交律师协会协调处理。在法国，律师与当事人之间的冲突，也是由律师公会事先协调解决。[4] 根据《法国律师法》第10条第2款和第7条第7款的规定：律师费应根据当事人的财力状况、案件的难易程度、律师所垫付的费用、律师的声誉以及勤勉程度，依行业惯例予以确定。因解雇协议发生的争议，由律师公会会长予以仲裁，且可向上诉法院提起上诉，上诉法院以合议庭的形式作出裁决。[5]

---

[1] 王进喜：《美国律师职业行为规则理论与实践》，中国人民公安大学出版社2005年版，第135页。

[2] 王进喜：《美国律师职业行为规则理论与实践》，中国人民公安大学出版社2005年版，第135页。

[3] [日] 森际康友编：《司法伦理》，于晓琪、沈军译，商务印书馆2010年版，第100页。

[4] 施鹏鹏：《法律改革，走向新的程序平衡？》，中国政法大学出版社2013年版，第247页。

[5] 施鹏鹏：《法律改革，走向新的程序平衡？》，中国政法大学出版社2013年版，第250页。

第三，律师应当移交的资料包括哪些？在委托人继续聘请接任律师的情况下，前任律师应当向接任律师移交前期工作的成果。包括辩护意见书、尚未来得及向办案机关提供的调查取证材料。但是，阅卷笔录和会见笔录通常不具有证据属性，且新任律师仍要进行会见、阅卷等，作为律师工作的内部资料，前任律师可不必移交，而是由律师事务所归档留存。如果接任律师提出要求，前任律师还需要向其介绍案情及其辩护思路，前任律师与接任律师应加强合作、有序衔接，保障辩护事务的圆满顺利完成。《加拿大律师协会联合会职业行为示范守则》第3.7-8条要求律师退出代理时，"必须尽合理可能帮助将事务有序移交给后续律师"。[1]

第四，律师是否有通知义务。在委托人解聘律师的情况下，通知律师停止辩护活动不言而喻。但是，在律师辞去委托的情况下是否也要及时通知委托人和办案机关？答案是肯定的。一是通知委托人，以书面形式进行通知，并且告知退出的原因和委托人可以聘请新的律师，从而使委托人雇请的新律师及时进行辩护准备；二是通知办案机关，便于办案机关向委托人及时告知聘请律师的权利，或者及时通知法律援助机构安排律师进行辩护。除此之外，还方便办案机关和法院进行审查，作出是否"准许"的决定。律师通知委托人后究竟多久可以停止业务办理？对此，并没有一个统一的答案，而是取决于个案中的相关情况。总的指导原则是，律师应当尽其最大能力保护委托人利益，并且不应当在辩护事务的关键阶段或者拒绝辩护将陷委托人于不利或者危险之时离开委托人。应当给委托人较充分的时间来委托新的辩护律师，也不应当浪费法院时间。[2] 即使拒绝辩护，在委托人事务出现紧急情况时，律师仍需进行处理。因此，在审判即将开始或者审判正在进行时，即便发生了被告人与律师辩护立场严重冲突的情形，律师此时也不宜拒绝辩护，而是应当在庭审结束后向当事人和法院提出。"在律师提出辞去委托的意思

---

[1]《加拿大律师协会联合会职业行为示范守则》，王进喜译，中国法制出版社2016年版，第163页。

[2]《加拿大律师协会联合会职业行为示范守则》，王进喜译，中国法制出版社2016年版，第155页。

表示时，必须考虑辞去委托的时期。例如：在被告案件开庭日期的前几天，作为代理人的律师既没有变更日期也没有提出任何措施就单方辞去委托时，会使委托人陷入窘迫境地。"〔1〕

六、刑事案件律师辩护"全覆盖"背景下被告人拒绝辩护的情形

《全覆盖办法》第6条第2款规定："按照本办法第二条第三款规定应当通知辩护的案件，被告人坚持自己辩护，拒绝法律援助机构指派的律师为其辩护，人民法院准许的，法律援助机构应当作出终止法律援助的决定；对于有正当理由要求更换律师的，法律援助机构应当另行指派律师为其提供辩护。""全覆盖"试点中的被告人拒绝辩护与《刑事诉讼法》规定的"应当通知辩护"情形不同，前者允许自行辩护，而后者不允许自行辩护，要么"另行委托辩护人"，要么由法律援助机构"另行指派律师"。〔2〕应当说，上述规定具有现实合理性。"全覆盖"试点案件毕竟不同于《刑事诉讼法》规定的"应当通知辩护"的五种情形，前者包括按照普通程序审理的一审案件、二审案件和按照审判监督程序审理的再审案件，数量庞大，主要是为了提高我国刑事案件律师辩护的参与率，而后者是在特殊情况下被告人没有委托辩护人的案件，数量比较有限，且没有辩护人帮助辩护，被告人就难以获得公正的审判。问题是，被告人要坚持行使自行辩护权而拒绝指派律师辩护，法院"准许与否"

---

〔1〕〔日〕森际康友编：《司法伦理》，于晓琪、沈军译，商务印书馆2010年版，第93页。

〔2〕参见最高人民法院《关于适用〈中华人民共和国刑事诉讼法〉的解释》第311条规定："被告人在一个审判程序中更换辩护人一般不得超过两次。被告人当庭拒绝辩护人辩护，要求另行委托辩护人或者指派律师的，合议庭应当准许。被告人拒绝辩护人辩护后，没有辩护人的，应当宣布休庭；仍有辩护人的，庭审可以继续进行。有多名被告人的案件，部分被告人拒绝辩护人辩护后，没有辩护人的，根据案件情况，可以对该部分被告人另案处理，对其他被告人的庭审继续进行。重新开庭后，被告人再次当庭拒绝辩护人辩护的，可以准许，但被告人不得再次另行委托辩护人或者要求另行指派律师，由其自行辩护。被告人属于应当提供法律援助的情形，重新开庭后再次当庭拒绝辩护人辩护的，不予准许。"《全覆盖办法》第6条第1款规定："按照本办法第二条第二款规定应当通知辩护的案件，被告人拒绝法律援助机构指派的律师为其辩护的，人民法院应当查明拒绝的原因，有正当理由的，应当准许，同时告知被告人需另行委托辩护人。被告人未另行委托辩护人的，人民法院应当及时通知法律援助机构另行指派律师为其提供辩护。"

的标准和具体情形是什么则语焉不详。有必要予以明确，以防止自由裁量权的滥用。"准许与否"的判断标准是被告人是否有能力自行辩护，由其自行辩护会不会使被告人在审判中处于明显不利境地、难期获得公正审判。"在审判中处于明显不利境地"的情形，包括案情复杂重大、被告人显然难以胜任辩护工作；被告人拒绝律师辩护后短时间内难以找到合适的辩护人，可能造成审判严重拖延等情形。在"准许与否"的具体情形上，可以考虑的"准许"情形包括两个方面：一是被告人认罪认罚并适用普通程序审理的案件。此类案件因被告人已经认罪认罚，控辩双方争议不大，被告人要求律师辩护的动力减弱；二是被告人虽然不认罪认罚，但是可能判处三年有期徒刑以下刑罚的案件。此类案件大多属于轻罪案件，由被告人自行辩护并不会过分削弱对被告人权利的保障。在我国律师资源有限的情况下，作为过渡，可以考虑由被告人自行辩护。对于下列案件，当被告人提出自行辩护的申请而拒绝指派律师辩护时，应不予"准许"。除2018年《刑事诉讼法》规定的五种应当通知辩护的情形外，在下列案件中，也可以限制被告人自行辩护权的行使，由法院通知法律援助机构提供辩护服务。一是在共同犯罪案件中，其他被告人已经委托律师辩护或者法律援助机构已经为其提供律师辩护的。在共同犯罪案件中，容易出现各被告人相互推卸责任的问题，在各被告人供述存在"实质性差异"的情况下，甚至需要组织各被告人同时到庭进行"对质"，律师将会在其中"大显身手"。如果其他被告人都有律师提供辩护，而该被告人只能自行辩护，那么该被告人在审判中将处于非常不利的境地，难期获得公正审判。二是非认罪认罚的案件。认罪认罚案件，被追诉人对定罪和量刑均无异议，其律师辩护的动力会大大减弱，因此值班律师也无须提供出庭辩护服务，由被告人自行辩护即可。但是，与认罪认罚案件相比，在非认罪认罚案件中，被告人对事实证据和法律适用问题可能存在争议，限制其自行辩护，由律师帮助其进行辩护，更有利于维护其合法权益。三是案情重大复杂或者被告人可能判处三年以上有期徒刑的案件。案情重大、复杂的案件，由被告人自行辩护往往会显得"力不从心"，难以胜任辩护工作。其实，《刑事诉讼法》及其司法解释对

"被告人可能判处死刑、无期徒刑"案件自行辩护权的限制,也是基于案情"复杂、重大"的考虑。随着我国律师队伍的壮大,刑事司法基本权利保障水平的提高,可考虑将"被告人可能判处三年有期徒刑以上刑罚"的案件纳入"全覆盖"范围,由法律援助律师承担辩护职责。而且,"三年有期徒刑"为标准,区分重罪与轻罪,比较符合我国司法人员的文化观念,也便于实践操作。"刑事诉讼的历史就是辩护权扩充的历史。"《日本刑事诉讼法》历经修改,在2009年将指定辩护的范围扩大至可能判处死刑、无期徒刑或者最高三年以上惩役或者禁锢的案件。[1] 四是除了上述三个方面外,应当增加"案件性质特殊"这一情形,对于那些法律关系复杂,涉及罪与非罪、此罪与彼罪认定的案件,也应限制被告人自行辩护权。例如,对于危害国家安全犯罪案件、恐怖活动犯罪案件、贪污贿赂犯罪案件、涉黑涉恶案件和毒品犯罪案件以及其他可能判处三年以上有期徒刑的案件,均可以限制被告人的自行辩护权,由法律援助律师提供辩护。[2] 此外,案情"重大复杂"的案件,通常会召开庭前会议,解决非法证据排除等程序问题,而这些问题大多涉及法律适用问题,没有律师的帮助,当事人几乎"寸步难行"。

在被告人拒绝辩护程序上应当注意:在法院进行"准许与否"审查前,应当告知被告人由律师辩护的意义以及放弃律师辩护可能面临的不利后果,只有在被告人明智且明示拒绝律师辩护的情况下,法院才可进行实体审查。审查对象是被告人拒绝辩护是否有"正当理由"。所谓的"正当理由",除了前述的适用普通程序审理的认罪认罚案件和可能判处三年以上有期徒刑刑罚的案件外,被告人是否处于羁押状态和被告人的文化程度高低等也是需要考虑的因素。

---

〔1〕 [日]田口守一:《刑事诉讼法》(第5版),张凌、于秀峰译,中国政法大学出版社2010年版,第107页。

〔2〕 根据2018年《刑事诉讼法》第150条第1款之规定:"公安机关在立案后,对于危害国家安全犯罪、恐怖活动犯罪、黑社会性质的组织犯罪、重大毒品犯罪或者其他严重危害社会的犯罪案件,根据侦查犯罪的需要,经过严格的批准手续,可以采取技术侦查措施。"因采取技术侦查措施的案件,在法理上一般认为仅限于"重大复杂案件"。

七、结语

在拒绝辩护问题上,委托人与作为辩护人的律师权利不对等,一方面是因为刑事辩护协议并非纯粹的民事合同,另一方面在于在刑事辩护常态的委托辩护中,双方之间的信赖关系是辩护关系存续的前提和基础。拒绝辩护可从拒绝委托开始,除了意思自治和契约自由外,对符合拒绝辩护例外情形的案件,律师自始可以拒绝接受委托。我国关于律师拒绝辩护的规定存在一定的疏漏:一是没有将信任关系遭到严重破坏,且无修复可能作为拒绝辩护的情形之一;二是没有考虑到律师履职能力方面的因素;三是在双方辩护立场发生严重分歧的"辩护冲突"场合,如果没有化解的可能,再勉强维持下去,对委托人也会产生不利;四是委托人拒付或拖欠律师费,经催要仍不予支付的,也可作为律师拒绝辩护的情形。域外普遍将律师拒绝辩护区分为强制性拒绝和任意性拒绝。我国没有作这样的区分,对法规范中"有权"二字进行解读,似乎可以认为我国律师拒绝辩护均属于"任意性拒绝"。无论是委托人解聘律师还是律师辞去委托,都将对委托人辩护产生不利影响,因此仍需对拒绝辩护进行一定的规制。一是对于委托人解聘律师和律师任意性拒绝辩护的情形,应当进行司法审查,由法院作出同意与否的决定。鉴于在一些敏感案件中被羁押的被追诉人因办案机关的压力被迫提出解聘认真负责的律师的情况,宜由法院作为审查主体。与公安检察机关相比,法院更容易保持客观中立,这也是目前以审判为中心刑事诉讼制度改革和优化司法职权改革的突破口;二是拒绝辩护后,对涉及的经济问题和资料移交问题应予以妥善解决。根据律师前期付出的劳动,委托人应支付相应的律师费,在此问题上双方可协商解决,协商不成的可由律师所在的地方律师协会协调解决;律师对作为辩护成果的辩护意见书和尚未向办案机关提交的调查取证材料应当向委托人或者接任律师移交,对会见笔录、阅卷笔录可以归档留存。在刑事案件律师辩护"全覆盖"试点中,被告人可以拒绝法律援助机构指派律师提供的辩护而选择自行辩护,对于法院"准许与否"的标准和情形,《全覆盖办法》语焉不详。判断标准可以界定为被告人是否"在审判中处于不利境地"从而无法获得公正审判的保障;"准许"的具体情形至少包括以下两个方面:一是适用普通程序审理的认罪认罚案件;二是可能判处三年有期徒刑以下刑罚的非认罪认罚案件。在被告人拒绝辩护程序上,法院应当提前告知被告人由律师辩护的意义以及放弃律师辩护可能面临的不利后果,只有在被告人明智且明示拒绝律师辩护的情况下,才能接受法院的实体审查——被告人拒绝辩护有无"正当理由"。

下编 03

司法改革与律师辩护

第十三章

值班律师,感慨系之

值班律师制度是伴随着我国刑事案件速裁程序和认罪认罚从宽制度改革试点而引进并经改造建立起来的一项新型律师制度。[1]该制度设立的价值一方面在于通过值班律师提供的法律帮助保障被追诉人认罪认罚的自愿性和真实性,防范因虚假认罪而发生冤假错案;另一方面在于提升认罪认罚案件程序的公正性,树立司法公信力。然而,经过数年的改革试点,值班律师制度在现实中的运行状况如何?在制度层面存在哪些问题?如何在当前刑事案件律师辩护全覆盖试点中发挥值班律师法律帮助广覆盖的制度优势?这些问题既是理论界和实务界普遍关心的问题,也是本章拟作出回答的问题。

一、认罪认罚从宽制度中值班律师参与现状考察

(一)犯罪嫌疑人、被告人申请值班律师提供法律帮助的动力不足

有关调研数据显示:在163份对犯罪嫌疑人、被告人的有效问卷中,有51.5%的被追诉人表示"在案件中没有律师的帮助",其中认为不需要提供法律帮助的被追诉人占50.9%。[2]另一份调研资料

---

[1] 2016年11月开展的认罪认罚从宽制度改革试点工作,是在2014年8月在全国18个城市开展为期2年的刑事案件速裁程序试点工作基础上的继续,认罪认罚从宽制度改革试点工作已经涵盖了刑事案件速裁程序改革的内容并且扩大了案件适用范围。因此,广义上的认罪认罚从宽制度包含刑事案件速裁程序改革,本章讨论的主题是基于广义上认罪认罚从宽制度而展开。

[2] 李洪杰:"认罪认罚自愿性实证考察",载胡卫列等:《认罪认罚从宽制度的理论与实践——第十三届国家高级检察官论坛论文集》,中国检察出版社2017年版,第285页。

显示：犯罪嫌疑人主动咨询值班律师的仅占40%，60%案件的犯罪嫌疑人未咨询值班律师。[1] 由此可见，虽然最高人民法院、最高人民检察院、公安部、国家安全部、司法部2016年11月颁布的《关于在部分地区开展刑事案件认罪认罚从宽制度试点工作的办法》（以下简称《试点办法》）要求对认罪认罚的被追诉人应当由值班律师提供法律帮助，以此实现法律帮助全覆盖。但从试点地区情况来看，不仅被追诉人实际获得律师帮助的比例相对较低，而且申请值班律师提供法律帮助的动力明显不足。究其原因，在很大程度上与被追诉人对值班律师制度的认知有关。由于对值班律师在刑事速裁程序适用过程中的地位和作用缺乏合理的认识，接受律师帮助、向律师提出咨询的积极性也随之降低。[2] 具体表现在以下四个方面：一是适用认罪认罚从宽的案件大多是案情简单、事实清楚的轻微刑事案件，被追诉人对未来的量刑有一定的心理预期，认为寻求值班律师帮助意义不大，自己并不能通过值班律师的法律帮助获得量刑上的优惠；二是被追诉人与值班律师之间并未建立起信任关系，相当比例的被追诉人认为派驻在看守所、法院的值班律师与司法人员没有多少区别，向司法人员进行法律咨询更方便、快捷，且"轮班制"的值班模式难以提供持续、一致的法律帮助；三是认为即使有值班律师提供法律帮助，但由于职能所限，被追诉人难以获得实质性的帮助；四是对申请值班律师帮助存在顾虑，担心被视作认罪态度不好，缺乏悔罪表现，从而在量刑上难以获得从宽处罚。[3] 从刑事案件速裁程序的前期试点情况来看，值班律师实际使用率不高，不但浪费了宝贵的人力资源，增加了诉讼成本，而且未能为犯罪嫌疑人、

---

〔1〕许世兰、陈思："认罪认罚从宽制度的基层实践及思考"，载胡卫列等主编：《认罪认罚从宽制度的理论与实践——第十三届国家高级检察官论坛论文集》，中国检察出版社2017年版，第355页。

〔2〕赵恒："刑事速裁程序试点实证研究"，载《中国刑事法杂志》2016年第2期。

〔3〕付金、于妍："检视与构建：刑事速裁程序中被追诉人的权利保障"，载《全国法院第27届学术讨论会获奖论文集》，人民法院出版社2016年版，第1078页。

被告人提供及时、有效的权利保障。[1]

(二)值班律师提供法律帮助职能单一

虽然《试点办法》规定值班律师可以提供法律咨询、程序选择、申请变更强制措施等法律帮助,但从试点情况来看,大部分值班律师除了解释法律、回答咨询外,通常不再提供其他法律帮助。对于检察机关提出的量刑建议,值班律师往往是简单表示确认,鲜有提出异议或者发表实质性意见的情形。正如有学者所指出的,值班律师制度无法保证犯罪嫌疑人、被告人获得真正有效的辩护,难以对公诉方的指控给予有力的制衡。[2] 如果值班律师的实际功能仅局限于提供一般性的法律咨询,那么不但有违值班律师制度设立的初衷,而且难以保障认罪认罚从宽制度实施的正当性。对此现象,不能不引起反思。首先,从值班律师角度来看,基于自身利益的考量,其参与认罪认罚从宽案件的积极性不高,即便参与,也是"配合有余、制约不足"。从各地情况来看,值班补贴普遍较低,收入无法与正常办案相比。有实务部门人员指出,指定辩护律师和值班律师待遇差别较大,指定辩护律师在检察阶段补贴费用1800元,审判阶段补贴费用2300元,而值班律师一个上午的补贴只有300元。由此导致值班律师工作积极性不高。例如,《郑州市刑事案件认罪认罚从宽制度试点工作实施细则(试行)》规定:值班律师提供法律帮助,由法律援助机构支付相应补贴,补贴标准按刑事法律援助案件补贴标准的30%至50%执行。此外,部分值班律师为了与法院、检察院搞好关系,便于以后顺利开展工作,更倾向于配合司法机关的工作而非为了有效维护被追诉人权益。[3] 其次,从司法办案人员角度来看,除了少数司法办案人员对律师参与持有排斥心理和抵触情绪外,也

---

[1] 蓝向东、王然:"认罪认罚从宽制度中权利保障机制的构建",载胡卫列等:《认罪认罚从宽制度的理论与实践——第十三届国家高级检察官论坛论文集》,中国检察出版社2017年版,第923页。

[2] 陈瑞华:"认罪认罚从宽制度的若干争议问题",载《中国法学》2017年第1期。

[3] 许世兰、陈思:"认罪认罚从宽制度的基层实践及思考",载胡卫列等:《认罪认罚从宽制度的理论与实践——第十三届国家高级检察官论坛论文集》,中国检察出版社2017年版,第356页。

与司法机关未及时履行权利告知义务不无关系。被追诉人无法知晓看守所、法院设有法律援助工作站,可以由值班律师免费提供法律帮助,极大地影响了值班律师职能和作用的发挥。

(三)值班律师较少参与量刑协商程序且发挥作用较小

虽然刑事速裁程序试点文件没有规定值班律师可以进行量刑协商,但是2015年11月司法部的《关于切实发挥职能作用做好刑事案件速裁程序试点相关工作的通知》明确提出:"值班律师应当告知犯罪嫌疑人、被告人适用速裁程序的法律后果,帮助其进行程序选择和量刑协商,依法维护其合法权益。"从试点情况来看,值班律师参与量刑协商存在以下问题:一是值班律师参与量刑协商的比例较低,甚至被排除在量刑协商程序之外。例如,某基层检察院作为全国第一批速裁程序试点单位,自2014年8月至2016年6月共办理速裁案件547件,但在审查起诉环节有律师参与的仅有28件,参与率仅为5.1%。[1] 北京市海淀区在速裁程序试点中,值班律师不参与量刑协商,公诉人也无须征求他们的意见。[2] 由此可见,绝大多数适用刑事速裁程序的案件是在没有律师帮助的情况下完成量刑协商工作,如此一来,协商的平等性和自愿性难以得到保障。二是值班律师在量刑协商中未能发挥实质性作用。目前值班律师的功能只是向犯罪嫌疑人、被告人提供法律帮助而非辩护,值班律师的阅卷权、调查取证权、核实证据权并未得到确立,这决定了值班律师难以就检察机关认定的罪名和量刑建议提出有针对性的意见,导致量刑协商很难真正展开。通常的情况是,检察官在和犯罪嫌疑人完成量刑协商后,再通知律师到场见证具结过程。在听取律师意见时,往往只是告知其从宽处罚的建议,并不就量刑内容与律师进行协商,而律师在提供法律帮助时,也只是在和检察官、犯罪嫌疑人进行简单交流

---

[1] 陈重喜、李瑛:"认罪协商机制中的律师参与",载胡卫列等:《认罪认罚从宽制度的理论与实践——第十三届国家高级检察官论坛论文集》,中国检察出版社2017年版,第613页。

[2] 游涛:"认罪认罚从宽制度中量刑规范化的全流程实现——以海淀区全流程刑事案件速裁程序试点为研究视角",载《法律适用》2016年第11期。

后,便告知嫌疑人可以同意量刑建议和程序适用。[1]值班律师事先既不了解案情也不参与量刑协商,仅在犯罪嫌疑人签署具结书时"被要求"在场见证并签字,这一做法与其说是为监督检察机关依法履行职责、保障嫌疑人具结书签署过程的真实性和合法性,毋宁说是为犯罪嫌疑人、被告人认罪认罚进行"背书",其形式意义大于实质意义。正如检察实务部门人员所指出的那样:在量刑具结过程中通过在场见证只能形式化审查嫌疑人认罪认罚的自愿性,而难以通过有效把握案件情节对认罪认罚和签署具结书的明智性进行实质化审查。[2]难怪一些地方的律师协会反映,如果值班律师仅仅发挥一个见证作用,完全没有必要安排律师,社工或者其他公民都可以履行见证职能。

(四)值班律师与被追诉人的会见权和秘密交流权未得到充分保障

虽然《试点办法》没有明确规定值班律师享有会见权,但该办法规定了"看守所应当为值班律师开展工作提供便利工作场所和必要办公设施,简化会见程序,保障值班律师依法履行职责"。由此可以推导出《试点办法》实际上确认了值班律师的会见权,会见权是值班律师履行提供法律咨询职责的基本条件。然而,现实情况如何呢?首先,大多数看守所基于安全、效率和侦查效益的考虑会将驻看守所法律援助工作站设在监区外面,这其实是在寻求法律帮助的被羁押人员与值班律师之间设置了一道"壁垒",严重影响了律师与犯罪嫌疑人、被告人之间的会见交流,导致派驻在看守所的值班律师难以为被羁押人员提供及时的法律帮助。目前,派驻在看守所的值班律师,其服务对象主要是被追诉人家属而非被追诉人自身,呈现出法律帮助对象错位的情形,从而有违看守所设置法律援助工作站的初衷。其次,采用视频方式进行会见虽较普遍,但具有较大的

---

[1] 许世兰、陈思:"认罪认罚从宽制度的基层实践及思考",载胡卫列等:《认罪认罚从宽制度的理论与实践——第十三届国家高级检察官论坛论文集》,中国检察出版社2017年版,第357页。

[2] 参见上海市杨浦区人民检察院课题组:"认罪认罚从宽制度下的简化审理模式",载胡卫列等:《认罪认罚从宽制度的理论与实践——第十三届国家高级检察官论坛论文集》,中国检察出版社2017年版,第909页。

局限性。视频传输技术的运用固然有助于增强会见的便捷性、提高会见效率,但是难以保障会见交流的充分性。采用此种方式进行会见,通常时间很短,无法保障犯罪嫌疑人与值班律师之间进行充分、深入的交流,对于涉及证据采信、事实认定、罪名确定以及量刑规范化的适用等专业化问题,值班律师在短时间内很难将其解释清楚。[1] 最后,值班律师与被追诉人之间的秘密交流权未能得到保障。从试点情况来看,一些地方的办案人员或者看守所工作人员基于安全考虑或者对律师泄密的担忧,在值班律师会见被追诉人时,派员陪同在场,导致律师与被追诉人之间无法进行秘密交流,影响了法律帮助质量。

二、认罪认罚从宽试点中值班律师制度的局限性

"被告人有权获得辩护",不仅是我国《宪法》和《刑事诉讼法》确立的一项基本原则,也被联合国《公民权利及政治权利国际公约》确认为公正审判的一项基本标准。我国在认罪认罚从宽制度改革中建立的值班律师制度,扩大了法律援助的适用范围,使认罪认罚的被追诉人也可以获得国家免费的法律帮助,不仅可以预防和减少误判,而且有助于提升认罪认罚案件程序正当性,符合我国《宪法》基本权利保障精神和国际刑事司法准则的要求。从认罪认罚从宽制度改革试点一年来的情况来看,虽然值班律师制度在保障被追诉人获得法律帮助权方面取得了一定的成效,[2] 但由于值班律师制度"先天不足",导致其在实现有效辩护、维护认罪认罚被追诉人合法权利方面存在明显的局限性。

(一)矛盾交织的角色定位

值班律师的角色定位乃值班律师制度的基础和核心问题,直接

---

[1] 许世兰、陈思:"认罪认罚从宽制度的基层实践及思考",载胡卫列等:《认罪认罚从宽制度的理论与实践——第十三届国家高级检察官论坛论文集》,中国检察出版社2017年版,第356页。

[2] 据最高人民法院院长周强代表最高人民法院向十二届全国人大常委会第31次会议所作的试点情况工作报告显示:试点地区法律援助机构在看守所、法院、检察院设立法律援助工作站630个,其中设在看守所、法院的法律援助工作站覆盖率分别为97%和82%。

决定了值班律师的诉讼权利和功能发挥。一方面，从文本规范来看，《试点办法》中有多处是将"值班律师"与"辩护人"并列规定，这说明值班律师并非被追诉人的辩护人，即辩护律师，而仅仅是免费提供法律帮助的律师。根据最高人民法院、最高人民检察院、公安部、国家安全部、司法部《关于开展法律援助值班律师工作的意见》（已失效），值班律师职能范围大致有七项：提供法律咨询、帮助进行程序选择、申请变更强制措施、就相关事项向检察机关提出意见、犯罪嫌疑人签署具结书时在场、代为申诉控告、引导申请法律援助等。无论是提供法律咨询还是申请变更强制措施抑或是代为申诉、控告，均是 2012 年《刑事诉讼法》规定的辩护律师在侦查阶段的职能。由此产生的问题是，值班律师在程序参与上的"名不符实"——所提供的法律帮助实质上是一种辩护职能却没有"辩护人"的地位。这有点类似于 1996 年《刑事诉讼法》中侦查阶段介入的律师，根据当时法律的规定，自案件移送审查起诉之日起，犯罪嫌疑人才可以聘请辩护人，侦查阶段介入的律师并没有法律上的"名分"，学界普遍将其视为"法律帮助律师"，尽管其可以为犯罪嫌疑人提供法律咨询、代理申诉、控告、申请取保候审、会见在押嫌疑人等。2012 年《刑事诉讼法》再修改时正本清源，将侦查阶段介入的律师明确定位为辩护律师，从而结束了 1996 年《刑事诉讼法》实施以来的有关律师的"名分"之争问题。从两次《刑事诉讼法》的修改情况来看，在一定程度上反映出了立法机关对侦查阶段介入的律师认识的深化。根据现代刑事诉讼的职能分工原理，刑事诉讼是由控、辩、审三种基本职能所构成的"三方组合"形态，被追诉人及其法律帮助者、协助者代表的是辩护一方，行使的是辩护职能。尽管随着协商性刑事司法的构建，传统的以控辩对抗为代表的辩护形态发生了改变。但是"提出有利于犯罪嫌疑人、被告人的材料和意见，维护诉讼权利和其他合法权益"的"辩护人职责"并未发生根本变化。值班律师虽然提供的是法律帮助服务，但其根本目的也是维护犯罪嫌疑人、被告人的程序性和实体性权益。从 2012 年《刑事诉讼法》第 36 条"辩护律师在侦查期间可以为犯罪嫌疑人提供法律帮助"的表述可知，法律帮助属于辩护律师的职能范畴，值班律师职能为辩护律师职能所覆盖。司法部《关于切实发挥职能作用做好刑事案件速裁程序试点相关工作的通知》提出：切实发挥法律援助值班律师职能作用，明确值班律师为犯罪嫌疑人、被告人提供法律帮助，有利于进一步畅通法律援助申请渠道，拓展法律援助服务形式，保障犯罪嫌疑人、被告人的辩护权。从上述"通知"规定来看，值班律师提供法律帮助有利于保障被追诉人的辩护权，也可进一步印证值班律师法律帮助权的辩护权属性。

然而，值班律师是伴随着刑事速裁程序和认罪认罚从宽制度改革试点而建立起来的一种新型律师种类，旨在提供一种"即时初步"的法律帮助：一方面，可以解决当前刑事案件中律师辩护率低的现状，从而实现"所有人的正义"；另一方面，可以弥补犯罪嫌疑人自被追诉之日起至委托律师或者法律援助律师介入之前这一"时间差"法律帮助的"盲区"，实现诉讼过程的全覆盖。根据"最高法院、司法部就刑事案件律师辩护全覆盖试点工作答记者问"对"全覆盖"内涵的解读，其中就包括在法律援助机构指派的律师或者被告人委托的律师为被告人提供辩护前，被告人及其近亲属可以提出法律帮助请求，人民法院应当通知法律援助机构派驻的值班律师为其提供法律帮助。按照司法部法律援助司白萍司长在 2017 年 9 月 28 日"四部委"关于值班律师制度新闻发布会上的介绍，值班律师制度是以其广覆盖和便利性特点体现人权司法保障的理念。即时、初步和广覆盖的特点决定了在制度设计上值班律师与辩护律师之间在诉讼职能、权利等方面的差异。基于此，制度规范层面没有赋予值班律师诸如阅卷权、调查取证权、出庭辩护权等权利似乎可以理解。然而，在定位不明或权利受限的情况下，义务和责任的设置便难以确立。例如，因值班律师并非辩护律师，《刑事诉讼法》第 39 条第 4 款有关"辩护律师会见犯罪嫌疑人、被告人不被监听"的规定可否被看守所规避适用？又如，值班律师能否成为《刑法》第 306 条辩护人、诉讼代理人妨害作证罪的犯罪主体？再如，值班律师拒绝在认罪认罚具结书上签字或者虽签字确认但事后发现系冤案情形下是否应当承担责任以及承担何种责任？这些都事关值班律师角色定位和权利配置问题。如果我们转换一下视角，按照前述法律帮助权乃辩护权范畴的分析思路,从有利于保障被追诉人认罪认罚自愿性和明智性从而防范冤假错案发生的现实出发,那么似乎应当走"值班律师辩护人化"的改革路径。既然"值班律师是特殊的辩护律师",[1] 就应当赋予值班律师与辩护律师相同的权利,这也是当前学界主流的声音。问题是,值班律师一旦享有了阅卷、调查取证、出庭辩护等各项诉讼权利,值班律师还能继续"值班"吗?如果不再"值班",还能称之为"值班律师"吗?且不说每天仅有200元至300元的值班补贴,他们是否有足够的动力和积极性勤勉尽责地行使上述权利,仍不无疑问。

可以说,在值班律师角色定位问题上我们陷入了一个矛盾的困境,呈现出左右摇摆之势,制度与实践的二律背反恰是一个很好的例证。这一问题不仅关涉我国刑事辩护制度乃至律师制度未来发展的一个重大理论问题,而且事关认罪认罚从宽制度改革成败以及《刑事诉讼法》《律师法》未来修改的一个重大制度问题,亟待进行深入研究。笔者在此仅是提出问题,下一步拟撰文对该问题作专门研究。

(二)残缺不全的辩护权能

根据《试点办法》的规定,值班律师为自愿认罪认罚的犯罪嫌疑人、被告人可以提供法律咨询、程序选择、申请变更强制措施等法律帮助。虽然我们可以对"等"字作扩大解释,将司法部"通知"和"两高两部"会议纪要中规定的值班律师帮助进行"量刑协商"的职责解释进去,但普遍认为值班律师的法律帮助权只是一种有限的辩护权或非完整意义上的辩护权。既然文本中的值班律师不作为辩护人看待,那么其自然不享有《刑事诉讼法》规定的辩护律师的诉讼权利。除了从《试点办法》第5条第2款规定的"看守所应当为值班律师开展工作提供便利工作场所和必要办公设施,简化会见程序"内容中可以推导出值班律师在提供法律咨询时有会见权之外,很难说其拥有阅卷权、核实证据权和调查取证权,更不消说

---

[1] 顾永忠、李逍遥:"论我国值班律师的应然定位",载《湖南科技大学学报(社会科学版)》2017年第4期。

出庭辩护权。[1] 在既不了解检察机关就指控的罪名及其犯罪事实所拥有的证据材料,也不能就相关证据的真伪向被追诉人进行核实,更不能展开独立调查活动的情况下,值班律师何以可能在被追诉人认罪认罚问题上提供专业的咨询建议从而保证认罪认罚的自愿性和明智性呢?又何以可能在检察机关听取意见时提出有针对性的意见并与检察机关就量刑问题展开实质性协商呢?在上述条件都不具备的情况下,值班律师在场见证具结书的签订过程又有多少实际意义呢?因此,在值班律师诉讼权利缺失和保障不足的情况下,所谓的"法律帮助"具有很大的局限性,从目前试点情况来看,值班律师作用的发挥远不能适应对被追诉人权利保障的需要。正是基于对上述问题的认识,在试点过程中,一些地方突破《试点办法》的规定,积极进行"制度创新",赋予值班律师阅卷权等诉讼权利,呈现出值班律师"辩护人化"的趋势。例如,广州市南沙区人民检察院在认罪认罚工作区给值班律师配备一台电脑,方便他们详细了解案情,查阅电子案卷。[2]

(三) 顾此失彼的派驻设置

随着认罪认罚从宽制度的实施,律师的主"战场"将由法庭转移到检察院,由审判阶段转向审查起诉阶段,其角色也由法庭上的抗辩者转换为审前程序中的咨询者、协商者、见证者。可以说,审查起诉阶段已经成为适用认罪认罚从宽制度的关键阶段,尤其是对于大量适用刑事速裁程序的案件。据统计:在试点法院适用认罪认罚从宽制度审结的刑事案件中,检察机关建议适用的占 98.4%,法院对检察机关量刑建议的采纳率为 92.1%。[3] 虽然《试点办法》规定人民检察院对认罪认罚的嫌疑人应当通知值班律师提供法律帮助。

---

[1] 2015 年 4 月,"两高两部"以"会议纪要"形式明确了值班律师不承担出庭辩护的职责;2017 年 8 月"两高三部"《关于开展法律援助值班律师工作的意见》(已失效) 进一步强调"法律援助值班律师不提供出庭辩护服务"。

[2] 彭章波、王晖:"认罪认罚从宽制度试点情况介绍——以广东省为例",载胡卫列等:《认罪认罚从宽制度的理论与实践——第十三届国家高级检察官论坛论文集》,中国检察出版社 2017 年版,第 426 页。

[3] 参见最高人民法院院长周强代表最高人民法院向十二届全国人大常委会第 31 次会议所作的试点情况工作报告。

第十三章 值班律师，感慨系之

遗憾的是，如此重要的阶段，无论是刑事速裁程序试点还是认罪认罚从宽制度试点，均没有在试点方案中作出在检察院派驻值班律师的制度安排。如果犯罪嫌疑人在审查起诉阶段未被羁押，其显然不可能去寻求驻法院、看守所的值班律师提供帮助。那么如何保障认罪认罚的犯罪嫌疑人获得及时、有效的法律帮助便成了一个亟待解决的现实问题。在审查起诉环节，值班律师不仅需要向犯罪嫌疑人解释法律、提供法律咨询、就认罪认罚和程序适用进行协商，还需要就指控罪名、法律适用和量刑问题等向检察机关提出意见，与检察官进行量刑协商，并在犯罪嫌疑人签署具结书时在场见证。可以说，认罪认罚从宽的主要工作都是在审查起诉阶段完成的，检察机关也因此成了适用认罪认罚从宽的主导机关。就认罪认罚从宽制度实施而言，在检察机关设置法律援助工作站派驻值班律师比在法院更有必要，也更为迫切。"在审查起诉环节，由于检察机关并无派驻律师，在很大程度上制约了取保候审案件中认罪认罚从宽制度的适用。"[1]

为了保障审查起诉阶段犯罪嫌疑人能够及时获得法律帮助，提高诉讼效率、节约司法成本，便于值班律师与检察官开展认罪认罚从宽协商，多个试点检察院根据办理认罪认罚案件的实际需要，积极争取当地司法行政机关的支持，在检察院设置法律援助工作站，由派驻的值班律师为认罪认罚的嫌疑人提供法律帮助，从而较好地解决了审查起诉阶段的法律帮助问题。在检察院派驻值班律师的做法虽然突破了《试点办法》的规定，但具有现实合理性，也符合《试点办法》关于辩护权保障的精神，在一定程度上弥补了制度上的不足。下一步可考虑通过修改立法或者制定司法解释性文件，明确法律援助机构应当在检察院设置法律援助工作站并派驻值班律师提供法律帮助。[2]

---

[1] 王伟、王新环、郑圣果："认罪认罚从宽制度改革试点的实证考察和理论思考"，载胡卫列等：《认罪认罚从宽制度的理论与实践——第十三届国家高级检察官论坛论文集》，中国检察出版社 2017 年版，第 248 页。

[2] 本章写作在 2018 年《刑事诉讼法》修改之前。之后的《刑事诉讼法》修改仅规定"法律援助机构可以在人民法院、看守所等场所派驻值班律师"。（第 36 条）到了 2019 年 10 月发布的《关于适用认罪认罚从宽制度的指导意见》第 11 条才明确："法律援助机构可以在人民法院、人民检察院、看守所派驻值班律师。"

三、值班律师法律帮助全覆盖的实现路径

按照刑事案件律师辩护全覆盖的内涵,不仅将通知辩护的范围扩大到法院阶段适用普通程序审理的一审案件、二审案件和按照审判监督程序审理的再审案件,而且包括适用简易程序、速裁程序审理的案件,即被告人没有辩护人的,人民法院应当通知法律援助机构派驻的值班律师为其提供法律帮助。目前,我国主要从事刑事辩护业务的律师约为5.2万多人,在刑事辩护律师资源十分有限的情况下,依靠值班律师提供法律帮助不失为解决刑事案件律师辩护率低的过渡性措施。在值班律师提供法律帮助问题上,认罪认罚从宽制度《试点办法》与刑事速裁程序相比的一个重大进步就是将速裁程序中犯罪嫌疑人、被告人"依申请提供"修改为"应当提供",这一变化无疑加重了法律援助机构的工作负担,但有利于更好地实现法律帮助全覆盖。由此带来的问题是犯罪嫌疑人、被告人能否拒绝或者放弃值班律师的法律帮助?这是决定全覆盖能否实现的关键之举,也是值班律师制度的优势所在。该问题涉及值班律师法律帮助的性质究竟是一种"权利型"配置还是"强制型"配置的问题,如果是类似于法律援助强制辩护的性质,那么被追诉人就不能拒绝或者放弃这种帮助。[1] 由于试点过程中对此问题认识不一致,一些地区在试点中允许犯罪嫌疑人通过书面方式拒绝值班律师的帮助,但要求签署具结书时值班律师必须到场见证,出现了"部分可以放弃、部分不能放弃"的"选择性"法律帮助情形。试想,如果嫌疑人在签署具结书之前没有就是否认罪认罚问题征求值班律师意见并进行较为充分的协商,那么怎能保证签署具结书是犯罪嫌疑人真实意思的表示和理性选择的结果?如此的值班律师在场见证,其重心不是为犯罪嫌疑人提供法律帮助,而是为检察机关提供工作帮

---

[1] 最高人民法院《关于适用〈中华人民共和国刑事诉讼法〉的解释》第50条第2款规定:"属于应当提供法律援助的情形,被告人拒绝指派的律师为其辩护的,人民法院应当查明原因。理由正当的,应当准许,但被告人应当在五日以内另行委托辩护人;被告人未另行委托辩护人的,人民法院应当在三日以内通知法律援助机构另行指派律师为其提供辩护。"

助——配合完成具结书的签署,使得以检察机关为主导的认罪认罚程序"披上合法性外衣"。如此所谓的"法律援助值班律师"难逃充当"第二公诉人"之质疑。这是值班律师参与认罪认罚从宽制度必须警惕并加以解决的问题,办案机关不应曲解试点文件规定的原意并采取"实用主义"立场,而应站在维护被追诉人合法权益角度对公权力进行监督并保障被追诉人获得法律帮助权的实现。为此,需要明确两个"不得放弃":一是为认罪认罚的被追诉人提供法律帮助是国家应当承担的一项义务,不得放弃;二是犯罪嫌疑人获得值班律师法律帮助的权利不得放弃。需要指出的是,法律帮助事项不局限于签署具结书时的"在场见证",还包括此前提供法律咨询、与犯罪嫌疑人、检察机关就定罪和量刑问题进行"双向协商"等法律帮助。鉴于上述问题的重要性,有必要作进一步分析。

首先,根据法解释学原理,提供法律帮助应当成为国家的一项义务。《试点办法》规定的"应当提供"不是具有裁量性的"可以提供",也不是"依申请提供","应当"意味着"必须",是一项国家义务。对于认罪认罚的嫌疑人、被告人,国家均应无条件地一律提供法律帮助,既无须提出申请,也不以其意思表示为限,以实现"所有人的正义"。认罪认罚关乎公民基本权益,对于在刑事诉讼中处于弱势地位的被追诉人,国家通过设立值班律师制度给予特别的关照和保护,并限制其处分某些诉讼权利,避免控辩失衡使其处于不利境地,这种制度安排具有一定的程序合理性。只有将提供法律帮助上升为一项国家义务,真正的法律帮助全覆盖才有实现的可能,值班律师才有用武之地,值班律师制度才会在我国焕发出生机和活力。

其次,从刑事速裁程序试点情况来看,值班律师参与率低的现状亟待改善。刑事速裁程序试点中值班律师参与率低,已是一个不争的事实。如前所述,值班律师参与率低在很大程度上与犯罪嫌疑人、被告人的认知能力有关。"由于犯罪嫌疑人对值班律师制度及认罪认罚从宽制度的内容并不了解,检察官在询问是否需要值班律师在场提供帮助时，犯罪嫌疑人往往表现出极大的随意性。"[1] 根据相关实证研究结论，犯罪嫌疑人、被告人对于律师的需求随学历升高呈现递进趋势，即学历越高，对律师帮助权越重视。文盲至初中学历的，有一半以上的人认为认罪认罚之后不需要律师帮助，小学、初中学历比重最高，为59.5%。[2] 由于他们文化程度普遍不高，决定了他们的认知能力和水平非常有限，因此在决定是否需要律师帮助问题上难免表现出盲目、轻率。目前开展的认罪认罚从宽试点工作正是注意到了刑事速裁程序试点中存在的上述问题，才将"依申请提供"修改为"应当提供"，希冀以此实现认罪认罚从宽制度中值班律师法律帮助的全覆盖，从而改变刑事速裁程序试点中值班律师参与率低的现状。

最后，从域外立法经验来看，认罪协商程序中不得放弃律师帮助权已为立法所确认。2004年，法国立法者在借鉴美国辩诉交易制度建立庭前认罪答辩程序时，认识到了律师参与的必要性和重要性，为了防止检察官利用辩诉交易强迫被告人作出有罪答辩并防止无罪的被告人违心认罪，确立了较为完善的律师参与机制。《法国刑事诉讼法典》第495-8条第4款规定："（在庭前认罪答辩程序中）被告不得放弃律师协助权。"律师应在程序的任何阶段现场为被告提供咨询和帮助。[3]

由此可见，法国规定被告人在协商程序中不得放弃获得律师帮助的权利，即实现所谓的"强制辩护"。美国辩诉交易制度中，被告虽享有《美国宪法第六修正案》规定的律师帮助权，但这一权利为被告可以放弃的权利。尽管如此，"被告人通常必须靠律师在答辩协商中代表她，并由律师提出是否认罪的建议。因此，确保她在答辩

---

[1] 李舸禛："认罪认罚从宽制度的实践分析"，载胡卫列等：《认罪认罚从宽制度的理论与实践——第十三届国家高级检察官论坛论文集》，中国检察出版社2017年版，第342页。

[2] 李洪杰："认罪认罚自愿性实证考察"，载胡卫列等：《认罪认罚从宽制度的理论与实践——第十三届国家高级检察官论坛论文集》，中国检察出版社2017年版，第285页。

[3] 施鹏鹏：《法律改革，走向新的程序平衡？》，中国政法大学出版社2013年版，第158页。

第十三章 值班律师，感慨系之

程序中接受了有效的律师帮助这一宪法权利非常重要"。[1] 这就不难理解为什么美国辩诉交易的协商主体通常是检察官和律师了。

"他山之石，可以攻玉。"如果我们一方面在制度改进上做出努力，另一方面又承认被追诉人有放弃值班律师法律帮助的权利，那么可以预见的是这种制度上的努力必将因为嫌疑人、被告人不明智的权利放弃而付诸东流，认罪认罚从宽试点中引入值班律师制度的初衷也会因此而落空。公安司法机关完全可以利用信息不对称和资源优势，采用威逼利诱、欺骗等手段获得虚假认罪或者不公正认罚的情形自然难以避免，值班律师参与认罪认罚从宽制度也就显得尤为必要。[2]

---

[1] [美]约书亚·德雷斯勒、艾伦·C.迈克尔斯：《美国刑事诉讼法精解》（第4版），魏晓娜译，北京大学出版社2009年版，第168页。

[2] 有关值班律师参与认罪认罚从宽案件的必要性问题，参见韩旭："辩护律师在认罪认罚从宽制度中的有效参与"，载《南都学坛（南阳师范学院人文社会科学学报）》2016年第6期。

第十四章

缺席审判，律师来辩

2018年《刑事诉讼法》在"特别程序"一编中增加了"缺席审判"一章，这标志着我国缺席审判制度已基本确立。然而，从该章规定的内容来看，缺席审判似是被告人的一项义务，"权利性"不足已经成为我国缺席审判制度的基本特征。综观域外缺席审判制度理论和立法例，可以发现缺席审判既是被告人的义务，也是被告人的权利。[1] 事实上，缺席审判是对被告人诉讼权利的克减，诸如辩护权、对质权等，只有被告人到庭"在场"方可实施。从此意义上讲，缺席审判只能是审判制度的一种例外，我国《刑事诉讼法》的体例安排即是最好的明证。"在刑事诉讼中，只有少数情形下得为缺席判决。此乃为真实发现及为被告之利益着想之故，因为法院如未亲自加以讯问，即无法完成一公正之判决，而被告缺席时，即无法做最完善的辩护。"[2] 即使域外普遍赋予被告人以沉默权，但仍要求其到庭。被告人到庭通常是审判程序合法进行的前提；法官或检察官只有借由被告人到庭才能获得对被告人的直接印象，就适用严格证

---

[1] 在审判日出庭是被告人的权利，原则上，被告人不出庭，不得开庭进行诉讼程序。但是，被告人不行使其"权利"，相反，采取不出庭态度的时候，就出现了出庭义务的问题。参见［日］松尾浩也：《日本刑事诉讼法》（新版），丁相顺、张凌译，中国人民大学出版社2005年版，第247页。在场，既是被告的权利，也是被告的义务；在审判期日，除少数的特别规定，如许用代理人之轻罪案件及得不待被告到庭陈述径行审判者之外，被告不到庭者不得审判，否则即属判决当然违背法令。参见林钰雄：《刑事诉讼法》，中国人民大学出版社2005年版，第133页。

[2] ［德］克劳思·罗科信：《刑事诉讼法》（第24版），吴丽琪译，法律出版社2003年版，第403页。

第十四章 缺席审判，律师来辩

明的审判程序而言，更是重要；被告人到庭无论陈述与否，都不能解除其对质义务，而到庭是对质的前提。[1]尽管《刑事诉讼法》修改初步建立了该项制度，为实践操作提供了法律依据，但是制度不完善的问题仍较为突出：一是完全的缺席审判制度种类不完整，遗漏了重要的缺席审判种类，例如轻罪案件和未成年人犯罪案件。这与前述的"权利性"不足有关。二是不完全的缺席审判制度阙如。对于司法实践中共同犯罪案件的审判、被告人因扰乱法庭秩序被驱逐出庭后审判的进行、庭审实质化背景下"人证"因被告人在场而作证不能或产生恐惧心理等情形，我国均未作出相应规定，导致实践操作无章可循。三是被告人因"缺席"而应给予的程序"补偿"和权利"救济"未能得到体现，亦即被告人缺席下法庭调查如何展开，这是一个新课题。如前所述，缺席审判只能是一种例外，在很多情况下是价值权衡的结果，因此在制度设计上应当注意缺席审判是一种不得已的选择，以将对被告人诉讼权利的损害降至最低为原则。因此，在被告人不能亲自到场的情形下，对于轻罪案件和未成年人犯罪案件，应允许被告人选任代理人或由其法定代理人代为陈述和回答问题；对于不完全的缺席审判情形下，被告人的知情权、辩解辩护权和最后陈述权等权利应予以保障，法庭不仅应履行告知义务，还应当认真倾听，做到"兼听则明"。我国的缺席审判制度虽然体现了"以被告人为中心"的理念，尤其是在反腐败国际追赃追逃案件中体现得比较鲜明，但是即便是《刑事诉讼法》已经规定的被告人因失去受审能力和被告人死亡的案件，法庭调查如何展开也仍语焉不详。我国对于在不完全的缺席审判中作为常见情形的被告人因扰乱法庭程序被驱逐出庭后的缺席审判程序如何进行没有予以关注。基于前述分析，本章拟对缺席审判制度进行类别区分，分别论述完全的缺席审判和不完全的缺席审判适用的具体情形及其理由，在此基础上提出不同的程序"补偿"和权利"救济"方式以及法庭调查程序。

---

[1] 林钰雄：《刑事诉讼法》，中国人民大学出版社2005年版，第134页。

一、完全的缺席审判制度之完善

我国《刑事诉讼法》规定了四种情形的缺席审判，即贪污贿赂犯罪案件以及需要及时进行审判，经最高人民检察院核准的严重危害国家安全犯罪、恐怖活动犯罪案件，犯罪嫌疑人、被告人在境外的；被告人患有严重疾病无法出庭，中止审理超过6个月，被告人仍无法出庭的；被告人死亡，但有证据证明被告人无罪的；按照审判监督程序重新审判的案件，被告人死亡的。从上述情形可以看出，我国《刑事诉讼法》规定的缺席审判是一种被告人完全缺席的审判，笔者将其称为"完全的缺席审判"。通过上述情形，初步构建起了我国的缺席审判制度。不可否认的是，我国缺席审判制度建立的初衷是适应反腐败国际追赃追逃的需要，这是与域外制度的最大区别。虽然缺席审判制度也兼顾了其他情形，但是从排序和条文数量即可看出，其仍是以前者为中心，附带解决其他情形的缺席审判问题。尽管如此，我国的缺席审判种类并不周延，轻罪案件和未成年人犯罪案件并未被规定为可以适用缺席审判的案件种类。

（一）轻罪案件

随着我国社会治理成效的显现和《刑法》的历次修改，我国犯罪结构发生了显著变化，其中大案要案和恶性暴力犯罪案件呈下降趋势，而法院可能判处三年有期徒刑以下刑罚的案件则呈上升趋势，并且已占法院判处案件总量的大多数。尤其是随着认罪认罚从宽制度的实施，适用速裁程序审理的判处三年有期徒刑以下案件大量涌入法院，给司法审判带来了较大压力。为此，建议将适用速裁程序审理的案件纳入缺席审判的案件范围。理由如下：一是适用速裁程序审理的案件，由于一般不再进行法庭调查和法庭辩论，庭审时间大大缩短，很多法院3分钟至5分钟即审结一个案件，庭审对查明案件事实的意义并不大，被告人出庭似乎仅是确认认罪认罚具结书的真实性和作最后陈述。庭审对被告人而言更多的具有一种象征意义。二是解除被告人的路途奔波之苦。认罪认罚案件中的被告人大多并未被采取羁押措施，不仅出庭受审会增加其心理负担，而且往返于法院的路途奔波会损耗其时间和金钱，徒增其压力。若允许缺席审判,此类负担即可解除,体现了对其权利的人文关怀和司法保障。三是适用速裁程序审理的案件,被告人在庭审前已经认罪认罚并签署认罪认罚具结书,被告人在庭审中的辩护动因大大降低,辩护空间也不大。如果能够保障认罪认罚具结书签署的自愿性、真实性和明智性,被告人出庭与否意义不大。在认罪认罚从宽案件中,早在审查起诉阶段被告人的命运便已被提前决定了。四是可以节约司法成本,提高审判效率。对于那些被羁押在看守所的被告人,法院不必提出带入法庭,可以降低诉讼成本,同时安排庭审时间也较为灵活,庭审效率由此得以提高。五是三年有期徒刑是轻罪与重罪的分水岭,这既是司法实践中的传统做法,也便于操作。例如,《刑法》规定判处三年以下有期徒刑的,可以考虑宣告缓刑。六是域外普遍建立了轻罪案件缺席审判制度。例如,《美国联邦刑事诉讼规则》第43条(c)项规定:"被控犯罪的法定刑是罚金或者一年以下监禁或者两者并处,经被告人书面同意,法庭可以允许传讯、答辩、课刑在被告人缺席的情况下进行。"[1]《德国刑事诉讼法典》第232条规定:"对被告人已经依法传唤,并在传票中已经指明可以在其缺席情况下进行法庭审理时,如果预期仅单处或并处一百八十日以下日额罚金、保留处刑的警告、禁止驾驶、收缴、没收、销毁或废弃,可以进行被告人缺席的法庭审理。"[2]《日本刑事诉讼法》第285条第2款规定:"相当于最高刑期为3年以下的惩役或者超过50万元罚金的案件的被告人,除在开头程序和宣告判决时在场外,在其他审理程序中有免除到庭的义务。"[3]根据《俄罗斯联邦刑事诉讼法典》第247条第4款之规定,在轻罪或中等严重的犯罪案件中,如果受审人申请缺席审理,则允许在受审人不出庭时进行法庭审理。[4]按照《法国刑事诉讼法》的规定,即使违警罪或轻罪被告人"不到

---

[1] 《美国联邦刑事诉讼规则和证据规则》,卞建林译,中国政法大学出版社1996年版,第84页。
[2] 《德国刑事诉讼法典》,宗玉琨译,知识产权出版社2013年版,第189页。
[3] 《日本刑事诉讼法》,宋英辉译,中国政法大学出版社2000年版,第65页。
[4] 《俄罗斯联邦刑事诉讼法典》,黄道秀译,中国人民公安大学出版社2006年版,第223页。

庭"仍然可以受到"对席审判"。[1]《韩国刑事诉讼法》第277条规定:"对于应科以一百万韩元以下罚金或罚款,或者明显属于作出驳回公诉或免诉裁判的案件,不要求被告人到庭。但被告人可以使代理人到庭。"[2] 轻罪案件主要以美国、英国、加拿大、日本、德国、丹麦、瑞典、奥地利等国家为代表。[3]

(二) 未成年人犯罪案件

与成年人相比,未成年人不仅认知能力有限,而且受审能力较低,这也是我国《刑事诉讼法》规定未成年人受审时由合适成年人在场的原因。例如,我国《刑事诉讼法》第281条第1款规定:"对于未成年人刑事案件,在讯问和审判的时候,应当通知未成年犯罪嫌疑人、被告人的法定代理人到场。……"我国《刑事诉讼法》于2012年修改时在特别程序一编增加了未成年人刑事案件诉讼程序一章,体现了对未成年人的特别保护,但这种保护仍不够彻底,其中之一便是没有将出庭受审作为一项权利赋予未成年人。事实上,即使按照现有的程序,未成年被告人出庭受审也是由其法定代理人代为行使诉讼权利。例如,我国《刑事诉讼法》第281条第1款规定:"……到场的法定代理人可以代为行使未成年犯罪嫌疑人、被告人的诉讼权利。"由于法定代理人参与了前期的侦查讯问程序,对案情有一定了解,因此在面对指控时由其代为陈述和辩解辩护具有一定的优势。既然其法定代理人出庭代为行使诉讼权利更有利于保护未成年被告人的利益,那么就没有必要强制未成年被告人出庭。另外,赋予未成年被告人缺席审判的权利,既体现了对未成年人的保护,也彰显了我国司法的人文关怀。

二、不完全的缺席审判制度之完善

也许立法者会认为,缺席审判只是完全的缺席审判,或者是认

---

[1] [法] 贝尔纳·布洛克:《法国刑事诉讼法》,罗结珍译,中国政法大学出版社2009年版,第523页。

[2]《韩国刑事诉讼法》,马相哲译,中国政法大学出版社2004年版,第81页。

[3] 李贤华、喻伦泰:"域外刑事缺席审判制度",载《人民法院报》2018年12月7日。

为立法应当"分步走",先规定完全的缺席审判,待下次《刑事诉讼法》修改时再对不完全的缺席审判进行规定。因此,本次《刑事诉讼法》修改对不完全缺席审判未着点墨。然而,部分不完全缺席审判在司法实践中早已存在,需要立法予以确认;有的在司法审判中经常发生,需要在制度层面作出应对;有的需要进行改善,以适应以审判为中心刑事诉讼制度改革的需要。

(一)共同犯罪案件

为了防止各被告人串供,共同犯罪案件中对被告人的讯问、发问都分别进行,这已经成为司法惯例。这种调查方式并不会影响对案件事实的查明,且于"法"有据。[1] 因为,各被告人被指控的犯罪均是一个相对独立的单元,当对其中一人进行法庭调查时,其他被告人不应在场,不仅是为了防止串供,更是基于必要性的考虑。仅当各被告人对共同参与的犯罪事实供述不一致而有对质必要时才会传唤其他被告人在场,以方便对质的进行。这种做法有其实践合理性。但是,我国《刑事诉讼法》并未将其视为缺席审判方式予以规定。在笔者看来,这是一种不完全的缺席审判方式。域外《刑事诉讼法》对此均有所规定。例如,《德国刑事诉讼法典》第231条c规定:对数名被告人进行法庭审理时,法院可依申请,裁定准予个别被告人,不参加不涉及他们的个别审理部分。裁定中应当写明准许不参加审理的部分。[2] 如果于共同被告之不在场下继续进行的审判程序内容仅局限在某一问题上,而该问题与被告无关时,则得将被告隔离之而进行缺席审判。[3]

(二)被告人因扰乱法庭秩序被驱逐出庭

2016年修改的《人民法院法庭规则》在对被告人等诉讼参与人

---

[1] 最高人民法院《关于适用〈中华人民共和国刑事诉讼法〉的解释》第243条规定:"讯问同案审理的被告人,应当分别进行。"第269条规定:"审理过程中,法庭认为有必要的,可以传唤同案被告人、分案审理的共同犯罪或关联犯罪案件的被告人等到庭对质。"

[2] 《德国刑事诉讼法典》,宗玉琨译,知识产权出版社2013年版,第189页。

[3] [德]克劳思·罗科信:《刑事诉讼法》(第24版),吴丽琪译,法律出版社2003年版,第408页。

违反法庭纪律的处罚上采取"谦抑原则",[1]但是随着"审辩冲突"的加剧,被告人因扰乱法庭秩序而被驱逐出庭的事例不断增多。最高人民法院《关于适用〈中华人民共和国刑事诉讼法〉的解释》仅对作为诉讼参与人的被告人因扰乱法庭秩序被驱逐出庭作出规定,[2]但是被告人离开法庭后庭审能否继续进行以及如何进行尚无相应的规定。根据域外的立法例,此种情形应被作为缺席审判的情形之一。首先,在被告人扰乱法庭秩序而被带出法庭的场合,庭审仍然可以继续进行。例如,《美国联邦刑事诉讼规则和证据规则》第43条规定:"被告人在法庭警告扰乱法庭将会被逐出法庭后,仍坚持其行为以至被押出法庭。此时应视为放弃到庭的权利,庭审仍可继续进行。"[3]《德国刑事诉讼法典》第231条b规定:"被告人因违反秩序行为被带离审庭或拘留时,如果法院认为其无必要继续出席,且其出席可能有严重妨碍法庭审理进程之虞,则可以在其缺席情况下进行审理。在任何情形中,都应当给予被告人就公诉陈述的机会。"[4]《法国刑事诉讼法典》第322条规定:"如被告人扰乱法庭秩序,审判长得命令将其驱逐出审判庭。被告人被驱逐出庭后交公共力量看守,直至庭审结束,以听候法庭处理。"[5]《俄罗斯联邦

---

[1]《人民法院法庭规则》第19条规定:"审判长或独任审判员对违反法庭纪律的人员应当予以警告;对不听警告的,予以训诫;对训诫无效的,责令其退出法庭;对拒不退出法庭的,指令司法警察将其强行带出法庭。"

[2] 最高人民法院《关于适用〈中华人民共和国刑事诉讼法〉的解释》第307条规定:"有关人员危害法庭安全或者扰乱法庭秩序的,审判长应当按照下列情形分别处理:(一)情节较轻的,应当警告制止;根据具体情况,也可以进行训诫;(二)训诫无效的,责令退出法庭;拒不退出的,指令法警强行带出法庭;(三)情节严重的,报经院长批准后,可以对行为人处一千元以下的罚款或者十五日以下的拘留。未经许可对庭审活动进行录音、录像、拍照或者使用即时通讯工具等传播庭审情况的,可以暂扣相关设备及存储介质,删除相关内容。有关人员对罚款、拘留的决定不服的,可以直接向上一级人民法院申请复议,也可以通过决定罚款、拘留的人民法院向上一级人民法院申请复议。通过决定罚款、拘留的人民法院申请复议的,该人民法院应当自收到复议申请之日起三日以内,将复议申请、罚款或者拘留决定书和有关事实、证据材料一并报上一级人民法院复议。复议期间,不停止决定的执行。"

[3]《美国联邦刑事诉讼规则和证据规则》,卞建林译,中国政法大学出版社1996年版,第84页。

[4]《德国刑事诉讼法典》,宗玉琨译,知识产权出版社2013年版,第189页。

[5]《法国刑事诉讼法典》,罗结珍译,中国法制出版社2006年版,第240页。

刑事诉讼法典》第 258 条第 3 款规定:"受审人扰乱审判庭秩序的,可以勒令退出审判庭,直至控辩双方辩论结束。但在这种情况下他仍然有权进行最后陈述。"[1] 目前,对于司法实践中被告人因扰乱法庭秩序被带离法庭的时间长短,各地的做法不一。笔者认为,俄罗斯的"直至庭审结束"时间太长,不利于被告人辩护权的实现。立法上宜作出授权性规定,由各法院根据被告人在庭外的悔过情况以及重返法庭后的继续扰乱庭审秩序之虞,斟酌裁量。一般应保障被告人的最后陈述权。因为,即便是适用速裁程序审理的认罪认罚案件,也保留了被告人的最后陈述权。[2] 另外,剥夺被告人的最后陈述权通常会带来较为严重的后果。关于被告人被驱逐出庭后的法庭调查问题,笔者将在下文展开分析。为了合于法律规定,也为了保障律师积极履行代理职责,如由辩护律师担任代理人,被告人应签署并提出授权委托书。因为,代理职能毕竟不同于辩护职能,辩护律师在案件事实问题上并不具有明显的优势。

(三) 人证作证时被告人不宜在场的情况

以审判为中心的刑事诉讼制度改革正在如火如荼地推进,庭审实质化作为该项改革的题中应有之义,要求证人、鉴定人、侦查人员和有专门知识的人等人证出庭。但是,人证出庭既不是让法庭看起来热闹,也不是为了完成考核指标,而是为了使法官形成准确的心证,从而正确认定案件事实,防止误判的发生。但是,当被告人在场会妨碍这一目标实现时,可以在缺席情况下让人证出庭作证。对此,《日本刑事诉讼法典》第 304 条之二规定:"法院在询问证人时,认为证人在被告人面前会受到压迫而不能充分供述的,以有辩护人在场时为限,可以在听取检察官和辩护人意见后,在该证人供述时,使被告人退庭。在此场合,当供述完毕后,应当使被告人入

---

[1] 《俄罗斯联邦刑事诉讼法典》(新版),黄道秀译,中国人民公安大学出版社 2006 年版,第 228 页。

[2] 2018 年《刑事诉讼法》第 224 条第 1 款规定:"适用速裁程序审理案件,不受本章第一节规定的送达期限的限制,一般不进行法庭调查、法庭辩论,但在判决宣告前应当听取辩护人的意见和被告人的最后陈述意见。"

庭，告知其证言的要旨，并向他提供询问该证人的机会。"[1]《德国刑事诉讼法典》第247条规定："如果在被告人在场的情况下，共同被告人或证人在询问时将有不说出真相之虞，法院可以命令被告人在此询问期间离开审庭。如果在被告人在场情况下询问未满十八周岁的证人，对该证人身心有重大不利之虞，或者如果在被告人在场情况下询问其他证人，对该证人健康构成严重不利的急迫危险，此同样适用。"《韩国刑事诉讼法》第297条第1款规定："裁判长认为证人及鉴定人在被告人及任何在庭人面前不能充分陈述时，可以使其退庭陈述。认为被告人在其他被告人面前不能充分陈述时，也同样。"[2]

从各地的试点来看，职务犯罪案件基本不会被纳入庭审实质化的范围，除了担心被告人翻供会增加指控犯罪的难度外，一个很重要原因就是人证出庭作证问题比较棘手。例如，在贿赂犯罪案件中，让行贿人作为证人，指证原来帮助过自己的领导确实有点"强人所难"。为将该类案件纳入庭审实质化的范围，从而使以审判为中心的刑事诉讼制度改革走向深入，解决之道在于当行贿人出庭作证时不要面对被告人，将被告人短暂带离法庭，从而解除其顾虑和精神压力，为人证作证提供一个较为宽松的环境。除此之外，鉴于未满18周岁的未成年证人心智发育尚不成熟，当未成年证人出庭作证时，同样可以考虑在被告人缺席的情况下进行。

三、程序"补偿"和权利"救济"——缺席审判下的法庭调查问题

我国的法庭调查程序是根据被告人到庭情况下的对席审判而设计的，实践中，法庭调查基本上是"以被告人为中心"而展开。因此，在缺席审判下，法庭调查如何进行确实是一个新课题。综观域外缺席审判制度，在被告人缺席情况下的法庭调查，是区分被告人完全缺席与不完全缺席从而采用不同的调查方式的。虽然2018年

---

[1]《日本刑事诉讼法》，宋英辉译，中国政法大学出版社2000年版，第69页。
[2]《韩国刑事诉讼法》，马相哲译，中国政法大学出版社2004年版，第85页。

第十四章 缺席审判，律师来辩

《刑事诉讼法》确立了缺席审判制度，但主要是为了适应反腐败国际追赃追逃的需要，而从缺席审判种类方面进行规定。遗憾的是，在被告人缺席的情况下法庭调查程序如何设置几乎无章可遁。然而，我国《刑事诉讼法》和最高人民法院"三项规程"都是针对被告人出庭这一"一般情况"设置的，对被告人缺席的"例外情况"缺乏相应规定，由此导致了司法实践中的困惑。从 2018 年 10 月《刑事诉讼法》修改至今，缺席审判制度适用率低也反映了这一问题。笔者认为，我国刑事缺席审判制度中的法庭调查亦应区分完全的缺席审判和不完全的缺席审判而分别设置。由于缺席审判只能是普通审判被告人在场的例外，因此对被告人的权利应当给予充分的保障和救济。[1] 程序"补偿"和权利"救济"成了题中应有之义。

（一）完全缺席审判下的法庭调查

在被告人全程完全缺席审判的情况下，被告人可以委托代理人出庭代为行使诉讼权利已经成为域外的共同做法。例如，《日本刑事诉讼法典》第 314 条第 2 款规定："被告人因病不能到场时，法院应当听取检察官和辩护人的意见，以裁定停止公审程序，直到其能够到场为止。但依照第 284 条及第 285 条的规定，已经使代理人到场的场合，不在此限。"[2] 第 42 条规定："被告人的法定代理人、保佐人、配偶、直系亲属及兄弟姐妹，可以随时成为辅佐人。辅佐人，以不违反被告人明示的意思为限，可以进行被告人有权进行的诉讼行为。"[3] 2004 年修改后的《法国刑事诉讼法典》第 411 条规定："不论被告人当处何种刑罚，轻罪被告人可向审判长写信请求在其不出庭情况下受到判决，并由其律师或依职权指定的代理出席庭审。在此场合，被告人的律师可以参加庭审，并应听取其辩护陈述。"[4]《德国刑事诉讼法典》第 234 条规定："只要法庭审理可以在被告人

---

[1] 王爱立主编：《中华人民共和国刑事诉讼法释义》，法律出版社 2018 年版，第 640 页。

[2] 王爱立主编：《中华人民共和国刑事诉讼法释义》，法律出版社 2018 年版，第 72 页。

[3] 《日本刑事诉讼法》，宋英辉译，中国政法大学出版社 2000 年版，第 12 页。

[4] 《法国刑事诉讼法典》，罗结珍译，中国法制出版社 2006 年版，第 286 页。

缺席情况下进行，被告人有权让持有全权委托书的辩护人代理。"[1]第286条规定："辩护人可以代理被告人出席，被告人的亲属，即使无全权委托书，也应准许作为代理人。"[2]

代理人，是指受本人之委任，于审判程序中为本人代行诉讼行为之人。代理人所作诉讼行为的效力，与本人亲自所为具有同一效力。委托代理人，应提出委托书并交予法院。代理人在审判过程中可以查阅卷宗材料并可以抄录或摄影。[3]

就我国而言，虽然同为完全的缺席审判，但是我国《刑事诉讼法》并未明确辩护律师可以充任代理人，这就使得辩护律师的权能受限。因此，在完善我国缺席审判制度法庭调查程序时，应当规定被告人在境外、已经死亡或者在审判阶段受审前被告人失去受审能力，可由其本人或者近亲属选任代理人，代理被告人为一定的庭审行为。在代理人的选任问题上，应注意区分未成年人犯罪案件与其他案件。对于未成年人犯罪案件，可由其法定代理人充任其代理人出庭，无需提出专门的委托。主要是考虑到法定代理人因在侦查讯问时在场，对案情有一定了解，且其职责使命在于保护未成年被告人的合法权益，由其担任未成年被告人的代理人，较其他人更为合适，未成年被告人的利益能得到最大程度的保护。[4]《韩国刑事诉讼法》第26条规定："对于不适用刑法第九条至第十一条规定的犯罪案件，被告人或嫌疑人无意识能力时，其法定代理人代理诉讼行为。"[5]对于其他案件，由缺席被告人的辩护律师担任代理人较为合适。不但因为其熟悉法律和具有较为丰富的诉讼经验，更重要的

---

[1] 《德国刑事诉讼法典》，宗玉琨译，知识产权出版社2013年版，第190页。
[2] 《德国刑事诉讼法》，连孟琦译，元照出版公司2016年版，第297页。
[3] 林钰雄：《刑事诉讼法》，中国人民大学出版社2005年版，第175页。
[4] 2018年《刑事诉讼法》第281条第1、4款规定："对于未成年人刑事案件，在讯问和审判的时候，应当通知未成年犯罪嫌疑人、被告人的法定代理人到场。无法通知、法定代理人不能到场或者法定代理人是共犯的，也可以通知未成年犯罪嫌疑人、被告人的其他成年亲属，所在学校、单位、居住地基层组织或者未成年人保护组织的代表到场，并将有关情况记录在案。到场的法定代理人可以代为行使未成年犯罪嫌疑人、被告人的诉讼权利。审判未成年人刑事案件，未成年被告人最后陈述后，其法定代理人可以进行补充陈述。"
[5] 《韩国刑事诉讼法》，马相哲译，中国政法大学出版社2004年版，第13页。

是其享有会见权、阅卷权等项辩护权利。这为其了解案情、申请排除非法证据以及进行"趋利避害"的陈述和应答提供了便利。"辩护人首先是被指控人的辅佐人，维护其权利。"[1] 大陆法系国家和地区大都规定了辅佐人制度，被告人的配偶、直系血亲、三代以内的旁系血亲、家长、家属、被告人的法定代理人均可被选任为辅佐人。此时，该人既具有辩护人的身份，又履行代理人的职责，系"一身兼两任"，既可以行使辩护职能也可以行使代理职能。但是，鉴于辩护与代理是两种完全不同的职能，如果由辩护律师担任诉讼代理人的，应当由被告人签署授权委托书，载明授权委托事项。对于没有委托的事项，视为权利的放弃。对于代理人参加庭审的，审判长应当在开庭审理时宣读授权委托书的内容。在法定代理情形下，基于身份关系，可不必签署授权委托书。关于缺席审判，我国2018年《刑事诉讼法》虽规定了通知辩护制度，但为了保证代理的效果，建议最好通知在侦查和审查起诉阶段犯罪嫌疑人已经委托的律师或者法律援助机构已经通知的律师作为审判阶段的辩护律师，同时兼任诉讼代理人。意大利法律规定被告人在法庭审理的任何阶段脱逃，可由其辩护人代表出庭，进行缺席审判。日本法律规定，被告人是法人的，由其代理人到庭。加拿大法律规定，凡是简易案件皆可以由律师代为进行答辩，甚至出席庭审。

需要注意的是，既然由代理人代行被告人的诉讼行为，那么有关被告人权利义务的法律规定便同样适用于代理人。代理人在法庭调查时可以进行陈述、回答提问、提出证据、发问、质证等诉讼行为，以此保障在被告人缺席情况下法庭调查的顺利进行。被告人与代理人之间的关系，适用民法有关"代理"的规定进行调整。当作为被代理人的被告人回国或者恢复受审能力时，可以对代理人已经行使但授权委托书尚未规定的诉讼行为进行追认。如果代理人超过代理权限而又没有获得被告人事后追认，该代理行为对被告人无效，被告人可以此为由提出异议，并申请重新审判。

在被告人不能到庭的场合，法院应当在法庭之外听取被告人的

---

[1]《德国刑事诉讼法典》，宗玉琨译，知识产权出版社2013年版，第60页。

意见，并制作笔录，以作为补救。对此，《法国刑事诉讼法典》第416条规定："如轻罪被告人因健康状况不能出庭，并且存在重大理由不能推迟案件审判时，法庭以专门说明理由之特别决定，命令为此指派的法官在书记员的陪同下到被告人住所或其受羁押的看守所听取陈述。此种讯问，应制作笔录。"[1]《德国刑事诉讼法典》第233条第2、3款规定："如果被告人被免除法庭审理时的到场义务，其必须就公诉接受受命或受托法官的询问。询问时，对其告知在其缺席审理情况下所准许的法律后果，并询问他是否坚持免除到场义务的申请。法庭也可以代替第一句的受命或受托询问，在法庭审理外以此方式就公诉进行询问，即被告人处于与法院不同的地点，询问同时以音像传递到被告人所在地和审庭。询问笔录应当在法庭审理中宣读。"

无论被告人在境外还是心神丧失、已经死亡，都准予辩护律师担任代理人代为参与诉讼活动，接受法庭调查等。在代理制度实行前，法院应当将起诉书副本送达被告人，在庭外听取其辩解辩护意见，并就此活动制作笔录以进行固定，从而弥补被告人缺席审判之不足，保证最低限度的程序公正性。[2]

在被告人因患有严重疾病而缺席审判的场合，在缺席审判开始前，应当由审判长宣读缺席审判的原因，此时应当宣读的是医院的诊疗证明，该诊疗证明应具体说明6个月后被告人是否能够恢复受审能力。对此问题，不应由法官的判断代替医生的专业判断。《日本刑事诉讼法》第278条规定："公审期日受到传唤的人，由于患病或其他事由不能到场时，应当依照法院规则的规定，提出医师的诊断书或其他材料。"[3]《韩国刑事诉讼法》第271条也作出了类似规定。[4] 上述规定值得我国借鉴。

---

[1]《法国刑事诉讼法典》，罗结珍译，中国法制出版社2006年版，第287页。

[2] "被告人在境外"的情况，2018年《刑事诉讼法》第292条规定："人民法院应当通过有关国际条约规定的或者外交途径提出的司法协助方式，或者被告人所在地法律允许的其他方式，将传票和人民检察院的起诉书副本送达被告人。……"

[3]《日本刑事诉讼法》，宋英辉译，中国政法大学出版社2000年版，第63页。

[4]《韩国刑事诉讼法》，马相哲译，中国政法大学出版社2004年版，第80页。

第十四章 缺席审判，律师来辩

既然是缺席审判，在法庭席位的设置上，开庭审理时就应该使被告人席位空缺，无论是法定代理人还是诉讼代理人代理，代理人均不必坐在被告人席上，而应该紧邻辩护人而坐。一是便于与辩护人协商沟通；二是当作为辩护律师的诉讼代理人在行使辩护职能时（例如举证、质证和发表意见时）可以面向控诉一方，在法庭这个场域内体现"控辩平等"。如果行使代理职能时坐在被告人席上，而行使辩护职责时再坐回辩护人席，在法庭上来回奔波，也不严肃。

缺席审判会给法院采信证据带来一定的影响。最高人民法院《关于适用〈中华人民共和国刑事诉讼法〉的解释》有关被告人供述的采信规则是在被告人出庭的背景下制定的。该解释第96条第2、3款规定："被告人庭审中翻供，但不能合理说明翻供原因或者其辩解与全案证据矛盾，而其庭前供述与其他证据相互印证的，可以采信其庭前供述。被告人庭前供述和辩解存在反复，但庭审中供认，且与其他证据相互印证的，可以采信其庭审供述；被告人庭前供述和辩解存在反复，庭审中不供认，且无其他证据与庭前供述印证的，不得采信其庭前供述。"在被告人缺席的情况下，不存在庭审供述问题。由于被告人陈述、质证和辩论的不能，其庭前供述的真实性也无法予以查明。此时，从维护审判公正这一底线出发，笔者认为，不应采信其庭前供述，而应在"零口供"情况下看其他证据能否相互印证并形成一个完整的证据链条。在代理人制度实行前，该问题对我国缺席审判制度下的证据采信具有一定意义。

在未来的轻罪案件中，如果被告人可以不出庭受审，那么因被告人缺席，不得判处比控诉方的量刑建议更重的刑罚。例如，适用速裁程序审理的案件，不得对被告人判处三年有期徒刑以上刑罚。在完全的缺席审判中，因被告人在庭审中诉讼权利的克减，庭审效率将会得以提高。作为"补偿"，在量刑时"打折"给予"优惠"更能体现司法的公正。审判人员应当树立这样的理念。

总之，在由代理人代理的场合，回答提问、陈述和最后陈述等这些专属于被告人的诉讼行为均可以由其代理人代为行使，对于被告人和辩护人均可以行使的辩护权利（例如举证、辨认、质证、发问、辩论等），可以由辩护人独立进行。律师自主决定辩护的方式方法通常不会损害当事人的合法利益。因为律师与当事人具有共同的辩护目标，只要律师采用的方式方法不偏离这一目标，在辩护目标范围内的活动便都是被允许的。律师在辩护中采用什么样的方式方法更多地属于专业技术性问题，而律师作为具有诉讼经验的专业人士在辩护手段的选择和运用上要比当事人更具优势。因此，宜把这一权利交由律师行使。《美国律师协会职业行为示范规则》也是区分"目标"与"手段"，将辩护目标的决定权交给委托人，而将为达致这一目标所采用手段的决定权分配给律师。[1] 在自行辩护中，被告人与诉讼结局存在着密切联系，很难客观、冷静地对案件作出评判，其发表的辩护意见个人色彩太强，难以为法庭所接受。"当事者迷，旁观者清"，纵使是具有法律专业知识的被告，由于被追诉的心理压力，也很容易发生误判情势乃至于六神无主的混乱状态。至于羁押中的被告人，事实上更是欠缺防御能力，难以有效行使防御权利。[2] 律师辩护不仅是公正审判的基本要素，也具有比自行辩护更大的优势。因此，律师在场并善尽职责并不明显克减被告人的辩护权利。

在立法层面规定代理制度前，司法实践可以先行一步，积极进行探索，为立法和司法解释提供经验。鉴于此，对缺席审判案件，法院在开庭审理前应当通知被告人及其近亲属委托诉讼代理人，对于没有委托的，应当指定其法定代理人或者辩护律师担任诉讼代理人。

在被告人缺席的情况下，控辩双方仍然可以申请人证出庭作证，对人证进行调查。这一方面是因为我国庭审向来比较"简化"，即使被告人不能出庭，其辩护人也可以对人证进行发问质证；另一方面是因为"不能因系缺席审理而降低证明标准"[3]，由此可以推导出人证出庭具有必要性。此外，域外普遍规定了证人、鉴定人在被告

---

[1] 韩旭："被告人与律师之间的辩护冲突及其解决机制"，载《法学研究》2010年第6期。

[2] 林钰雄：《刑事诉讼法》，中国人民大学出版社2005年版，第158页。

[3] 王爱立主编：《中华人民共和国刑事诉讼法释义》，法律出版社2018年版，第642页。

人面前不能充分陈述而被带离法庭的缺席审判制度,也说明在缺席审判中存在人证出庭的实践。我们不能因为案件系缺席审判而拒绝人证出庭的申请。人证调查仍然是查明案件事实的主要手段。

(二) 不完全缺席审判下的法庭调查

在不完全缺席审判下,无论是因扰乱法庭秩序被驱逐出庭还是因被告人在场而使人证作证不能被暂时带离法庭,都是对被告人出庭受审权利的限制,这在因扰乱法庭秩序被驱逐出庭的情形下体现得尤为明显。无论何种情形下的不完全缺席审判,都应保证被告人的资讯获取权、表达意见权、对质权、最后陈述权和律师辩护权,这是查明案件事实真相、使被告人获得公正审判权的基础。所谓资讯获取权,是指被告人可以获得充分的诉讼资讯,包括指控的罪名、证据和法律依据。[1] 例如,德国法规定:"在任何情形中,都应当给予被告人就公诉陈述的机会。""被告人一旦恢复庭审能力,只要尚未开始宣告判决,审判长应当告知其缺席时审理的主要内容。"在不完全缺席审判的情形中,被告人再回到审判程序中时,审判长应立即告知其在此期间所发生事项之重要内容。[2] 日本法律规定:被告人在场会使证人作证感到不适的场合,应使被告人退庭,当证人作证完毕后,应让被告人入庭,告知他证言的要旨,并向他提供向该证人询问的机会。"向证人询问"其实就是对质的主要表现形式,与不利证人进行对质的权利,通常被视作宪法性权利,不能克减。"对质是发现真实的手段之一,既是被告的权利,也是被告的义务。"[3] 对质,是被告人重要的防御权利。不但是被告人之权利,而且只要在调查原则的范围之内,便是法院的义务。[4]《韩国刑事诉讼法》第297条第2款规定:"在被告人退庭的情况下,在证人、鉴定人及共同被告人陈述终了时,应当命退庭的被告人入庭之后,

---

[1] 林钰雄:《刑事诉讼法》,中国人民大学出版社2005年版,第132页。
[2] [德] 克劳思·罗科信:《刑事诉讼法》(第24版),吴丽琪译,法律出版社2003年版,第407页。
[3] 林钰雄:《刑事诉讼法》,中国人民大学出版社2005年版,第135页。
[4] 林钰雄:《刑事诉讼法》,中国人民大学出版社2005年版,第133页。

命书记员告知陈述的要旨。"[1] 我国当前庭审实质化改革逐渐走向深入,其中一个典型例证是贪污贿赂等职务犯罪案件也应由人证出庭进行实质化审理,而行贿人通常是作为证人指证受贿人的犯罪事实,但是受贿人通常是其上级领导,昔日可能获得过其关照。在此种情形下,被告人在场显然不利于证人如实作证,此时可以考虑将被告人带离法庭,缺席审理可能更有利于法庭调查目的的实现。这既是一种缺席审判种类,也是法庭调查的一种有效方法。

《俄罗斯刑事诉讼法典》规定:"对于扰乱法庭秩序被驱逐出庭的被告人,有最后陈述的权利,判决应当在被告人在场时宣读或在宣读后立即向他宣布,由他本人签收。"《德国刑事诉讼法典》第231条b规定:"被告人因违反秩序行为被带离审庭或拘留时,如果法院认为其无必要继续出席,且其出席可能有严重妨碍法庭审理进程之虞,则可以在其缺席情况下进行审理。在任何情形中,都应当给予被告人就公诉陈述的机会。"一旦准许被告人再度出庭,审判长便应当告知其缺席时审理的主要内容。

综合域外的做法,我国不完全的缺席审判庭审调查程序应注意以下六点:一是应将起诉书副本送达被告人,给其就起诉指控的罪名、证据材料和法律适用进行陈述、表达意见的机会。二是告知其缺席期间的程序进展、所进行的诉讼活动以及人证的主要内容。如果是在法庭调查阶段,还应当告知其控方举证情况,包括证据目录、证人名单以及证明事项,被告人可以就此发表意见。三是在人证作证的场合,应当保障其与不利人证对质的机会,同时可申请有利人证到庭接受调查。四是在被告人被驱逐出庭的场合,至迟应当在法庭辩论终结前令其到庭,以保障其最后陈述权的实现。五是在被告人离开审判庭的场合,应当保证其辩护人在庭,目的是保障其辩护权的实现。因此,法庭不能同时将被告人和其辩护人一同逐出法庭。六是有获知裁判结果的权利。不仅因为被告人是裁判结果的承受主体,而且在于刑事庭审的主要功能是解决被告人的刑事责任问题。因此,其理应知道裁判的结果。在被告人死亡的情形下,其法定代

---

[1]《韩国刑事诉讼法》,马相哲译,中国政法大学出版社2004版,第85页。

理人、近亲属或者辩护人应当被及时告知裁判结果,以便决定是否行使上诉权利。

四、结语

缺席审判,是相对于对席审判而言的。2018年《刑事诉讼法》修改,正式确立了我国的缺席审判制度。但因修法较为仓促,来不及详细论证,致使缺席审判制度多有纰漏。不仅缺席审判的种类仅限于完全的缺席审判,对域外立法普遍确立的不完全的缺席审判并未被列入缺席审判种类,而且对被告人缺席期间的法庭调查如何进行,也未作出相应的规定。因此,我国的缺席审判制度需要从种类和法庭调查程序方面进一步完善。对于缺席审判,应当视被告人是全程不能到庭还是部分审理程序不能到庭,而将其分为完全的缺席审判和不完全的缺席审判。根据我国的司法实际,应当将被告人可能被判处三年有期徒刑以下刑罚的轻罪案件和未成年人犯罪案件,纳入完全的缺席审判之中。同时,将目前实践中的共同被告人犯罪案件、被告人因扰乱法庭秩序而被驱逐出庭和因被告人在场时人证不能充分作证而暂时将被告人带离法庭这三种情形,作为不完全的缺席审判从立法上予以确认。法庭调查也应当根据完全的缺席审判和不完全的缺席审判而分别设置。对于完全的缺席审判,应当准许法定代理人或辩护律师作为诉讼代理人,代为进行诉讼行为。未成年被告人缺席审判案件,宜由其法定代理人担任诉讼代理人,其他案件则由辩护律师充任代理人。在通知辩护的情形下,应尽量通知在侦查或者审查起诉阶段已经介入的律师,从而保障代理的效果。在不完全的缺席审判中,应当保障被告人就起诉进行辩解辩护的权利、获知缺席期间程序进展和诉讼内容的权利、与不利人证对质的权利、最后陈述权利、获得律师辩护的权利和及时获悉裁判结果的权利。尤其是在被告人因扰乱法庭秩序被驱逐出庭的场合,至迟应在法庭辩论终结前令其入庭,以保障其最后陈述权的实现。总之,缺席审判作为一种例外,应当以将对被告人诉讼权利的减损降至最低为原则。

第十五章

审判中心,辩护为本

党的十八届四中全会通过了《中共中央关于推进全面依法治国若干重大问题的决定》(以下简称《决定》)。该决定明确提出"推进以审判为中心的诉讼制度改革"。最高人民法院在"四五改革纲要"中将该项改革具体化,提出"四个在法庭",即"诉讼证据质证在法庭、案件事实查明在法庭、诉辩意见发表在法庭、裁判理由形成在法庭"。通过审判中心主义的建立,促使侦查、审查起诉活动始终围绕审判程序进行。最高人民法院、最高人民检察院、公安部、国家安全部、司法部联合发布的《关于推进以审判为中心的刑事诉讼制度改革的意见》(本章以下简称《审判中心意见》)、最高人民法院发布的"三项规程"都是以审判为中心刑事诉讼制度改革的指导性文件和对党的决定的具体落实。以审判为中心,其实就是"审判中心主义"。[1]根据无罪推定原则,审判是诉讼的目的和归宿,是诉讼的中心。例如,大家熟知的"米兰达规则"就是审判中心主义的生动体现。"米兰达规则"要求警察在讯问犯罪嫌疑人之前首先要向其宣读以下内容:"你有权保持沉默,如果你开口说话,你的话将成为法庭上的呈堂证供。"这说明侦查讯问一开始就要考虑法庭审判的需求,向法庭审判看齐。但是,在我国的刑事诉讼中,长期以来一直是以侦查为中心,"侦查中心主义"盛行,审判

---

[1] 龙宗智:"'以审判为中心'的改革及其限度",载《中外法学》2015年第4期;陈卫东:"以审判为中心:当代中国刑事司法改革的基点",载《法学家》2016年第4期。

成了对侦查成果的确认程序,由于庭审是对侦查卷宗笔录的审查,证人、鉴定人、侦查人员普遍不出庭作证,法庭审判是以侦查活动形成的书面卷宗材料展开,"侦审连结"难以被阻断,庭审虚化,审判的纠错能力不高。[1] 反思我们过去发生的冤假错案,无不是"侦查中心主义"的产物。开展以审判为中心的刑事诉讼制度改革,其目的就是防范冤假错案发生,提升刑事司法的公正品质。

推进以审判为中心的刑事诉讼制度改革,是我国刑事司法领域的一场深刻革命,必然会推动我国诉讼证明活动发生重大变革。道理很简单,如果说诉讼以证据为中心,那么证据是以证明为中心。诉讼制度的改革必然会带来诉讼证明模式的变化。如果说认罪认罚案件是以口供为中心展开证明活动,那么对于被追诉人不认罪认罚的案件,就要以"人证"为中心,进行充分、完整的证明。诉讼证明活动要适应审判中心主义的要求,与审判中心主义下的各项制度相互协调。审判中心主义强调"四个在法庭",诉讼证明活动也要围绕"四个在法庭"进行,诉讼证明的最终目标与审判中心主义的目标是一致的,都是防范冤假错案的发生。可以说,诉讼证明活动是审判中心主义的精髓和支撑。考察一国是否实行审判中心主义,最重要的是看它的诉讼证明活动是如何展开的。[2] 基于此,本章认为,审判中心主义下的证明活动具有以下特征:一是以"人证"为中心展开举证、质证活动;二是控辩双方重点围绕争议问题展开证明;三是检察机关、人民法院应充分保障辩护人在诉讼证明中的权利;四是法庭应及时认证并作出裁判;五是裁判文书应当反映庭审证明活动的情况。以下,笔者拟以上述问题为对象展开分析。

一、以"人证"为中心展开举证、质证活动

长期以来,我国刑事庭审中检察官的举证普遍采取对证人证言和笔录类证据"摘要宣读"的方式进行,举证不充分问题比较突出。

---

[1] 龙宗智:"庭审实质化的路径和方法",载《法学研究》2015年第5期。
[2] 魏晓娜:"以审判为中心的刑事诉讼制度改革",载《法学研究》2015年第4期。

由于笔录的回答主体和制作主体均不出庭作证，出庭检察官并未亲自感知案件事实，因此当辩护方对询问笔录、搜查扣押笔录和辨认笔录等笔录有异议时，检察官并不能给予有效回应，庭审质证流于形式，这是庭审虚化的根本原因。以审判为中心的刑事诉讼制度改革最核心的是庭审实质化改革。庭审实质化要求举证、质证的实质化。为了保障控辩双方的质证权和证明活动的充分进行，必然要求各类"人证"到庭作证，并接受对方的挑战和考验。[1] 证人、鉴定人、侦查人员和有专门知识的人出庭作证自不待言。关键是物证、书证的提取人、保管人和勘验检查笔录、辨认笔录、侦查实验笔录的制作人等应出庭作证，对笔录类证据内容的真实性、物证"保管链"的完整性进行证明。对物证"保管链"的证明，其实就是物证鉴真规则。所谓"鉴真"，英语表述是"authentication"，它通常与"identification"一起使用，具有"确认""证明……为真实"或者"确认……具有同一性"的意思。物证的鉴真是指证明、确认法庭上出示的某一物证与举证方所声称的那份物证是一致的。它强调的是物证从提取到出示的整个过程必须保证其真实性和同一性，以避免物证出现失真的情况。只要物证来源真实可靠、提取和收集过程规范、证据保管链条完善便完成了对证据的鉴真过程。

物证鉴真在实践中存在的主要问题是对物证的来源、收集、提取和保管过程重视不够。主要表现为，对收集、提取物证的地点、主体、过程等缺乏记载或者记载得不够详细、具体，在侦查主体没有制作笔录或笔录记载存在重大瑕疵的情况下，在法庭上出示的物证是否是控方所声称的那份证据经常成为控辩双方争执的焦点。[2] 例如，物证是否来源于犯罪现场以及鉴定中的检材是否被调包、破坏或改变。如果这些疑问得不到排除，贸然将检控方在法庭上出示的物证或鉴定意见作为定案根据必然隐藏着巨大的误判风险。"实践中，由于对现场勘查中所发现的痕迹、物证，在提取、包装、运输

---

[1] 马静华："庭审实质化：一种证据调查方式的逻辑转变——以成都地区改革试点为样本的经验总结"，载《中国刑事法杂志》2017年第5期。

[2] 白冰："论实物证据的鉴真规则"，载《当代法学》2018年第1期。

和保管中存在某种不当做法,以致酿成冤假错案的情况并不鲜见。"[1]例如,在"杜培武案"中,侦查人员对犯罪现场的泥土与杜培武身上的泥土进行了提取,并送交技术部门进行同一性鉴定,经微量元素鉴定,两者是一致的,控方据此认定被告人杜培武到过案发现场,并实施了杀人犯罪。但在法庭审判过程中,对于泥土的来源和提取经过,侦查人员在勘验、检查笔录中并没有作出任何记载。结果,有关泥土来源及收集过程成了控辩双方争议的焦点问题。[2]又如,中央电视台曾报道过一起发生在湖北某地的强奸案。在侦查过程中,当地警方通过排查把当地有嫌疑的男性集中起来抽取了血样,之后与现场提取的血迹进行比对鉴定,进而认定某甲系犯罪嫌疑人。某甲虽拒不认罪,但一审法院还是判决其有罪并处以重刑。被告人上诉后,要求重新对其血型鉴定,二审法院采纳了这一要求。鉴定结果出来后否定了原来的血型,排除了某甲作案的嫌疑,将其无罪释放。为什么同样是鉴定,第一次认定是某甲,第二次则排除了某甲?问题出在第一次抽取血样时,由于收集、保管不慎,把某甲的血样与他人的血样搞混了。再如,在"念斌案"中,警方在物证的提取、保管、送检过程中都存在违反操作规程的问题。

从证据法理论来看,各类侦查行为的笔录都是侦查人员在法庭外单方面制作的书面材料,在性质上属于传闻证据,具有不可靠的特点,缺乏客观性、真实性保障。一旦侦查人员弄虚作假、制造伪证,法庭仅仅通过对笔录的审查往往难以发现问题。这样一种鉴真方法主要审查的是笔录的形式要件是否齐备,是否履行了签名、盖章手续等。至于证据保管链条是否完整、物证在诉讼过程中是否发生了改变、法庭上出示的证据是否来源于现场等等,仅凭一纸笔录是难以完成鉴真任务的。一份勘验、检查笔录即便是真实的,也只能证明收集、提取当时的情况,而不能证明收集、提取后的流转、保管状况。因为从侦查到起诉、再到法庭审判,一般需要数月时间,

---

[1] 顾永忠主编:《刑事辩护律师审查、运用证据指南》,北京大学出版社2010年版,第84页。

[2] 王达人、曾粤兴:《正义的诉求——美国辛普森案和中国杜培武案的比较》,法律出版社2003年版,第61页。

在此期间，对于物证是否得到妥善保存、保管方法是否规范合理、性状是否发生变化以及物证是否被调包等，侦查阶段制作的笔录显然不可能记载。如果经手、接触该证据的人员不出庭作证，证据保管链的证明便不可能进行。"仅仅依靠这些笔录的验证，实物证据的鉴真就不可避免地带有形式化的验证性质，而难以对这些证据的真实性和同一性做出实质性的审查和确认。"[1] 英国刑事证据法要求提出证据的一方对实物证据的来源作出证明。尤其是在对某一物证的真实性存在疑问的情况下，法官通常会调查该物证的来源以及提取物证的整个过程。这被视为确保物证真实性的程序要求。在美国，证物本身不能证明该物为真正，证物除非于审判前之准备程序由双方当事人合意或由法官裁定其有容许性，否则于审判期日一定需要透过证人建立其关联性（relevancy）及可信赖性（reliability）才能被容许，此被称为"建立基础"或"立基"（lay foundation）。可信赖性可以证明证物保管严密且未中断之方式来建立，关联性则一般是经由"验真"（authentication）来确立。[2] 根据《美国联邦统一证据规则》第 901 条之规定，当事人必须提供足够的证据来证明，特定的物品就是其所主张的物证。如果检察官力图将特定的物品作为证据使用，那么证明责任就属于政府，政府应当证明，在法庭上出示的物品就是警察在犯罪现场上收集的物品。同时，该物品处于与收集时相同的状态。这就是物证的"监管链条"（chain of custody），也被称为物证的控制链条。检察官需要提供有关该物品的控制者以及物品被收集时所处场所的相关证言。在物证的监管链条中涉及的人员包括：收集证据的警察、运送证据的警察（由其将证据送往犯罪实验室进行分析，或者直接送往警察局的证据存储柜进行登记）、犯罪实验室工作人员、负责证据存储柜记录工作的保管人员，以及将该物品提交给法庭的警察。如果物证的保管链条出现中断的情况，那么该物品与其在犯罪现场被发现时处于相同状态的主

---

[1] 陈瑞华："实物证据的鉴真问题"，载《法学研究》2011 年第 5 期。
[2] 吴巡龙：《新刑事诉讼制度与证据法则》，新学林图书出版公司 2003 年版，第 334 页。

第十五章 审判中心,辩护为本

张将得不到支持,该物品将丧失被采纳为证据的能力。在通常情况下,该物品都附有一个日志,任何接触该物品的人员都必须记录自己的姓名、机构、接触的日期,由此确保监管链条的完整无缺。检察官必须证明:自警察在犯罪现场提取物证时起,直到将之提交给法庭时止,该物品必须持续地处于警察的排他性控制之下。以下是一名警察通过排他性监管和控制方法鉴别特定物品的标准记录样本:[1]

  检察官:史密斯警官,您在现场发现什么了吗?
  史密斯警官:是的,我在尸体旁边发现了一张打印的信笺纸。
  检察官:您是如何处理这张纸的?
  史密斯警官:在录像师和摄影师对该物品的位置进行记录之后,刑事专家未能从该张纸上发现任何潜隐指纹,我自己将之运送往犯罪实验室进行铅字印迹的分析。
  检察官:您将该纸张交给犯罪实验室的哪位工作人员?
  史密斯警官:我并未将之交给任何人。我自己将之提交给一位名为约翰·罗的技术分析人员,在其对纸张进行分析的一个小时内,我一直在场。
  检察官:该张纸曾经离开过您的视野吗?
  史密斯警官:没有,约翰·罗先生让我观察了整个分析过程,这个过程十分有趣,之后我将该张纸带回,密封于一个马尼拉纸信封之中,并将之带回家中。
  检察官:您为什么要将该张纸带回家中呢?
  史密斯警官:这是我的最后一个工作日,我的上司告诉我,已经被逮捕的嫌疑人将在数日内举行审前听证,所以,他告诉我可以一直将这张纸带在身边,只要我没有丧失对该张纸的排他性控制。所以,我将这张纸带回家中,将之锁在我的卧室壁

---

[1] [美]诺曼·M.嘉兰、吉尔伯特·B.斯达克:《执法人员刑事证据教程》(第4版),但彦铮等译,中国检察出版社2007年版,第404页。

画后的一个立式保险柜中,并且在我离开房间的时候立即启动盗窃报警器。

检察官:其他人能否打开您卧室里的那个保险柜?

史密斯警官:不可能,我是单身居住,并且,我从未将保险柜的密码告诉其他人。

检察官:您是否曾经在今天之前将之从保险柜中取出?

史密斯警官:是的,我根据您的指示在昨天将之取出,并且将之带到辩护律师的办公室向其出示。

检察官:在这个过程中,该纸张是否曾经有过脱离您视线的时候?

史密斯警官:没有,从没有离开过我的视线范围。

检察官:此后您将该张纸带到哪里去了?

史密斯警官:我将该张纸带回我的保险柜,直到今天将之提交给法庭。

检察官:史密斯警官,您能确认这个标记为1号展品的物品吗?

史密斯警官:可以,它就是我在犯罪现场上发现的那张纸。

由此可见,在证据法治比较发达的英美国家,实物证据的鉴真非常重视证据保管链条完整性的证明以及提出该证据一方的证明责任,由于实行传闻证据排除规则,要求实物证据的收集人、经手人、保管人和笔录的制作人通过出庭作证方式来进行证明,重点围绕争议问题展开证明。在我国,《刑事诉讼法》对传闻证据的使用未做必要限制,造成证人出庭作证率很低,法庭上大量充斥着书面证言,并且构成了证据材料的主体和定案的主要根据。[1] 在这里,证人不正常的举止、紧张和愤怒的表情、语言陈述中不情愿的停顿、提前背诵的流畅和急速表达,所有这些细微区别和难于描述的状况都无

---

[1] 韩旭:"论我国刑事诉讼证明模式的转型",载《甘肃政法学院学报》2008年第2期。

第十五章 审判中心,辩护为本

法在法官面前展示。[1]

由于侦查奉行"秘行原则",侦查程序具有封闭性、秘密性的特点。刑事诉讼见证制度中见证人在场见证,起到的是"监督、证明"的作用,因此在刑事诉讼中应当重视见证人的适格性和在侦查取证活动中的运用。当控辩双方对勘验检查、搜查、辨认等取证程序存在争议时,见证人应当出庭作证,对侦查取证行为的真实性、合法性进行证明。

为了防止"官官相护"弄虚作假行为发生,对瑕疵证据进行补正和解释的检察官应当当庭说明补正和解释的具体过程,并接受辩护方的发问。[2] 实践中,以一纸书面说明代替出庭口头说明的做法当休矣!书面间接的审理方式并不符合审判中心主义的要求,应当以口头作证方式代替之。

对质是刑事庭审中查明案件事实的重要证明方法。在同案被告人之间供述不一致时,可以组织多名被告人同时到庭对质,在被告人供述与证人证言、被害人陈述不一致时,也可以组织被告人与证人、被害人进行对质。在审判中心主义下,对质证明方式作为"人证"调查手段,应引起重视。[3]

为了提高"人证"出庭作证率,使庭审贯彻直接言词原则,"两高三部"联合发布的《审判中心意见》第12条第1款规定:"……公诉

---

[1] [德]拉德布鲁赫:《法学导论》,米健、朱林译,中国大百科全书出版社2003年版,第125页。

[2] 董坤:"检察环节刑事错案的成因及防治对策",载《中国法学》2014年第6期。

[3] "对质"作为一种证明方法,并未被《刑事诉讼法》所规定,最高人民法院《关于适用〈中华人民共和国刑事诉讼法〉的解释》第243条规定了同案被告人之间的对质,即"讯问同案审理的被告人,应当分别进行"。《人民法院办理刑事案件第一审普通程序法庭调查规程》(本章以下简称《法庭调查规程》)规定了被告人与证人、被告人与被害人之间的对质制度。该规程第8条第2、3款规定:"被告人供述之间存在实质性差异的,法庭可以传唤有关被告人到庭对质。审判长可以分别讯问被告人,就供述的实质性差异进行调查核实。经审判长准许,控辩双方可以向被告人讯问、发问,审判长认为有必要的,可以准许被告人之间相互发问。根据案件审理需要,审判长可以安排被告人与证人、被害人依照前款规定的方式进行对质。"有关对质制度的论述,参见龙宗智:"论刑事对质制度及其改革完善",载《法学》2008年第5期。

人、当事人或者辩护人、诉讼代理人对证人证言有异议,人民法院认为该证人证言对案件定罪量刑有重大影响的,证人应当出庭作证。"该规定是对《刑事诉讼法》第192条第1款所作的修正性解释。[1] 最高人民法院的《法庭调查规程》重复了上述《审判中心意见》的规定。[2] 上述修改比较科学合理,有利于"人证"出庭作证。但是,审判中心主义要求控辩双方"平等武装",能够真正实现控辩对抗、庭审对抗,主要是证据对抗。因此,法院应当保障辩护方申请"人证"出庭作证的权利。唯有如此,法庭才不至于陷入"一面倒"的庭审格局中,庭审实质化才有可能真正实现。

二、坚持"事实清楚、证据确实充分"的证明标准不动摇

党的十八届四中全会通过的《决定》提出"健全落实疑罪从无的制度"。习近平总书记在对《决定》的说明中指出:在司法实践中,存在办案人员对法庭审判重视不够,常常出现一些关键证据没有收集或者没有依法收集,进入庭审的案件没有达到"案件事实清楚、证据确实充分"的法定要求,使审判无法顺利进行。推进以审判为中心的诉讼制度改革,有利于促使办案人员增强责任意识,通过法庭审判的程序公正实现案件裁判的实体公正,有效防范冤假错案产生。《审判中心意见》第2条第1款对证明标准问题提出了要求:"严格按照法律规定的证据裁判要求,没有证据不得认定犯罪事实。侦查机关侦查终结,人民检察院提起公诉,人民法院作出有罪判决,都应当做到犯罪事实清楚,证据确实、充分。"并且,明确提出"疑罪从无"原则,即"人民法院经审理,对案件事实清楚,证据确实、充分,依据法律认定被告人有罪的,应当作出有罪判决。依据法律规定认定被告人无罪的,应当作出无罪判决。证据不足,

---

[1] 2018年《刑事诉讼法》第192条第1款规定:"公诉人、当事人或者辩护人、诉讼代理人对证人证言有异议,且该证人证言对案件定罪量刑有重大影响,人民法院认为证人有必要出庭作证的,证人应当出庭作证。"

[2] 《法庭调查规程》第13条第1款规定:"控辩双方对证人证言、被害人陈述有异议,申请证人、被害人出庭,人民法院经审查认为证人证言、被害人陈述对案件定罪量刑有重大影响的,应当通知证人、被害人出庭。"

不能认定被告人有罪的,应当按照疑罪从无原则,依法作出无罪判决"。最高人民法院出台的"三项规程"中的《法庭调查规程》第52条规定:"法庭认定被告人有罪,必须达到犯罪事实清楚,证据确实、充分,对于定罪事实应当综合全案证据排除合理怀疑。定罪证据不足的案件,不能认定被告人有罪,应当作出证据不足、指控的犯罪不能成立的无罪判决。定罪证据确实、充分,量刑证据存疑的,应当作出有利于被告人的认定。"上述规定,既是对《刑事诉讼法》规定的强调,也是审判中心主义下诉讼证明的具体要求。按照《刑事诉讼法》第55条第2款对"证据确实充分"的解释:"证据确实、充分,应当符合以下条件:(一)定罪量刑的事实都有证据证明;(二)据以定案的证据均经法定程序查证属实;(三)综合全案证据,对所认定事实已排除合理怀疑。"所谓的"疑罪",就是存在合理怀疑、达不到证明标准的案件。既然法律要求侦查机关侦查终结,人民检察院提起公诉,都应当做到犯罪事实清楚,证据确实、充分,那么对于达不到上述标准的案件,侦查机关、检察院都应当及时终止程序的进行,不要往下一个办案机关移送。这样做既可以节约司法资源,也体现了司法人权保障精神,避免"将错就错、一错到底"现象的发生。推进以审判为中心的刑事诉讼制度改革就是为了"倒逼"侦查机关、检察院向法院审判看齐,以审判为标准,发挥审判对侦查行为、审查起诉行为的规制作用。[1] 法院贯彻"疑罪从无"原则,不仅可以在刑事诉讼的最后一个关口防范冤假错案发生,而且以宣告侦查、审查起诉的"劳动成果"无效的方式,促使侦查、审查起诉人员依法调查取证、规范办案行为,最终有利于实现司法公正、提升司法公信力。

三、保障辩方在诉讼证明中的权利

"程序参与原则"系刑事审判最低限度的公正标准。要使程序参与者的参与不流于形式而富有实质意义,裁判者必须做到确保诉讼

---

[1] 熊秋红:"刑事庭审实质化与审判方式改革",载《比较法研究》2016年第5期。

各方向法庭提出有利于本方的主张、意见和证据，并对其他各方提出的证据和主张进行质证、反驳和评论。[1]《法庭调查规程》第2条规定："……确保控辩双方在法庭调查环节平等对抗，通过法庭审判的程序公正实现案件裁判的实体公正。"法庭审判的"程序公正"和控辩双方的"平等对抗"要求有辩护律师的参与。律师在确保以法治国家为基础的法院拥有公信力方面发挥关键作用。律师参与刑事辩护能够保障正义以看得见的方式实现。基于此，辩护律师成了刑事司法的中心人物，成了公众和法院的媒介。公众对律师提供有效辩护的能力保持信心即意味着其信任国家的刑事司法系统，相信法院能够对案件作出公正审判。[2] 然而，"根据中华全国律师协会的统计，刑事案件被告人律师出庭的辩护率不超过30%，也就是70%的刑事案件被告人没有律师辩护"。[3] 刑事案件律师辩护全覆盖试点为律师参与和法庭上的"平等对抗"提供了有利条件，下一步应当从律师参与的数量向参与的质量转变，逐步实现"富有实质意义"的参与，使刑事辩护成为一种"有效辩护"。为此，党的十八届四中全会通过的《决定》提出："强化诉讼过程中当事人和其他诉讼参与人的知情权、陈述权、辩护辩论权、申请权、申诉权的制度保障。"《审判中心意见》对加强律师辩护权保障提出了明确要求：依法保障辩护人会见、阅卷、收集证据和发问、质证、辩论辩护等权利，完善便利辩护人参与诉讼的工作机制。法庭应当充分听取控辩双方意见，依法保障被告人及其辩护人的辩论辩护权。最高人民法院"三项规程"之《法庭调查规程》第4条规定："……依法保障当事人和其他诉讼参与人的知情权、陈述权、辩护辩论权、申请权、申诉权，依法保障辩护人发问、质证、辩论辩护等权利，完善便利辩护人参与诉讼的工作机制。"从《刑事诉讼法》实施情况来看，辩护人在庭审中的诉讼权利、庭前程序中的申请权、申诉权和核实证据权的保障均有待加强。在笔者进行的访谈中，律师普

---

[1] 陈瑞华：《刑事审判原理论》，北京大学出版社1997版，第64页。
[2] See ECHR 2015, Morice v. France, no. 29369/10, §132.
[3] 卞建林等：《新刑事诉讼法实施问题研究》，中国法制出版社2018年版，第46页。

遍反映，申请法院通知证人出庭作证往往得不到支持。中国人民大学法学院课题组开展的一项调查显示：律师们普遍反映法院、检察院为律师申请调取证据设置了过高的门槛，程序繁琐，调取证据的申请常常遭到无理由拒绝。申请调取证明犯罪嫌疑人、被告人无罪、罪轻的证据的请求基本难以得到实现，即使能够调取，在审判中通常也得不到足够的重视甚至不予采纳。因此，律师申请调查取证权的实现需要得到进一步保障。[1] 关于辩护人申诉权的保障问题，其实是"检察救济"能否为辩护人排除违法、提供有效保障问题。[2] 相关的实证研究表明：即使辩护律师向检察机关申请救济，而违法行为得到纠正的情形也是非常少的。[3] 关于律师向犯罪嫌疑人、被告人核实证据问题，由于《刑事诉讼法》和相关司法解释对律师核实证据的范围和方式没有作出规定，导致在司法实践中律师与司法实务部门之间存在较大分歧，律师核实证据的范围和方式受到了较大限制。[4]

辩护人基于在法庭中进行有效辩护的需要，仅靠从控方卷宗中发现证据之间的矛盾，辩护效果往往不佳。很多时候，辩护人需要提供证据进行证明，从而使对抗和防御更有针对性、更具有力量。[5]"巧妇难为无米之炊。"庭审中的证明权需要通过对庭前程序中辩护权的保障来实现。客观来讲，随着对辩护制度认识的提高和《刑事诉讼法》历次修改对辩护权的不断扩大，律师阅卷难问题有了

---

[1] 卞建林等：《新刑事诉讼法实施问题研究》，中国法制出版社2018年版，第57页。

[2] 2012年《刑事诉讼法》增设"检察救济"制度。该法第47条规定："辩护人、诉讼代理人认为公安机关、人民检察院、人民法院及其工作人员阻碍其依法行使诉讼权利的，有权向同级或者上一级人民检察院申请或者控告。人民检察院对申诉或者控告应当及时进行审查，情况属实的，通知有关机关予以纠正。"《刑事诉讼法》2018年修改后，现为第49条。

[3] 卞建林等：《新刑事诉讼法实施问题研究》，中国法制出版社2018年版，第59页；韩旭："新《刑事诉讼法》实施以来律师辩护难问题实证研究——以S省为例的分析"，载《法学论坛》2015年第3期。

[4] 卞建林等：《新刑事诉讼法实施问题研究》，中国法制出版社2018年版，第53页。

[5] 熊秋红："审判中心视野下的律师有效辩护"，载《当代法学》2017年第6期。

显著改观。正如日本学者田口守一所言："刑事诉讼的历史就是扩大辩护权的历史。"[1] 但会见难、调查取证难的问题依旧突出。会见是辩护的基础和起点，会见权理应得到保障。应严格落实《刑事诉讼法》的规定，除危害国家安全犯罪、恐怖活动犯罪案件外，其他案件律师可以凭"三证"会见。随着劳动教养制度的废除、轻罪入刑和当前"扫黑除恶"专项斗争的开展，看守所"人满为患"，律师会见难的问题尤为突出，看守所应当开辟更多的会见室，让律师尽量减少排队等候的时间。这也是解决当前会见难的具体举措。对于律师调查取证权问题，侦查阶段律师享有"犯罪嫌疑人不在犯罪现场、未达到刑事责任年龄、属于依法不负刑事责任的精神病人"等"三类证据"的调查取证权，应该不存在太大争议。但是，上述证据范围仍然太窄，不能完全满足律师行使辩护权的需要，可考虑赋予律师在侦查阶段的申请取证权，以此较好地平衡辩护权与侦查权之间的关系。[2] 律师申请权在实践中主要有以下四种情形：一是申请"人证"出庭作证；二是申请调取无罪、罪轻证据；三是为申请启动证据合法性调查程序，需要申请调出侦查机关涉嫌违法取证的线索或者材料，例如讯问录音录像资料、提讯登记、体检报告等；四是辩护律师取证不能，需要借助公权力调取的其他证据材料。法院员额制改革后"案多人少"的矛盾会更加突出，帮助律师取证确实会降低诉讼效率。但是，审判中心主义应当以程序公正为导向，不像认罪认罚案件那样以效率为导向。试问，如果庭审中辩护方不能提供证据，何以能够与强大的控方进行"平等对抗"？法庭的中立性是实现辩护权保障的前提。为此，修订后的《人民法院法庭规则》明确了"平等对待诉讼各方"的原则，这是对实践中"厚此薄彼"现象的一种纠正。[3] 根据《德国刑事诉讼法典》第163条a第

---

[1] [日]田口守一：《刑事诉讼法》，刘迪、张凌、穆津译，卞建林审校，法律出版社2000年版，第89页。

[2] 相关内容，参见韩旭：《被追诉人取证权研究》，中国人民公安大学出版社2009年版。

[3] 龙宗智、韩旭："确立'平等对待'诉讼原则 维系程序公正庭审格局"，载《人民法院报》2016年4月27日。

(二)项之规定:被指控人申请收集对其有利的证据时,如果该证据具有意义,应当收集。根据其第244条第(三)项的规定:只有当因众所周知无收集证据的必要、待证事实对裁判无意义或已证明、该证据材料毫不合适或无法取得、为拖延诉讼而提出申请时、对于有利被告人的应当加以证明的重大主张仅当主张的事实可以作为真实事实处理时,才能拒绝。"法庭只能在严格条件下拒绝查证申请,特别是不得因为法庭对相反的情况已经获得确信而拒绝查证申请。"[1]

当前的"检察救济"给辩护人、诉讼代理人提供了一个程序内解决问题的途径,随着检察官"客观义务"的确立,"检察救济"效果不佳的问题会得到改善。[2] 笔者认为,检察官是否恪守"客观义务","检察救济"是最重要的"试金石"。关于辩护律师向被追诉人核实证据问题,应依据法理学上的基本原理,即"对公权力而言,法无明文授权不得为,对私权利而言,法不禁止皆自由"。律师是私权利的"代言人",其权利具有私权的性质。因此,律师核实证据的范围和方式不应受到限制,但为了防止对司法利益带来不利影响,律师核实同案人口供、被害人陈述、证人证言等"人证"应当谨慎。必要时,检察机关、人民法院可以要求律师签订保密承诺书。[3]

此外,律师在庭审辩护中的下列问题有必要予以澄清。一是发问时不能举证。笔者曾应邀旁听过一些典型案件的庭审。在庭审发问阶段,辩护律师为了弄清被告人庭前供述的真实性,边发问边举证,被审判长制止,律师据理力争会受到审判长的警告。这促使笔者思考律师发问时能不能伴有举证行为的问题。《法庭调查规程》第7条第2款规定:"在审判长主持下,公诉人可以就起诉书指控的犯罪事实讯问被告人,为防止庭审过分迟延,就证据问题向被告人的

---

[1]《德国刑事诉讼法典》,宗玉琨译,知识产权出版社2013年版,第27页。
[2] 2019年4月23日第十三届全国人民代表大会常务委员会第十次会议修订通过的《检察官法》第5条确立了检察官"客观义务",即"检察官履行职责,应当以事实为根据,以法律为准绳,秉持客观公正的立场。检察官办理刑事案件,应当严格坚持罪刑法定原则,尊重和保障人权,既要追诉犯罪,也要保障无罪的人不受刑事追究"。
[3] 相关内容参见龙宗智:"辩护律师有权向当事人核实人证",载《法学》2015年第5期;韩旭:"辩护律师核实证据问题研究",载《法学家》2016年第2期。

讯问可在举证、质证环节进行。……"虽然该规程未言明辩护律师在发问时可否举证,但是根据"控辩平等"原则,辩护律师可以在发问时进行举证。二是质证时不能举证。实践中,很多法官严格区分法庭调查的举证与质证环节,这样做的优势在于庭审的层次比较清楚。存在的问题是这种区分过于机械化,以至于在质证环节不能举证,使得质证无力,导致举证、质证"两张皮"现象的发生,形式化色彩过重,不利于法官心证的形成。《法庭调查规程》第28条第2款规定:"公诉人出示证据后,经审判长准许,被告人及其辩护人可以有针对性地出示证据予以反驳。"三是举证时不能辩论。庭审实践中,一些法官片面追求庭审效率,限制律师在控方举证后的辩论行为,并言明"辩论放在法庭辩论阶段进行"。殊不知,庭审调查阶段待一方举证完毕后应容许对方进行争辩,此种争辩其实就是一种质证。可能是我们长期以来习惯了控辩双方"自说自话"式的"发表意见"而不喜欢听到论辩的声音。其实,此时的辩论是一种针对个别证据的"小辩论",与法庭辩论阶段对全案事实、证据和法律适用的"大辩论"有所不同。"大辩论"是建立在"小辩论"基础上的,如果不允许质证环节的"小辩论",那么在"大辩论"中,不是"小辩论"的内容被忽略掉,就是"草草收场",质证不充分的问题在所难免。当前庭审实践中流行一种做法就是当"人证"作证完毕后,审判长令其退庭,然后由控辩双方发表质证意见。这种做法应该说于"法"有据。[1] 但质证效果未必理想。美国联邦最高法院认为,一般人比较会在人的背后捏造事实污蔑他人,而不会当着人的面前如此。[2] 因此,人证在作证完毕后不宜立即退庭,应听取控辩双方发表质证意见的情况,以发挥"人证"在场的制约作用。

---

[1] 最高人民法院《关于适用〈中华人民共和国刑事诉讼法〉的解释》规定:向证人、鉴定人、有专门知识的人发问应当分别进行。证人、鉴定人、有专门知识的人经控辩双方发问或者审判人员询问后,审判长应当告知其退庭。证人、鉴定人、有专门知识的人不得旁听对本案的审理。

[2] 王兆鹏:《美国刑事诉讼法》,北京大学出版社2005年版,第368页。

四、庭审证明应当围绕争议事项展开

在审判中心主义下,刑事证明虽然不以效率为导向,但仍需要考虑效率价值。如果我们承认刑事诉讼是政府与个人之间的一场纠纷,刑事审判是以"解决纠纷"为目的,那么就应当尊重被告人作为理性人的选择自由。刑事审判不仅应当贯彻直接言词原则,还应当落实集中持续审理原则。因此,应当区分被告人认罪认罚案件与非认罪认罚案件,还应当注意在被告人不认罪认罚情况下案件适用普通程序审理时,事实和证据问题在证明方式上的差异。为此,《审判中心意见》第11条规定:"……对定罪量刑的证据,控辩双方存在争议的,应当单独质证;对庭前会议中控辩双方没有异议的证据,可以简化举证、质证。"《法庭调查规程》第3条规定:"……规范庭前准备程序,避免庭审出现不必要的迟延和中断。……召开庭前会议的案件,法庭可以依法处理可能导致庭审中断的事项,组织控辩双方展示证据,归纳控辩双方争议焦点。"第31条第1、2款规定:"对于可能影响定罪量刑的关键证据和控辩双方存在争议的证据,一般应当单独举证、质证,充分听取质证意见。对于控辩双方无异议的非关键性证据,举证方可以仅就证据的名称及其证明的事项作出说明,对方可以发表质证意见。"

根据以上规定,实践中应当明确以下几点:一是人民法院尽可能多地召开庭前会议,提高庭前会议制度使用率。作为2012年《刑事诉讼法》修改新增设的制度,该项制度使用率比较低,并未发挥预期功能。为了保障庭审的集中和持续进行,防止相关的程序问题被打断和迟延,庭审前应当召开会议,对可能发生程序争议的事项在庭审前解决,以实现庭前会议与庭审的衔接,将庭前会议变为真正的"庭前准备程序"。否则,庭审中是否要启动证据合法性调查的"排非"程序、控辩双方申请"人证"出庭后法院是否需要通知"人证"到庭以及控辩双方对案件事实和证据存在的争议问题,法官因审前未召开庭前会议可能"心中不明",庭审适用的程序和庭审方式也无法提前预知,只能临时仓促决定,导致庭审诉讼证明活动的开展紊乱而无序。在实践中,检察官在举证、质证时,不论控辩双

方对证据是否有异议，一概采取"分组举证""打包举证"的方式，可能与没有召开庭前会议有很大关系。因此，在召开庭前会议问题上，控辩双方应积极提出申请。二是对有争议的物证，应当出示原物。随着各地统一的涉案财物管理中心的建立，以及"多媒体示证"技术在庭审中的运用，我们在刑事庭审中很难见到原物。据笔者调研：80%以上的案件都是以照片、图像等"二手证据"替代原物出示。在物证出示问题上，相关文件均要求以出示原物为原则。[1] 在司法实践中，检察官为图方便，将原则变成了例外。笔者认为，如果控辩双方对该物证的来源和真实性没有争议，可以简化举证，以照片、图像代替原物的出示。但是，当控辩双方有争议时，除非存在上述"法定"出示不能的例外情形，否则原则上应当出示原物。"原物原件规则"使当庭的演示成为可能，有利于法官形成较为准确的心证。例如，被告人提出"防卫过当"的抗辩，可以由其演示当时的情景。这在仅出示照片、图像的情况下是不可能的。三是对检察院庭审中申请延期审理、补充侦查的权力进行限制。既然审判中心主义要求贯彻"集中连续"审理原则，那么检察机关应尽可能减少以补充侦查为由的延期审理行为发生。虽然2018年《刑事诉讼法》第204条规定："在法庭审判过程中，遇有下列情形之一，影响审判进行的，可以延期审理：……（二）检察人员发现提起公诉的案件需要补充侦查，提出建议的；……"对此，最高人民法院《关于适用〈中华人民共和国刑事诉讼法〉的解释》第274条第1款规定："审判期间，公诉人发现案件需要补充侦查，建议延期审理的，合议庭可以同意，但建议延期审理不得超过两次。"很显然，该司法解释将法律规定的具有自由裁量权性质的"可以"变更为"应当"义务，极为不妥。首先，这一解释是否属于脱离法律的"越权解释"有待商榷。其次，侦查无休

---

[1] "两高三部"《关于办理死刑案件审查判断证据若干问题的规定》第8条规定："据以定案的物证应当是原物。只有在原物不便搬运、不易保存或者依法应当由有关部门保管、处理或者依法应当返还时，才可以拍摄或者制作足以反映原物外形或者内容的照片、录像或者复制品。……"《法庭调查规程》第32条第1款规定："物证、书证、视听资料、电子数据等证据，应当出示原物、原件。取得原物、原件确有困难的，可以出示照片、录像、副本、复制件等足以反映原物、原件外形和特征以及真实内容的材料，并说明理由。"

止地进行下去,没有时间限制,由此引发的"程序倒流"问题需要加以防范。

五、法庭应及时认证并作出裁判

《审判中心意见》第14条规定:"完善当庭宣判制度,确保裁判结果形成在法庭。适用速裁程序审理的案件,除附带民事诉讼的案件以外,一律当庭宣判;适用简易程序审理的案件一般应当当庭宣判;适用普通程序审理的案件逐步提高当庭宣判率。规范定期宣判制度。"从上述规定来看,基于审判委员会制度的存在和法官能力有待提升等因素,对适用普通程序审理的案件并未要求"当庭宣判",而是"逐步提高当庭宣判率"。对此,法院可以通过内部考核指标的设定来实现这一目的。从笔者调研的情况来看,当控辩双方质证完毕后,法庭通常不会进行当庭认证,除非控辩双方无异议,否则法庭一般都是在裁判文书中进行认证。对于适用普通程序审理的案件,由于案情疑难、复杂,法庭很少当庭宣判,大都采取定期宣判。但是,定期宣判通常距离庭审时间较长,主审法官手中有多个案件,这就难以避免案件之间的混淆,且根据心理学的规律,距离庭审时间越长,法官的记忆越模糊,庭审证明活动与裁判结论之间的联系越不紧密,审判中心主义下的"裁判结论形成在法庭"越难以实现。作为大陆法系代表性国家的德国,无论在理论上还是在实务上,均要求审判程序尽可能一口气完成,亦即直到宣告判决均不中断。这项要求是以直接原则和言词辩论原则为基础的。因为言词审判程序拖延太长,或者经常中断,法官可能不再记得审理的情形,需借助笔录。为此,《德国刑事诉讼法》规定,判决之宣告应于审判程序结束后,"最迟于第11日为之",否则应重新为一审判程序。[1] 根据《德国刑事诉讼法典》第261条之规定:"法院根据其在整个审判中建立起来的、自由的内心确信,判断证据调查结果。"[2] 在当前的

---

〔1〕 [德]克劳思·罗科信:《刑事诉讼法》(第24版),吴丽琪译,法律出版社2003年版,第393页。

〔2〕 《德国刑事诉讼法典》,宗玉琨译,知识产权出版社2013年版,第206页。

司法环境尚不尽如人意的情况下，如果不能及时宣判，将给外部势力干预司法提供可乘之机，裁判结果的不确定性加大。因此，以审判为中心的刑事诉讼制度改革要求尽可能当庭宣判。[1] 在"让审理者裁判，由裁判者负责"的司法责任制改革不断深化的当下，即便不能废除审判委员会制度也应逐步减少其讨论案件的范围，从而逐步提高当庭宣判率。当然，提高当庭宣判率也应当为法官创造必要的条件。对适用普通程序审理的案件，当庭宣判时仅宣布判决主文和简要说明判决理由即可。[2]

需要注意的是，作为证明活动成果的裁判文书，应当反映庭审中的控辩双方的举证、质证和法院认证情况。为此，法官应摆脱书面卷宗材料的束缚，将心证建立在庭审证明活动之上而不是案卷材料基础之上。[3] 唯有如此才能真正从"侦查中心主义"走向"审判中心主义"。

六、配套措施的改革与完善

审判中心主义最低限度的要求是庭审实质化，庭审实质化是实

---

〔1〕 左卫民："地方法院庭审实质化改革实证研究"，载《中国社会科学》2018年第6期。

〔2〕 2018年《刑事诉讼法》第202条第2款规定："当庭宣告判决的，应当在五日以内将判决书送达当事人和提起公诉的人民检察院；定期宣告判决的，应当在宣告后立即将判决书送达当事人和提起公诉的人民检察院。判决书应当同时送达辩护人、诉讼代理人。"根据最高人民法院《司法责任制实施意见（试行）》第12条之规定：原则上"院长及其他院领导、庭长对其未直接参加审理案件的裁判文书不再审核签发，也不得以口头指示、旁听合议、文书送阅等方式变相审批案件"。上述规定，为当庭宣判提供了制度空间，由于院长、庭长原则上不再审核签发裁判文书，诉讼效率也相应提高，这为5日内制作裁判文书并送达有关诉讼各方创造了条件。

〔3〕 卷宗材料中记载的内容并不当然可以成为定案根据。这从《法庭调查规程》相关规定中可以找到依据。例如，该规程第48条规定："证人没有出庭作证，其庭前证言真实性无法确认的，不得作为定案的根据。证人当庭作出的证言与其庭前证言矛盾，证人能够作出合理解释，并与相关证据印证的，应当采信其庭审证言；不能作出合理解释，而其庭前证言与相关证据印证的，可以采信其庭前证言。"第50条规定："被告人的当庭供述与庭前供述、自书材料存在矛盾，被告人能够作出合理解释，并与相关证据印证的，应当采信其当庭供述；不能作出合理解释，而其庭前供述、自书材料与相关证据印证的，可以采信其庭前供述、自书材料。法庭应当结合讯问录音录像对讯问笔录进行全面审查。讯问笔录记载的内容与讯问录音录像存在实质性差异的，以讯问录音录像为准。"

现诉讼证明实质化的重要保障。为此,需要相关配套制度的改革完善。一是废除"全案卷宗移送制度",实行"起诉书一本主义"。若要实现庭审实质化,就要限制法官阅卷。而现行《刑事诉讼法》规定的"全案卷宗移送制度"则为法官阅卷提供了便利,不利于法官专注庭审过程中的诉讼证明,也不利于辩护权保障。裁判结论现在还不是"形成在法庭",而是"形成在案卷"。"全案卷宗移送"的做法会使法官庭审前形成不利于被告人的预断。心理学研究显示,预断很难被推翻,即使审判中出现新的证据。如果法庭在审判前认为被告人可能会被定罪,那么至少在被告人看来,这个法庭不可能完全做到公正和客观。[1]"当法官看完检察官的卷宗后,很难再说服其形成另外完全不同的印象。因此,审判不过是警察在侦查阶段所收集证据的生动简要的展示和确认。"[2]据此,建议我国《刑事诉讼法》下一次修改时增加庭审实质化改革的内容。首先,改变现有的移送起诉方式,明确实行"起诉书一本主义"制度,法官职业素养的提升、驾驭庭审能力的提高为实行该制度创造了条件。同时,建立证据开示制度,保障控辩双方庭审前的证据知悉权。其次,完善庭前会议制度,使庭前会议真正成为"庭前准备程序"。由于《刑事诉讼法》对庭前会议制度的规定比较简约,召开庭前会议并不能解决问题,因此控辩双方申请召开庭前会议的积极性不高,在实践中使用率也比较低。最高人民法院发布的《人民法院办理刑事案件庭前会议规程(试行)》(以下简称《庭前会议规程》)细化了相关规定,增强了庭前会议的可操作性,赋予了庭前会议解决事项一定的法律效力,可望提升庭前会议在司法实践中的使用率。"审理前整理程序是为了持续地、有计划地、迅速地进行审理活动而进行的必要的准备活动。"[3]鉴于我国《刑事诉讼法》关于庭前会议制

---

[1] [德]托马斯·魏根特:《德国刑事诉讼程序》,岳礼玲、温小洁译,中国政法大学出版社2004年版,第133页。

[2] [德]托马斯·魏根特:《德国刑事诉讼程序》,岳礼玲、温小洁译,中国政法大学出版社2004年版,第134页。

[3] [日]田口守一:《刑事诉讼法》(第5版),张凌、于秀峰译,中国政法大学出版社2010年版,第201页。

度规定比较粗疏的状况，建议将《庭前会议规程》中经试点检验行之有效的内容吸纳进《刑事诉讼法》，以充实、完善庭前会议制度的内容。再次，完善法律援助制度，扩大刑事辩护的案件范围。目前的刑事案件律师辩护"全覆盖"试点采用的是"程序说"，即对采用普通程序审理的案件，被告人没有委托辩护人的，均由法律援助机构指派律师提供出庭辩护服务。为适应审判中心主义下诉讼证明的需要，建议扩大法律援助刑事辩护的案件范围，将"全覆盖"试点中的"程序说"修改为"检察官莅庭说"，即只要是检察官出庭的案件，均应由辩护人帮助辩护。对于没有委托辩护人的案件，均应由法律援助机构指派律师提供辩护。不管是适用普通程序还是适用速裁程序、简易程序审理的案件，也不管是一审、二审还是再审案件。这是程序公正的基本要求。最后，改变庭审调查顺序，将对被告人的调查放在其他证据举示完毕后进行。我国当前的庭审调查顺序是将对被告人的调查放在首位，并且是以"被告人陈述"为中心展开法庭调查。在审判中心主义下，应当淡化口供的证明力。为了促使被告人认罪认罚，也为了提高法庭审判的权威性，鉴于"被告人陈述"在立法上所具有的权利性，[1]以及法律并未要求被告人在庭审中有"如实回答"义务。因此，笔者建议赋予被告人在庭审中以沉默权，同时将控辩双方的讯问、发问环节放在其他证据举示完毕后进行。对此，《法庭调查规程》规定：为防止庭审过分迟延，就证据问题向被告人的讯问可在举证、质证环节进行。

审判中心主义的实现要求法院具有较高的司法权威，这就要求法院处理好权力与权力、权力与权利之间的关系。前者主要是审判权与侦查权、检察权之间的关系。在此权力关系中，审判权应当超然中立，不应配合侦查权、检察权的行使，亟待改变当前"分段包干、各管一段"的司法现状，使审判权能够介入审前程序，将目前效果不彰的"检察救济"修改为法院提供的"司法救济"。例如，若要在审判前建立证据开示制度，审判权就应当能够对违反证据开

---

[1] 2018年《刑事诉讼法》第191条第1款规定："公诉人在法庭上宣读起诉书后，被告人、被害人可以就起诉书指控的犯罪进行陈述，公诉人可以讯问被告人。"

示规则的控辩双方进行程序性制裁和提供相应的救济;后者主要是审判权与辩护权的关系,当前重点是解决"审辩冲突"的问题,法官应平等对待控辩双方,果断处理控辩双方对程序的异议,谨慎行使法庭指挥权,驱逐律师出庭更应慎之又慎。[1]

七、结语

审判中心主义下的诉讼证明,在很大程度上不同于认罪认罚从宽案件的证明。它是以"人证"调查为中心,因此强调"人证"出庭对贯彻直接言词原则和法官形成准确心证的重要性。同时,针对以往冤假错案发生的教训,应坚持"事实清楚、证据确实充分"的证明标准不动摇,积极贯彻"疑罪从无"原则。在诉讼证明活动中,检察官不应唱"独角戏",除了庭审中由辩护律师参与外,这种参与还应是一种有效参与。为此,须保障律师在庭前程序中的会见权、阅卷权、调查取证权、核实证据权以及庭审中的发问权、质证权和辩论权。当前重点是保障律师的申请调取证据权和申请"人证"出庭的权利,如此才可以实现庭审实质化所要求的"控辩平衡",辩护意见才容易被采纳,有效辩护才有可能真正实现。为了保障律师在庭审中的辩护权,需要明确律师在发问和质证阶段可以举证,举证后可以进行"小辩论"。为保证质证意见的高质量,建议在控辩双方发表质证意见时"人证"在场,而不是立即退庭。审判中心主义下的诉讼证明,要求应当进行集中、充分和完整的证明,证明活动以程序公正为导向而非片面强调效率,但是证明活动并非不考虑效率,仍应贯彻"繁简分流"原则。为使庭审集中、持续进行,召开庭前会议制度确有必要,应重视该制度功能的发挥,诉讼证明重点围绕控辩双方争议事实和证据展开,为此在《刑事诉讼法》修改时应完善该项制度。适用普通程序审理的案件,法官应尽可能及时认证,并逐步提高当庭宣判率。一方面,防止因时过境迁导致法官记忆的模糊,加强庭审与裁判之间的联系度,另一方面可以减少外部因素

---

[1] 韩旭:"辩护律师被驱逐出庭的程序法理思考",载《郑州大学学报(哲学社会科学版)》2013年第1期。

对裁判的干预。上述制度建议，目的在于保障"四个在法庭"庭审实质化改革的落实。当然，审判中心主义下诉讼证明活动的实现还有赖于配套制度的改革和完善。一是为防止法官提前阅卷产生的"预断"，建议在移送起诉方式上实行"起诉书一本主义"；二是为保障控辩双方的先悉权，建立与之配套的证据开示制度；三是扩大法律援助范围，将目前"全覆盖"试点中的"程序说"标准改为"检察官莅庭说"标准，即凡是由检察官出庭的案件，均属于法律援助刑事辩护"全覆盖"的范围，由此扩大法律援助刑事辩护律师的参与面；四是改变目前的法庭调查顺序，赋予被告人庭审中的沉默权，将控辩双方对被告人的讯问、发问安排在其他证据举示完毕后进行。

第十六章

严格"排非",辩方有为

2017年6月27日,最高人民法院、最高人民检察院、公安部、国家安全部、司法部(本章简称"两高三部")联合发布的《关于办理刑事案件严格排除非法证据若干问题的规定》(以下简称《排非规定》)正式实施,《排非规定》的出台标志着我国非法证据排除制度进入了一个新阶段,是我国刑事诉讼制度的一个新发展,对于推动以审判为中心的刑事诉讼制度改革、进一步防范冤假错案发生、促进司法公正文明无疑具有重要意义。但是,由于受我国社会所处的发展阶段、诉讼理念和诉讼制度的影响,加之该《排非规定》系中央政法各机关之间相互博弈、妥协的结果,因此其内容具有明显的局限性和时代性。制度变革是一个渐进的过程,它受制于各种条件的约束,不可能一蹴而就。目前,当务之急是,通过法解释技术的运用,保障排非新规在实践中得以正确实施。

一、非法证据排除规则的新发展

《排非规定》在吸收既往司法解释和解释性文件中有关非法证据排除规定的基础上,注意总结吸取司法实务中非法证据排除的经验教训,适应以审判为中心刑事诉讼制度改革的需要,积极推进观念变革和制度创新,形成了新的具有中国特色的非法证据排除规则。

(一) 细化非法言词证据排除范围

在《排非规定》出台之前,《刑事诉讼法》仅要求对采取刑讯逼供等非法方法取得的犯罪嫌疑人、被告人供述进行排除,对通过威胁、引诱、欺骗方法取得的供述的排除问题并没有作出规定,

2017年初最高人民法院《关于全面推进以审判为中心的刑事诉讼制度改革的实施意见》（本章以下简称《审判中心意见》）明确了以威胁方法取得的言词证据均应予以排除。《排非规定》在此基础上进一步明确了《刑事诉讼法》规定的"等非法方法"的类型，将"采取殴打、违法使用戒具、非法拘禁等非法限制人身自由、以严重损害本人及其近亲属合法权益进行威胁的方法"取得的供述均纳入排除范围，同时将"采用非法限制人身自由等非法方法"收集的证人证言、被害人陈述也予以绝对排除。上述规定具有明显的问题意识，主要是针对近年来一些地方在犯罪案件侦办中，侦查人员以本人及其近亲属的严重不利益相威胁、采用"亲情逼供"以及采取"抓证人"、关押证人等剥夺和限制证人人身自由等非法方法获取口供的问题。《排非规定》以列举的明示方式进一步明确了排除范围，将采用上述手段取得的言词证据作为治理重点，有利于遏制和消除实践中存在的非法取证乱象，以更好地实现刑事司法中的基本权利保障，进一步提升司法公信力。

（二）初步确立"重复性自白"排除规则

"重复性自白"也称作"二次自白"，"重复性自白"的排除问题是非法证据排除实践中一个极具争议的问题，在排除非法口供时实务部门经常会面临是否排除、如何排除等难题。之前理论界对此问题虽多有讨论，但由于缺乏规则指引，司法实践中做法各异，对"重复性自白"基本上不予排除。《排非规定》第5条及时回应司法实践的需要，对此问题作出了明确规定，即"采用刑讯逼供方法使犯罪嫌疑人、被告人作出供述，之后犯罪嫌疑人、被告人受该刑讯逼供行为影响而作出的与该供述相同的重复性供述，应当一并排除，但下列情形除外：（一）侦查期间，根据控告、举报或者自己发现等，侦查机关确认或者不能排除以非法方法收集证据而更换侦查人员，其他侦查人员再次讯问时告知诉讼权利和认罪的法律后果，犯罪嫌疑人自愿供述的；（二）审查逮捕、审查起诉和审判期间，检察人员、审判人员讯问时告知诉讼权利和认罪的法律后果，犯罪嫌疑人、被告人自愿供述的"。从上述规定中我们可以看出，重复性自白原则上应当被排除，但有两项例外：一是侦查阶段讯问主体变更的例外；二是诉讼阶段变化的例外。可以说，重复性自白排除规则的确立是此次新规的一个最大亮点，是我国非法证据排除规则的一次较大突破。

(三) 加强非法证据排除中辩护权保障

近年来，非法证据排除规则适用中申请难、启动难、调查难的问题比较突出，这在很大程度上与辩护权保障不力有关，导致辩方在申请排除非法证据时难以提供"线索和材料"，从而因举证不力而无法有效启动证据合法性调查程序。针对这一问题，《排非规定》将"辩护"作为专题并从六个方面加强辩护权保障：一是为犯罪嫌疑人、被告人提供法律援助值班律师，值班律师可以提供法律帮助，就刑讯逼供、非法取证情形代理申诉、控告；二是规定辩护人在侦查期间可以向人民检察院申请排除非法证据，调查结论应当书面告知犯罪嫌疑人及其辩护人；三是辩护律师可以查阅、摘抄、复制讯问笔录、提讯登记、采取强制措施或者侦查措施的法律文书等证据材料；四是辩方可以向人民法院、人民检察院申请调取公安机关、国家安全机关、人民检察院收集但未提交的讯问录音录像、体检记录等证据材料；五是明确了法院的告知义务，要求人民法院向被告人及其辩护人送达起诉书副本时，应当告知其有权申请排除非法证据；六是加强裁判文书关于"排非"问题的说理，要求人民法院对证据收集合法性的审查、调查结论，应当在裁判文书中写明，并说明理由。通过上述制度安排，解决被追诉人不懂、不会、不能启动证据合法性调查的问题。

(四) 赋予庭前会议对证据合法性争议的初步审查功能

庭前会议作为庭审的准备程序，重在解决程序性事项，将程序性争议解决在庭前，可以保障法庭审理连续、集中、高效进行，尤其是在庭审实质化改革的当下。但是，从2012年《刑事诉讼法》实施后的情况来看，各地法院召开庭前会议的比例普遍较低，庭前会议的功能并未得到有效发挥。为了有效利用庭前会议这一制度装置，最大限度地发挥其在解决非法证据排除等程序事项上的功能，实现庭前会议与庭审的衔接，《排非规定》对"排非"申请提出的时间、应当召开庭前会议的情形、检察院撤回证据以及辩方撤回申请的效力、控辩双方对证据收集是否合法未达成一致意见的处理等事项均作出了规定。

（五）确立证据合法性先行调查原则

非法证据排除解决的是证据能力问题，因此对证据合法性的调查应当先于对案件实体问题的调查。在证据合法性调查时机上，我国先后经历了三种模式，从2010年"两高三部"《关于办理刑事案件排除非法证据若干问题的规定》确立的"前置调查"模式，到2012年《刑事诉讼法解释》确立的"随机调查"模式，再到《排非规定》确立的"以先行调查为原则，法庭调查结束前调查为例外"的证据合法性调查模式。《排非规定》第30条规定："庭审期间，法庭决定对证据收集的合法性进行调查的，应当先行当庭调查。但为防止庭审过分迟延，也可以在法庭调查结束前进行调查。"从该条规定的表述来看，先行调查是原则，"但书"只是个别情形下的例外。"先行调查"原则的确立其实是对"前置调查"和"随机调查"的折中与调和，使得在大多数情况下证据合法性的调查成了一个独立于实体问题的先决问题，凸显了程序优先和程序正义的价值。既遵循了非法证据排除的一般规律，也兼顾到了个别案件的具体情况。

（六）建立非法证据排除的程序性裁判机制

《排非规定》还要求法庭在对证据收集的合法性进行调查后当庭作出是否排除有关证据的决定。在法庭作出是否排除有关证据的决定前，不得对有关证据进行宣读、质证。对依法予以排除的证据，不得宣读、质证，不得作为判决的根据。上述规定实际上等于在我国刑事诉讼中建立了程序性裁判机制，改变了过去证据合法性调查后"不了了之"的惯常做法，增强了非法证据排除规则实施的刚性，也更加符合建立非法证据排除规则的宗旨和意蕴。

二、非法证据排除新规具有明显的局限性

在笔者看来，《排非规定》的最大贡献在于非法证据排除程序的完善，而在实体性规范方面，除初步确立"重复性供述"排除规则和明确非法言词证据排除范围外，在其他方面并没有取得实质性进展，甚至在口供排除立场上还呈现出了一定程度的退缩。既没有将

第十六章 严格"排非",辩方有为

以"引诱、欺骗"取得的供述作为非法证据予以排除,也没有确立"毒树之果"排除规则。即便是在程序规范方面,也有一些不合理之处。例如,非法证据被排除后允许重新调查取证、要求随案移送被排除的证据等。上述问题决定了非法证据排除新规具有明显的局限性。这种局限性表面上看是中央政法各机关博弈、妥协的结果,实际上具有更深刻的原因,那就是不能因为排除规则的实施而让真正有罪的人逃避惩罚,造成打击不力的后果,以至于使社会为此付出沉重代价。

(一)非法口供排除立场上的退缩

"两高三部"在非法口供排除立场上的退缩主要体现在三个方面:一是对采用冻饿晒烤、疲劳审讯等非法方法取得的供述如何处理,《排非规定》并未予以明确。这一问题的争议比较大,如果缺乏明确的规则,通过上述方法取得的口供将很难被认定为非法证据并予以排除,不利于预防和减少疲劳审讯等非法取证行为的发生。二是对未在法定场所讯问取得的供述应否排除,同样未置可否。[1]《排非规定》虽然重申了《刑事诉讼法》有关讯问场所的规定,但对在看守所讯问室以外的场所进行讯问,仅要求作出"合理解释",对于不能作出"合理解释"的,《排非规定》并未明确该口供能否排除。实践中,一些侦查人员很可能为了规避在看守所内讯问的法律规定,以起赃、辨认为名将犯罪嫌疑人外提后逼取口供,然后以所谓的"合理解释"使非法讯问"合法化"。三是对违反讯问录音录像规定所取得的供述应否排除,未作出规定。违反录音录像规定主要包括未依法进行录音录像或者选择性录制等。虽然《排非规定》要求对于可能判处无期徒刑、死刑的案件或者其他重大犯罪案件,应当对讯问过程进行录音录像。对讯问过程录音录像,应当不间断进行,保持完整性,不得选择性地录制,不得剪接、删改。但是,由于没有设置违反上述规定的不利后果,对于违反录音录像规定取

---

〔1〕《排非规定》第9条规定:"拘留、逮捕犯罪嫌疑人后,应当按照法律规定送看守所羁押。犯罪嫌疑人被送交看守所羁押后,讯问应当在看守所讯问室进行。因客观原因侦查机关在看守所讯问室以外的场所进行讯问的,应当作出合理解释。"

得口供的排除在实践中将会面临一定的争议。

实际上,上述问题在《排非规定》的征求意见稿中原本是作出了规定的,无论是对采用"冻饿晒烤、疲劳讯问"方法取得的供述,还是对不在法定讯问场所讯问抑或是违反讯问录音录像规定所取得的供述,"征求意见稿"均作出了应当予以排除的规定。不仅如此,为便于操作,"征求意见稿"还对"疲劳讯问"的标准作出了界定,即"讯问犯罪嫌疑人、被告人,应当保证犯罪嫌疑人、被告人每日不少于八小时的连续休息时间。"遗憾的是,这些具有进步意义的规定,由于有关方面的反对,最终未能写进《排非规定》。

与"两高三部"在上述问题上的态度相比,最高人民法院此前的态度则比较鲜明。例如,早在 2013 年 10 月最高人民法院便在《关于建立健全防范刑事冤假错案工作机制的意见》中明确规定:"采用冻、饿、晒、烤、疲劳审讯等非法方法收集的被告人供述,应当排除。除情况紧急必须现场讯问以外,在规定的办案场所外讯问取得的供述,未依法对讯问进行全程录音录像取得的供述,应当排除。"作为妥协退让的结果,即便是最高人民法院已有的规定,也未能获得相关部门的认可从而成为各部门共同遵守的规则。

(二)"重复性自白"排除规则设置不尽合理

虽然《排非规定》确立了"重复性自白"排除规则,但仅限于采用刑讯逼供方法获得的重复性供述,这就将重复性供述的排除限制在了一个较小的范围内。

第一,从司法实践来看,采用严重威胁,给人心理上、精神上造成的痛苦程度及其持久性不亚于刑讯逼供,足以改变人的意志自由。正如最高人民法院法官所言:"威胁在侵犯人权的程度上接近刑讯逼供,两者均属强迫方法。"[1]

第二,从法理来看,《排非规定》之所以将采用暴力或者严重威胁方法取得的供述予以排除,是因为两者虽然在手段和表现形式上有所不同,但是其后果具有一致性,都足以"使犯罪嫌疑人、被告

---

[1] 戴长林、刘静坤、朱晶晶:"《关于办理刑事案件严格排除非法证据若干问题的规定》重点解读",载《人民法院报》2017 年 7 月 19 日。

人遭受难以忍受的痛苦而违背意愿作出供述",而这正是非法口供排除的基本法理,即违反供述"自愿性"原则。既然严重威胁与刑讯逼供一样均可以对犯罪嫌疑人、被告人造成心理强制从而违背意愿作出供述,那么在"重复性自白"的处理上就应遵循相同的规则。"如此区别对待,在法理上是站不住脚的。"[1]综上,对通过严重威胁手段获得的重复性供述也应予以排除。

(三)非法物证、书证排除规则未能取得新的发展

在非法物证、书证排除问题上,《排非规定》第7条重复了《刑事诉讼法》第54条(2012年《刑事诉讼法》第54条、2018年《刑事诉讼法》第56条)的规定,即"收集物证、书证不符合法定程序,可能严重影响司法公正的,应当予以补正或者作出合理解释;不能补正或者作出合理解释的,对有关证据应当予以排除"。由于排除条件限制过多、标准过高、规范本身较为模糊,以及非法证据与瑕疵证据区分标准不清,给解释和适用上述规定留下了较大空间,导致实务上排除非法物证、书证的案例极少。尤其是对于以非法供述为线索取得的物证、书证(即所谓的"毒树之果")是否属于"非法证据"以及应否排除的问题,《排非规定》并未予以解决。其实,"征求意见稿"在确立"重复性自白"排除规则的同时,对同为非法口供所衍生出来的物证、书证的处理作出了规定,即"犯罪嫌疑人、被告人的供述被认定为非法证据,依法予以排除的,根据供述收集的物证、书证,可能影响公正审判的,应当予以排除"。在司法改革和防范冤假错案的大背景下,这本是一次确立中国式"毒树之果"规则的难得机会,也是我国非法物证、书证排除规则获得突破和发展的重要契机,但最终还是基于对打击犯罪不力的顾虑而错失良机。

然而,如果对"毒树之果"的使用不作任何限制,允许这类证据得以作为判决之基础,则证据使用禁止的良法美意根本无法达成。检警大可规避禁止以不正当方法取供之规定,先违法讯问,再以间

---

[1] 毛立新:"《严格排除非法证据规定》的9大败笔",载 http://www.szhgh.com/Artice/opinion/xuezhe/2017-06-29/141220.html,最后访问日期:2020年3月16日。

接获得之证据证明嫌疑人之罪行,以收获异曲同工之妙。[1] 德国学者罗科信亦认为,证据使用禁止之效力亦可深达间接取得之证据上,因若不如此,则证据禁止就太容易被规避了。[2]

不仅"毒树之果"规则难以建立,即便是对采取非法搜查、扣押以及违法使用技术侦查措施这类严重侵犯个人基本权利的明显违法方法收集的物证、书证,也因规则不明或者无"法"可依而难以被排除。然而,我们注意到"征求意见稿"不仅对非法搜查、扣押进行了规制,而且对违法采取技术侦查措施也规定了证据排除的后果。[3] 如果上述规定最终能够通过,那么我国的非法物证、书证排除规则将会向前迈进一大步。但同样遗憾的是,对物证、书证真实性的偏倚使得那些为保障程序公正性而设置的排除规则难以在新规中立足。

非法物证、书证排除不仅实体规范不明,而且所适用的程序规范缺失。《排非规定》主要针对非法言词证据排除进行程序设置,有关非法物证、书证排除申请的启动、审查方式、调查时机、调查方式,以及补正和解释的方式、标准等均无明确规范可依循,这也影响了非法物证、书证排除规则的适用。

(四)非法证据排除规则适用的证据种类不明

根据《排非规定》的相关规定,无论是在侦查、审查逮捕、审查起诉期间,还是在庭前会议、法庭审理过程中,犯罪嫌疑人及其辩护人均可以申请排除非法证据。这就涉及对"非法证据"种类的理解问题。无论是《刑事诉讼法》还是《排非规定》均将应予排除的非法证据限定为犯罪嫌疑人、被告人供述、被害人陈述、证人证言和物证、书证,而对违反法定程序取得的鉴定意见、勘验、检查、

---

[1] [日]田口守一:《刑事诉讼法》,刘迪、张凌、穆津译,卞建林审校,法律出版社2000年版,第249页。

[2] [德]克劳思·罗科信:《刑事诉讼法》(第24版),吴丽琪译,法律出版社2003年版,第223页。

[3] 《排非规定(征求意见稿)》规定:"未经依法批准,采用搜查、扣押等措施收集的物证、书证,可能影响公正审判的,应当予以排除。""未经依法批准,采取技术侦查措施收集的证据,应当予以排除。"

第十六章 严格"排非",辩方有为

辨认、侦查实验等笔录、视听资料、电子数据是否适用排除规则并先行解决证据合法性问题则未予明确。《排非规定》第37条规定:"人民法院对证人证言、被害人陈述等证据收集合法性的审查、调查,参照上述规定。"最高人民法院在"三项规程"试点中颁布的《人民法院办理刑事案件非法证据排除规程(试点)》第27条规定:"人民法院对证人证言、被害人陈述、物证、书证等证据收集合法性的审查、调查,参照上述规定。"以上两处"上述规定"是指对犯罪嫌疑人、被告人供述的审查、调查程序。问题是规定中的"等"字是否包括证人证言、被害人陈述、物证、书证以外的其他证据种类?被告方能否就"鉴定意见、勘验、检查、辨认、侦查实验等笔录、视听资料、电子数据"取证合法性问题在审前程序和庭前会议中提出非法证据排除申请?这一问题不仅关乎被告人及其辩护人非法证据排除申请权的保障,也会直接影响法庭调查程序的安排。如果允许被告方以违反法定程序为由提出非法证据排除申请,那么一旦法院对证据收集合法性有疑问,在庭审过程中,原则上应先进行证据合法性调查,在作出是否排除决定前,对上述证据材料不得宣读、出示和质证。否则,对上述证据的合法性争议将不能作为一个独立问题进行审查或者调查,而只能在法庭调查的质证环节提出并争辩。基于上述问题的重要性,我们有必要作一分析。

第一,基于特定证据种类创设的非法证据排除规则,无法有效应对其他种类证据合法性审查的需要。我国非法证据排除规则适用对象是根据《刑事诉讼法》规定的证据种类进行设置的,并区分人证与物证、书证,分别适用不同的规则。问题是,既然同为法定证据种类,那么为何不对与物证、书证收集、提取有关的笔录类证据以及同属于实物证据的电子数据、视听资料进行规定?又为何不对解读物证这一"哑巴证据"的科学证据——鉴定意见设置排除规则?这种"厚此薄彼"的排除规则,有违证据规则适用的统一性,也不符合我国《刑事诉讼法》规定的"严禁刑讯逼供和以威胁、引诱、欺骗以及其他非法方法收集证据"的要求。这里的"证据"不限于人证、物证、书证,还应包括其他证据种类。"严禁"的最有效措施就是将以非法方法收集的各类证据作为非法证据排除规则的适用

331

对象。

第二,将"非法证据"限定为"非法言词证据"和"非法物证、书证"在逻辑上难以自洽。虽然《刑事诉讼法》第56条规定了非法人证和非法物证、书证的排除,对其他种类的证据的排除未作出规定,但是根据《排非规定》和相关司法解释的规定,被告人及其辩护人有权申请排除的是"非法证据",这里的"非法证据"是否仅限定于《刑事诉讼法》第56条规定的非法证据种类,可能存在不同认识。从保障被告方申请权等诉讼权利角度考虑,不宜对申请权的范围作限缩解释。事实上,无论是《刑事诉讼法》还是相关司法解释抑或是公安部规章,不但对讯问、询问程序和物证、书证收集程序作出了规定,而且对鉴定、勘验、检查、辨认、侦查实验等侦查行为及笔录制作均有大量的规范性要求。违反上述规定所取得的证据,无论是人证、物证还是鉴定意见、电子数据抑或是笔录类证据,既可能属于瑕疵证据,也可能属于非法证据,都面临证据合法性审查问题。非法证据排除规则正是为了解决证据合法性或者证据资格问题而设立的技术装置。既然同为"非法证据",那么在程序处理上便应当适用相同的规则,不但被告方可以对其他种类的证据提出排除的申请,而且与人证、物证、书证一样,可以接受法院独立的合法性审查或者调查,以此解决其证据能力问题。

第三,以证明力审查代替证据能力审查,势必会导致证据合法性审查流于形式。根据证据法基本原理,凡是作为定案根据的证据均必须具备证据能力和证明力,两者呈现出了一种逻辑上的递进关系和时序上的前后顺序。对一项证据材料,首先需要进行证据能力审查,只有在通过证据能力审查后才允许接受法庭调查、质证,对其证明力的有无和大小进行争辩。证据能力优先调查原则规定已为《排非规定》所确认。然而,在《刑事诉讼法》及其司法解释有关证据审查判断的规定中,除了少量的"应当予以排除"规定外,大量的是"不得作为定案根据"条款。根据《刑事诉讼法》第50条第3款之规定:"证据必须经过查证属实,才能作为定案的根据。"由此可以推导出,能否作为定案根据的判断标准是证据真实性问题,真实性乃证明力的核心。由于过分强调作为定案根据的证明力问题,而忽视作为证据资格的证据排除问题,以至于长期以来司法机关已将证据能力与证明力问题混为一谈,甚至以证明力代替证据能力的审查,本质上是以真实性代替合法性判断。直到目前,对于除了人证之外的大多数证据种类而言,证据能力问题尚未被作为一个独立的程序事项进行前置的审查和调查。最常见的情形是,在庭审质证环节,法官通常会提示控辩双方围绕证据客观性、相关性、合法性(即所谓的"三性")问题展开。

(五)非法证据排除后允许"重新取证"将大大降低非法证据排除规则的实施功效

在非法证据被排除后是否允许重新取证问题上,《排非规定》不仅重申了《人民检察院刑事诉讼规则》可以重新取证之规定,[1]而且将重新调查取证的范围扩大至言词证据以外的物证、书证。例如,《排非规定》第15条第2款规定:"侦查机关发现办案人员非法取证的,应当依法作出处理,并可另行指派侦查人员重新调查取证。"很显然,"办案人员非法取证"既可能是犯罪嫌疑人供述、被害人陈述、证人证言,也可能是物证、书证。结合本条第1款之规定:"对侦查终结的案件,侦查机关应当全面审查证明证据收集合法性的证据材料,依法排除非法证据。排除非法证据后,证据不足的,不得移送审查起诉。"根据前后两款之间的逻辑关系,排除非法证据在先,而另行派人重新调查取证在后。由此产生的问题是,重新取证后证据达到了"证据确实充分"的标准,是否可以继续移送审查起诉?此外,物证、书证等实物证据的收集、提取具有一次性或者不可重复性的特点,又何以能够重新调查取证?非法证据排除规则的理论基础在于威慑、吓阻警察的非法取证行为。侦查人员违法后允许其他侦查人员重新取证的做法实际上是对刑事执法人员违法行为的姑息和纵容。因为即使犯了错也没有太大问题,反正还有改正的机会,非法证据被排除了还有补救的机会。允许重新取证还是对国

---

[1] 《人民检察院刑事诉讼规则》第341条规定:"人民检察院在审查起诉中发现有应当排除的非法证据,应当依法排除,同时可以要求监察机关或者公安机关另行指派调查人员或者侦查人员重新取证。必要时,人民检察院也可以自行调查取证。"

家极其宝贵的司法资源的一种浪费,等于是国家要为执法人员错误的司法行为"买单",增加了司法错误的成本。[1]

(六) 对被排除的证据"随案移送"有违非法证据排除宗旨

《排非规定》第 17 条第 3 款规定:"人民检察院对审查认定的非法证据,应当予以排除,不得作为批准或者决定逮捕、提起公诉的根据。被排除的非法证据应当随案移送,并写明为依法排除的非法证据。""随案移送"的规定沿袭了《人民检察院刑事诉讼规则(试行)》第 71 条第 2 款关于"办案人员在审查逮捕、审查起诉中经调查核实依法排除非法证据的,应当在调查报告中予以说明。被排除的非法证据应当随案移送"的规定。(同样的规定被 2019 年底发布的《人民检察院刑事诉讼规则》第 73 条第 1 款所吸收:"人民检察院经审查认定存在非法取证行为的,对该证据应当予以排除,其他证据不能证明犯罪嫌疑人实施犯罪行为的,应当不批准或者决定逮捕。已经移送起诉的,可以依法将案件退回监察机关补充调查或者退回公安机关补充侦查,或者作出不起诉决定。被排除的非法证据应当随案移送,并写明为依法排除的非法证据。")然而,"征求意见稿"曾有"被排除的非法证据不得随案移送"的规定。对于正式通过的《排非规定》为什么会作出与"征求意见稿"截然相反的规定,笔者不得而知。但是,针对此前最高人民检察院《人民检察院刑事诉讼规则》中如此规定的理由,曾有权威人士作如下解释:"首先是为了保证诉讼环节的顺畅进行,以使处于下一环节的办案人员能够较为全面地了解案件情况;其次是可以避免个别办案人员利用职务之便,假借非法证据排除之名,随意截留证据。"[2] 由此看来,除了基于对办案人员不信任而有必要加强监督外,更重要的原因在于方便下一环节的办案人员"全面了解案件情况"。在笔者看来,这种"随案移送"的制度特例深受我国刑事诉讼中长期以来形成的"案卷笔录中心主义"的影响。然而,全面了解案情之说果真能够成

---

〔1〕 韩旭:"非法证据排除规定的局限性及其实施面临的问题",载陈兴良主编:《刑事法判解》(第 11 卷),人民法院出版社 2012 年版,第 134 页。

〔2〕 孙谦:《〈人民检察院刑事诉讼规则(试行)〉理解与适用》,中国检察出版社 2012 年版,第 66 页。

为被排除的非法证据"随案移送"的正当化根据吗？笔者的答案是否定的。理由有二：

第一，不符合非法证据排除的宗旨。所谓"排除"，无论是不能作为定案根据还是不能在法庭上宣读、出示和质证，都"意味着法官必须在不涉及被排除的非法证据的情况下，通过其他相关证据编织出一个完整的证据链，意味着法官需要使用其他合法的证据来填补非法证据被排除后遗留下来的空缺"。[1] 排除"非法证据"，不仅是排除作为"材料说"的证据载体，更是排除证据材料所包含的案件信息，从而防止法官在作出裁判时"心证"受到"污染"。按照德国学者托马斯·魏根特的理解：排除证据需要法官从他们的头脑中删去特定的事实，并且将判决建立在一种假定的事实上，而不是他们所了解的事实。即使法官愿意遵守法律的要求，不考虑被排除的信息，但让他去作出他知道与案件的"真正"事实没有联系的决定在心理上是困难的。从而，法官试图达到能够与"真正"事实相协调的判决。[2] "假如被禁止的证据信息具有说服裁判者的能力，裁判者真的能够依法排除证据吗？"[3] 难怪美国著名的比较法学大师达马斯卡教授发出了上述疑问！在法官已知被排除证据信息的情况下，一方面要求其在定罪时对此信息不予考虑，另一方面又要求其根据自己的"真实信念"作出判断，这无疑会使法官陷入矛盾的困境。值得注意的是，在我国"印证与自由心证相结合"的证明模式下，由于非法证据被排除，一方面根据证据"外部印证性"的要求，可能导致定罪的"印证性"证据不足，为论证有罪判决增加了困难，从而促使法院不得不作出证据不足的无罪判决；另一方面根据"证据内省性"要求，虽然非法证据被排除造成证据之间的印证性不足，但由于非法证据对法官心证造成的"污染"并未被"清

---

[1] 陈卫东、刘中琦："我国非法证据排除程序分析与建构"，载《法学研究》2008年第6期。

[2] [德] 托马斯·魏根特：《德国刑事诉讼程序》，岳礼玲、温小洁译，中国政法大学出版社2004年版，第188页。

[3] [美] 米尔吉安·R.达马斯卡：《比较法视野中的证据制度》，吴宏耀等译，中国人民公安大学出版社2006年版，第220页。

除",在当前裁判说理水平还有待提高的情况下,法官在很大程度上依赖于自身对证据的综合性评价和"内心确信"而作出有罪判决。这可以在一定程度上解释为什么我国在司法实践中并不会因为非法证据排除规则的适用而导致无罪判决率上升。综上,那些因合法性问题而被排除的具有较强证明力的证据材料,在"随案移送"之下,非法证据排除规则的实施必将大异其趣。

第二,不符合以审判为中心刑事诉讼制度改革的精神。以审判为中心刑事诉讼制度改革的基本精神是切断侦审之间的联系,防止"带病"证据进入审判,通过"裁判结论形成于法庭"的庭审实质化改革,阻止案卷材料对法官的不当影响,避免形成不利于被告人的预断和偏见。对于"随案移送"的"带病"证据材料,虽然禁止公诉人在法庭上宣读、质证,但因其作为案卷材料的一部分而被法官在阅卷时所知悉。"对于任何人——无论是陪审员还是职业法官——知而不用都是一个显而易见的难题。"[1] 于是,在名义上被排除的证据材料,实际上仍可以通过"随案移送"而"暗度陈仓",悄悄对法官施加影响。这显然不符合以审判为中心诉讼制度改革的精神。

(七)限制被告方再次提出非法证据排除申请的理由不充分

为了将证据合法性争议解决在庭前,保障庭审连续、集中审理,《排非规定》对被告方在庭审中再次提出非法证据排除申请进行了限制。例如,《排非规定》第25条规定:"人民检察院可以决定撤回有关证据,撤回的证据,没有新的理由,不得在庭审中出示。被告人及其辩护人可以撤回排除非法证据的申请。撤回申请后,没有新的线索或者材料,不得再次对有关证据提出排除申请。"为充分发挥庭前会议解决程序性事项的功能,同时为防止诉讼权利滥用和节约司法成本,对庭前会议中控辩双方达成一致意见的事项或者作出的诉讼行为赋予一定的效力,确有其正当性和必要性。但是,《排非规定》仅以"没有新的线索或者材料"为理由,限制被告方在庭审中

---

[1] [美]米尔吉安·R.达马斯卡:《比较法视野中的证据制度》,吴宏耀等译,中国人民公安大学出版社2006年版,第223页。

再次提出申请，未能体现控辩平等原则，也不适应认罪认罚从宽制度改革中辩护权保障的需要。

第一，被告方撤回申请可能是以检察院撤回有关证据为前提的，撤回证据意味着检察院不再将有关证据作为指控犯罪的根据，其效果相当于该证据被排除。既然指控犯罪的证据已被撤回，控辩双方的争议已经解决，那么被告方再继续提出非法证据排除申请已经没有实际意义，通过撤回申请使争议得以平息。但是，此时被告方撤回申请是有条件的，是以控方撤回证据为"对价"，控辩双方之间实际上具有某种"交易"的性质。一旦控方"违约"，将撤回的证据作为指控证据在庭审中出示，那么被告方便拥有了"反悔"的权利，有权在庭审中再次提出非法证据排除的申请。唯有如此，才符合控辩平等原则，才能实现程序公正。

第二，随着认罪认罚从宽制度的实施，被告人在审前程序中不认罪，但在庭前会议中为争取一个好的态度从而获得从宽处理，不但认罪认罚，而且同意适用速裁程序或者简易程序审理。作为妥协的结果，被告人可能撤回非法证据排除申请。然而，如果被告人在庭审中反悔，为了保障庭审程序的公正性，不但应当适用普通程序进行审理，而且被告人有权再次提出非法证据排除申请，而不受提供"新的线索或者材料"的限制。《人民法院办理刑事案件第一审普通程序法庭调查规程（试行）》第11条第2款规定："被告人认罪后又当庭反悔的，法庭应当调查核实反悔的理由，并对与定罪和量刑有关的事实、证据进行全面调查。"只有充分保障被告人的反悔权，认罪认罚从宽制度才能顺利实施。

三、适用非法证据排除新规应注意把握的几个问题

尽管《排非规定》在一定程度上细化了非法言词证据排除范围，完善了证据合法性调查和排除程序，但对实践中一些争议较大的问题仍作了模糊处理，相关规定仍较抽象。为正确适用非法证据排除新规，在实务操作中可以运用法解释技术来应对和处理相关问题。笔者认为，以下四个方面是新规实施后迫切需要解决的问题。

(一) 采取"冻饿晒烤和疲劳审讯"方法取得供述的排除

《排非规定》对通过采用"冻饿晒烤和疲劳审讯"方法取得的供述是否应予以排除虽未作出明确规定，但并不等于一概不予排除。首先，《排非规定》对口供排除范围采取相对概括的规定方式。鉴于"冻饿晒烤和疲劳审讯"缺乏明确的认定标准，与刑讯逼供的手段是否相当，政法各部门意见分歧较大，因此未作列举规定。[1] 其次，冻饿晒烤和疲劳审讯属于"变相肉刑"。《排非规定》规定采取"变相肉刑的恶劣手段，使犯罪嫌疑人、被告人遭受难以忍受的痛苦而违背意愿作出的供述，应当予以排除"。"冻饿晒烤和疲劳审讯"违反了人的基本生存需要和生理规律，从而对人的身体和精神造成伤害，理应属于"变相肉刑"的恶劣手段。在司法实践中，完全可以通过对"变相肉刑"的解释，将上述手段包括进去。当然，采用上述手段有程度的区别，如果达到"使犯罪嫌疑人、被告人遭受难以忍受的痛苦"程度，则对该供述就应当予以排除。在司法实践中已经有了因疲劳审讯而排除口供的案例。对于故意采取冻、饿晒烤疲劳讯问等变相肉刑的恶劣手段，使犯罪嫌疑人、被告人遭受难以忍受的痛苦而违背意愿作出的供述，亦属非法证据之列。要注意把握程度要求，避免不考虑程度上要求而将所有采用此类方法收集的证据一律作为非法证据予以排除。[2] 最后，履行联合国有关国际文件规定的义务。《禁止酷刑和其他残忍、不人道或有辱人格的待遇或处罚公约》（简称《反酷刑公约》）将"酷刑"定义为"蓄意使某人在肉体上或精神上遭受剧烈疼痛或痛苦的任何行为"，同时规定了"每一缔约国应确保在任何诉讼程序中，不得援引任何业经确定系以酷刑取得的口供为证据"的排除后果。从中可以发现，《反酷刑公约》并未列举酷刑的具体手段和种类，而是"使人遭受剧烈疼痛和痛苦的任何行为"，对由此取得的口供均应予以排除。我国政府已经签署并批准了该公约，意味着该公约在我国已经生效并实施，因此

---

[1] 万春、高翼飞："刑事案件非法证据排除规则的发展——《关于办理刑事案件严格排除非法证据若干问题的规定》新亮点"，载《中国刑事法杂志》2017年第4期。

[2] 戴长林、刘静坤、朱晶晶："《关于办理刑事案件严格排除非法证据若干问题的规定》重点解读"，载《人民法院报》2017年7月19日。

第十六章 严格"排非",辩方有为

从履行国际法义务的角度考量,对采用"冻饿晒烤和疲劳审讯"方法取得的口供没有理由一概不予排除。

(二)对侦查机关在法定场所外讯问作出"合理解释"的把握

为了规范讯问活动,防治刑讯逼供行为发生,《刑事诉讼法》第118条明确规定"犯罪嫌疑人被送交看守所羁押以后,侦查人员对其进行讯问,应当在看守所内进行"。《排非规定》第9条不但重申了《刑事诉讼法》的上述规定,而且要求侦查人员"因客观原因侦查机关在看守所讯问室以外的场所进行讯问的,应当作出合理解释"。为了保证"合理解释"规定在实践中不被滥用,在理解和适用中应注意把握两点:一是何谓"合理解释"?二是未能作出"合理解释"时对取得的供述应如何处理?根据《人民检察院刑事诉讼规则》的规定,"合理解释"是指对取证程序的瑕疵作出符合常理及逻辑的解释。这与此前最高人民法院的解释性文件将其作为"非法证据"对待的态度明显不同,[1]《排非规定》对在看守所讯问室外的场所进行讯问取得的供述是作为瑕疵证据处理,允许进行解释。按照最高人民检察院、最高人民法院相关解释的规定,只有在以下三种情形下才允许在看守所外进行讯问或者将嫌疑人提押出所:因情况紧急必须现场讯问;进行辨认;追缴与犯罪有关的财物。《人民检察院刑事诉讼规则》第186条第2款明确要求:"……不得以讯问为目的将犯罪嫌疑人提押出所进行讯问。"虽然在辨认、追缴赃款赃物过程中也会伴有讯问行为,但并非以取得有罪供述为目的,也不以讯问笔录为载体,通常是以辨认笔录、起赃笔录等形式出现。实践中应当警惕侦查机关以辨认、追赃为名,将嫌疑人外提出所逼取口供的现象。对此,需要审查是否有记载侦查行为过程和结果的辨认笔录或者起赃笔录等相印证。如果仅有讯问笔录而没有辨认笔录或者起赃笔录,侦查机关以所谓的辨认、起赃为由进行解释,显然是属于不合理且不可信解释,在外提期间取得的嫌疑人供述可推定

---

[1]《关于建立健全防范刑事冤假错案工作机制的意见》第8条第2款规定:"除情况紧急必须现场讯问以外,在规定的办案场所外讯问取得的供述,未依法对讯问进行全程录音录像取得的供述,以及不能排除以非法方法取得的供述,应当排除。"

为非法供述而予以排除。

(三) 违反讯问录音录像制度取得供述的排除

《排非规定》虽然重申了《刑事诉讼法》关于讯问录音录像制度的规定，但是没有明确违反该项制度所取得的口供是否应予排除。最高人民法院发布的解释性文件虽要求予以排除，但毕竟是"一家之言"，且按照"新法"优于"旧法"的法律适用原则，最高人民法院此前的解释性文件是否继续适用，尚存在争议。由于认识上的不统一，可能导致非法证据排除规则适用上的混乱。笔者认为，尽管《排非规定》没有明确规定违反讯问录音录像制度的后果，但这并不意味着由此取得的口供可以不予排除。

第一，运用体系解释的法解释方法，可以得出违反讯问录音录像制度取得口供仍可被排除的结论。由于控方承担证据合法性的证明责任，对辩方申请排除的口供，在法庭有疑问情况下，控方有义务提供证据加以证明，而讯问录音录像是证明取证合法性的有效方式。对此，《排非规定》第31条对公诉人证明证据合法性的方式进行了列举式规定，其中便包括"有针对性地播放讯问录音录像"这一证明方式。同时，《排非规定》第34条规定了控方不提供证据或者提供证据不力的法律后果，即"法庭根据相关线索或者材料对证据收集的合法性有疑问，而人民检察院未提供证据或者提供的证据不能证明证据收集的合法性，不能排除存在本规定所规定的以非法方法收集证据情形的，对有关证据应当予以排除"。结合《排非规定》第10条、第11条对讯问过程录音录像的要求，在对讯问合法性的证明上，如果公诉人对讯问依法应当录音录像的案件没有提供录音录像，或者讯问录音录像存在选择性录制、剪接、删改等情形，那么不但可以适用《排非规定》第34条规定的"人民检察院未提供证据或者提供的证据不能证明证据收集的合法性"而对口供予以排除，而且可以根据经验法则作出违法讯问的推定，从而排除该证据。

第二，最高人民法院"旧规"具有填补漏洞的功能，可以弥补"两院三部""新规"之不足。在《排非规定》颁布之前，最高人民法院《审判中心意见》已经对违反讯问录音录像制度所取得口供的排除作出了规定。上述规定不但符合《排非规定》严格规范讯问录

≪ 第十六章 严格"排非",辩方有为

音录像活动的基本精神,而且填补了《排非规定》中罚则缺失的漏洞,使得义务履行有了坚实的保障。根据法律适用的一般原理,虽然"新法优于旧法",但是对于"新法"没有明确规定,且与"新法"基本精神不相冲突的"旧法"规定,在"新法"实施后仍具有法律效力。据此,法院在审判中仍可继续适用《审判中心意见》中的相关规定,对违反讯问录音录像制度取得的口供予以排除。这一点也为负责起草《排非规定》的最高人民法院刑三庭相关人员所确认。[1]

(四)法官启动证据合法性调查程序心证"门槛"的把握

《刑事诉讼法》实施后非法证据排除面临很多难题,首先便是证据合法性调查程序"启动难"问题。如果被告方提出的绝大多数"排非"申请都不能被纳入司法审查的范围,又何谈认定和排除问题?这一难题若不能得到较好的解决,非法证据排除规则的实施现状不可能得到改观。有关调研结论显示:2013年至2014年6月,某市两级法院一审案件庭审过程中,辩护人和被告人提出非法证据排除并明确提供线索的86件均没有被采纳。[2]

根据《刑事诉讼法》的规定,法院启动证据合法性调查的条件是"审判人员认为可能存在非法取证的情形"。对此,2012年《刑事诉讼法解释》和《排非规定》均将"对证据收集的合法性有疑问"作为启动调查程序的心证"门槛"。无论是立法上的"认为可能"还是司法解释上的"有疑问",均是一种个体的主观判断,缺乏客观的判断标准。法官在合法性调查程序的启动上拥有较大的自由裁量权,以至于实践中被告方提出的申请较多,而法院同意进行合法性调查的则极少。这固然与法官长期以来形成的"打击偏好"以及与此相关的中立性不足乃至当下"案多人少"矛盾的客观现实有关,但是立法和司法解释上过于主观的标准以及实务上法官的普遍从严掌握,不能不说是导致"启动难"的重要原因。为了防止被

---

[1] 戴长林、刘静坤、朱晶晶:"《关于办理刑事案件严格排除非法证据若干问题的规定》重点解读",载《人民法院报》2017年7月19日。

[2] 卞建林、谢澍:"我国非法证据排除规则的重大发展——以《严格排除非法证据规定》之颁布为视角",载《浙江工商大学学报》2017年第5期。

告方滥用申请权从而造成不必要的司法资源浪费,《排非规定》第20条重申了2012年《刑事诉讼法解释》的规定,即"申请排除非法证据,应当提供涉嫌非法取证的人员、时间、地点、方式、内容等相关线索或者材料"。最高人民法院《人民法院办理刑事案件排除非法证据规程(试行)》对"相关线索或者材料"作出了进一步解释,相关"线索"是指涉嫌非法取证的人员、时间、地点、方式等线索;相关"材料"是指能够反映非法取证的伤情照片、体检记录、医院病历、讯问笔录、讯问录音录像或者同监室人员的证言等材料。由于被告人大多处于羁押状态且缺乏辩护律师的帮助,加之上述"材料"为公权机关所控制,被告方获取"材料"面临许多现实困难,在大多数情况下只能提供非法取证的相关"线索"。法官应当充分理解这一现实,"法律不能强人所难",法官在具体适用法律时更不能"强人所难",既不能对辩方提供线索或者材料提出过高的要求,更不能将法律规定的控方承担取证合法性的证明责任转换为辩方承担非法取证的证明责任。实践中,一些法院将被告方"应当提供相关线索或者材料"的要求曲解为应当承担的举证责任,并以被告方不能提供证据为由对申请不予受理。这种认识和做法都是错误的,在实践中也是有害的。正如陈光中教授所言:"对于线索、材料只要比较具体,感觉有一定的真实性,就符合要求了,而不能将线索材料提高到要求提供具体证据的程度。"[1] 在对"有疑问"的理解和把握上,法官的心证"门槛"不应过高,只要被告方提供的线索或者材料使法官对取证合法性产生"合理怀疑"或者认为非法取证"具有一定的可能性",法官就应启动证据合法性调查程序。此时,控方承担的取证合法性的证明责任必须达到"排除合理怀疑"的证明标准。为防止法官自由裁量权的滥用,《排非规定》建立了裁判文书说理制度,要求"人民法院对证据收集合法性的审查、调查结论,应当在裁判文书中写明,并说明理由"。这可以在一定程度上限制法官之恣意,但效果仍待观察。

---

[1] 陈光中:"对《严格排除非法证据规定》的几点个人理解",载《中国刑事法杂志》2017年第4期。

下一步可通过最高人民法院发布指导性案例的方式对启动证据合法性调查的心证标准进行明确，以统一法律的适用，以此发展和完善我国的非法证据排除规则。就目前的实务操作而言，可考虑设立一定的客观标准，即只要被告方能够提供涉嫌非法取证的人员、时间、地点、方式等较为明确的线索，所提出的申请客观上具有"可查性"，法院原则上便应启动合法性调查程序，以此压缩法官自由裁量的空间。当然，这需要法官诉讼理念的转变和对中立地位的坚守。

第十七章

诉讼异议，辩方多提

所谓异议，按照《布莱克法律词典》对"objection"的定义是指："一种针对已经或即将发生于法庭之上的事项，为寻求法官即刻裁断，而提出的正式反对意见。"[1] 日本学者认为："异议制度是用以担保当事人的诉讼活动，特别是用以担保证据能力及严格遵守证据调查的程序，及时矫正程序上的瑕疵，促进程序公正进行，而为诉讼关系人的权利所设置的制度。"[2] 诉讼异议制度，就是控辩双方对诉讼对方的举证和其他诉讼行为以及法院对证据调查、程序展开的裁决提出异议，并由法院予以处置的制度。该项制度的建立有助于化解"审辩冲突"，维护诉讼秩序，保障庭审活动顺利开展。

以审判为中心的刑事诉讼制度改革正在积极推进，该项改革的突破口和着力点是庭审实质化改革。庭审实质化改革必然会使人证出庭作证的比例大幅上升、庭审过程中控辩对抗加剧，这会具体体现在双方提出诉讼异议问题上。但是，诉讼异议又是一项高度技术化的工作，控、辩、审三方一开始可能都不太适应。因此，庭审实质化改革既是对控、辩、审三方的挑战，也是对法官驾驭庭审能力的严峻考验。

诉讼异议问题不仅被最高人民法院《关于适用〈中华人民共和国刑事诉讼法〉的解释》所规定，在最高人民法院"三项规程"中

---

[1] See *Black's Law Dictionary*, 9th ed, West Group 2004, 1178.
[2] [日] 土本武司：《日本刑事诉讼法要义》，董璠舆、宋英辉译，五南图书出版公司1997年版，第242页。

≪ 第十七章 诉讼异议，辩方多提

也有规定。从上述规定来看：依据异议提出的时间不同，区分为庭前异议和庭审异议；根据异议对象的不同，诉讼异议分为程序异议和证据异议。例如，《日本刑事诉讼法》关于诉讼异议的规定就采用此种模式进行区分。根据异议应答主体的不同，又划分为三种类型：一是控辩双方相互之间；二是控辩双方对法官；三是控辩双方既向对方也向法官提出异议。诉讼异议主要发生在法庭这一场域内，庭审异议系诉讼异议的重心。在过去的法官职权主义或者超职权主义下，庭审中几乎不存在控辩双方的诉讼异议问题，对此问题的研究并未引起理论和实务人员的重视。但是，在被告人不认罪按照普通程序审理的案件中，随着法官中立地位的确立、控辩平衡原则的落实，控辩双方提出诉讼异议将会成为一种常态，该问题自然会成为学界关注的一项新课题。[1] 它事关庭审实质化改革能否深入发展，关涉检察官、律师、法官业务素养和专业技能的提高。在本章中，笔者拟对诉讼异议的提起、诉讼异议的应答和诉讼异议的判定问题进行探讨，以期引起学界的重视，同时也能为当下正在进行的庭审实质化改革提供助益。

一、我国诉讼异议制度的发展脉络与制度特点

（一）发展脉络

随着1996年《刑事诉讼法》修改和刑事审判方式的改革，我国刑事审判中的诉讼异议制度从无到有，再到范围、类型逐步扩大，形成了独特的制度雏形。纵观其发展轨迹，以资佐证。

我国的刑事诉讼异议制度最早发轫于1998年最高人民法院《关于执行〈中华人民共和国刑事诉讼法〉若干问题的解释》。该解释第136条规定："审判长对于控辩双方讯问、发问被告人、被害人和附带民事诉讼原告人、被告人的内容与本案无关或者讯问、发问的方式不当的，应当制止。对于控辩双方认为对方讯问或者发问的内容与本案无关或者讯问、发问的方式不当并提出异议的，审判长应

---

[1] 例如，备受国人广泛关注的"顾雏军等人"再审一案，庭审中辩护方就数次提出诉讼异议。

当判明情况予以支持或者驳回。"第 147 条将上述规定适用于证人、鉴定人；还针对公诉人出示证据目录以外证据的行为，赋予了辩护方提出异议的权利以及审判长作出裁决的权力。

2012 年《刑事诉讼法解释》除了沿袭上述规定外，还针对 2012 年《刑事诉讼法》新增庭前会议制度规定了庭前会议中的诉讼异议内容。该解释第 184 条第 2 款规定："审判人员可以询问控辩双方对证据材料有无异议，对有异议的证据，应当在庭审时重点调查；无异议的，庭审时举证、质证可以简化。"

为配合以审判为中心的刑事诉讼制度改革，最高人民法院于 2018 年出台了"三项规程"。其中，《庭前会议规程》和《法庭审理规程》大量增加了诉讼异议的内容，初步形成了中国式的刑事诉讼异议制度。例如，《庭前会议规程》第 11 条规定："被告人及其辩护人对案件管辖提出异议，应当说明理由。人民法院经审查认为异议成立的，应当依法将案件退回人民检察院或者移送有管辖权的人民法院；认为本院不宜行使管辖权的，可以请求上一级人民法院处理。人民法院经审查认为异议不成立的，应当依法驳回异议。"第 17 条第 2、3 款规定："控辩双方对出庭证人、鉴定人、侦查人员、有专门知识的人的名单有异议，人民法院经审查认为异议成立的，应当依法作出处理；认为异议不成立的，应当依法驳回。人民法院通知证人、鉴定人、侦查人员、有专门知识的人等出庭后，应当告知控辩双方协助有关人员到庭。"《法庭调查规程》第 13 条第 1、2、3 款规定："控辩双方对证人证言、被害人陈述有异议，申请证人、被害人出庭，人民法院经审查认为证人证言、被害人陈述对案件定罪量刑有重大影响的，应当通知证人、被害人出庭。控辩双方对鉴定意见有异议，申请鉴定人或者有专门知识的人出庭，人民法院经审查认为有必要的，应当通知鉴定人或者有专门知识的人出庭。控辩双方对侦破经过、证据来源、证据真实性或者证据收集合法性等有异议，申请侦查人员或者有关人员出庭，人民法院经审查认为有必要的，应当通知侦查人员或者有关人员出庭。"第 31 条第 2 款规定："对于控辩双方无异议的非关键性证据，举证方可以仅就证据的名称及其证明的事项作出说明，对方可以发表质证意见。"第 34 条第 1 款规定："控辩双方对证人证言、被害人陈述、鉴定意见无异议,有关人员不需要出庭的,或者有关人员因客观原因无法出庭且无法通过视频等方式作证的,可以出示、宣读庭前收集的书面证据材料或者作证过程录音录像。"第37条第1款规定:"控辩双方申请出示庭前未移送或提交人民法院的证据,对方提出异议的,申请方应当说明理由,法庭经审查认为理由成立并确有出示必要的,应当准许。"

(二)我国诉讼异议制度的特点

(1)效力层次较低。我国《刑事诉讼法》并未规定诉讼异议的内容,相关规定散见于有关《刑事诉讼法》的司法解释和规范性文件中。在立法并无明确规定的情况下,司法解释和规范性文件对此作出规定,其效力层次未免较低,也难以引起学界和司法实务部门的重视。

(2)内容零散。我国关于诉讼异议的规定比较零散、系统性不够。例如,关于控辩双方向对方提出诉讼异议后,法庭如何进行判定,其实体标准和操作程序均付阙如。又如,无论是向对方提出异议还是向法庭提出异议,如果控辩双方对法庭裁决不服,是否给予程序救济以及如何给予救济?再如,异议提出的时机是否有即时性要求?是否允许"过期不候"?这些均说明我国刑事审判中的异议制度内容简陋、规范性不足,有待进一步的规范予以完善。

(3)操作性不强。除非检察官和辩护律师业务能力比较强,在庭审中才可见有控辩双方通过提出诉讼异议展开对抗,在大多数的庭审中难见有诉讼异议的现象。这一方面与我国长期以来的职权主义审理模式和书面化的审理方式有关,控辩双方缺乏提出诉讼异议的动力;另一方面与我国诉讼异议的规定比较简单、粗疏不无关系。因此,尽管1998年我国关于《刑事诉讼法》的司法解释有了诉讼异议的规定,但时至今日仍未成为一种审判常态。

(4)范围逐步扩大。自1998年最高人民法院司法解释确立诉讼异议制度始,无论是诉讼异议适用的场域还是类型都有了显著变化。2012年司法解释将诉讼异议由法庭提前至庭前会议,2018年"三项规程"又将诉讼异议的类型由证据异议扩展至程序异议。从诉讼异议的发展脉络来看,呈现出适用场域和类型逐步扩大的趋势。相信随着庭审实质化改革的深入推进,庭审对抗将更加激烈,控辩双方以诉讼异议形式展开的对抗将渐趋增多。

二、诉讼异议的理论基础

诉讼异议作为我国刑事诉讼的一项崭新且日益重要的制度,其理论基础何在,也是研究诉讼异议制度所不可回避的问题。

(一)控辩平等理论

平等武装是一项专门应用于审判阶段的原则、理念。美国学者西尔弗在解释"平等武装"原则时强调"在法庭上的决斗(battle),要求的是控辩双方所拥有的准备与提出自己案件(formulate and present her case)的程序性权利,应当是平等而旗鼓相当的"。[1] 平等武装原则是正当法律程序的体现。如果说审前程序中的侦查、审查起诉阶段,控辩平等是"天方夜谭"的话,那么在审判阶段则完全有可能实现,而庭审阶段的诉讼异议鲜明体现了控辩双方地位平等、机会均等和手段对等之精神。无论是诉讼异议的提出还是应答,控辩双方均拥有相同的权利,体现为机会平等,同时也都负有解释"说明"的义务。正是有了诉讼异议制度,才使控辩双方能够在法庭上"平起平坐",也使辩方拥有了对抗控方的"武器",从而实现"武器平等"。提出异议是公诉人与被告人、辩护人平等享有的权利。[2] 可以说,诉讼异议制度是控辩平等的题中应有之义。如果我们承认控辩平等,那么就必须承认诉讼异议的制度理性和实践理性。诉讼异议为控辩双方提供了一个理性对话、平等对抗的空间,在法庭这个场域内,诉讼异议制度成了一项容纳争议、解决争议的重要机制,这是由现代刑事审判本身的结构和机制所决定的。但是控辩平等对抗的前提是律师参与,如果缺乏律师参与,异议声明机制所包含的各种高度技术化、对抗化、对等化的程序性规范将不可能得到顺畅、有效的适用,裁判者更不可能在庭审中保持中立。法官中

---

[1] Jay Sterling Silver, "Equality of Arms and the Adversarial Process: A New Constitutional Right", 1990 Wis. L. Rev. (1990), 1038, 1039.

[2] 龙宗智:《相对合理主义》,中国政法大学出版社1999年版,第338页。

立是控辩平等的重要保障。我国修改后的《人民法院法庭规则》要求裁判者"平等对待诉讼各方",其实质是对法官中立性的要求。[1]

(二) 诉权保障理论

现代刑事审判呈现"对抗与判定"的三角形构造特点,特别强调对控辩各方的诉权保障。一方面,控辩各方只有有效、充分地行使诉权,才能形成对审判方裁判权的制衡,由此避免审判方的恣意裁判和对程序进程的过度干涉,进而确保审判的整体公正性;另一方面,控辩各方平等、对等行使诉权,本属平等武装的题中之义,是保证控辩双方的对抗处于理性范围,避免三角形程序构造过度倾向其中一方而失之偏颇的关键。诉讼异议制度是一项体现诉权保障理念的重要制度。异议的提出与裁断正是控辩双方的诉权与审判方之裁判权的互动过程。通过这一互动,审判中的程序性争议被纳入诉讼化的语境中解决,这既体现了程序的公正性,也确保了各方在争议过程中的理性。对于控诉方而言,诉权保障理论要求公诉人在审判过程中适度当事人化,即把公诉人在审判中的诉讼行为定性为对控诉权的具体实施,而非对法律监督权的履行,进而确认公诉人有权就其所发现的程序性争议提出诉讼异议;对于辩护方而言,诉权保障理论要求辩护方(尤其是辩护律师)在审判中的辩护权得到更加实质化的保障,尤其是允许律师展开程序性辩护,容忍律师在一定范围内主动、积极地提出诉讼异议。

(三) 诉讼指挥理论

"法院,就遂行诉讼进行任务所实施之诉讼行为,得将之称为诉讼指挥。但是,法院的诉讼行为可以说皆与诉讼进行有关,故与当事人的关系、对法院具有一定异议及是否承担促进诉讼的责任等事项具有关联性者,始有诉讼指挥概念的适用。"[2] 异议的提出与裁断共同构成了刑事庭审中的异议现象。无论是何种诉讼异议,都要靠法庭的裁断和处置得以解决。从这一意义上讲,诉讼异议系诉讼

---

[1] 龙宗智、韩旭:"确立'平等对待'诉讼原则 维系程序公正庭审格局",载《人民法院报》2016年4月27日。

[2] [日] 土本武司:《日本刑事诉讼法要义》,董璠舆、宋英辉译,五南图书出版公司1997年版,第327页。

指挥的组成部分。为了保障庭审的顺利进行，法庭指挥权乃至法庭警察权必不可少。诉讼异议一旦被提出，为了防止庭审被中断，法庭指挥权会被不断动用。在日本，对诉讼异议的处置被视为法官诉讼指挥权的重要内容。"法庭审判时的诉讼指挥，需要根据实际情况灵活而快速进行，这种权限由审判长行使。审判长在必要时可以要求诉讼关系人进行说明。"[1] 异议提出之后，要求法庭"灵活而快速"地作出裁断。当庭裁断和处置构成诉讼指挥权的基本内容。因此，诉讼异议以诉讼指挥的运作规律作为其内在逻辑，并以诉讼指挥权作为其理论基础。当然，对法院以裁决方式所行的诉讼指挥命令，控辩双方仍可提出异议。

三、诉讼异议的庭审实践——基于庭审观察的思考

笔者应邀观摩了一起典型案例的庭审，希望从中发现诉讼异议的实践运作状况。

（一）基本案情介绍

2014年9月25日，何×（已判刑）之妻王×聘请詹××作为何×涉嫌犯诈骗罪、行贿罪一案辩护人。2014年11月5日，为了帮助何×减轻罪行，被告人詹××、刘×一同找到该案中的9名证人共制作了9份调查笔录。2014年11月18日，詹××作为何×辩护人向浦江县人民法院提交了由其本人和刘×调取的9份调查笔录作为证明何×罪轻的证据。随后，公安机关再次对该9人进行调查，9人均称为何×之妻王×和詹××、刘×要求他们改变证言，以帮助何×减刑，故作出与事实不符的证言。2016年1月13日，被告人詹××、刘×在浦江县被公安机关抓获。2016年6月成都市青羊区人民检察院向成都市青羊区人民法院提起公诉，指控被告人詹××、刘×在刑事诉讼中，引诱证人违背事实改变证言，应当以辩护人妨害作证罪追究其刑事责任。成都市青羊区人民法院于2016年8月16日公开开庭审理了本案，经被告人詹××同意，辩护人变更为斯××、周×。本案于2017年7月

---

[1] [日] 田口守一：《刑事诉讼法》（第7版），张凌、于秀峰译，法律出版社2019年版，第372页。

12日依法召开庭前会议,同年7月18日、19日复庭进行了审理。

在本案中,詹××辩护律师、刘×辩护律师均做了无罪辩护,二被告人均否认自己的行为构成犯罪,并提出詹××系依法履行辩护人职责,刘×不具有辩护人身份的辩护意见。经过审理,成都市青羊区人民法院认定詹××在取证过程中对引诱李××违背事实改变证言,刘×协助詹××制作调查笔录的事实清楚,证据充分,其余8笔指控事实证据不足,判决被告人詹××犯辩护人妨害作证罪,免予刑事处罚;被告人刘×无罪。

在本案,于2017年7月12日召开的庭前会议和同年7月18日、19日的庭审过程中出现了多次诉讼异议现象。

(二)庭前会议中的诉讼异议

庭前会议笔录显示:诉讼异议现象共有3次。从异议提出主体来看,辩方仅提出1次诉讼异议,控方提出2次诉讼异议。辩方提出异议的理由为庭审中公诉人是否可以出示之前已经出示过的证据;控方提出异议的理由为辩方提出的出庭证人名单和庭审法庭调查重点。从异议裁断方面来看,法官未对控辩双方的异议作出明确处置。与庭审相比,庭前会议中的诉讼异议明显较少。

(三)庭审中的诉讼异议

对于詹案庭审中的诉讼异议情况,笔者除在现场观摩庭审外,为便于研究还在闭庭后观看了庭审录像。庭审录像资料显示:控辩双方共提出了40次诉讼异议。

第一,关于诉讼异议的类型。在40次诉讼异议中,有35次是控辩双方对诉讼对方、对人证的讯问、发问方式不当,有2次是对其他证据的调查方式不当,有1次是对证据提出与否的异议,认为审判方处置不当而提出异议的有2次。

第二,关于控辩双方提出异议的次数。据统计,在整个庭审期间,控方提出诉讼异议的次数为25次,辩方为15次。虽然控方提出的数量占据优势,但是辩方诉讼异议的质量比较高。

第三,关于提出诉讼异议的理由。经庭审录像显示的"詹××、刘×辩护人妨害作证案"中的40次诉讼异议全部指向证据调查方式的合法性、妥当性问题。具体可划分为三类:一是讯问、发问方式不当有27次，其中涉及诱导性发问11次、重复性发问9次、威胁性发问2次、无相关性4次、违反意见证据规则1次等。二是被异议方不当展开证据调查、滥用证据调查程序有10次。如在发问时展示新证据，或者在发问时对证人证言进行推测性评价或曲意归纳。三是审判长、公诉人不当干预异议方的证据调查活动有3次。例如，审判方不当限制辩护方发问，公诉人介入辩方证人对辩护方提问的回答。

第四，从异议的对象来看，公诉人的25次诉讼异议均是对被告人及其辩护律师提出，而辩护律师的15次诉讼异议，其中2次是对审判长提出，其余13次是向公诉人提出。

第五，关于被异议方对异议的回应。公诉人对13次来自辩护方的异议，就其中7次作出了回应，回应比率约53.8%；针对25次来自控方的异议，辩护方就其中22次作出了回应，回应比率高达88%；针对2次来自辩护方的异议，审判长均有一定的回应。通过"詹××案"，我们发现高质量的回应会对异议裁断结果产生重要影响。例如，辩护方通过22次回应，使得审判方对其中11次异议的处置最终有利于辩方。换言之，辩护方的回应使得控方异议的实质成功率只有56%。从回应的具体情况来看，辩方回应普遍比较积极主动，且逻辑清晰、理据比较充分。相比之下，控方的7次回应均显得比较被动，而且与辩方回应相比，内容简单、表述不规范。结果，控方的7次回应均未能使审判方的异议裁断有利于己方。换言之，辩护方指向控方的异议全部取得了实质性的成功。

第六，关于诉讼异议的裁判和处置。据统计，审判长对其中36次诉讼异议未予判定，对其余4次则既未判定也未处分，审判方在面对来自控辩各方的异议时，虽然作出了一定的处置，但却很少展开明确判定，"含糊其辞"是其处理异议的惯常方式。同时，从调研情况来看，在目前我国的司法实践中，审判方在面对诉讼异议进行裁断时侧重于处置、化解争议，而相对不重视对支持或驳回异议的明确判定、表态。审判长36次处置证据异议，除有1次是为应对辩护方对审判方干预证据调查活动的异议而决定休庭外，均是采取口头发布诉讼指令的方式予以处置，而且在多数情况下表述笼统。从处置效果来看，该案中控方比较尊重审判长的口头指令，但辩方在面临审判长不利于辩护的指令时则有较强的对抗性，甚至为促使审判长重新处置而不惜与其发生争辩。

（四）基于庭审观察的思考

通过本案的庭审，笔者试图总结出目前我国诉讼异议制度存在的普遍问题及其成因。一是控、辩、审三方对诉讼异议的运用均不够娴熟，尤其是审判方"判定不明"的问题比较突出。这一方面说明诉讼异议作为一项高度技术化的制度，需要控、辩、审三方认真学习，逐渐适应；另一方面审判方之所以"判定不明"，既与我国证据规则、程序规则简约有关，也与对既有规则学习运用不够有很大关系。例如，什么是"诱导性问题"？什么是"意见证据规则"？"相关性"如何判断？笔者一直认为审判长裁断和处置诉讼异议的能力是其驾驭庭审能力的集中体现。二是无论是控方还是辩方，诉讼异议的提出均不规范。提出诉讼异议相当于提出了一项程序性主张，异议方理应简洁表达异议理由，以便于审判长及时、准确地作出判定。例如，控辩双方可直接说明系"诱导性发问""重复性发问"或者"无相关性"。但是，据笔者观察，异议方在提出异议时只叙述事实而不提出理由的现象普遍存在。三是在对诉讼异议的回应上，控方明显弱于辩方。这主要是因为辩护律师越来越重视程序性辩护，并将诉讼异议作为程序性辩护的手段。而控方仍比较关注实体问题，对程序问题重视不够。同时，近年来，律师更加重视培训和业务提升工作，其接受新事物较快。四是诉讼异议的理由主要集中在"发问方式"上。证据规则和程序规则不完善，导致控辩双方对提出诉讼异议把握不准，审判方在判定时"底气不足"。五是审判方在行使诉讼指挥权时"厚此薄彼"，导致辩方不满，因此向审判方提出异议，甚至发生"审辩冲突"的现象。这说明法官的中立性有待加强，司法权威有待提升。六是诉讼异议的处置并没有对后续的证据调查活动产生影响。在诉讼一方提出异议时，审判长通常以"请注意问话方式"对发问方进行提示，但是对诱导性、重复性、无相关性发问并不会禁止人证回答。对违反意见证据规则的推测性、评论性证言，也不会通知书记员从庭审笔录中删除。如此一来，诉讼异议的功用会被削弱,并不会对证据调查活动产生实质性影响。这也是诉讼异议制度不被实务部门重视的重要原因。

四、我国刑事审判中的异议制度为何难受重视

对我国刑事审判实务中诉讼异议稀少和规范层面异议制度零散、粗疏的原因进行分析,不仅可以揭示我国异议制度存在的深层次问题,还预示着未来制度变革的方向。因此,对原因的分析具有重要意义。

(一)非对抗的刑事审判制度,减少了对诉讼异议的需求

我国刑事审判呈现出了较强的职权主义色彩,这在1979年《刑事诉讼法》中体现得特别明显。异议制度系对抗制审判的基础和保障,只有在"对抗"与"判定"的对抗环境中才能得到较好发育。因为异议制度本身即体现了控辩平衡、证据裁判、审判中立等诉讼理念和原则。从域外经验来看,在从传统的职权主义向当事人主义转向的过程中,日本的异议制度渐趋发达,异议适用的范围也逐步扩大。在当事人主义下,证据调查原则上依当事人申请为之,为确保证据调查的适法性,针对他造当事人申请证据调查的意见陈述,以及对法院所为之证据裁定不服所为声明异议,既是当事人的权利,也是其义务。可以说,异议制度是当事人主义构造的根本。[1] 正如达玛斯卡所言:"在由律师向法庭出示证据的诉讼中,……由于律师提出的这一类异议(反对使用某个不得采纳的证据)最终并不涉及对事实认定者——法官或正式的普通法审判中的陪审团——的批评,所以他们提出异议时相对轻松。相反,在大陆法系国家,就某信息源的特定利用方式提出异议则常常意味着对法官行为的直接挑战:因为诸多选择都是法官作出的。其结果是,积极提出异议的律师将面临使事实认定者反感的危险。"[2]

基于我国刑事审判的非对抗性,法官对刑事审判的深度介入和

---

[1] [日]大出良知等编著:《刑事辩护》,日本刑事诉讼法学研究会译,元照图书出版公司2008年版,第232页。

[2] [美]米尔建·R.达玛斯卡:《漂移的证据法》,李学军等译,何家弘审校,中国政法大学出版社2003年版,第120页。

有力管控，控辩双方提出诉讼异议的积极性会严重受挫。具体可从以下三点理解：一是由于异议的提出是一个高度技术化的"作业"，作为法律外行人士的被告人，没有律师的帮助，几乎不可能提出诉讼异议。在英美对抗制诉讼中，律师参与是刑事审判的重要特征。美国联邦最高法院在判例中指出：对于对抗式审判，律师并不是奢侈品，而是必需品。[1] 由于我国刑事审判律师参与率较低，不仅控辩平衡难以实现，而且辩方提出诉讼异议的可能性较小。二是法官在审判中并不被塑造为中立的"听证者"，而是能动的参与者，积极主导程序的进行，决定证据调查的范围、方式和顺序。而且，法官并非恪守客观中立的立场，对控辩双方"厚此薄彼"，由此限制了异议制度的预期功能，降低了控辩双方通过诉讼异议解决程序争议的动力。三是在职权主义审判制度下，被告人可能沦为被纠问的程序客体，诉讼主体地位难以确立。辩护方尤其是被告人大胆提出异议，建立在其享有各种程序权利并以辩护主体身份与控方甚至裁判法官对抗的基础上。由于我们缺乏这样的基础，指望辩方能对控方乃至审判方的程序违法行为及时提出异议，不具有现实性。

（二）证据制度中质证、认证制度的根深蒂固，削弱了诉讼异议的功能

以对诉讼相对方举示的证据提出质疑、挑战的质证活动，被大家广为熟悉。不仅因举证、质证和认证构成法庭调查的基本环节，而且质证作为证据制度的重要组成部分在我国根深蒂固。与此形成鲜明对比的是，诉讼异议制度无论是对法官、检察官还是律师而言都比较陌生。根据我国的制度规范和实务操作，质证既包括交叉询问、辨认、鉴真等审核、检验活动，也包括人证退庭后控辩双方发表的弹劾、质询意见。在发表意见环节，控辩双方可能会提出涉及证据异议的观点，这就不可避免地会与庭审中的诉讼异议产生重合。

由于质证、认证制度为大家所熟悉，且操作起来"得心应手"，无论是司法实务人员还是刑辩律师均无需学习即可熟悉这套"本土化"的规则，因此诉讼异议作为"舶来品"天然会受到排斥。诉讼

---

[1] Gideon v. Wainwright, 372 U.S. 335, 344 (1963).

异议要求裁判者应当庭即时裁断异议,这对我国刑事法官的专业素质提出了更高的要求,法官尤其是审判长在庭审中将面临更大的压力。而在目前,针对质证的认证制度,法官不必当庭作出认证,相比于在庭审中作出认证要轻松许多。英美对抗制下,诉讼异议(尤其是证据异议)广受重视,这与其没有我国这般成熟完备的质证制度不无关系。在英美法系国家,证据可采性问题均是通过诉讼异议提出。正是我国的质证制度降低了诉讼异议在法庭上的适用。

(三)卷证书面调查模式,抑制了异议制度的适用空间

从异议制度比较发达的国家来看,异议主要适用于人证调查的场合。我国刑事法庭上证人出庭还不充分,长期以来奉行以卷证为中心,书面化的调查确认方式流行。在公诉人"分组举证"和"摘要式"宣读笔录类材料的情况下,针对人证调查中的"诱导性发问""无相关性"发问等不当发问方式以及普通证人回答问题带有"意见性"等异议,自然很少有适用的空间。无论是美国还是日本,建立比较完备的异议制度的国家均是如此。异议主要适用于控辩双方对人证交叉询问的场合,但是无论是1979年《刑事诉讼法》确立的法官职权询问模式还是1996年《刑事诉讼法》及其以后历次修法确立的控辩双方"交替询问"模式,都较少受到程序规则和证据规则的制约。这意味着控辩双方在对方或者法官发问时极少可以运用异议权。无论是检察官还是律师都少有关于异议技巧的训练,实践中不去运用或者运用不规范也就不足为奇了。

(四)现有的制度设计,进一步限制了异议制度的发育成长

我国《刑事诉讼法》确立的检察监督制度和辩护人、诉讼代理人权利遭受侵害后的"检察救济"制度都是纠正违法和加强救济的措施。虽然它们具有事后性,但与诉讼异议中"针对裁判方的异议"和辩护方针对控方程序违法的异议发生了一定程度的冲突。由于检察机关具有法律监督职能,代表检察机关"受检察长委托"行使公诉权的检察官,因此在庭审中对法官的程序违法和不利裁决结果就难以及时提出诉讼异议。同样,当辩护律师在庭审中遭到公权机关代表侵害时,其可能寄希望于"检察救济"中的"申诉、控告"权,而不会当庭提出异议,谋求争议事项的当庭解决。无论如何,

既然已经有了"可替代"的其他制度,且不管其是否合理,那么在引进一项新制度时必然会遭到既有制度的"排斥"。如何处理好新旧制度之间的关系是我国建立诉讼异议制度必须要考虑的问题。

(五)程序规则和证据规则的缺失和简约,导致司法人员和律师声明和裁断异议时"底气不足"

由于程序法规定简约,缺乏可操作性,因此我国不得不通过"司法解释"或者"规范性文件"再予细化。我国的证据规则,除了近年来为防范冤假错案而制定的非法证据排除规则较为完善外,其他证据规则要么缺失、要么简略、要么不合理。我们不但没有传闻证据规则,而且没有品格证据规则,即便是最高人民法院司法解释规定的"意见证据规则"也比较抽象、操作性不强。而且最高法院关于询问方式的规定中一概禁止"诱导性"询问,这一做法不符合交叉询问的基本规则,具有明显的不合理性。从域外立法和实践来看,对于诱导性询问,并非一概禁止。诱导询问在反询问中不被限制,即便是在主询问中仍允许有一定的诱导性问题。在下列情况下可以诱导询问:一是涉及证人的身份、经历、朋友关系等准备性询问事项;二是没有争议的事项;三是有必要唤起证人回忆的事项;四是证人对主询问者表示敌意或者反感的(敌意证人);五是证人回避作证的;六是证言前后矛盾的。[1] 在美国,大多数证据的实体法都涉及可采性问题,对异议作出裁定的理由绝大部分都包含在证据规则之中。[2] 一方面,我国程序规则和证据规则缺失、简约;另一方面,法官、检察官和律师缺乏基本的学习和训练,作为高度技术化的异议制度并不能顺利进入寻常的刑事法庭,似乎不难理解。即便勉强推进,也会因诉讼各方的"陌生感"而"变形走样"。在我国的刑事法庭上,异议方在提出异议时不简单说明理由,相对方不进一步作出解释和说明,裁判方"含糊其辞"不作出明确的判定,

---

[1] [日]田口守一:《刑事诉讼法》(第7版),张凌、于秀峰译,法律出版社2019年版,第461页。

[2] [美]罗纳德·J.艾伦、理查德·B.库恩斯、埃莉诺·斯威夫特:《证据法:文本、问题和案例》(第3版),张保生、王进喜、赵滢译,高等教育出版社2006年版,第125页。

均说明诉讼各方对异议制度运用得"底气不足"。当然，对诉讼异议"当机立断"的要求与法官耐心倾听之间会形成一定的矛盾，法官有一个逐步适应的过程。这就要求法官群体加强学习，尤其是对程序规则和证据规则的学习。只有学懂、弄通相关规则，才能心中有"底气"，裁断才可能明确而及时。作为异议方乃至诉讼相对方和旁听群众都希望法官的异议裁决达到"快速不迟疑""准确无失误""妥当能接受""果断命续行"的程度。这对作为裁判者的法官提出了更高的要求。因此，异议制度的有效运作，必须解决诉讼各方"能力不足"的问题。

五、域外异议制度之镜鉴

笔者拟选取几个有代表性的国家和地区进行介绍，在此基础上发现一些共通的做法，对我国刑事庭审中异议制度的构建颇具启示意义。

（一）美国：异议制度发达的国家

美国是世界上对抗制贯彻得比较彻底的国家，与此相对应，其异议制度也最为发达。判例法是该国重要的法律渊源，审判中的异议制度也是其一系列判例发展和积累的结晶。成文法乃是对判例规则的确认。美国的异议制度集中反映在《美国联邦证据规则》当中。

美国庭审中异议的类型：既有控辩双方相互之间的异议，也有控辩双方针对裁判方的异议。就前者而论，又分为两种类型：一是对不适当提问形式的异议。包括"诱导性""复合问题""模糊问题""模棱两可""对证言的错误概括"等。二是对答复之可采性的异议。[1]

异议提出的主体：对抗制下证据的引出、程序的推进等都是当事人的职责。与此相适应，控辩双方无疑是异议提出的主体。在此，需要注意的是，虽然被告人可以提出异议，但是其辩护律师在异议

---

[1] ［美］罗纳德·J. 艾伦、理查德·B. 库恩斯、埃莉诺·斯威夫特：《证据法：文本、问题和案例》（第3版），张保生、王进喜、赵滢译，高等教育出版社2006年版，第125页。

第十七章 诉讼异议，辩方多提

事项上具有独立的权限。是否提出异议、以什么理由提出异议、在什么时机提出异议均是由律师独立决定。《美国律师协会职业行为示范规则》也是区分"目标"与"手段"，将辩护"目标"的决定权交给委托人，而将为达致这一目标所采用"手段"的决定权分配给律师。律师在辩护中采用什么样的方式方法更多地属于一个专业技术性问题，而律师作为具有诉讼经验的专业人士在辩护手段的选择和运用上要比当事人更具优势，因此宜把这一权利交由律师来行使。[1]

异议提出的时机：对此，美国确立了"即时异议规则"（contemporaneous-objection rule）。及时提出异议是最难学的审判技巧。在非常短的时间内——常常是在证人回答问题前的几秒钟内——你必须确定对这个问题是否可以提出异议以及根据什么提出异议，从策略上考虑是否值得提出异议。"即时性"要求，一项针对提问形式的异议，必须在问题回答之前提出。[2]

关于异议的理由：《联邦证据规则》103（a）（1）要求，提出异议必须阐明异议的具体理由。在法庭实务中，异议分为一般异议和特定异议两种，根据异议的不同，阐述理由也有区别。前者对说理要求较低甚至不需要说理，而后者则需要阐明基本理由。对诸如"提问形式不当"（objiection to the form of the question）等没有详细说明理由的习惯短语，或者提出"不相关、无效力和无关紧要"（irrelevant, incompetent, and immaterial）等仅仅以笼统的和结论性的词语来表达异议理由，已为足够。特定异议只需简单说明基本理由即可。例如，"反对，传闻证据""反对，意见证据"。无论是一般异议还是特定异议，只要求"简洁"阐述异议理由。之所以有"简洁性"要求和法官不喜欢"冗长"的理由，是基于防止庭审拖延和诉讼效率的考虑。大多数法官讨厌"泛泛的异议"（speaking objec-

---

[1] 韩旭："被告人与律师之间的辩护冲突及其解决机制"，载《法学研究》2010年第6期。

[2] [美] 罗纳德·J. 艾伦、理查德·B. 库恩斯、埃莉诺·斯威夫特：《证据法：文本、问题和案例》（第3版），张保生、王进喜、赵滢译，高等教育出版社2006年版，第127页。

tions)——在阐述异议的过程中加以论证——而且甚至会在审判开始时明确告诫律师们不要这么做。如果需要进一步的辩论,提出异议的律师应该请求一次法官席会议,目的是防止陪审团和证人听到辩论的内容,尤其是不可采的证据。

异议的失权:这也是对抗制下异议制度的重要组成部分。异议失权意味着控辩双方一旦发现对方的提问方式不当或者欲引出的证据不具有可采性,应当及时提出异议不提出或者不及时提出异议都会导致证据失权,该项异议不会因上诉而得到保全。只有一项适格的异议才会通过"备档"而成为上诉审法官审查的依据。由于上诉法院不准"超出档案的范围"去考虑事实,所以对异议方来说,在初审过程中关注审判笔录,以确保异议记录的完整性至关重要。就裁判方而言,其应当对异议作出一项明确的裁断,或者使法官的裁断在审判记录中"备档",否则也会导致异议失权。"与对证据的异议相关联的审判记录只有在获得审判法官的裁定之后才有效地完成。求得明确的裁定是提出异议之律师的职责。这对上诉复审来说是至关重要的,因为审判法官的沉默并不被认为相当于对异议的驳回。"[1]

当然,异议失权有一个例外,那就是"显见错误"。要构成"显见错误",首先必须是有害错误,即该错误必须对上诉方的实质权利造成妨害。同时,"显见错误"还要求该错误是"显而易见"的。只有在该错误如此有害且明显,以至于上诉法院愿意以初审法院未能主动发现该错误为由推翻原裁判时,才能构成"显见错误"。作为异议制度基本环节的异议裁断,在美国是一项法官的职权,即便是在由陪审团审理的案件中也是如此。陪审团不仅不参与对所提异议的裁决,而且还要被隔离,防止其心证受到不可采证据的"污染"。针对法官对异议的裁决,美国设置了附随于实体判决的上诉审救济程序。但正如前述,复审以初审"备档"为前提。

(二)日本:向当事人主义迈进的国家

日本作为成文法国家,在第二次世界大战后其刑事诉讼制度逐

---

[1] [美]乔恩·R. 华尔兹:《刑事证据大全》(第2版),何家弘等译,中国人民公安大学出版社2004年版,第75页。

渐向当事人主义靠近。日本刑事诉讼中的异议制度集中体现在《日本刑事诉讼法》第 309 条和《日本刑事诉讼规则》第 205 条、第 206 条。根据《日本刑事诉讼法》第 309 条之规定："检察官、被告人或者辩护人，可以对证据的调查声明异议。检察官、被告人或者辩护人，除前款规定的声明异议以外，还可以对审判长作出的处分声明异议。法院应当对前二款的声明作出裁定。"《日本刑事诉讼规则》第 205 条规定："第 309 条第 1 款的异议声明，可以以违反法令或者不适当为理由而提出。但对调查证据的裁定，不得以不适当为理由而声明异议。第 309 条第 2 款的异议声明，限于以违反法令为理由时才能提出。"第 205 条之二规定："声明异议，应当对每个行为、处分或者裁定简洁说明其理由而立即作出。"第 205 条之三规定："法院对异议声明，应当不迟延地作出裁定。"第 205 条之四规定："法院对延误时机而提出的异议声明、明显以拖延诉讼为目的而提出的异议声明或其他不合法的异议声明，应当裁定驳回。但对延误时机而提出的异议声明，认为声明的事项重要而显示对其作出判断是适当的时，不得以延误时机为理由而予以驳回。"第 205 条之五规定："法院认为异议声明没有理由时，应当裁定不受理。"第 205 条之六规定："法院认为异议声明有理由时，应当作出与该声明相应的命令停止、撤回、撤销或者变更被声明异议的行为的裁定。法院认为以已经调查的证据不能作为证据为理由而提出的异议声明有理由时，应当作出排除该证据的全部或者一部分的裁定。"第 206 条规定："已经对异议声明作出裁定时，不得对该裁定已经判断的事项再次声明异议。"[1] 上述规定大致构成了日本刑事庭审中的异议制度。除了规定异议的类型、异议的时机和理由、异议失权和异议的效果外，还规定了异议裁判的及时性和作出相应的处分行为，特别是明确了异议裁断事项，即使不服，当事人也不能再次提出异议的"一事不再理"原则。

在日本的异议制度中，有几点值得注意：一是虽然《日本刑事诉讼法》第 209 条第 1 款将控辩双方之间的异议限定为"对证据的

---

[1]《日本刑事诉讼法》，宋英辉译，中国政法大学出版社 2000 年版，第 71 页。

调查",但是对证人的提问、对证言的概括总结等也属于"证据调查"的范畴,因此诱导性、相关性规则等同样有适用的余地。二是在异议理由方面区分对诉讼相对方的异议和对裁判者的异议,前者异议的理由既包括不合法,也包括不适当;而对法院裁定的异议仅限于不合法。这种区分主要是考虑到法官作为裁判官拥有一定的自由裁量权,对法官自由裁量范围内的事项,控辩双方不得提出异议。"如果允许对属于审判长裁量范围的妥当性进行争议,会导致诉讼程序的拖延。"[1] 三是在裁判员参与的审判中,异议裁断的主体仍是法官,《日本刑事诉讼法》第309条第2款即明确规定处分的主体是"审判长",第3款规定由"法院"作出相应的裁定。裁判员可以列席旁听,但不享有裁决权。四是法官认为异议有理时,还可行使处分权,处分内容包括"命令停止、撤回、撤销或者变更被声明异议的行为"。这与美国的"法官指示"类似。"命令停止"主要是对诉讼对方存在"诱导性""无关性"发问等不当方式,法官命令证人停止回答该提问;"变更"主要是指改变发问方式。撤回、撤销主要是针对法院作出的相应裁定。例如,证据排除与否,在发现"确有错误"时而予以撤回或者撤销。在诉讼行为理论较为发达的日本,所谓"撤回",是使将来诉讼行为的效果消灭的行为,是导致诉讼行为后发无效的一种情况。所谓"撤销",是以有瑕疵为理由认定诉讼行为无效的行为。法律上使用的"撤销"一词,在多数情况下是撤回的意思。[2] 在日本学者看来,辩护律师提出异议,可以引起法官、检察官的关注,以唤起法庭审判临场感受。至少也能传达辩护人对于事件的热情和投入,作为提醒法庭辩护人的存在之契机,还可使检察官感到紧张,可发挥阻止其任意使用诱导询问之效果,检察官对于之后的询问亦会自我警惕,也可使证人获得喘息的机会。

尽管日本规定了较为完备的诉讼异议制度,但在司法实践中提出异议者仍非常少见。主要在于异议应于检察官询问后证人回答前,

---

[1] [日]土本武司:《日本刑事诉讼法要义》,董璠舆、宋英辉译,五南图书出版公司1997年版,第243页。

[2] [日]田口守一:《刑事诉讼法》(第7版),张凌、于秀峰译,法律出版社2019年版,第261页。

极其短暂的时限内毫不迟疑地提出，这对于对相关程序不够熟悉的辩护人来说比较困难。另外，辩护人在丧失异议声明的良机后还会担心所提出的异议"偏离主题"，反而妨害法院心证，以致大多选择沉默以对。[1]

（三）德国、法国：传统大陆法代表性国家

在具有职权主义传统的德国、法国，在各自的刑事诉讼法中都确立了诉讼异议制度。例如，《德国刑事诉讼法典》第238条第2款规定："参与审理者认为审判长所作有关主持案件的命令为不准许，而提出异议时，由法院裁定。"《法国刑事诉讼法典》第316条规定："对于一切有异议的程序性事项，法庭都应当在听取控辩双方意见后作出裁断。"

（四）比较法上研究对我国的启示

以上选取了几个有代表性的国家的刑事诉讼中的异议制度，从中可以获得一定的启示：

第一，无论是英美法系还是大陆法系抑或是程序转型国家，均普遍建立了刑事诉讼异议制度。尽管职权主义国家和地区的诉讼异议制度没有当事人主义或者对抗制国家那么完备和发达，但毕竟在立法层面均有规定。由此，我国可以考虑在刑事庭审调查环节对人证的调查中引入异议制度，以更好地保障人证的质量。技术路径是将现有散见在司法解释和规范性文件中的国际通行的异议规定经过整合吸收进刑事诉讼法。

第二，从域外异议的类型来看，既有对诉讼相对方的，也有对法官的。我国目前尚无针对法官诉讼指挥权和法庭警察权的异议，从理论上讲，上述权力的行使也有存在错误的可能。"法官在法庭调查中对即时抗辩所作的即时裁决，并无反复斟酌余地，常常也无合议支持，出现某种失误也是在所难免。而从另一方面看，也需给当事人一个对法官（合议庭）决定提出异议的权利和机会，否则，没有一种合理、规范的异议管道，当事人就可能以不规范的方式宣示

---

[1] [日]大出良知等编著：《刑事辩护》，日本刑事诉讼法学研究会译，元照图书出版公司2008年版，第278页。

其不满。"[1] 为此，需要设定控辩双方对法官不当指挥和处分行为的异议权。修改后的《人民法院法庭规则》第22条规定："人民检察院认为审判人员违反本规则的，可以在庭审活动结束后向人民法院提出处理建议。诉讼参与人、旁听人员认为审判人员、书记员、司法警察违反本规则的，可以在庭审活动结束后向人民法院反映。"这样一种"行政化"的处置方式，从效果上看，难以与诉讼异议制度的"即时性"和"亲历性"相提并论。"庭审活动结束后"无论是"提出处理建议"还是"向人民法院反映"，均是在诉权之外寻求争议事项的解决。不仅具有"事后性"的特点，而且因"时过境迁"，受侵害的利益难以恢复，程序也不可能重新开始。因为我们没有诉讼行为无效的制度设计，加之受理并处置事态的人员并非审判专业人员，智识上的不足决定了其难以胜任对此类争议的处理。在我国当前"审辩冲突"或曰律师"死磕"的司法乱象比较严重的情况下，建立对法官的诉讼异议制度可以缓解当前的冲突，也可促使法官在庭审中"平等对待诉讼各方"，以中立形象示人。我国《人民法院法庭规则》修订时，本应对庭审中的异议作出规定。遗憾的是，该规则回避了诉讼异议问题。虽然控辩双方对法庭裁断提出异议可能会降低司法权威性，但是司法权威的提升不能建立在损害控辩双方诉讼权利的基础上。相反，应当以审判程序的公正性树立司法的公信力，从长远看有利于提升审判的权威。允许控辩双方（尤其是辩方）向审判方提出异议，可以增强裁判者的中立性，促进司法公正的实现。

第三，无论是美国的陪审团制度还是日本的裁判员制度，对异议作出判定和处置，均是职业法官的职权范围。我国实行人民陪审员参审制度，区分事实和法律。对此可考虑，即便是人民陪审员参与审判的案件，也应当由职业法官处理异议事项。在笔者看来，异议涉及的多是程序规则和证据规则问题，即法律专业问题。因此，由职业法官进行判定和处理较能保障异议裁断和处分的质量。

第四，重视庭审笔录的制作，异议和裁判的内容应当被记载于

---

[1] 龙宗智："刑事庭审人证调查规则的完善"，载《当代法学》2018年第1期。

该笔录。美国诉讼异议中的"备档",就是为上诉审保留争点,以便从中获得救济。日本也不约而同地重视对公审笔录的制作。《日本刑事诉讼规则》第44条规定,公审笔录应记载的内容包括"异议声明及理由"和法院作出的关于异议的"裁定和命令"。异议及其理由和法院裁定是审判笔录必要的记载事项,可成为上诉审的对象,在上诉中再次争执。[1] 根据《日本刑事诉讼法》的有关规定,"若未及时声明异议,相关的违法争点,在上级审即完全无争辩余地"。[2] 其实,一审的庭审笔录往往会成为二审审理的证据,据此可以对包括庭审异议在内的程序性争议进行二审处理。然而,在我国,不重视庭审笔录、庭审笔录记录不规范的问题均比较突出。我国如果要建立诉讼异议制度,就必须重视庭审笔录的内容记载,从而为二审保存一审中的争点。

第五,审判长或者合议庭应当及时对异议作出裁断。在美国,如果法官没有对异议作出裁判,提出异议的一方可以反复提出、重申异议。《日本刑事诉讼规则》第206条虽对异议方再次声明异议作出了限制,但是对该规定进行反向推导,可以认为"当法院尚未对异议声明作出裁定时",异议方可以再次声明异议。"当法院没有作出决定时,才可以对该不作为提出异议。"[3] 在我国的刑事庭审中,若要有效解决"死磕"问题,法官也应及时裁断异议,从而化解程序性争议。

六、完善我国诉讼异议制度的构想

(一) 我国异议提出机制的完善

如前所述,我国司法解释和规范性文件中的异议提出机制零星、粗疏,既不能鼓励控辩双方及时提出异议,也不能制约滥用异议权的

---

[1] [日] 大出良知等编著:《刑事辩护》,日本刑事诉讼法学研究会译,元照图书出版公司2008年版,第283页;[日] 土本武司:《日本刑事诉讼法要义》,董璠舆、宋英辉译,五南图书出版公司1997年版,第244页。

[2] [日] 大出良知等编著:《刑事辩护》,日本刑事诉讼法学研究会译,元照图书出版公司2008年版,第230页。

[3] [日] 大出良知等编著:《刑事辩护》,日本刑事诉讼法学研究会译,元照图书出版公司2008年版,第281页。

行为。因此，有必要从制度上予以完善。结合异议制度比较发达国家的经验，异议提出机制通常涉及异议提出的类型、主体、时机、理由、异议失权等要素。因此，完善我国异议提出机制应从这几个方面入手。

第一，异议类型。目前，我国关于诉讼异议的规定都是针对诉讼相对方的不当行为展开的，尚未见到针对法官的异议。由于长期以来我国刑事庭审职权主义色彩比较浓厚，法官仍积极主动对审判过程进行管控，享有诉讼指挥权和法庭警察权。在权力行使过程中难免会出现失当乃至违法的情况，若不赋予控辩双方当庭异议权，便是纵容这种违法行为。控辩双方的异议权不但不会损害法官的权威，而且有助于提升司法的公信力和裁判的可接受性。无论是美国还是德国，均赋予了控辩双方对裁判者裁定和处分的异议权。因此，制度完善首先应从完善异议类型出发，赋予控辩双方对法官处置行为（审判长和合议庭裁决、处分）的异议权。

第二，异议提出的主体。我国目前的制度设计是"控辩双方"，但未明确被害人及其法定代理人、诉讼代理人是否有异议权，以及辩护人与被告人作为"辩护阵营"提出异议权应如何分配。以下，笔者将就我国制度上尚不明确的这两个问题谈点个人看法：首先，被害人及其代理人也应享有异议权。理由如下：一是被害人具有当事人的诉讼地位，除特殊情况外，对自己的被害经过非常熟悉，如果辩护人意图以不正方式诱导被告人、证人等人证作不实陈述或者歪曲其本意作不一致概括，其不仅可以通过后续的质证反驳，也可通过及时提出异议予以阻止。虽然检察官也可提出异议，但是怎能保证其每次都会提出异议呢？因此，被害人及其代理人作为补充异议的主体，不会打破控辩平衡的诉讼格局，而且有助于及时纠正辩护人的不当诉讼行为，保障实体裁判的公正性。二是在公诉案件的法庭调查过程中，被害人及其代理人完全可以出庭表达意见，协助支持公诉。如果我们承认被害人不单单是证据的来源，作为当事人具有协助公诉人补充公诉的职能，那么我们就必须确认其享有异议权。三是被害人作为当事人在刑事诉讼中"权利虚化"问题比较突出，通过赋予其异议权，可以充实其作为当事人的权利，更好地调动其参与庭审的积极性。其次，异议仅是实现诉讼目的的"手段"，更多地属于法律适用问题。加之辩护人具有"相对独立"而非"绝对独立"的诉讼地位。[1]从实际效果上看,辩护律师异议比作为法律外行的被告人更容易获得成功。因此,辩护人可以独立提出异议,而不受被告人意志约束。这也是域外的普遍做法。

第三,异议的时机和理由。异议应当在诉讼一方发现对方或者法官诉讼行为不当时"立即"提出才能达到阻止违法、提高效率、维护庭审秩序的效果。如果不能及时提出异议,不当乃至违法行为就难以被发现和阻止,人证可能作出询问者想要得到的"暗示性回答",证言的可靠性将难以保障,甚至使不该采纳的证据被作为定案根据。"一旦诱导、误导而来之证词成立后,对于证人之记忆及法院之心证亦会留下不好的影响,所以迅速且确切之异议是必要的。"[2]为了防止随意提出异议,避免滥用异议权的行为发生,域外均要求提出异议必须说明理由。声明异议时若只是提出异议是不够的,故提出异议同时,应简单、明确地陈述异议事由,使审判长能够知悉异议原因而决定如何处分。我国最高人民法院《庭前会议规程》第11条规定:"被告人及其辩护人对案件管辖提出异议,应当说明理由。……"但是,理由应当简洁,不能长篇大论,如果过于冗长,将会损害庭审效率。"简洁性"是美国、日本诉讼异议声明机制的基本要求。控辩双方只需说明"反对,诱导询问"或者"反对,无相关性"即可。

第四,异议失权。异议失权是当事人主义下异议制度的一项重要制度设置,体现了"权利义务相统一"的基本法理,也是对异议方滥用异议权的制约。在日本,当事人若没有及时提出异议,应视为放弃责问权而治愈瑕疵。[3]异议失权具有"过期不候"的特点,在证据异议中,其实是证据失权。这会与我国追求"实质真实"的

---

[1] 韩旭:"被告人与律师之间的辩护冲突及其解决机制",载《法学研究》2010年第6期。

[2] [日]大出良知等编著:《刑事辩护》,日本刑事诉讼法学研究会译,元照图书出版公司2008年版,第281页。

[3] [日]大出良知等编著:《刑事辩护》,日本刑事诉讼法学研究会译,元照图书出版公司2008年版,第281页。

诉讼理念和非当事人化的诉讼制度发生兼容问题。域外在建立异议失权原则时，也都设置了例外规定。例如，前述的美国"显见错误"规则、日本的"重要事项"规则。鉴于我国的刑事诉讼理念和结构，如果确立异议失权原则，那么例外似应更多，尤其是对影响定罪量刑的关键证据，能否失权则不无疑问。

（二）我国异议裁断和处置机制的完善

我国关于异议裁断和处置的机制还不完备，未明确裁判的主体是审判长还是合议庭，异议处置方式、救济机制要么不明确、要么制度设置不合理。完善我国的异议裁断和处置机制应当从裁判主体、时机、方式和救济等方面进行。

第一，裁判主体。虽然域外都是由职业法官裁断，但是既有对审判长的异议也有对法院的异议。在庭审期日，合议庭即代表法院。这就产生了审判长与合议庭在裁断异议事项上的权限分工问题。依笔者之见，我国并无必要依据一定的标准严格区分审判长与合议庭的职权。根据异议的复杂疑难程度，既可以由审判长独立行使也可由合议庭集体行使。但我国相关规范性文件倾向于由合议庭行使。[1] 笔者认为，在裁判主体问题上不宜作出"一刀切"的规定，应当保持适度的弹性，由法庭根据异议判定的难易程度自由裁量由审判长行使还是由合议庭行使。但无论在何种情形下，均应当由审判长宣布并处置。既彰显法庭对此问题的重视，也体现法官对控辩双方的尊重。

第二，异议裁断的时机。虽然美国法官没有义务立即处置异议声明，但是《日本刑事诉讼规则》第205条之三规定："法院对异议声明，应当不迟延地作出裁定。"上述"两高三部"《关于依法保障律师执业权利的规定》第38条规定："法庭审理过程中，律师……

---

[1] 例如，"两高三部"《关于依法保障律师执业权利的规定》第38条规定："法庭审理过程中，律师就回避、案件管辖、非法证据排除、申请通知证人、鉴定人、有专门知识的人出庭，申请通知新的证人到庭，调取新的证据，申请重新鉴定、勘验等问题当庭提出申请，或者对法庭审理程序提出异议的，法庭原则上应当休庭进行审查，依照法定程序作出决定。其他律师有相同异议的，应一并提出，法庭一并休庭审查。法庭决定驳回申请或者异议的，律师可当庭提出复议。经复议后，律师应当尊重法庭的决定，服从法庭的安排。"

第十七章 诉讼异议，辩方多提

对法庭审理程序提出异议的，法庭原则上应当休庭进行审查，依照法定程序作出决定。……"并没有"不迟延"或者"立即"作出决定的要求。但是，笔者认为，法庭还是应该立即作出决定。一是立即裁决的要求，可以及时化解程序争议，避免程序紊乱；二是及时对异议进行回应，可以增强控辩双方的被尊重感，有助于激发其声明异议的积极性；三是如果法官不及时作出裁决，控辩双方可能会反复提出同一异议，影响庭审效率，特别是不利于"审辩冲突"问题的解决，律师可能会反复纠缠该问题。

第三，异议裁决的方式。从域外经验来看，对异议进行裁决首先要作出"支持"或者"驳回"的明确表示，然后进行相应的处分。例如，《日本刑事诉讼规则》第205条之六规定："法院认为异议声明有理由时，应当作出与该声明相应的命令停止、撤回、撤销或者变更被声明异议的行为的裁定。法院认为以已经调查的证据不能作为证据为理由而提出的异议声明有理由时，应当作出排除该证据的全部或者一部分的裁定。"美国庭审过程中，当异议涉及的是对证据调查方式的争议时，法官在作出支持或驳回异议声明的判定后，控辩双方通常会迅速、自觉地调整证据调查方式，因而无需法官明确作出指示。但在控辩双方不自觉调整发问方式时，法官则需要作出相应的指示。除了对控辩双方的指示外，法官还可对陪审团、证人和书记官进行指示。例如，指示陪审团在评议时不应考虑该证言。当控辩双方向证人提出了一个不当问题时，法官应指示该证人不要回答这一问题。对书记官的指示，通常是指示书记官对审判记录进行一定的增删。然而，反观我国的刑事法庭，审判长对裁断异议表现出了明显的不适应，经常以"请公诉人（辩护人）注意发问方式"进行提醒，而极少有作出明确判定的情形。只有在作出支持还是驳回的判定后，才有可能进行相应的处分。例如，控辩一方发问方式不当，经对方异议后法庭予以支持的，应当制止证人就该问题作出回答，同时要求询问方改变原来的发问方式。遗憾的是，在我国的刑事庭审中，既少见判定，更难见相应的处分措施。另外，在裁决方式中需要注意的一个问题是法官的裁决如何作出？从比较法上的研究来看，法官在作出判断前通常都会听取双方的意见。这就意味着当一方提出异议及其理由时,被异议方有反驳、解释、说明等回应性权利,也有学者将其称为"补正"权利。这就保证了法官裁断的"兼听则明"。

第四,对不服裁断的救济。许多国家均就不服异议裁决设置了救济程序。但是,这种程序性救济都是附随于实体判决,对实体判决不服一并上诉以获得上级审法院的救济,没有针对异议裁决的独立的即时上诉救济。美国曾经要求律师通过对审判方的程序性裁判提出明确的"复议"(exception)来进行救济,这一要求现在已被废除。这主要是基于庭审的效率考虑。如果允许提出"复议",庭审必然会被中断,集中持续审理原则将无法贯彻。然而,我国"两高三部"《关于依法保障律师执业权利的规定》第38条明确提出律师不服驳回异议决定的,可以当庭提出复议申请,对复议决定不能再行争辩。这一规定显然没有考虑到庭审效率的要求。因此,我国应当改变这种救济方式。比较可行的做法是,待本案实体判决后,若控辩双方对异议决定不服,可以通过提出上诉或抗诉的方式,在上诉状或者抗诉书中载明不服异议裁判的理由,通过二审法院的审查获得救济。为此,需要对2018年《刑事诉讼法》第238条第(五)项规定的兜底条款"其他违反法律规定的诉讼程序,可能影响公正审判的"作出解释。[1] 将法官作出的异议裁决纳入该项,从而获得上一级法院的司法救济。

七、实务中需要把握的四个制度性问题

下述问题均关涉我国既有制度和实务操作与诉讼异议的关系,直接影响现行法庭调查的实务,因此有必要予以探析。

(一)证据异议与质证的区分问题

证据能力是证据异议和质证共同关注的问题。对于侦查机关和

---

[1] 2018年《刑事诉讼法》第238条规定:"第二审人民法院发现第一审人民法院的审理有下列违反法律规定的诉讼程序的情形之一的,应当裁定撤销原判,发回原审人民法院重新审判:(一)违反本法有关公开审判的规定的;(二)违反回避制度的;(三)剥夺或者限制了当事人的法定诉讼权利,可能影响公正审判的;(四)审判组织的组成不合法的;(五)其他违反法律规定的诉讼程序,可能影响公正审判的。"

≫ 第十七章 诉讼异议，辩方多提

监察机关收集的非法证据、不具有相关性的证据，辩护方当然可以提出"反对"的异议意见，如果异议成功，该项证据就不会接受法庭调查。从这一意义上讲，证据异议在前、质证程序在后。质证是对已接受法庭调查的证据，控辩双方就其证据能力和证明力问题发表意见。在系统、完备的异议制度建立之前，质证功能已经部分代替了诉讼异议的功能，控辩一方可能会在发表质证意见时提出合法性、相关性的反对意见。为了避免庭审内容的重复和效率的降低，在实务中应注意辩护方一旦提出证据异议，即便被法庭驳回，其在后续的质证环节也不能再重复提出。如果法庭支持了该异议，可能会禁止对该证据的法庭调查，也就不存在后续的质证问题了。为了使证据异议与质证之间泾渭分明，可以考虑在刑事审判实务中区分证据能力与证明力。凡是涉及证据能力的问题，均应在庭前或者庭上提出异议，阻止其接受法庭调查。而对于证明力的争议，则是质证重点解决的问题，证据能力问题无须在质证环节解决。对于证明力问题，世界各国均要求法官依据经验法则和逻辑法则进行"自由心证"。对于法官的"认证"结果，不能提出诉讼异议。控辩双方对实体裁判结果不服可以提出上诉或者抗诉。

（二）检察机关法律监督权与当庭异议的关系

检察机关是我国宪法、法律确立的法律监督机关，因此我国历次《刑事诉讼法》都规定了检察机关对包括审判行为违法在内的法律监督权。1996年《刑事诉讼法》修改以后建立了"庭后""集体"审判监督机制，这固然有助于维系控辩平衡的诉讼格局，甚至有助于树立审判的权威。但是，当我国刑事庭审中的异议制度建立之后，如何处理好检察官对法官的异议与检察机关审判监督权的关系则是我们不能不面对的一项重大课题。实践中，有的检察官将当庭异议与审判监督相混淆，认为所有的法官程序违法活动都只能在事后以检察机关名义进行审判监督，因此在法庭上对法官明显的程序违法行为不能即时提出异议。对于如何协调二者的关系，龙宗智教授指出："只有因庭审出现明显违法，导致庭审程序不公正，甚至可能妨碍实体公正，公诉人没有即时提出诉讼异议，或者当庭提出异议后法庭未予纠正，才能在闭庭后以审理案件程序违法为由，由检察机关向人民法院提出纠正意见。"[1] 笔者认为，这一建议不符合诉讼异议的基本法理，对"公诉人没有即时提出诉讼异议"的，不能在闭庭后向人民法院提出纠正意见。因为除例外情形，没有及时提出异议，应当适用"异议失权"制度，以体现在法庭场域内的控辩平等。鉴于检察机关审判监督权在实践中较少使用，效果不彰，且打破了控辩平衡的诉讼格局，建议予以废止，代之以及时提出的更为有效的诉讼异议制度。

（三）律师"检察救济"与当庭异议的关系

2018 年《刑事诉讼法》规定了辩护人、诉讼代理人的"检察救济"权。[2] 在庭审过程中，当辩护人、诉讼代理人的权利遭受法官的侵害时，究竟是当庭提出诉讼异议还是事后寻求"检察救济"，确实是一个需要厘清的问题。"检察救济"虽然是 2012 年《刑事诉讼法》新增加的制度，但实施效果并不尽如人意。[3] "检察救济"本身是在诉讼程序之外寻求对律师权利保护的途径，并非以控辩平等、对抗为前提设计，也与诉讼异议制度作为当事人主义的"基础工程"格格不入，不符合诉讼异议制度的基本法理。仅仅压缩其在审判阶段的适用空间还远远不够，应当从根本上予以废除。也许只有破除了该项看起来好看实际上却无效用的制度才可能建立起诉讼异议制度。正如前述，辩护方异议声明制度是程序性辩护的体现，由于法官应及时作出裁断，予以回应，这一过程体现了对辩护权的保障。因此，我们没有必要在诉权和裁判权之外引入一项具有浓厚"行政化"色彩的所谓"检察救济"。这并非要取消检察机关作为法律监督机关的宪法定位，检察机关对庭审中法官违法行为的监督可以通过即时的异议声明体现。同样，对辩护权保障的最好方式是控辩双方机会均等、手段对等和地位平等。

---

[1] 龙宗智：“刑事庭审人证调查规则的完善”，载《当代法学》2018 年第 1 期。

[2] 2018 年《刑事诉讼法》第 49 条规定：“辩护人、诉讼代理人认为公安机关、人民检察院、人民法院及其工作人员阻碍其依法行使诉讼权利的，有权向同级或者上一级人民检察院申诉或者控告。人民检察院对申诉或者控告应当及时进行审查，情况属实的，通知有关机关予以纠正。”

[3] 关于"检察救济"不尽如人意的原因分析，参见韩旭：“新《刑事诉讼法》实施以来律师辩护难问题实证研究——以 S 省为例的分析”，载《法学论坛》2015 年第 3 期。

(四) 庭前异议与庭上异议的关系

庭前异议与庭审异议的关系，其实是如何看待庭前异议的效力问题。根据最高人民法院《庭前会议规程》的规定，控辩双方在庭前会议中的诉讼异议主要是围绕法院管辖和出庭人证名单这两项程序问题展开。案件管辖是对审判方的异议，人证出庭名单是对诉讼对方的异议。辩护方提出案件管辖异议，在我国司法实践中不在少数。涉及出庭人证名单，也必须在庭前解决，以保证人证能在庭审期日到达法庭。就上述两项内容赋予控辩双方诉讼异议，一方面可以促使审判方谨慎行事，甚至重新作出处置，另一方面可以避免庭审被打断和延误，符合庭前会议制度设立的初衷。对此，最高人民法院《庭前会议规程》第10条第2款规定："对于前款规定中可能导致庭审中断的事项，人民法院应当依法作出处理，在开庭审理前告知处理决定，并说明理由。控辩双方没有新的理由，在庭审中再次提出有关申请或者异议的，法庭应当依法予以驳回。"在国际上，非法证据排除涉及证据能力问题，属于异议制度的重要内容。《非法证据排除规程》明确要求"排非"申请应当在开庭审理前提出。该规程第13条对辩护方在庭审中提出非法证据排除申请或者证据异议作出了一定程度的限制，即人民检察院可以决定撤回有关证据，被告人及其辩护人可以撤回排除非法证据的申请。撤回申请后，没有新的线索或者材料，不得再次对有关证据提出排除申请。虽然庭前异议可对管辖、回避、非法证据排除等程序性事项和证据事项作出处置，但是除了非法证据排除外，其他程序性事项并非控辩双方"合意"所能解决的，主持庭前会议的法官在正式开庭前作出决定非常重要。对此，《庭前会议规程》第11条规定："被告人及其辩护人对案件管辖提出异议，应当说明理由。人民法院经审查认为异议成立的，应当依法将案件退回人民检察院或者移送有管辖权的人民法院；认为本院不宜行使管辖权的，可以请求上一级人民法院处理。人民法院经审查认为异议不成立的，应当依法驳回异议。"该条属于典型的庭前异议，仅要求法院进行"审查"，是否必须作出正式的决定则语焉不详。为了赋予庭前异议一定的效力，防止在庭审中再次争辩，法院在审查后作出书面决定并通知控辩双方确有必要。笔者认为，除了涉及证据能力的非法证据排除外，其他程序性事项一旦在庭前发生争议，诉讼一方提出异议，法院应当作出裁断。对于控辩双方达成"合意"的事项和法院作出裁断的异议事项，没有新的理由，控辩双方不得在庭审中再次提出异议。如此才能保障庭前会议中法官的裁决具有"一锤定音"的效果，司法权威才能逐步提升。

八、操作中应当注意的四个实践性问题

（一）诉讼异议不仅限于人证，还应包括物证、书证和其他证据

证据异议是为解决人证调查问题而设，我国司法解释和规范性文件中的异议制度也是为解决人证的讯问、发问问题而设，但如前所述，人证不出庭必然限制诉讼异议制度的适用空间。在短期内人证出庭作证率没有大幅度提高的情况下，异议制度仅适用于人证调查程序是远远不够的。从庭审实质化改革、增强法官心证角度看，诉讼异议不应只针对人证，针对物证、书证和其他证据的出示，诉讼相对方提出异议的，同样应当允许。以物证、书证为例，目前，"原件原物规则"或"最佳证据规则"在实践中被"多媒体示证"等智慧检务、智慧公诉的推行所"架空"，法庭上难见原物、原件，复制件、复印件、扫描件等替代性物证、书证出示成为常态。然而，在三维立体的物证原物被平面物证照片所取代的情况下，被告人诸如"防卫"辩护的当庭演示变得不可能，也给辨认带来了困难，对此举示方式，辩护方即可提出诉讼异议，要求公诉人出示原物、原件。龙宗智教授早已指出控诉方可以"对辩护方提出的物证以缺乏相关性或来源不合法提出异议"。[1] 鉴于此，我国证据异议的范围应逐步扩大，不应仅限于人证。

（二）加强辩护方庭审中诉讼异议权的保障

法庭调查主要围绕侦控方证据展开，尤其是出庭人证大多是控方申请到庭的。在控诉证据占据优势的情况下，诉讼异议以辩护方提出为主便是不言而喻的。控方应当积极进行解释、反驳，必要时甚至可以出示证据予以说明，以保障应答的高质量。当前，对律师

---

[1] 龙宗智：《相对合理主义》，中国政法大学出版社1999年版，第338页。

辩护权的保障,重点是对辩护方异议权的保障。异议制度在我国的建立也许可以使律师辩护权保障上一个新台阶。因为法庭是辩护权集中行使的地方,律师在庭审过程中的程序辩护权主要体现为异议问题的提出。需要注意的是,随着辩护律师申请权保障的逐步加强,辩方证人出庭作证将会增多,未来控方提出诉讼异议也会呈上升趋势。一般来说,诉讼异议主要体现在主询问当中。对此,检察官应当作好准备,否则在庭审中将会处于被动境地。

(三) 对"相关性"问题,检察官不应立即提出异议

相关性是证据法的基本概念,也是判断一项证据是否具有证据能力的基础。因此,诉讼异议中有许多是针对证据相关性的。根据美国《联邦证据规则》第401、402条之规定:"相关证据"是指使任何事实的存在具有任何趋向性的证据,即对于诉讼裁判的结果来说,若有此证据将比缺乏此证据时更有可能或更无可能。相关证据一般具有可采性,不相关的证据不可采。相关性的检验标准是,"如果一个理性人知道了已提出的证据,他是否能够相信要素性事实的真实性在可能性上存在差别"。[1] 实践中,辩护律师一旦向人证发问,检察官便会以"无相关性为由"提出异议,法官不待律师发问完毕就打断其发言,严重侵害了律师在庭审中的辩护权。有时从单个提问孤立地去看,也许相关性并不显著,但是若干个问题联系在一起,相关性便会显现。基于相关性问题的特点,作为司法官应尽量保持"克制",学会耐心倾听,让律师将所有问题提完,以保障律师在庭审过程中的发问权。对此,"两高三部"《关于依法保障律师执业权利的规定》第31条规定:"法庭审理过程中,法官应当注重诉讼权利平等和控辩平衡。对于律师发问、质证、辩论的内容、方式、时间等,法庭应当依法公正保障,以便律师充分发表意见,查清案件事实。法庭审理过程中,法官可以对律师的发问、辩论进行引导,除发言过于重复、相关问题已在庭前会议达成一致、与案件

---

[1] [美] 罗纳德·J. 艾伦、理查德·B. 库恩斯、埃莉诺·斯威夫特:《证据法:文本、问题和案例》(第3版),张保生、王进喜、赵滢译,高等教育出版社2006年版,第148年版。

无关或者侮辱、诽谤、威胁他人，故意扰乱法庭秩序的情况外，法官不得随意打断或者制止律师按程序进行的发言。"在法官作出裁决前，还应注意倾听律师的解释和说明。

（四）对重复性发问应当给予适度容忍

在庭审实践中，控辩双方有可能均以"重复性"为由提出异议，指明对方讯问、发问方式不当。然而，从最高人民法院关于《刑事诉讼法》的司法解释和"庭审调查规程"中关于人证的讯问、发问的规则中我们可以看出，"重复性"并非讯问或者发问规则。虽然控辩双方对同一问题进行讯问、发问，但是基于控辩立场的对立，由于角度不同，人证的回答也可能有所差异；有时重复性发问可能是为了引起审判方的注意，以示强调。这是诉讼中的正常现象，符合哲学上的"相对"原理。英国法官戴维林说："获得真相的最好方法是让各方寻找能够证实真相的各种事实，然后双方展示他们所得的所有材料。……两个带有偏见的寻找者从田地的两端开始寻找，他们漏掉的东西要比一个公正无私的寻找者从地中央开始寻找所漏掉的东西少得多。"[1] 除了明显重复或者过于重复外，诉讼双方无须向对方提出异议，审判方也不能以重复讯问、发问为由作出不利于被异议方的处断。对此，"两院三部"《关于依法保障律师执业权利的规定》第31条第2款规定，法庭审理过程中，法官可以对律师的发问、辩论进行引导，除发言过于重复等事项外，法官不得随意打断或者制止律师按程序进行的发言。

九、结论

诉讼异议制度包括提出异议和裁断异议两个基本组成部分。其中，异议提出机制包括提出的主体、时机和理由、异议失权等要素；异议裁断机制涉及裁断的主体、方式及其相应的处分、不服异议裁断的救济等。尽管庭前控辩双方都可以提出异议，但是庭审异议最具代表性，是异议制度适用的主要场域。由于诉讼异议是支撑当事

---

[1] 转引自英国文化委员会编：《英国法律周专辑——中英法律介绍》，法律出版社、博慧出版社1999年版，第138页。

人主义的基础性制度,我国的刑事诉讼长期盛行职权主义,无论是司法人员还是律师都感到"陌生",法庭上难见异议对抗现象,控辩双方即便提出异议,也大多不规范,法官基本不会对异议作出裁断。在我国建立并实施诉讼异议制度,需要处理好其与质证、检察机关审判监督权、律师"检察救济"的关系。以审判为中心的刑事诉讼制度改革正在如火如荼推进,庭审实质化的深入推进,需要依靠诉讼异议制度的完善和顺畅运行。因此,对该问题的研究极富现实意义。但是,异议声明和裁断是一项高度技术化作业,没有律师的广泛、充分、有效参与,该项制制度不可能在我国实现良性运转。我们应当以刑事案件律师辩护全覆盖为契机,积极推进庭审中的诉讼异议制度有序、高效运转。

参考文献

一、中文著作

[1] 卞建林译:《美国联邦刑事诉讼规则和证据规则》,中国政法大学出版社1996年版。

[2] 卞建林等:《新刑事诉讼法实施问题研究》,中国法制出版社2018年版。

[3] 蔡墩铭:《刑事审判程序》,五南图书出版公司1992年版。

[4] 蔡墩铭:《刑事诉讼法论》,五南图书出版公司1993年版。

[5] 陈光中主编:《刑事诉讼法》,北京大学出版社、高等教育出版社2002年版。

[6] 陈光中、徐静村主编:《刑事诉讼法学》(修订第2版),中国政法大学出版社2002年版。

[7] 陈光中主编:《〈中华人民共和国刑事诉讼法〉修改条文释义与点评》,人民法院出版社2012年版。

[8] 黄东熊:《刑事诉讼法论》,三民书局1986年版。

[9] 陈瑞华:《刑事审判原理论》,北京大学出版社1997年版。

[10] 陈瑞华:《刑事诉讼的中国模式》,法律出版社2008年版。

[11] 陈瑞华:《程序正义理论》,中国法制出版社2010年版。

[12] 陈瑞华:《刑事诉讼的前沿问题》(第5版),中国人民大学出版社2016年版。

[13] 程滔:《辩护律师的诉讼权利研究》,中国人民公安大学出版社2006年版。

[14] 樊崇义主编:《刑事诉讼法学》(第3版),中国政法大学出版社2013年版。

[15] 季卫东:《法律程序的意义——对中国法制建设的另一种思考》,中国法制出版社2004年版。

[16] 顾永忠主编：《刑事辩护律师审查、运用证据指南》，北京大学出版社2010年版。

[17] 公丕祥主编：《法律文化的冲突与融合——中国近现代法制与西方法律文化的关联考察》，中国广播电视出版社1993年版。

[18] 韩立收：《你戴着荆棘的王冠而来——律师职业解读》，法律出版社2007年版。

[19] 韩旭：《被追诉人取证权研究》，中国人民公安大学出版社2009年版。

[20] 韩旭：《刑事诉讼热点问题专题研究》，四川大学出版社2010年版。

[21] 贺卫方：《司法的理念与制度》，中国政法大学出版社1998年版。

[22] 黄道秀译：《俄罗斯联邦刑事诉讼法典》（新版），中国人民公安大学出版社2006年版。

[23] 黄风译：《意大利刑事诉讼法典》，中国政法大学出版社1994年版。

[24] 李昌珂译：《德国刑事诉讼法典》，中国政法大学出版社1995年版。

[25] 连孟琦译：《德国刑事诉讼法》，元照图书出版公司2016年版。

[26] 林钰雄：《刑事诉讼法》（上册·总论篇），中国人民大学出版社2005年版。

[27] 刘为军译：《瑞典诉讼法典》，中国法制出版社2008年版。

[28] 龙宗智：《相对合理主义》，中国政法大学出版社1999年版。

[29] 龙宗智主编：《徘徊于传统与现代之间——中国刑事诉讼法再修改研究》，中国法制出版社2005年版。

[30] 龙宗智主编：《宽严相济刑事政策的程序保障机制研究》，法律出版社2011年版。

[31] 罗结珍译：《法国刑事诉讼法典》，中国法制出版社2006年版。

[32] 马相哲译：《韩国刑事诉讼法》，中国政法大学出版社2004年版。

[33] 彭勃：《日本刑事诉讼法通论》，中国政法大学出版社2002年版。

[34] 全国人大常委会法制工作委员会刑法室编著，胡康生、李福成主编：《中华人民共和国刑事诉讼法释义》，法律出版社1996年版。

[35] 施鹏鹏：《法律改革，走向新的程序平衡？》，中国政法大学出版社2013年版。

[36] 孙长永：《侦查程序与人权——比较法考察》，中国方正出版社2000年版。

[37] 孙谦主编：《〈人民检察院刑事诉讼规则（试行）〉理解与适用》，中国检察出版社2012年版。

[38] 孙谦主编：《人民检察制度的历史变迁》，中国检察出版社2014年版。

[39] 宋冰编：《读本：美国与德国的司法制度及司法程序》，中国政法大学出

版社 1998 年版。

[40] 宋英辉译：《日本刑事诉讼法》，中国政法大学出版社 2000 年版。

[41] 田文昌、陈瑞华主编：《〈中华人民共和国刑事诉讼法〉再修改律师建议稿与论证》，法律出版社 2007 年版。

[42] 王爱立主编：《中华人民共和国刑事诉讼法释义》，法律出版社 2018 年版。

[43] 王达人、曾粤兴：《正义的诉求——美国辛普森案和中国杜培武案的比较》，法律出版社 2003 年版。

[44] 王进喜：《美国律师职业行为规则理论与实践》，中国人民公安大学出版社 2005 年版。

[45] 王进喜译：《美国律师协会职业行为示范规则（2004）》，中国人民公安大学出版社 2005 年版。

[46] 王进喜译：《加拿大律师协会联合会职业行为示范守则》，中国法制出版社 2016 年版。

[47] 王敏远主编：《刑事诉讼法》，社会科学文献出版社 2005 年版。

[48] 全国人大常委会法制工作委员会刑法室编著，王尚新、李寿伟主编：《〈关于修改刑事诉讼法的决定〉释解与适用》，人民法院出版社 2012 年版。

[49] 全国人民代表大会常务委员会法制工作委员会编，王胜明、赵大程主编：《中华人民共和国律师法释义》，法律出版社 2007 年版。

[50] 王兆鹏：《美国刑事诉讼法》，北京大学出版社 2005 年版。

[51] 王兆鹏：《新刑诉·新思维》，中国检察出版社 2016 年版。

[52] 王兆鹏等：《传闻法则理论与实践》，元照图书出版公司 2004 年版。

[53] 汪明亮：《"严打"的理性评价》，北京大学出版社 2004 年版。

[54] 吴巡龙：《新刑事诉讼制度与证据法则》，新学林图书出版公司 2003 年版。

[55] 熊秋红：《刑事辩护论》，法律出版社 1998 年版。

[56] 许永俊：《多维视角下的检察权》，法律出版社 2007 年版。

[57] 杨宇冠：《监察法与刑事诉讼法衔接问题研究》，中国政法大学出版社 2018 年版。

[58] 英国文化委员会编：《英国法律周专辑——中英法律介绍》，法律出版社、博慧出版社 1999 年版。

[59] 张保生主编：《〈人民法院统一证据规定〉司法解释建议稿及论证》，中国政法大学出版社 2008 年版。

[60] 张军、江必新主编：《新刑事诉讼法及司法解释适用解答》，人民法院出版社 2013 年版。

[61] 中共中央纪律检查委员会法规室、中华人民共和国国家监察委员会法规室编:《〈中华人民共和国监察法〉释义》,中国方正出版社2018年版。
[62] 中华全国律师协会编:《律师职业伦理》,北京大学出版社2017年版。
[63] 周光权:《刑法学习定律》,北京大学出版社2019年版。
[64] 宗玉琨译注:《德国刑事诉讼法典》,知识产权出版社2013年版。
[65] [德] 克劳思·罗科信:《刑事诉讼法》(第24版),吴丽琪译,法律出版社2003年版。
[66] [德] 拉德布鲁赫:《法学导论》,米健、朱林译,中国大百科全书出版社1997年版。
[67] [德] 托马斯·魏根特:《德国刑事诉讼程序》,岳礼玲、温小洁译,中国政法大学出版社2004年版。
[68] [俄] В. В. 卢涅耶夫:《二十世纪的犯罪》,黄道秀等译,北京大学出版社2015年版。
[69] [俄] К. Ф. 古岑科主编:《俄罗斯刑事诉讼教程》,黄道秀等译,中国人民公安大学出版社2007年版。
[70] [俄] 尤·彼·加尔马耶夫:《俄罗斯刑事诉讼律师违法活动面面观》,刘鹏、丛凤玲译,中国政法大学出版社2013年版。
[71] [法] 贝尔纳·布洛克:《法国刑事诉讼法》,罗结珍译,中国政法大学出版社2009年版。
[72] [法] 卡斯东·斯特法尼、乔治·勒瓦索、贝尔纳·布洛克:《法国刑事诉讼法精义》,罗结珍译,中国政法大学出版社1999年版。
[73] [美] 艾伦·德肖微茨:《致年轻律师的信》,王楚明、汤家芳译,上海人民出版社2004年版。
[74] [美] 爱伦·豪切斯泰勒·斯黛丽、南希·弗兰克:《美国刑事法院诉讼程序》,陈卫东、徐美君译,何家弘校,中国人民大学出版社2002年版。
[75] [美] 德沃金:《法律帝国》,李常青译,中国大百科全书出版社1996年版。
[76] [美] 戴维·鲁本:《律师与正义——一个伦理学研究》,戴锐译,中国政法大学出版社2010年版。
[77] [美] 迪特里希·鲁施迈耶:《律师与社会——美德两国法律职业比较研究》,于霄译,上海三联书店2010年版。
[78] [美] H. W. 埃尔曼:《比较法律文化》,贺卫方、高鸿钧译,清华大学出版社2002年版。
[79] [美] 罗伯特·N. 贝拉等:《心灵的习性——美国人生活中的个人主义和

公共责任》，翟宏彪等译，生活·读书·新知三联书店1991年版。

[80] [美]罗纳德·J.艾伦、理查德·B.库恩斯、埃莉诺·斯威夫特：《证据法：文本、问题和案例》（第3版），张保生、王进喜、赵滢译，满运龙校，高等教育出版社2006年版。

[81] [美]门罗·弗里德曼：《对抗制下的法律职业伦理》，吴洪淇译，中国人民大学出版社2017年版。

[82] [美]蒙罗·H.弗里德曼、阿贝·史密斯：《律师职业道德的底线》（第3版），王卫东译，北京大学出版社2009年版。

[83] [美]米尔建·R.达玛斯卡：《漂移的证据法》，李学军等译，何家弘审校，中国政法大学出版社2003年版。

[84] [美]米尔伊安·R.达玛什卡：《司法和国家权力的多种面孔：比较法视野中的法律程序》，郑戈译，中国政法大学出版社2004年版。

[85] [美]米尔伊安·R.达玛什卡：《司法和国家权力的多种面孔：比较法视野中的法律程序》（修订版），郑戈译，中国政法大学出版社2015年版。

[86] [美]米尔吉安·R.达马斯卡：《比较法视野中的证据制度》，吴宏耀等译，中国人民公安大学出版社2006年版。

[87] [美]诺曼·M.嘉兰、吉尔伯特·B.斯达克：《执法人员刑事证据教程》（第4版），但彦铮等译，中国检察出版社2007年版。

[88] [美]乔恩·R.华尔兹：《刑事证据大全》（第2版），何家弘等译，中国人民公安大学出版社2004年版。

[89] [美]约书亚·德雷斯勒、艾伦·C.迈克尔斯：《美国刑事诉讼法精解》（第4版），魏晓娜译，北京大学出版社2009年版。

[90] [日]大出良知等编著：《刑事辩护》，日本刑事诉讼法学研究会译，元照图书出版公司2008年版。

[91] [日]田口守一：《刑事诉讼法》，刘迪、张凌、穆津译，卞建林审校，法律出版社2000年版。

[92] [日]田口守一：《刑事诉讼法》（第5版），张凌、于秀峰译，中国政法大学出版社2010年版。

[93] [日]田口守一：《刑事诉讼法》（第7版），张凌、于秀峰译，法律出版社2019年版。

[94] [日]土本武司：《日本刑事诉讼法要义》，董璠舆、宋英辉译，五南图书出版公司1997年版。

[95] [日]森际康友编：《司法伦理》，于晓琪、沈军译，商务印书馆2010年版。

[96] [日]松尾浩也:《日本刑事诉讼法》(新版),丁相顺、张凌译,金光旭校,中国人民大学出版社2005年版。

[97] [英]约翰·斯普莱克:《英国刑事诉讼程序》,徐美君、杨立涛译,中国人民大学出版社2006年版。

二、中文论文

[98] 白冰:"论实物证据的鉴真规则",载《当代法学》2018年第1期。

[99] 卞建林、谢澍:"我国非法证据排除规则的重大发展——以《严格排除非法证据规定》之颁布为视角",载《浙江工商大学学报》2017年第5期。

[100] 卞建林、陶加培:"论监察法与刑事诉讼法衔接中录音录像制度",载《中国刑事法杂志》2019年第3期。

[101] 曹建明:"着力构建彼此尊重良性互动的新型检律关系",载《法制日报》2015年11月9日。

[102] 詹建红:"认罪认罚从宽制度在职务犯罪案件中的适用困境及其化解",载《四川大学学报(哲学社会科学版)》2019年第2期。

[103] 陈瑞华:"辩护律师在刑事诉讼中的地位",载《中国律师》1996年第7期。

[104] 陈瑞华:"增列权利还是加强救济?——简论刑事审判前程序中的辩护问题",载《环球法律评论》2006年第5期。

[105] 陈瑞华:"实物证据的鉴真问题",载《法学研究》2011年第5期。

[106] 陈瑞华:"论证据相互印证规则",载《法商研究》2012年第1期。

[107] 陈瑞华:"论被告人的阅卷权",载《当代法学》2013年第3期。

[108] 陈瑞华:"论监察委员会的调查权",载《中国人民大学学报》2018年第4期。

[109] 陈瑞华:"认罪认罚从宽制度的若干争议问题",载《中国法学》2017年第1期。

[110] 陈卫东、刘中琦:"我国非法证据排除程序分析与建构",载《法学研究》2008年第6期。

[111] 陈卫东:"以审判为中心:当代中国刑事司法改革的基点",载《法学家》2016年第4期。

[112] 陈光中:"对《严格排除非法证据规定》的几点个人理解",载《中国刑事法杂志》2017年第4期。

[113] 陈永生:"论辩护方以强制程序取证的权利",载《法商研究》2003年第1期。

[114] 程雷:"检察官的客观义务比较研究",载《国家检察官学院学报》2005年第4期。

[115] 戴长林、刘静坤、朱晶晶:"《关于办理刑事案件严格排除非法证据若干问题的规定》重点解读",载《人民法院报》2017年7月19日。

[116] 邓学平:"警惕运动式执法偏离法治轨道",载《民主与法制时报》2014年5月1日。

[117] 董坤:"检察环节刑事错案的成因及防治对策",载《中国法学》2014年第6期。

[118] 樊崇义:"刑事辩护的障碍与困惑透视",载《河南省政法管理干部学院学报》2001年第3期。

[119] 付金、于妍:"检视与构建:刑事速裁程序中被追诉人的权利保障",载《全国法院第27届学术讨论会获奖论文集》,人民法院出版社2016年版。

[120] 葛峰:"英国法院如何应对微博时代",载《南方周末》2012年3月23日。

[121] 顾永忠、李逍遥:"论我国值班律师的应然定位",载《湖南科技大学学报(社会科学版)》2017年第4期。

[122] 顾永忠:"公职人员职务犯罪追诉程序的重大变革、创新与完善——以《监察法》和《刑事诉讼法》的有关规定为背景",载《法治研究》2019年第1期。

[123] 郭松:"检察官客观义务:制度本源与实践限度",载《法制与社会发展》2009年第3期。

[124] 郝英兵:"2000—2008年中国犯罪现象分析",载《中国人民公安大学学报(社会科学版)》2010年第1期。

[125] 韩嘉毅:"向被追诉人出示案卷材料的理解",载徐昕:《司法:刑事辩护的中国问题》(第9卷),厦门大学出版社2014年版。

[126] 韩旭:"论我国刑事诉讼证明模式的转型",载《甘肃政法学院学报》2008年第2期。

[127] 韩旭:"刑事诉讼中被追诉人及其家属证据知悉权研究",载《现代法学》2009年第5期。

[128] 韩旭:"被告人与律师之间的辩护冲突及其解决机制",载《法学研究》2010年第6期。

[129] 韩旭:"辩护律师会见通信权规定的进步与不足——对《刑诉法修正案(草案)》相关规定的评析",载《国家检察官学院学报》2011年第

5 期。

[130] 韩旭："非法证据排除规定的局限性及其实施面临的问题"，载《刑事法判解》2012 年第 1 期。

[131] 韩旭："辩护律师被驱逐出庭的程序法理思考"，载《郑州大学学报（哲学社会科学版）》2013 年第 1 期。

[132] 韩旭："检察官客观义务：从理论预设走向制度实践"，载《社会科学研究》2013 年第 3 期。

[133] 韩旭："法庭内的正义如何实现——最高人民法院刑事诉讼司法解释中法庭纪律及相关规定"，载《清华法学》2013 年第 6 期。

[134] 韩旭："新《刑事诉讼法》实施以来律师辩护难问题实证研究——以 S 省为例的分析"，载《法学论坛》2015 年第 3 期。

[135] 韩旭："《刑法修正案（九）》实施后如何善待律师权利——兼论泄露案件信息罪和扰乱法庭秩序罪的理解与适用"，载《法治研究》2015 年第 6 期。

[136] 韩旭："辩护律师核实证据问题研究"，载《法学家》2016 年第 2 期。

[137] 韩旭："辩护律师在认罪认罚从宽制度中的有效参与"，载《南都学坛（南阳师范学院人文社会科学学报）》2016 年第 6 期。

[138] 韩旭："非法证据排除新规：进步、局限及其适用问题——基于《严格排除非法证据规定》的分析"，载《江苏行政学院学报》2018 年第 1 期。

[139] 韩旭："认罪认罚从宽制度中的值班律师——现状考察、制度局限以及法律帮助全覆盖"，载《政法学刊》2018 年第 2 期。

[140] 韩旭："监察委员会调查收集的证据材料在刑事诉讼中使用问题"，载《湖南科技大学学报（社会科学版）》2018 年第 2 期。

[141] 洪浩、朱良："论监察委留置权：权力属性、运行原则及程序衔接"，载《甘肃政法学院学报》2019 年第 2 期。

[142] 蓝向东、王然："认罪认罚从宽制度中权利保障机制的构建"，载《人民检察》2018 年第 3 期。

[143] 李洪杰："认罪认罚自愿性实证考察"，载胡卫列等：《认罪认罚从宽制度的理论与实践——第十三届国家高级检察官论坛论文集》，中国检察出版社 2017 年版。

[144] 李建国："关于《中华人民共和国监察法（草案）》的说明"，载《人民日报》2018 年 3 月 14 日。

[145] 李舸祯："认罪认罚从宽制度的实践分析"，载胡卫列等：《认罪认罚从宽

制度的理论与实践——第十三届国家高级检察官论坛论文集》，中国检察出版社 2017 年版。

[146] 李贤华、喻伦泰："域外刑事缺席审判制度"，载《人民法院报》2018 年 12 月 7 日。

[147] 林林："辩护权主体的二元结构辨析"，载《人民检察》2007 年第 21 期。

[148] 林燕："法律冲突与检辩关系的调整"，载《理论版·检察日报》2008 年 11 月 27 日。

[149] 林维："刑法应当如何平等规制律师"，载《中国法律评论》2015 年第 2 期。

[150] 龙宗智："印证与自由心证——我国刑事诉讼证明模式"，载《法学研究》2004 年第 2 期。

[151] 龙宗智："论刑事对质制度及其改革完善"，载《法学》2008 年第 5 期。

[152] 龙宗智："中国法语境中的检察官客观义务"，载《法学研究》2009 年第 4 期。

[153] 龙宗智："薄熙来案审判中的若干证据法问题"，载《法学》2013 年第 10 期。

[154] 龙宗智："'以审判为中心'的改革及其限度"，载《中外法学》2015 年第 4 期。

[155] 龙宗智："庭审实质化的路径和方法"，载《法学研究》2015 年第 5 期。

[156] 龙宗智："辩护律师有权向当事人核实人证"，载《法学》2015 年第 5 期。

[157] 龙宗智、韩旭："确立'平等对待'诉讼原则　维系程序公正庭审格局"，载《人民法院报》2016 年 4 月 27 日。

[158] 龙宗智："刑事庭审人证调查规则的完善"，载《当代法学》2018 年第 1 期。

[159] 马静华："庭审实质化：一种证据调查方式的逻辑转变——以成都地区改革试点为样本的经验总结"，载《中国刑事法杂志》2017 年第 5 期。

[160] 秦前红、石泽华："监察委员会留置措施研究"，载《苏州大学学报（法学版）》2017 年第 4 期。

[161] 彭章波、王晖："认罪认罚从宽制度试点情况介绍——以广东省为例"，载胡卫列等：《认罪认罚从宽制度的理论与实践——第十三届国家高级检察官论坛论文集》，中国检察出版社 2017 年版。

[162] 上海市杨浦区人民检察院课题组："认罪认罚从宽制度下的简化审理模式"，载胡卫列等：《认罪认罚从宽制度的理论与实践——第十三届国家

高级检察官论坛论文集》，中国检察出版社 2017 年版。

[163] 孙长永："侦查阶段律师辩护制度立法的三大疑难问题管见"，载《法学》2008 年第 7 期。

[164] 孙静："看守所外有黄牛倒号"，载《北京青年报》2013 年 9 月 27 日。

[165] 孙谦："关于修改后刑事诉讼法执行情况的若干思考"，载《国家检察官学院学报》2015 年第 3 期。

[166] 万春、高翼飞："刑事案件非法证据排除规则的发展——《关于办理刑事案件严格排除非法证据若干问题的规定》新亮点"，载《中国刑事法杂志》2017 年第 4 期。

[167] 王敏远："2012 年刑事诉讼法修改后的司法解释研究"，载《国家检察官学院学报》2015 年第 1 期。

[168] 王伟、王新环、郑圣果："认罪认罚从宽制度改革试点的实证考察和理论思考"，载胡卫列等：《认罪认罚从宽制度的理论与实践——第十三届国家高级检察官论坛论文集》，中国检察出版社 2017 年版。

[169] 王新环："律师不宜向被告人披露同案犯口供"，载《检察日报》2010 年 4 月 2 日。

[170] 汪海燕："律师伪证刑事责任问题研究"，载《中国法学》2011 年第 6 期。

[171] 魏晓娜："以审判为中心的刑事诉讼制度改革"，载《法学研究》2015 年第 4 期。

[172] 韦忠语："论辩护人在刑事诉讼中的地位与责任"，载《现代法学》1998 年第 3 期。

[173] 吴健雄、王金贵："关注客观义务，深化检察改革——检察官客观义务学术研讨会综述"，载《人民检察》2007 年第 17 期。

[174] 熊秋红："刑事庭审实质化与审判方式改革"，载《比较法研究》2016 年第 5 期。

[175] 熊秋红："审判中心视野下的律师有效辩护"，载《当代法学》2017 年第 6 期。

[176] 熊小刚："《监察法》中认罪认罚从宽制度的适用"，载《人民法治》2019 年第 10 期。

[177] 许世兰、陈思："认罪认罚从宽制度的基层实践及思考"，载胡卫列等：《认罪认罚从宽制度的理论与实践——第十三届国家高级检察官论坛论文集》，中国检察出版社 2017 年版。

[178] 徐向春："尊重保障律师执业权利，彰显现代司法文明"，载《检察日

报》2019年7月25日。

[179] 杨海生:"律师刑事辩护新的风险",载《才智》2013年第17期。

[180] 杨先德:"刑事司法中律师庭外言论法律问题探讨",载《政法论坛》2015年第2期。

[181] 游涛:"认罪认罚从宽制度中量刑规范化的全流程实现——以海淀区全流程刑事案件速裁程序试点为研究视角",载《法律适用》2016年第11期。

[182] 张吉喜:"论以审判为中心的诉讼制度",载《法律科学(西北政法大学学报)》2015年第3期。

[183] 张树壮、周宏强、陈龙:"我国酌定不起诉制度的运行考量及改良路径——以刑事诉讼法修改后S省酌定不起诉案件为视角",载《法治研究》2019年第1期。

[184] 赵秉志、商浩文:"论妨害司法罪的立法完善——以《刑法修正案(九)(草案)》的相关修法为主要视角",载《法律适用》2015年第1期。

[185] 赵恒:"刑事速裁程序试点实证研究",载《中国刑事法杂志》2016年第2期。

[186] 周光权:"《刑法修正案(九)》(草案)的若干争议问题",载《法学杂志》2015年第5期。

[187] 朱孝清:"刑事诉讼法实施中的若干问题研究",载《中国法学》2014年第3期。

[188] 朱孝清:"再论辩护律师向犯罪嫌疑人、被告人核实证据",载《中国法学》2018年第4期。

[189] 左卫民:"地方法院庭审实质化改革实证研究",载《中国社会科学》2018年第6期。

[190] [俄]B.沃尔科夫、A.波多利内:"如何保障职业化的法律帮助?",载《俄罗斯司法》2000年第9期。

[191] [日]松本一郎:"检察官的客观义务",郭布、罗润麒译,载《法学译丛》1980年第2期。

[192] [日]村井敏邦:"日本的刑事辩护问题",载刘明祥译:《走有中国特色的律师之路》,法律出版社1997年版。

[193] [日]铃木茂嗣:"日本刑事诉讼法的特色及解释上的诸问题",载[日]西原春夫主编:《日本刑事诉讼法的形成与特色》,李海东等译,中国法律出版社、日本国成文堂1997年版。

[194] [美]大卫·P.格林伯格:"美国辩护律师的审前角色:权利和义务",

载陈卫东主编:《"三 R"视角下的律师法制建设》,中国检察出版社 2004 年版。

[195] [美] F. 费尼:"刑事辩护的论理道德问题——美国的经验与教训",郝红宇译,载《外国法译评》1998 年第 2 期。

三、外文资料

[196] *Black's Law Dictionary*, 9th ed, West Group 2004, 1178.

[197] Correia de Matos v. Portugal, [2018] ECHR, 56402/12, at [131].

[198] ECHR 2015, Morice v. France, no. 29369/10, §132.

[199] Faretta v. California, 422 U. S. 806, 819~821 (1975).

[200] Jay Sterling Silver, "Equality of Arms and the Adversarial Process: A New Constitutional Right", 1990 Wis. L. Rev. (1990). 1038, 1039.

[201] General Comments of the Human Rights Committee of the International Convention of Civil and Political Rights, General Comment 13, p. 9.

[202] Gideon v. Wainwright, 372 U. S. 335, 344 (1963).

[203] Laurens Walker, E. Allen Lind John Thibault, "The Relation between Procedural and Distributive Justice", 65 Va. . L. Rev. 1401, 1417 (1979).

[204] Sylvia Law, "Afterword: The Purpose of Professional Education", in *Looking at Law School* 205, 212~213 (Gillers ed. , 1977).

[205] Galstyan v. Armenia, [2008] ECHR, 26986/03, at [91].

四、网络资料

[206] 鲍志恒:"贵州前政协委员涉黑案续:律师被驱逐当庭昏厥",载 https://news. qq. com/a/20120113/000157. htm.

[207] 陈卫东:"体制改革将是未来司法改革的着力点",载 https://www. kuaihz. com/tid2 3/tid53_ 128737. html.

[208] 陈一新:"'扫黑除恶'当前需注意 6 个苗头性问题",载 https://www. sohu. com/a/314260339_ 487466.

[209] 崔丽:"最佳辩手被撵出公堂,律师能否被逐出法庭引发讨论",载 https://www. sohu. com/? pvid=b6a6473ea63069a1.

[210] 蒋安杰:"本固邦宁,斯在法治:从最高检不放过不凑数案例回望四十年中国刑事法治走过的历程",载 https://www. sohu. com/a/339303385_ 118 060.

[211] 梁娟：“认罪与无罪辩护冲突，二审改判周正龙落泪”，载https://www. 5law. cn/b/a/falvzhuanti2/zpzlx/2012/1217/54382. html.

[212] 毛立新：“《严格排除非法证据规定》的9大败笔”，载http://www. ilawchina. com/home/zhuanjia/2115. html.

[213] 孟建柱：“充分发挥律师队伍在全面依法治国中的重要作用”，载https://www. sohu. com/a/31990036_ 180891.

[214] 慕鹤：“法官认真审案，律师专心辩护，微博直播庭审交给媒体”，载http://148-law. com/e/lawnews/20120211/813. html.

[215] 孙瑞玺：“刑事辩护新规则的理解与适用”，载http://article. chinalawinfo. com/Space/SpaceArticleDetail. aspx? AID=76696&AuthorId=39877&Type=1.

[216] "公检法'默契配合'出冤假错案"，载http://www. qingfenghaoran. com/portal. php? aid=705&mod=view.

[217] 汪震龙："律师爆冷门，为被告作'罪重辩护'"，载http://www. 148china. com/display. asp? id=666.

[218] 张世金："职务犯罪监察讯问录音录像的移送和调取问题"，载http://www. ahxb. cn/c/14/2019-09-29/5987. html.

[219] "南昌大学原校长周文斌受审，用概率论质疑证据"，载https://news. qq. com/a/20150123/001151. htm.

[220] 康景林："律师当场被逐出法庭"，载http://news. sina. com. cn/c/2012-01-11/044 023779854. shtml.

[221] "一法院剥夺被告人辩护权三次逐律师出庭"，载http://www. lawyers. org. cn/info/64777203524f49c8a28cc2230e5c9677.

[222] 李婧："北京一辩护律师和法官争吵被逐出法庭"，载http://news. enorth. com. cn/system/2007/09/25/002040411. shtml.

[223] 一叶孤舟105："斯伟江律师被赶出法庭之案件内幕"，载http://bbs. tianya. cn/post-law-387003-1. shtml.

[214] 童建明："学好用好修订后刑诉规则，进一步规范检察权行使"，载http://newspaper. jcrb. com/2020/20200620/20200620_ 001/20200620_ 001_ 3. htm.

[215] "河南省沁阳市人民检察院诉于萍故意泄露国家秘密案"，载https://www. pkulaw. cn/case/pcas_ a25051f3312b07f335f1e818d3ef6442fcbecd08a5c5ff10bdfb. html? match=Exact.

[216] 田文昌："犯罪嫌疑人、被告人对证据享有知情权"，载https://www. pkulaw. cn/fulltext_ form. aspx? Db=lawfirmarticles&Gid=2b79d4b720945c56

ebedae28e155872dbdfb.

[217] "薄熙来案 120 小时庭审实录",载 http://fanfu.people.com.cn/n/2013/0826/c64371-22697910-16.html.

[218] 万景文:"'小贩杀死城管'案宣判,崔英杰被判死缓要上诉",https://www.chinacourt.org/article/detail/2007/04/id/242693.shtml.

[219] "央视大火案 21 被告审理结束,部分律师做无罪辩护",载 http://news.sohu.com/20100326/n271103852.shtml.

[220] "许霆案",载 http://news.sina.com.cn/o/2008-05-23/073813914039s.shtml.

[221] 陈国庆:"保障律师执业权利,促进案结事了人和",载 https://www.sohu.com/a/400846262_114731.

[222] 姜洪:"最高检召开法律监督体系和监督能力现代化建设座谈会",载 https://www.spp.gov.cn/spp/tt/201912/t20191218_441665.shtml.

[223] [德] 冯·迪特里希:"德国律师职业规则",载 https://www.jianshu.com/p/34ea95d50ffe.

[224] 周强:"全面提升智慧法院建设水平,加快审判体系和审判能力现代化",载 http://hjqfy.hncourt.gov.cn/public/detail.php?id=8962.

[225] "监察委留置案件移送到检察院后,应当允许律师会见",载 https://m.sohu.com/a/320420131_120051695.

[226] "积极探索实践 形成宝贵经验 国家监察体制改革试点取得实效——国家监察体制改革试点工作综述",载 http://www.gov.cn/xinwen/2017-11/05/content_5237440.htm.

[227] 吴建雄:"为什么监察委留置期间不允许律师介入",载 http://www.yidianzixun.com/article/0IrZKe6l?appid=mb&s=mb.

五、国际条约、中国法律、司法解释及有关文件

[228] 《公民权利及政治权利国际公约》。

[229] 《经济、社会及文化权利国际公约》。

[230] 《关于律师作用的基本原则》。

[231] 《中华人民共和国保守国家秘密法》。

[232] 《中共中央关于全面推进依法治国若干重大问题的决定》。

[233] 《中华人民共和国监察法》。

[234] 《中华人民共和国检察官法》。

[235] 《中华人民共和国律师法》。

[236] 《中华人民共和国民事诉讼法》。

[237]《中华人民共和国人民法院法庭规则》。
[238]《中华人民共和国宪法》。
[239]《中华人民共和国刑事诉讼法》。
[240]《中华人民共和国行政诉讼法》。
[241]《人民法院办理刑事案件第一审普通程序法庭调查规程（试行）》。
[242]《人民法院办理刑事案件排除非法证据规程（试行）》。
[243]《人民法院办理刑事案件庭前会议规程（试行）》。
[244]《保守国家秘密法实施条例》。
[245]《看守所条例》。
[246] 最高人民法院《关于建立健全防范刑事冤假错案工作机制的意见》。
[247] 最高人民法院《关于全面推进以审判为中心的刑事诉讼制度改革的实施意见》。
[248] 最高人民法院《人民法院第四个五年改革纲要》。
[249] 最高人民法院《司法责任制实施意见（试行）》。
[250] 最高人民法院《关于严格执行公开审判制度的若干规定》。
[251] 最高人民法院《关于执行〈中华人民共和国刑事诉讼法〉若干问题的解释》。
[252] 最高人民检察院《检察工作中国家秘密及其密级具体范围的规定》。
[253] 最高人民法院、司法部《关于开展刑事案件律师辩护全覆盖试点工作的办法》。
[254] 最高人民法院、最高人民检察院、公安部、司法部《关于办理黑恶势力犯罪案件若干问题的指导意见》。
[255] 最高人民法院、最高人民检察院、公安部、国家安全部、司法部《关于办理刑事案件排除非法证据若干问题的规定》。
[256] 最高人民法院、最高人民检察院、公安部、国家安全部、司法部《关于办理刑事案件严格排除非法证据若干问题的规定》。
[257] 最高人民法院、最高人民检察院、公安部、国家安全部、司法部《关于开展法律援助值班律师工作的意见》。
[258] 最高人民法院、最高人民检察院、公安部、国家安全部、司法部《关于推进以审判为中心的刑事诉讼制度改革的意见》。
[259] 最高人民法院、最高人民检察院、公安部、国家安全部、司法部《关于依法保障律师执业权利的规定》。
[260] 最高人民法院、最高人民检察院、公安部、国家安全部、司法部《关于在部分地区开展刑事案件认罪认罚从宽制度试点工作的办法》。

[261] 最高人民法院、最高人民检察院、司法部《关于适用普通程序审理"被告人认罪案件"的若干意见（试行）》。
[262] 最高人民法院、最高人民检察院、公安部、国家安全部、司法部、全国人大常委会法制工作委员会《关于实施刑事诉讼法若干问题的规定》。
[263]《公安机关办理刑事案件程序规定》。
[264] 司法部《司法行政工作中国家秘密及其密级具体范围的规定》。
[265] 司法部《关于切实发挥职能作用做好刑事案件速裁程序试点相关工作的通知》。
[266] 中华全国律协《律师办理刑事案件规范》《律师职业道德和执业纪律规范》《律师协会会员违规行为处分规则》。
[267]《浙江省律师保密制度（试行）》。
[268]《山东省律师协会死刑案件辩护指导意见（试行）》。
[269]《郑州市刑事案件认罪认罚从宽制度试点工作实施细则（试行）》。
[270] 景德镇市人民检察院《景德镇市司法局关于审查起诉阶段实施〈律师法〉的若干意见（试行）》。

后 记

早就打算写一本有关"刑事辩护"的书籍。产生这种冲动的直接动因是在研究刑事程序法的过程中发现"公权力过于强大而制约不足,私权利过于弱小而保障不足"这样一种司法现实,因此在著述中会不知不觉地关注这一主题,内容自然是对辩护权保障的呼吁。蓦然回首,近年来发表在法学类"C刊"上的文章大多涉及刑事辩护问题,我所主持的国家社科基金项目"刑事诉讼法实施后律师辩护权问题研究"结项时获得了"良好"鉴定,也增添了我的信心。

在"新冠疫情"全球大流行、全世界人民奋力抗击疫情期间,我只能"宅"在家中,既算是为抗击疫情做贡献,也算是为中国法治建设,尤其是律师事业发展,献上一份微薄之力。借此机会,我将书稿整理付梓出版。

本书的选题,一开始曾试图以《刑事辩护的中国问题》作为书名,后发现徐昕教授主编的《司法》有一期与此同名,怕有侵权之嫌,无奈只能"忍痛割爱"。而后受日本学者佐藤博史出版的《刑事辩护的技术与伦理》(张凌、于秀峰翻译)书名的启发,在同行学者的鼓励下,将书名定为《刑事辩护的制度与技术》,感觉其比较契合本书的内容。

书中的一些专题曾发表于《法学研究》《法学家》《现代法学》《清华法学》等"C刊",也有相当数量的专题是第一时间与读者见面。我始终认为,从事法学研究"纸上得来终觉浅",从事刑事辩护研究更是如此。虽然我同时从事"兼职律师"这一职业,但接手的刑事案件数量非常有限,这决定了我从事刑事辩护研究带有明显的局限性——理论思辨有余,实践感悟不足。此外,虽然力求内容的

后 记

完善,既关注律师辩护,也聚焦自行辩护;既探讨被追诉人会见权、阅卷权、调查取证权的保障,也思考辩护律师核实证据权和法庭辩护权的实现,但为防止权利滥用,也提出了权利"规制"思路。与此同时,针对新形势下监察体制改革、司法改革乃至刑事政策的变化(例如"扫黑除恶"专项斗争的开展),观察其对辩护权保障的影响。尽管如此,对当下学界比较关注的"有效辩护"这一热点问题仍缺乏系统、专门的研究。尽管在著述中多有体现,辩护权保障本身即是实现"有效辩护"的路径。因此,本书内容难免"挂一漏万"。新近撰写了"骑墙式辩护""法律援助案件中的有效辩护""辩护律师执业中人身安全保障""辩护律师守密义务"和"值班律师活动记录随案移送规则的构建"等文章,由于书稿已经交付出版,因此未能收录,留下不少遗憾,期待未来能够集结出版。

尽管这是一本学术专著,但是在写作风格上,考虑到广大律师从业人员阅读的需要,尽量将"学术话语"转换为"大众话语",这在本书目录中可以窥见一斑。

2018年4月的一场大病,几乎将我击倒。"劫"后余生的我更加懂得珍惜人生、珍惜时光。"活着真好",可以有时间做更多的事,并从中享受快乐。出版这本专著,也是为了证明我病后仍然"心智健全",同时也是给关心我的家人、老师、朋友和学生的一种告慰。若干年以后,我们已经老去,但总算"不白活一回",给这个世界留下属于我们的精神和思想产品。如果碰巧一些观点被采纳并转化为决策和行动,即无愧于学术人生。

衷心感谢中华全国律师协会刑事业务委员会副主任、中国政法大学教授、博士生导师顾永忠老师在百忙中抽出时间为本书慷慨作序!感谢我的博士生导师,四川大学法学院教授龙宗智先生的提携和指导,以及在本书写作中潜移默化的影响!感谢我指导的博士研究生李松杰和硕士研究生刘文涛所作的案例收集梳理、法条校正和文献编排等大量琐碎工作!感谢中国政法出版社丁春晖编辑为本书出版所做的艰苦、细致的文字工作!最后,感谢我的家人为我从事研究工作的默默奉献和在我懒惰、懈怠时的提醒、督促!没有"有力的后勤保障",本书不可能完成。